Alice Strobl

# Tötet unsere Kinder nicht

Alice Strobl

# Tötet unsere Kinder nicht

## Vom Schicksal brasilianischer Straßenkinder

Unter Mitarbeit
von
MARTIN FRIMMEL

Verlag Styria

Umschlagbild Vorderseite:
Straßenmädchengruppe im Zentrum von Rio.
Foto: Júlio César Cavalcante.

Umschlagbild Rückseite:
Tatzeuge des Candelária-Massakers. Ängstlich verbirgt er sein Gesicht, um nicht erkannt zu werden. Den Anstecker auf seiner Decke hat er von Straßenerziehern bekommen. Darauf steht:
„Tötet unsere Kinder nicht."
Foto: Gustavo Stephan – O Globo.

Die Deutsche Bibliothek – CIP-Einheitsaufnahme

**Strobl, Alice:**
Tötet unsere Kinder nicht :
vom Schicksal brasilianischer Straßenkinder / Alice Strobl.
Mit einem Vorw. von Evaristo Kardinal Arns. –
Graz ; Wien ; Köln : Verl. Styria, 1994
ISBN 3-222-12288-1




Printed in Austria
Umschlaggestaltung: Zembsch'Werkstatt, München
Satz: Druck- und Verlagshaus Styria, Graz
Druck und Bindung: Wiener Verlag, Himberg
ISBN 3-222-12288-1

INHALT

# Vorwort

Auf allen Straßen im Zentrum und am Rand unserer großen Städte begegnen uns Kinder und Jugendliche. Plötzlich stehen wir vor unserer eigenen Kindheit und Jugend, und der Unterschied offenbart sich uns auf befremdende Weise.

Voll Stolz auf das Kleingeld, auf ihre Kundschaft und auf die profitabelsten Standorte leben sie in den Tag hinein. Ein Horizont existiert nicht. Völlig dem Zufall überlassen, folgen sie lediglich ihren Impulsen, und ohne die familiäre Geborgenheit, die für ein Gleichgewicht in ihrer Gefühlswelt sorgt, versinken sie ständig im Strudel widersprüchlicher Gefühle.

Flüchtig und schnell, wie es ihr Überleben verlangt, fordern uns unsere Kinder und Jugendlichen täglich aufs neue heraus. Wenn man versucht, diese Herausforderung anzunehmen, begibt man sich auf einen mühsamen Weg, auf dem man Vernunft und Emotionen verbinden und versuchen muß, die in den Schlagzeilen dargestellten Ereignisse richtig einzuordnen. Dabei begegnet man jenen, die das Schweigen brechen in einem Land, das von einer schweren wirtschaftlichen und sozialen Krise heimgesucht wird und in dem das Elend oft verdrängt wird.

Ohne ausreichende Infrastruktur verkraften die großen Städte den starken Zuwanderungsdruck nicht, können ihn auch nicht verheimlichen. Ausgestoßen von den Orten, an denen sie geboren wurden, erneuern unsere Männer und Frauen den Kreislauf der Wanderung in die großen Hauptstädte und Industriezentren – mit der Hoffnung auf ein würdiges Leben. Die einzige Sicherheit, die es auf dieser Wanderung gibt, ist die Möglichkeit, sich als Arbeitskraft anzubieten. Wofür? Für welche Art von Arbeit? Wie der beruflichen Neigung entsprechen?

Das sind Fragen, die nicht existieren, wenn der Hunger eine sofortige Antwort verlangt. Die Erinnerung an den Ort, an dem sie geboren wurden, beginnt sich langsam zu verflüchtigen, und zurück bleiben zerbrechliche Andenken an eine lang zurückliegende Vergangenheit. Dort, wo sie geboren sind, leben noch dieselben Eigentümer, dieselben Großgrundbesitzer, die großen Rhetoriker der nationalen politischen Szene, die traditionellen Familien, die die bekanntesten Namen des Ortes tragen. Keinen Namen zu haben, ein Niemand zu sein – ein „Zé Ninguém" oder eine „Maria Ninguém", wie es unsere Komponisten besingen –, zwingt ihnen die Straße auf den Weg in die Zukunft auf.

Unrhythmisch bewegen sich die Füße auf der Straße. Permanent befinden sich die Migranten im Zwiespalt mit der Ethik, auf die sich ihre frühere Existenz gegründet hatte. Der Auszug aus dem Heimatort, den sie nur schwer verkraften können, die unvermeidlichen kulturellen Gegensätze und die verzweifelte Suche nach Überlebensmöglichkeiten haben fatale Folgen für die Familie. Die Bande, die sie zusammenhalten, sind oft sehr zerbrechlich und den Gesetzen der kapitalistischen Ideologie ausgesetzt. Konflikte entstehen, wachsen und bewirken neue Konflikte.

In diesem Szenario sucht unsere Jugend mögliche Alternativen. Ohne ihre eigenen Fähigkeiten zu kennen, überläßt sie sich ihrer Bestimmung, ihrem Schicksal. Das Dasein wird hart, aber der Versuch, die Schwierigkeiten zu umgehen, bringt am Rand des Unmöglichen die Hoffnung auf Würde und auf ein Recht auf ein eigenes Leben. Hier wird die Straße zur Bühne. In ihr kristallisiert sich das Bild dieser Jugend. Unterschiedliche Nuancen entscheiden, ob die Akteure „Kind auf der Straße" oder „Straßenkind" sind. Der geringe Unterschied zwischen diesen beiden sozialen Typen zeigt, daß die Straße zunehmend als Ersatz für die großen Sozialisierungsmodelle dient: die Schule und die Familie.

Diese Wirklichkeit, die für die konventionellen Normen unserer Gesellschaft erschreckend ist, hört in dem Moment auf, nur eine ganz gewöhnliche Lebensalternative darzustellen, in dem wir auf ihre andere Seite stoßen: den Tod. Jedes durch die Zeit begrenzte Leben hat den Tod als notwendiges Ende, doch im Leben unserer Kinder und Jugendlichen begegnet uns der frühzeitige Tod. Es handelt sich um den Tod, der aus dem Zufall entsteht, der in die Horizontalität eines Lebens dringt, das noch viele Jahre durchlaufen würde, wäre es nur durch die Zeit begrenzt. Doch unsere Jugend stirbt durch die Auswirkungen der sozialen Ungerechtigkeit, durch Hunger, die Verletzung der Menschenrechte und die ungestrafte Gewalt.

Der Appell „Tötet unsere Kinder nicht!" hallt über unser Land. Gleichzeitig liest man Meldungen, die nicht der Wirklichkeit entsprechen und Zahlen beinhalten, die niedriger sind, als die wachsende Vernichtung unserer Jugend tatsächlich ist. Angesichts der geringen Lebenserwartung und der zutreffenden Definition eines Jugendlichen „Hier ist die Hölle" erhebt sich die Herausforderung, eine Realität zu errichten, die ihren eigenen menschlichen Vertretern nicht fremd ist.

Es ist notwendig, die Lebensdynamik unserer Kinder und Jugendlichen aufzuzeigen, die sich vor allem jenen offenbart, die heldenhaft Widerstand leisten gegen politische Willkür und die übermächtige Welle der Gewalt. Wir registrieren mit großer Freude die Aufmerksamkeit, die uns Menschen aus dem Ausland schenken, die versuchen, die Vorbehalte, die bei den Meldungen über unsere Jugendlichen entstehen, zu überwinden, und daran glauben, daß es notwendig ist, die Realität differenziert zu betrachten.

Die Antwort, die unsere Gesellschaft benötigt, kann nur gegeben werden, indem man der Wirklichkeit entgegentritt. Wir müssen die Klischees überwinden, mit denen die Handlanger der sozialen Ungerechtigkeit ihre Passivität rechtfertigen. Wir müssen die sozialen Rechte energisch einfordern, um damit die Legitimierung der Gewalt abzuschaffen, die immer stärker und stillschweigend auf unsere Kinder und Jugendlichen ausgeübt wird.

EVARISTO KARDINAL ARNS

# Einleitung

Ich wußte fast nichts über Straßenkinder, als ich im Sommer 1991 zum zweiten Mal nach Brasilien flog. Da waren nur ein paar liebe Erinnerungen an einen zwölfjährigen Kaugummiverkäufer namens Fabiano, den ich bei meinem ersten Brasilienaufenthalt drei Jahre zuvor an der Copacabana kennengelernt hatte. Er war ein liebenswürdiger Junge, der, als ich ihm zum ersten Mal etwas abkaufte, mich sofort am Ärmel faßte und mit mir kommen wollte. Fabiano gehörte zu den Straßenkindern, die auf ehrliche Art mit allen erdenklichen Jobs ihr Geld verdienten. Er wollte mit denen, die stehlen und Drogen nehmen, nichts zu tun haben.

Fabiano lebte in einer Favela bei einer jungen Frau, die er für die Unterkunft bezahlen mußte, da er bei seinen Verwandten nicht wohnen konnte. Seine Ziehmutter aber war sehr gut zu ihm, sie prügelte ihn nie und achtete darauf, daß Fabiano spätestens um 10 Uhr abends nach Hause zurückkehrte. Er war wohlerzogen und hatte gute Manieren. Mit seiner zarten Kindergestalt erweckte Fabiano, der barfuß am Asphalt herumlief und bereits von klein auf arbeiten mußte, Mitleid. Kurzum, Fabiano war eines jener Straßenkinder, die den romantischen Vorstellungen der Touristen entsprechen. Wer kennt sie nicht, die armen, lieben, verlassenen Kinder, die in allen Großstädten der Dritten Welt anzutreffen sind und auf Erinnerungsfotos nicht fehlen dürfen. Mit großen, braunen, traurigen Augen blicken sie in die Kamera, während der Tourist den Arm väterlich um ihre schmalen Schultern legt. Dann wird dem Kind noch Geld in die Hand gedrückt, denn es ist sicher hungrig. Der lässig aus der Tasche gezogene Schein entspricht dabei nicht selten einem ganzen Monatslohn. Dem Touristen ist es egal, daß er so den unrealistischen Eindruck fördert, daß die Fremden nicht arbeiten müssen und dennoch unermeßlich reich sind. Was zählt, ist das momentane gute Gefühl, einem armen Kind „geholfen“ zu haben.

Bedauerlicherweise ist das Kind allzuschnell wieder vergessen. Zu Hause weiß man noch eine traurige Geschichte über die vielen notleidenden Kleinen zu berichten, die man persönlich kennengelernt hat, dann verschwinden sie für immer im Fotoalbum im Wohnzimmerregal.

Dieses Klischee wollte ich vermeiden. Eine gewisse Romantik ist nicht zu leugnen, wenn man etwa Straßenkinder zum Essen einlädt: Der reiche, weiße Fremde hilft dem schutzlosen, schwarzen Kind. Doch diese Form der Hilfe ist fadenscheinig. Mit einer warmen Mahlzeit, die sie sporadisch von Touristen erhalten, ist den Kindern nicht wirklich geholfen. Außerdem bleibt die Beziehung sehr einseitig: Man wird in die Rolle des Wohltäters gedrängt, das Kind in die Rolle des Bittstellers. Meine Begegnung mit Straßenkindern sollte anders sein. In Brasilien konnte ich erleben, wie komplex das Leben auf der Straße ist und in welch faszinierender Weise sich Menschen am Rand der Gesellschaft organisieren. Die Straßenkinder warten nicht nur passiv darauf, daß ihnen jemand etwas schenkt. Zahlreich sind ihre Überlebensstrategien, und es gibt die unterschiedlichsten Gruppen von Straßenkindern, mit denen man die verschiedensten Beziehungen aufbauen kann.

## WER SIND DIE STRASSENKINDER?

In den brasilianischen Megastädten trifft man viele Kinder, die das magere Familieneinkommen aufbessern, indem sie auf der Straße arbeiten und ihren Lohn am Abend oder – wenn die Heimreise zu weit und zu teuer ist – am Wochenende zu Hause abliefern. Man nennt sie die „Kinder auf der Straße“. Sie versuchen, mit Einfallsreichtum, Kreativität und Hartnäckigkeit zu Geld zu kommen. Sie arbeiten als Schuhputzer und Parkwächter. Man findet sie am Markt, wo sie den Kunden die schweren Einkaufstaschen nach Hause tragen. Als Fremdenführer zeigen sie den *Gringos* gegen ein paar *Cruzeiros* einsame Buchten und führen sie durch die engen Gassen der Altstadt, wo sie über jede

Sehenswürdigkeit etwas zu berichten wissen, auch wenn es nur erfunden ist. Oder sie kommen als kleine Verkäufer in das Stadtzentrum, um billige Konsumgüter, Gebrauchsgegenstände, Handarbeiten und Naschereien zu verkaufen. An stark frequentierten Kreuzungen bringen sie Zeitungen und Papiertaschentücher an den Mann. Am Strand bieten sie köstliche tropische Früchte an, die sie auf einem Tablett in der prallen Sonne vor sich hertragen. Auf kleinen tragbaren Eisenöfen grillen sie alle möglichen Leckerbissen, auf belebten Plätzen bieten sie selbstgemachtes Eis, Telefonmünzen und Plastiksäcke an.

Nicht selten werden sie von Familienangehörigen begleitet, die als *camelôs* – ambulante Straßenverkäufer – auf dem freien Markt der Straße tätig sind. Oft lassen sie die Kinder für sich arbeiten, weil die Verkaufschancen der mitleiderregenden Kleinen besser sind. Unter dem Vorwand, daß sie als Beschützer dienen, kassieren sie dann einen Teil des Verdienstes.

Die Kinder sind unliebsame Rivalen für unterbeschäftigte Familienväter, die ebenfalls in der Schattenwirtschaft ein Einkommen suchen. Die Straße ist kein unberührter und neutraler Ort, Parkplätze, Ampeln und Plätze werden unter Straßenleuten „aufgeteilt". Der Stärkere vertreibt den Schwächeren. An frequentierten Plätzen mitten im Stadtzentrum sitzen ältere Männer auf ihren Schemeln: Schuhputzer, die auf Kundschaft warten. Männer in Anzug und Krawatte machen es sich hier in der Mittagspause auf weinroten Kunstlederstühlen unter einem Sonnendach bequem. Für Straßenjungen, die mit ihren Schuhputzkästen herumlaufen, ist hier kein Platz mehr. Um Streitigkeiten zu vermeiden, sind die kleinen *engraxates* gut beraten, sich in bestimmten Revieren nicht blicken zu lassen.

Da sie keinen fixen Standplatz haben, kommt die Kundschaft nicht zu ihnen. Die Kinder müssen ihren potentiellen Kunden nachlaufen. Dabei ist oft nicht mehr klar zu unterscheiden, ob sie eine Dienstleistung anbieten oder einfach um Geld betteln. Denn hartnäckig bleiben sie dem erhofften Kunden auch dann noch auf den Fersen, wenn dieser bereits nein gesagt hat. Aber vielleicht läßt er sich nach inständigem Flehen – denn sie sind arm und brauchen Geld und sind doch ohnehin so billig – doch noch überzeugen. Oft helfen alle Überredungskünste nichts, und sie werden mit einer unwirschen Handbewegung und ein paar schroffen Worten abgefertigt. So wird der Kundenfang zu einer schwierigen und fast aussichtslosen Sache.

Findet sich hin und wieder eine gute Seele, dann muß diese für mindestens zehn Minuten Zeit haben, denn der kleine Straßenjunge widmet sich mit Eifer und Hingabe seinem Handwerk. Den Staub wischt er mit einem Fetzen ab. Dann trägt er mit einer Zahnbürste die passende Farbe auf: Braun oder Schwarz, eine andere gibt es nicht. Beim Auftragen der Paste gelingt es nur den wenigsten Kindern, nicht auch den Fuß des Kunden zu beschmieren. Wenn das passiert, entschuldigen sie sich verschämt und putzen die Farbe, so gut es eben geht, wieder ab. Nachdem die Paste ordentlich verteilt ist, polieren sie den Schuh mit einem Fetzen blank.

Straßenkinder müssen kreativ sein, um zu Geld zu kommen. Schmutzig und erschöpft sitzen sie stundenlang an Kreuzungen und warten. Springt die Ampel auf Rot, eilen sie zum erstbesten Auto und schütten Seifenlauge aus einer Plastikflasche über die Windschutzscheibe. Dann verteilen sie mit einem Fetzen den Schmutz ein wenig und entfernen das Wasser geschickt mit einem Handscheibenwischer.

Oft erwecken die aufdringlichen Kinder Unbehagen. Wenn sie Glück haben, macht der Fahrer schnell ein paar *Cruzeiros* locker, damit er nicht länger in flehentliche Kinderaugen blicken muß. Fühlt er sich bedroht oder belästigt, gehen sie leer aus. Alle Mühe war umsonst. Zwischen Autoabgasen, bei 40 Grad im Schatten, warten sie, bis die Ampel wieder auf Rot schaltet, in der Hoffnung, daß es vielleicht dieses Mal klappt.

Ihr Verdienst hängt vollständig von der Willkür der Kunden ab, außerdem sind sie permanent das Ziel von Polizeieinsätzen: Denn wie viele andere Straßenverkäufer zahlen sie keine Steuern, und viele haben das Mindestalter für Kinderarbeit noch nicht erreicht. Sechs- bis Zehnjährige sind bereits als Verkäufer unterwegs. So wird „ganz legitim“ ihre Ware beschlagnahmt und zerstört. Sie landet im Straßengraben – mit der Begründung, daß Kinder lernen und nicht arbeiten sollen. Doch gutgemeinte Gesetze können der Realität von Millionen nicht gerecht werden. Für viele Kinder aus der Unterschicht gibt es kein Lernen, um später einmal gut leben zu können, sondern nur Arbeit, um jetzt gerade *überleben* zu können. Die Karte für eine bessere Zukunft ist damit für immer verspielt.

In den Betonschluchten der Metropolen begegnet man auch Kindern, die auf der Straße herumstreunen, ohne etwas Bestimmtes zu tun. Sie besuchen keine Schule, sie haben nichts zum Spielen. Niemand kümmert sich um sie. Plan- und ziellos irren sie durch die Straßen. So distanzieren sie sich von der tristen Situation zu Hause. Bald begreifen sie: Bist du hungrig, dann geh nicht nach Hause, denn da gibt es nichts. Geh zu den Schnellimbißlokalen der Reichen, an der Kassa fällt Wechselgeld für dich ab, und die Essensreste der Leute, die mit Anzug und Krawatte in den Hochhäusern arbeiten. Du mußt mit der Mitleidsmasche überleben. Du mußt noch klein sein und gut erzogen. Du mußt die Erwachsenen mit leiser und schüchterner Stimme anreden, bitte und danke sagen. Und wenn du dein kleines Geschwisterchen am Arm trägst, bringt dir vielleicht jemand gebrauchte Babywäsche für deinen kleinen Bruder oder für deine kleine Schwester mit, und für dich selbst neue Sandalen.

Deine Mutter kann dir nichts geben, weil sie nichts hat. Aber du mußt deiner Mutter etwas abgeben, wenn du etwas geschenkt bekommen hast. Du mußt für deine Mutter sorgen, die krank, behindert, alt und verbraucht ist und deshalb nicht mehr arbeiten kann. Vielleicht hat sie sogar Glück und eine Anstellung gefunden. Doch das Geld, das sie als Wäscherin oder Putzfrau bekommt, ist zu wenig für Essen, Strom, Wasser und Miete. Du lernst, daß du für deine Familie verantwortlich bist, auch wenn du erst acht Jahre alt bist. Und wenn du nichts nach Hause bringst und die anderen hungrig schlafen gehen müssen und weinen – dann bist du schuld. Die Kinder stehen unter permanentem Leistungsdruck, auch wenn sie „nur" betteln, können sie versagen.

Die Zahl der Kinder, die zusammen mit ihren Familien auf den Straßen leben, auf der Suche nach einem besseren Leben im Zentrum der Stadt, wird immer größer. Diese Abwanderung wird durch mangelnde Infrastruktur und Arbeitsmöglichkeiten am Stadtrand – dem Wohngebiet der Armen – forciert. Auf der

Straße finden sie als Bettler und Müllsammler immerhin noch etwas zu essen, denn im Müll gibt es alles mögliche Verwertbare: Flaschen, Dosen, Alteisen und Essensreste. Ganze Familien bleiben die Woche über auf der Straße und kehren nur am Wochenende heim. Die Kinder lernen, daß nicht die Eltern, sondern Passanten ihren Hunger stillen können, und nicht die Hütte, sondern der Gehsteig der Ort ist, wo gegessen, geschlafen, geliebt, gestritten, gespielt wird.

Auch wenn das Kind die ersten Lebensjahre mit seinen Angehörigen verbringt, ist die Auflösung der Familien vorprogrammiert. Kaum ein Kind, das mit seinen Eltern auf der Straße lebt, bleibt bei seiner Familie, sobald es das Kleinkind- oder Vorschulalter überschritten hat. Wenn sie bereits etwas selbständiger sind, schließen sie sich Straßenkinderbanden an. Gemeinsam mit Gleichaltrigen erleben sie Abenteuer und haben ihren Spaß. Die Eltern können sie ohnehin nicht versorgen und kommandieren sie nur herum.

Die Kinder nehmen Erziehung offenbar nur dann an, wenn sie etwas dafür bekommen: Essen, Liebe, Zuneigung. Und das können viele Frauen – die meisten Väter haben sich längst abgesetzt –, die auf der Straße in materieller und psychischer Not leben, ihren Kindern nur selten geben.

Vielen Favelakindern erscheint der Einstieg ins Drogengeschäft als einziger Ausweg aus der Misere. Andere flüchten endgültig vor den erbärmlichen Lebensbedingungen und unerträglichen Familienverhältnissen in den Elendsvierteln: Sie werden zu „Kindern der Straße". Im Gegensatz zu den „Kindern auf der Straße" ist bei ihnen der Kontakt zu den Angehörigen nur mehr sporadisch – wenn er auch in den meisten Fällen nicht ganz abgebrochen wird. Von der Gesellschaft werden sie geächtet und gefürchtet. Man nennt sie *pivetes* und *moleques*, *menor infrator* (minderjähriger Krimineller) oder *cheira-cola* (Kleisterschnüffler). Viele sprechen ihnen das Kind- und Menschsein ab und bezeichnen sie als *bicho livre* (wildes Tier) oder *rato* (Ratte).

Notdürftig hausen sie in Quartieren aus Karton, Holzkisten, Plastikplanen, Schaumstoffmatratzen und Decken mitten am Trottoir. Überall in der Stadt gibt es Schlupfwinkel, wo sie für eine Zeitlang schlafen können: in verlassenen, baufälligen Althäusern, in Hütten auf freiem Feld, unter Bänken im Park, bei Kanalschächten am Strand, in den U-Bahn-Schächten, in Treppenaufgängen von Stundenhotels, auf dem Dach öffentlicher Toiletten, vor Kirchen und anderen öffentlichen Gebäuden mit überdachten Eingängen. Im Winter suchen Straßenkinder jene Orte auf, wo die Luft aus U-Bahn-Schächten, Klimaanlagen und Tiefgaragen für etwas Wärme sorgt.

Sie leben in jeder Ecke der Stadt, die ein wenig Schutz gegen Wind und Wetter bietet und in der sie sich vor Überfällen einigermaßen sicher fühlen. In erster Linie sind Straßenkinder während der Nacht gefährdet, Opfer von Übergriffen zu werden: Andere Jugendbanden können sie mit Steinen bewerfen oder bestehlen. Wachkommandos und Killergruppen können sie jederzeit ungestraft foltern, töten, verprügeln oder vergewaltigen.

Die „echten" Straßenkinder sind zum Großteil kriminell. Sie haben keine andere Wahl, denn es ist schwer, auf ehrliche Weise sein Geld zu verdienen, wenn bereits Leute mit guter Schulbildung keinen Job finden. Nur wenige schaffen es, ihr Überleben mit einer regelmäßigen Arbeit zu sichern: Erstens ist die Konkurrenz auf der Straße enorm groß, zweitens bringen die „Kinder der Straße" selten die psychologischen und sozialen Voraussetzungen mit, um auf reguläre Weise zu Geld zu kommen. Sie sind zumeist Analphabeten oder Halbanalphabeten, besitzen also eine nur rudimentäre Schulbildung, die eine Integration am Arbeitsmarkt und in die bürgerliche Gesellschaft fast unmöglich macht. Teilweise versuchen sie es mit Betteln, doch als einzige Überlebensmöglichkeit bleibt oft nur die Kriminalität: Handtaschen, Geldbörsen, Armbanduhren und Schmuck sowie Fotoapparate und Videokameras sind ihre Beute, die sich am Schwarzmarkt leicht verkaufen läßt. Gelegentlich plündern sie auch Geschäfte und Lastwagen.

Straßenkinder entwickeln eigene Regeln, die für viele als asozial gelten. Dabei besitzen sie einen strikten Ehrenkodex. Normen legen fest, wer Freund und wer Feind ist. Das Leben auf der Straße macht die Kinder zu „Verbrauchern": Sie verbrauchen alles, was sie im Moment haben, denn morgen könnten sie schon tot sein. Alles wird auf einmal gegessen, sonst verdirbt es oder wird gestohlen.

Die Kinder wohnen nicht in Häusern und besitzen keine Möbel, ihr Körper ist ihr einziger Kleiderschrank. Sie laufen mit dem herum, was sie haben – und das ist nicht viel: ein viel zu großes T-Shirt, Bermudas und eine graue Decke mit roten oder blauen Streifen am Rand – die Einheitsdecke aller Straßenbewohner. Wenn es kalt ist, wird sie um die Schultern gehängt und dient als Mantel. Bei Regen wird sie über den Kopf gestülpt und mit einer Hand unter dem Kinn zusammengehalten. Sie kann auch dazu dienen, die Identität der Kinder vor neugierigen Blicken und der Presse zu verbergen. Am wichtigsten ist sie jedoch beim Schlafen: Als wahren Verpackungskünstlern gelingt es selbst den größten unter ihnen, sich so einzurollen, daß weder Kopf noch Zehen hervorlugen.

Das Leben auf der Straße ist hart, aber billig. Man kauft keine Wäsche, sondern man stiehlt sie. Das Essen erbettelt man in Bars und Restaurants. Man zahlt keine Miete, sondern macht es sich unter jedem x-beliebigen Dachvorsprung bequem. Straßenkinder ziehen meistens zu zweit oder in kleinen Gruppen durch die Stadt, die Augen immer offen für das, was um sie herum passiert. Sie sehen fremde Personen als Bedrohung an, sie achten fremdes Eigentum nicht.

Soziale Bande sind kaum noch existent. Sie wissen ihren eigenen vollständigen Namen nicht, oft nur den Vornamen. Sie haben ihre Herkunft verdrängt oder vergessen, dazu kommt noch, daß sie ihren Namen auf der Straße oft bewußt gegen einen Decknamen eintauschen, um so ihre Identität vor Feinden und Verfolgern zu verbergen.

Auch mit dem Alter nehmen sie es nicht so genau. Meistens geben sie sich älter aus, als sie wirklich sind, um gewisse Vorteile zu genießen, zum Beispiel um als Prostituierte in ein Nachtlokal eingelassen zu werden, oder sie erreichen überhaupt nie das 18. Lebensjahr, weil sie damit strafmündig werden. Sie ändern ihre persönlichen Daten so oft, daß sie am Ende selbst nicht mehr wissen, wer sie sind.

Diese Verwirrung wird durch eine Reihe unverarbeiteter Traumata verstärkt. Die Kinder weisen Rückstände in ihrer intellektuellen Entwicklung auf. Sie besitzen eine eigene Form von Rationalität, die sie – nach unserem konventionellen Verständnis von Logik – vollkommen konfus erscheinen läßt. Sie haben einen eigenen Dialekt entwickelt, den Außenstehende zunächst nicht verstehen, ein eigenes gruppeninternes Vokabular. Sie leiden unter gesellschaftlicher Verachtung, sind gefürchtet und verhaßt. Drogen sind oft einziger Ausweg, ihre Isolierung zu vergessen.

Straßenmädchen arbeiten so gut wie nie als Schuhputzer, waschen auch keine Autos, und sie handeln auch nicht mit Drogen. Neben kleinen Diebstählen leben viele Straßenmädchen von der Prostitution, besonders im Nordosten Brasiliens. Die große Nachfrage des internationalen Sextourismus schafft einen nachhaltigen Anreiz für die Prostitution von Minderjährigen, die vom Landesinneren an die touristisch erschlossenen Küstenregionen strömen. Als „Mädchen auf der Straße“ halten sie noch Kontakt zur Familie und kehren täglich nach Hause zurück. Sie verkaufen ihren Körper, damit ihre Mutter und die jüngeren Geschwister überleben können.

Als „Mädchen der Straße“ zeigen sie Verwahrlosungserscheinungen, die sie Opfer noch größerer sexueller Ausbeutung werden lassen. Ihr Selbstwertgefühl ist gleich Null – im Gegensatz zu den „Mädchen auf der Straße“, die immerhin noch mitbestimmen, welche Sexualpraktiken der Kunde anwenden darf. Viele Mädchen arbeiten schließlich in einer *casa de massagem*, einem Nachtklub oder Bordell.

Relativ neu ist das Auftauchen männlicher Stricher. Jungen werden zu Transvestiten und prostituieren sich in kessen Frauenkleidern. Sie sind oft nicht älter als elf Jahre. Die Kinderprostitution nimmt mittlerweile absurde Ausmaße an. Ein UNO-Untersuchungsausschuß zu „Modernen Formen der Sklaverei“ stellte 1989 fest, daß weltweit vermutlich eine Million Minderjährige der Prostitution nachgehen. Wahrscheinlich ist das noch untertrieben. In Thailand gibt es am meisten Kinderprostituierte, gefolgt von Brasilien und Indien.[1]

## AUSSENSEITER UNTER AUSSENSEITERN

In diesem Buch möchte ich mich hauptsächlich den *kriminellen* „Kindern der Straße" widmen sowie jenen Jungen und Mädchen, die ihr Dasein als Opfer der extremsten Form der Ausbeutung – der sexuellen – fristen. Diese Kinder sind die Außenseiter unter den Außenseitern. Sie haben den Kontakt zur bürgerlichen Welt weitgehend abgebrochen beziehungsweise wurden von dieser verstoßen. Anhand der in die Kriminalität und Illegalität gedrängten Kinder und Jugendlichen läßt sich das Ausmaß der Problematik von Straßenkindern und Kindern in der Dritten Welt besonders markant darstellen. Was sind das für Kinder? Wie denken sie? Was fühlen sie? Woher kommen sie? Warum gibt es sie?

Schließlich stellte sich auch die Frage, was angesichts des Elends dieser Kinder getan wird und unternommen werden sollte, um ihre Lebenssituation zu verbessern. Gibt es überhaupt eine Möglichkeit der Hilfe? Wenn ja, welche? Wie auch immer diese Hilfe aussehen sollte, so bemerkte ich bald, daß allein mein Interesse für Straßenkinder nicht nur auf Zustimmung stieß, sondern auf Ablehnung, Vorurteile, Ängste und Widerstände.

In Österreich wurde ich immer wieder gefragt, ob ich denn keine Angst hätte, zu den Straßenkindern zu fahren. Ich bekam gute Tips über Judo- und Selbstverteidigungskurse bis hin zu Waffen aller Art. Man beklagt zwar das Elend der Straßenkinder, entrüstet sich über ihre systematische Ermordung, sieht aber doch gleichzeitig den Feind in diesen Kindern, gegen den es sich zu verteidigen gilt.

Meine damalige Portugiesischlehrerin bauschte die Bedrohlichkeit dieser Kinder noch auf: In den Favelas würden bereits Dreijährige mit Pistolen herumlaufen. Sie würden von den Älteren beauftragt, Leute zu erschießen. Die Kleinen könnten nämlich noch nicht eingesperrt werden. „Meine Mutter würde mich nie zu den Straßenkindern gehen lassen", sagte sie noch kurz vor meiner Abreise. In Brasilien, meinte sie, würde „jeder normale Mensch" diese Banden meiden. Es war, als wollte sie sagen: „Da hast du als Ausländerin bestimmt nichts verloren."

Schließlich trumpfte sie noch mit einer Geschichte auf: Drei österreichische Polizisten, die ihren Urlaub in Rio verbrachten, seien am hellichten Tag bewaffneten Straßenkindern in die Hände gefallen und beraubt worden. „Dann ist der kleinste Junge zu einem der Männer gekommen, hat ihm mit seiner Hand über die Wange gestrichen und gesagt: ‚*Obrigado, tio* – Danke, Onkel'. Doch der Kleine hatte in seiner Faust eine Rasierklinge versteckt." Hinterlistig hätte er dem ahnungslosen Opfer einen Schnitt quer über die Wange zugefügt. „Ich hätte es nicht für möglich gehalten, aber ich habe die Narbe mit eigenen Augen gesehen", entrüstet sich meine Lehrerin. Sehr gescheit war es nicht, mich kurz vor der Abreise mit solchen Geschichten zu belasten, aber ich versuchte, sie zu verstehen: Sie hat sich, so wie die meisten Brasilianer, das Weltbild zurechtgelegt, daß Straßenkinder und Favelabewohner bedrohlich sind. Sie sind „die Bösen". Die Wohlstandsbürger hingegen verhalten sich einigermaßen gesetzeskonform, bestehlen niemanden und tun keiner Menschenseele etwas zuleide. Sie sind „die Guten". Und jetzt kommt eine unerfahrene Ausländerin daher, die diese altbewährte Lebensphilosophie auf den Kopf stellt. Für sie sind Straßenkinder auf einmal die Opfer eines ungerechten Wirtschafts- und Gesellschaftssystems. Wenn sie aber für ihr oft kriminelles Verhalten nichts können, dann müssen andere verantwortlich sein: die Gesellschaft und damit die vermeintlich unschuldigen Wohlstandsbürger. Und das darf nicht sein.

Nur so ist es verständlich, daß jedesmal, wenn es um Straßenkinder und die Armen ging, meine Lehrerin (sie ist keine Ausnahme) sofort eine Geschichte parat hatte, die zeigen sollte, daß die Armen eigentlich gar nicht so arm sind. Daß sie in der Regel faul sind, daß sie nicht lernen und arbeiten wollen und vor allem sehr gefährlich sind. Es ist ihr auch tatsächlich gelungen, mich zu verunsichern. Dabei ist das nicht in böser Absicht geschehen. Sie wollte nur, daß ich ihr Weltbild annehme, damit ihre Welt weiter in Ordnung sein konnte.

Immer wieder tauchte in mir nun dieses Bild auf: Der kleine Straßenjunge, interessanterweise in meinen Vorstellungen immer schwarz, schneidet den überrumpelten Mann blutig. Ich muß zugeben, daß ich dabei ein unbestimmtes Gefühl von Panik verspürte. Damit vermischten sich noch Bilder aus Filmen über amerikanische Jugendbanden: Gangs mißhandeln ihre Opfer und töten sie. Sollte ich dieses Projekt absagen? Unmöglich. Während der Reisevorbereitungen stellte sich die Frage: Wie sollte ich mit Straßenkindern in Kontakt treten? Hilfreich konnten dabei Straßenkinderprojekte sein. Doch heimische Entwicklungshilfe-Institutionen waren bei der Weitergabe von Kontaktadressen äußerst zurückhaltend. Bei meiner ersten Brasilienreise wollte ich in irgendeinem Sozialprojekt mitarbeiten. Doch ich wurde immer mit dem Hinweis weggeschickt, daß derart viele Sozialtouristen Dritte-Welt-Länder überschwemmen, daß dortige Projektpartner gebeten hätten, ihre Anschrift nicht weiterzureichen. Außerdem könnte ich den Projektpartnern durch unüberlegtes Verhalten schaden.

Dank privater Kontakte konnte ich damals schließlich in einer Kindertagesstätte in Campo Grande, der Hauptstadt von Mato Grosso do Sul, mitarbeiten. Eine Betreuerin war für zwölf Kinder im Alter bis zu zwei Jahren zuständig. Hier hatte ich das Gefühl, wirklich gebraucht zu werden. Denn bei so vielen kleinen Kindern, die andauernd gewickelt, gefüttert und beschäftigt werden müssen, gibt es nie zu viele helfende Hände. Dabei geht es nicht nur um Einzelfallhilfe. Persönliche Begegnungen sind auch eine wichtige Motivation, sich mit Dritte-Welt-Fragen auseinanderzusetzen und aktiv zu werden.

Die Situation vieler Kinder auf dieser Welt wird immer trister und aussichtsloser. Mehr als 1,5 Millionen sind im letzten Jahrzehnt durch Kriege ums Leben gekommen. Fünf Millionen warten in Flüchtlingslagern auf das Kriegsende, und weitere 12 Millionen haben ihr Zuhause verloren.[2] Eine weit größere Zahl von Kindern wird jedoch indirekt Opfer bewaffneter Konflikte: durch die Zerstörung von Schulen sowie Gesundheitszentren und durch mangelnde Nahrungsmittelproduktion. Millionen, die den Bomben und Kugeln entfliehen konnten, sterben an Kinderkrankheiten. Einfache Ohren- und Augeninfektionen führen zu Taubheit und Blindheit, nur weil Antibiotika fehlen. In den Entwicklungsländern sterben jeden Tag 35.000 Kinder still und ohne mediales Aufsehen an Krankheiten wie Masern, Lungenentzündung und Durchfall.[3]

Im Jahr 2000 wird die Hälfte der Weltbevölkerung unter 25 Jahre alt sein und in Städten leben, ein Großteil von ihnen in extremer Armut. Es wird 247 Millionen Kinder und Jugendliche mehr geben als Mitte der achtziger Jahre, die meisten – 233 Millionen – in den Entwicklungsländern. Im Jahr 2020 werden allein in Lateinamerikas Städten 300 Millionen Minderjährige leben.[4] Die Zahl der verlassenen Kinder, die auf der Straße zu überleben versuchen, wird um das Zigfache steigen. Laut UNICEF gibt es weltweit 100 Millionen Straßenkinder, in reichen und armen Ländern. In Lateinamerika sollen es 40 Millionen sein, in Asien zwischen 25 und 30 Millionen, in Afrika 10 Millionen.[5]

Verwirrung herrscht in Brasilien, was Definition und Zählung von Straßenkindern betrifft. Ein 1984 von der Vereinigung der Jugendrichter veröffentlichter Bericht gibt an, daß in Brasilien über 30 Millionen Kinder auf der Straße leben.[6] Mitarbeiter von IBASE *(Instituto Brasileiro de Análises Sociais e Economicas)* zählten 1992 im Morgengrauen auf den Straßen Rios nicht mehr als 797 Kinder, was zu der Schlußfolgerung führte, daß es in ganz Brasilien nicht mehr als 10.000 Straßenkinder gibt.[7] Die Organisation Amerikanischer Staaten wiederum schätzte die Zahl brasilianischer Straßenkinder auf acht Millionen.[8] Dabei blieb unklar, ob Kinder „der Straße" und „auf der Straße" gezählt wurden oder ausschließlich die „Kinder der Straße".

Angesichts der Not der meisten brasilianischen Kinder ist dieses Zahlenspiel irrelevant. Letztlich sind fast alle Favelakinder, die irgendwo im Dreck spielen, auf der Straße. Sie wählen diesen Ort, weil es sonst keinen Platz für sie gibt. Hier gibt es Möglichkeiten, zu Geld zu kommen und zu einer warmen Mahlzeit. Hier kann man Abenteuer erleben und neue Freundschaften schließen. Oft ist sie der letzte Ausweg aus dem Familienterror: Die Straße als Ort, wo gelebt, erlebt, überlebt wird, und die Straße als Symbol der Hoffnung, die ungeahnte Überraschungen in sich birgt, ist für die meisten brasilianischen Unterschichtkinder attraktiv. Sie ist die vermeintliche Lösung vieler Probleme – für einige ab und zu, für andere regelmäßig, für manche immer. So gesehen sind fast alle armen Kinder in Brasilien Straßenkinder.

Und sie alle sind Opfer von Gewalt. Um darauf aufmerksam zu machen, starteten Straßenerzieher in Recife bereits 1989 eine Kampagne – als vielbeachteten Aufschrei nicht nur gegen Kindermord, sondern gerade gegen die alltägliche – körperliche und wirtschaftliche – Gewalt an den schwächsten Mitgliedern der Gesellschaft. Unzählige Flugblätter, Broschüren und Anstecker wurden verteilt. Und auf Wänden und Mauern, überall in der Innenstadt, war eines Morgens plötzlich die Aufschrift zu lesen: „Tötet unsere Kinder nicht."

# Elend hinter den Kulissen

Brasilien ist ein Land der grausamen Gegensätze: Es ist die achtgrößte Industrienation der Welt. Hier wird alles erzeugt und angeboten, was für die reichen Industrieländer typisch ist, doch für den Großteil der Bevölkerung ist selbst das Allernötigste kaum erschwinglich.

Brasilien ist auch der drittgrößte Produzent von Nahrungs- und Futtermitteln, während gleichzeitig zwei Drittel aller Brasilianer an Hunger oder Unterernährung leiden.[9] Die Krisenregion des Landes schlechthin, der Nordosten, steht der Sahelzone um nichts nach. Doch wer nicht das Hinterland besucht, sondern sich nur an der Küste aufhält, wird davon nicht berührt: „Ich habe niemanden verhungern gesehen", kann man von jenen Pauschaltouristen hören, die Salvador und Recife, die prachtvollen barocken Städte des Nordostens, bereist haben.

Tatsächlich ist die soziale Lage der meisten Brasilianer prekär und wird immer schlimmer. „Unsere Wirtschaft ist eine permanente und unmoralische Maschinerie, die Straßenkinder, Elend und Entwürdigung hervorbringt", klagt die „Nationale Straßenkinderbewegung". Mehr als zehn Millionen Familien leben in städtischen und ländlichen Elendsvierteln. Ein Fünftel der Bevölkerung sind Analphabeten.[10]

„Im letzten Jahrzehnt haben die verarmten Schichten keinen einzigen Ansatz zur Verbesserung gesehen", bilanziert der Politologe Juarez Brandão Lopes.[11] Etwa die Hälfte der Brasilianer muß mit weniger als 50 Prozent des ohnehin niedrigen Mindestlohnes auskommen:[12] mit 350 Schilling pro Monat. Bei einer fünfköpfigen Familie reicht das gerade fürs Frühstück.

Gleichzeitig gehört die Einkommenskluft in Brasilien zu den größten der Welt. Viele verdienen wenig, wenige verdienen viel: Ein Prozent der Brasilianer kassiert 16,8 Prozent des gesamten Nationaleinkommens.[13] Auf ein Zehntel der Bevölkerung konzentriert sich mehr als die Hälfte des Gesamteinkommens.[14]

Jedes Jahr wandern eineinhalb Millionen Brasilianer vom Land in die Großstädte – in der Hoffnung, ihre trostlose Lage ein wenig zu verbessern.[15] Endstation sind fast immer die Favelas, wo für viele die Bedingungen, im Vergleich zum harten Landleben, geradezu paradiesisch erscheinen. Schon drei Viertel der brasilianischen Bevölkerung leben in Großstädten, und es werden immer mehr.[16] Was sind die Hintergründe dieser Landflucht?

Die Landwirtschaft war bis in die fünfziger Jahre das Rückgrat der brasilianischen Ökonomie und ist heute noch einer ihrer wichtigsten Bestandteile. Dominiert wurde und wird sie von relativ wenigen Großbetrieben: 80 Prozent des Ackerlandes sind in der Hand von nur einem Zehntel der Landbesitzer, deren Ländereien zur Hälfte brachliegen, eine Fläche, zwanzigmal so groß wie Österreich. Für die Kleinbauern ist Land die einzige Überlebenschance, für die großen *Fazendeiros* – sie leben meist in den Reichengettos der Metropolen – nur Spekulationsobjekt.

Durch die Ausdehnung großer Plantagen werden Kleinbauern vertrieben und bekommen dafür keine oder nur sehr geringe Entschädigungen. Auch die zunehmende Mechanisierung der Großbetriebe liefert ihren Beitrag zur Landflucht und zum Anwachsen der städtischen Elendsviertel: Für jeden etwa in der Sojabranche geschaffenen Job werden elf Arbeitsplätze von Kleinbauern wegrationalisiert und durch importierte Landmaschinen ersetzt. Jene Vertriebenen, die nicht in die Favelas abwandern, suchen sich ein Stück Regenwald, um es abzubrennen und wenigstens ein paar Jahre Anbau auf den unfruchtbaren Amazonasböden zu versuchen.

Brasiliens Landwirtschaft produziert vorwiegend für den Export, beispielsweise Soja, Kaffee, Kakao, Zucker, Obst- und Gemüsesäfte, Fleisch und Tabak. Die Ausdehnung der Exportplantagen, bedingt vor allem durch Verschuldung und Devisenmangel, geht auf Kosten jener Flächen, die früher dem Anbau von Grundnahrungsmitteln für die einheimische Bevölkerung gedient haben. So wird die Fläche, auf der Bohnen und Mais angepflanzt werden, immer kleiner, während bereits auf einem Fünftel der fruchtbaren Ackerflächen Sojabohnen wachsen. Immer mehr Schweine, Hühner und Rinder in der EU, auch in Österreich werden mit brasilianischem Sojaschrot gefüttert. Doch ständig schwankende und vielfach stetig sinkende Weltmarktpreise für die Agrarexporte machen Brasiliens Wirtschaft verwundbar. Die vermeintliche Lösung hieß: mehr Industrie.

Das brasilianische Wirtschaftswunder der sechziger Jahre schien den Anhängern der schnellen Industrialisierung recht zu geben, aber die Freude währte nicht lange. Heute ist Brasilien mit 130 Milliarden Dollar verschuldet, die Inflation lag – trotz ständig neuer und immer wieder gescheiterter Pläne zu ihrer Bekämpfung – im Jahr 1992 bei 1130 Prozent.[17]

Die Ursachen dieser Krise sind vielfältig. Sie liegen in Vergangenheit und Gegenwart, sie sind extern, aber vielfach auch hausgemacht. Brasilien ist, so der Ökonom Manfred Wöhlcke, ein Musterbeispiel für „abhängige Industrialisierung“. Sie beruht wesentlich auf Beiträgen von außen – sei es Technologie oder Investitionen. Das bringt einerseits Dynamik und internationales Know-how, andererseits führt es zu Abhängigkeit vom Ausland und Verschuldung. Produziert wird fast nur für den Export, auf die Bedürfnisse der einheimischen Bevölkerung wird wenig Rücksicht genommen. Dazu Manfred Wöhlcke: „Solche gesellschaftlichen Systeme befinden sich sozusagen in einer chronischen Krise, auch wenn es der Wirtschaft gutgeht; in diesem Fall trifft das Wortspiel von den kranken Menschen in der gesunden Wirtschaft zu.“[18]

Schon seit der Kolonialzeit gibt es diese auslandsabhängige „Entwicklung“ zum Nutzen weniger. In der Zeit der Industrialisierung wurde Brasilien schließlich dem internationalen Wettbewerb ausgesetzt, bevor die nationale Industrie überhaupt konkurrenzfähig war. Produziert wurde für den Export und für die Bedürfnisse der höheren Gesellschaftsschichten.

Die soziale Entwicklung hielt mit dem Industrieboom nicht Schritt. In der Kolonialzeit war das Aufkommen eines politischen und sozialen Bewußtseins von Anfang an unterdrückt worden. Die feudalistische Oberschicht setzte eigene und ausländische Interessen rücksichtslos durch, ohne zu erkennen, „daß sie mit ihrem Egoismus und ihrer Reformfeindlichkeit zu einer sozialen Krise beitrug, die ihre eigene Position auf Dauer gefährden mußte", so Manfred Wöhlcke.[19]

Nicht nur in der Gesellschaftsstruktur liegen die internen Stolpersteine: Andere häufig genannte „hausgemachte" Probleme sind die Überbürokratisierung, der übermäßige staatliche Einfluß auf die Wirtschaft, die unwirtschaftlichen Staatsbetriebe, die Inflations- und Verschuldungspolitik der Regierung, Kapitalflucht sowie natürlich die weitverbreitete Korruption.[20]

Nicht wenig tragen auch diverse Megaprojekte zur Wirtschaftskrise bei: Monsterbauten, die in vielen Fällen zumindest für die brasilianische Volkswirtschaft nicht rentabel sind. Während sie vom Staat, meist durch Aufnehmen neuer Kredite, finanziert werden und beteiligte Firmen für die Schaffung nur weniger Arbeitsplätze hohe Subventionen erhalten, hat die breite Masse der Bevölkerung nichts davon. Beispiele sind die Großstaudämme Itaipú, Tucuruí oder Balbina, das Erzprojekt Carajás oder das Kernkraftwerk Angra dos Reis. Unter den ausländischen Erbauern jener Projekte sind übrigens auch österreichische und deutsche Firmen.

Ein entscheidender Faktor der Krise Brasiliens sind schließlich die ungerechten Strukturen der Weltwirtschaft. Landwirtschaftliche Rohstoffe und Bodenschätze der Dritten Welt erzielen geringe Preise, die meist noch dazu stetig weiter sinken oder zumindest nicht mit dem Preisanstieg mithalten können, den es bei wichtigen Produkten und Technologien aus den Industriestaaten gibt, etwa bei Traktoren oder Medikamenten, die so zusehends unerschwinglich werden.

Wenig Glück haben die Entwicklungsländer auch, wenn sie versuchen, weiterverarbeitete Produkte – Maschinen, Textilien oder auch nur gerösteten Kaffee – zu exportieren und so weniger abhängig von den ins Bodenlose sinkenden Rohstoffpreisen zu werden. Denn die reichen Länder schotten ihre Märkte mit hohen Zöllen gegen diese Produkte ab, um ihre eigenen Industrien vor der Konkurrenz zu schützen. Die Regierungen rufen dann als Retter in der Not transnationale Konzerne ins Land, die sich weniger um die Volkswirtschaft als um die Maximierung ihrer Profite kümmern – durch Steuerbegünstigungen und billige Arbeitskräfte.

Die von den Gläubigern ungerührt eingetriebenen Auslandsschulden schließlich hemmen ihrerseits die Wirtschaft und führen zu Kürzungen im Sozial- und Gesundheitswesen: Krisenrezepte auf Kosten der Ärmsten, die vom Internationalen Währungsfonds forciert werden. Die Sozialausgaben der brasilianischen Regierung sinken stetig: 1986 betrugen sie 11 Milliarden Dollar, während gleichzeitig 15 Milliarden Schuldenrückzahlung geleistet wurden.[21] Die Brasilianer sagen: „Das Medikament ist so stark, daß der Kranke daran stirbt."[22]

Kinder sind die schwächsten Glieder der Gesellschaft – und sie sind es, die am meisten unter der sozialen und wirtschaftlichen Misere leiden. Mehr als die Hälfte der brasilianischen Kinder lebt in Familien, deren Pro-Kopf-Einkommen einem halben Mindestlohn entspricht, 11,5 Millionen Kinder leben in absoluter Armut.[23]

Im täglichen Leben sehen die Folgen der Armut so aus: Mehr als fünf Millionen brasilianische Kinder unter fünf Jahren sind unterernährt; das entspricht einem Drittel aller Kinder dieser Altersstufe. Täglich sterben fast 1000 Kinder unter vier Jahren an den Folgen von Unterernährung und üblichen Kinderkrankheiten.[24]

Unter Kindern zwischen sieben und neun Jahren liegt die Analphabetenrate bei mehr als 50 Prozent, im bitterarmen Nordosten gar bei 70 Prozent. Bei 10- bis 14jährigen beträgt sie immer noch 20 Prozent in den Städten und 37 Prozent in ländlichen Gebieten.[25]

Drei von zehn brasilianischen Kindern im Alter von 10 bis 17 Jahren müssen arbeiten, um für sich und die Familie den Lebensunterhalt zu sichern. 1986 verließ ein Drittel der Kinder und Jugendlichen die Schule, um sich einen Job zu suchen. Und sie müssen meist unter schwierigsten Bedingungen arbeiten: mehr als 40 Stunden pro Woche, bis zu 13 Stunden am Tag.[26]

## DER NORDOSTEN: NACHSCHUB FÜR DIE SLUMS

Am schlimmsten manifestiert sich die brasilianische Krise mit all ihren äußeren und inneren Ursachen im Nordosten des Landes. 40 Millionen Menschen – ein Fünftel der brasilianischen Bevölkerung – leben in den nordöstlichen Bundesstaaten Maranhão, Pianí, Ceará, Rio Grande do Norte, Paraíba, Pernambuco, Alagoas, Sergipe und Bahia, ein Großteil von ihnen in extremer Armut.

Hunderttausende wandern jedes Jahr von hier in die Slums der Metropolen Rio de Janeiro und São Paulo ab, auf der Flucht vor Armut, Dürre und Hunger. Viele versuchen auch ihr Glück als Kleinbauern, Holzfäller oder Goldsucher im Amazonasgebiet.

Im Nordosten stirbt jede Minute ein Kind an Unterernährung. „Von zehn Kindern, die ich getauft habe, verhungern acht", berichtet Padre Enoque Oliveira aus Bahia.

Seit dem vorigen Jahrhundert ist der *Sertão*, das trockene Hinterland des Nordostens, mit seinen seit dem 19. Jahrhundert regelmäßig auftretenden Dürrekatastrophen und Hungersnöten als Problemgebiet bekannt. Eine der Ursachen ist die exzessive Abholzung. Dennoch ist das Elend nicht, so bequem diese Erklärung für viele sein mag, in erster Linie auf „Naturkatastrophen" zurückzuführen. Schuld sind vor allem die ungerechte Landverteilung – nur einer von vier Bauern hat ein eigenes Stück Land, während riesige Ländereien brachliegen –, aber auch die Vernachlässigung der Region.

Gewaltsame Landkonflikte sind im Nordosten an der Tagesordnung. Großgrundbesitzer vertreiben Kleinbauern von ihrem kargen Land, verzweifelte Landlose wiederum besetzen brachliegende Ländereien. Dabei gibt es regelmäßig Tote, und die *pistoleiros*, Privatmilizionäre der Viehbarone, morden mit Hilfe und Duldung der Behörden. „Routinemäßig werden Kleinbauern von der Polizei verhaftet, mißhandelt, manchmal gefoltert und auf illegale Weise von ihrem Land vertrieben", heißt es in einem Bericht von *Amnesty International*.

Schon bei der Geburt sind hier die Kinder stark untergewichtig, später sind auffällig viele körperlich und geistig unterentwickelt. An ihren apathischen Gesichtern läßt sich die extreme Mangelernährung ablesen: Ein Fünftel der Kinder von Landarbeitern weisen als Folge der chronischen Unterernährung Hirnschäden auf. Manche essen Erde, um die Mineralsalze zu bekommen, die in ihrer täglichen Nahrung – Maniokmehl, Bohnen und selten etwas gedörrtes Fleisch – fehlen.

Die Körpergröße der *Nordestinos* geht zusehends zurück. „Die Durchschnittsgröße der Bevölkerung gleicht sich mit rund 1,50 Metern bei den Frauen und 1,61 Metern bei den Männern allmählich an die afrikanischer Pygmäenvölker an", schildert der Ernährungswissenschafter Nelson Chaves drastisch die Lage. Die Lebenserwartung beträgt hier nur 30 bis 40 Jahre.[27]

Während anderswo im Land Unsummen für Großprojekte ausgegeben werden, ist im Nordosten kaum Geld für die dringend benötigten Krankenhäuser, Schulen, Straßen, Wasserspeicher, Lebensmittellager und Silos vorhanden. Die ohnehin spärlichen Hilfsgelder und Lebensmittelpakete versickern in den Taschen korrupter Politiker und Beamter. Wenn Wasserspeicher gebaut werden, dienen sie meist nur einigen wenigen Großgrundbesitzern.

Im besonders trockenen Staat Pernambuco sind seit 1960 die wenigen Wasserspeicher leer, und wenn es überhaupt Wasser gibt, ist es oft verseucht: 4700 Cholerafälle wurden deshalb 1993 im Nordosten gezählt.

1993 kam es wieder zu einer Dürrekatastrophe, von der zehn Millionen Menschen heimgesucht wurden. Die Flüsse trockneten aus, bis auf die Knochen abgemagerte Rinder weideten auf dem rissigen, steinharten Steppenboden. Vielen Menschen blieb keine Nahrung außer Eidechsen, Schnecken und Kakteen. So verwandelt sich der Nordosten allmählich in eine Wüste, und die Regierung sieht zu. „Dabei könnten bei guter Planung auch noch so geringe Regenfälle genügend Brunnen und Kanäle füllen, um einen Großteil des vergeudeten Landes zu retten", so das britische Wirtschaftsmagazin *The Economist*. „In einem Gebiet, das von Flüssen und Strömen durchzogen wird, könnte Bewässerung die Halbwüste zu neuem Leben erwecken."[28]

Die andere Realität: Auf riesigen Ländereien wird Zuckerrohr angebaut, der dort erzeugte Zucker wird zu Biosprit verarbeitet. Schon ein Kleinwagen benötigt auf diese Weise eine Ackerfläche, von der zehn Bewohner des Nordostens leben könnten. Auf den Plantagen werden riesige Pestizidmengen versprüht, ohne Schutzmaßnahmen für die Landarbeiter. Kinderarbeit ist auf den Plantagen gang und gäbe.

Der Nordosten produziert auch Orangensaftkonzentrat und Südfrüchte, unter anderem für den Export nach Österreich und Deutschland. Zur Bewässerung der Plantagen dienen große Staudämme wie das Sobradinho-Projekt am Rio São Francisco, einer der größten Stauseen der Erde, gebaut mit Geld der Weltbank. 70.000 Bauern und Fischer wurden auf unfruchtbares Ersatzland vertrieben. Die fruchtbaren Gebiete hatten sich schon einige Großbetriebe gesichert. Für ein Viertel der Betroffenen gab es zur „Entschädigung" eine einfache Fahrkarte an den Ort ihrer Wahl. Die meisten traten die Reise in die Favelas der Großstädte an.[29]

„Wenn einige der Herrschaften aus der Nähe das entwürdigende Schauspiel des Elends sehen wollen, müssen Sie nicht in das Hinterland des Nordostens fahren", schrieb José Carlos Lacerda, Bürgermeister der Stadt Duque de Caxias, an die Teilnehmer der UNO-Umweltkonferenz, die 1992 in Rio stattfand. Nur 4000 der 12.000 Straßen von Duque de Caxias besitzen einen Kanalanschluß. Die öffentlichen Krankenhauszuschüsse entsprechen pro Kopf etwa dem, was eine halbe Packung Zigaretten kostet.

„Ich lade Sie ein, nach Caxias zu kommen und selbst zu sehen, wie Menschen um einen Stehplatz im Autobus kämpfen oder 1500 Cruzeiros für eine Packung verdünnte Milch zahlen müssen, oder 5000 für drittklassiges Fleisch – was dem Lohn für einen 12- bis 16stündigen Arbeitstag entspricht." Lacerda schließt die Einladung mit den Worten: „Aber vergessen Sie nicht, Gummistiefel anzuziehen, denn Sie werden durch eine dicke Müllschicht waten müssen."

# Als Fremde bei den Straßenkindern

Ich wollte nicht in einem jener luxuriösen Standardhotels der Nobelviertel Copacabana und Ipanema wohnen. Ihr internationaler Einheitskomfort macht es einerlei, ob man sich in Paris, New York oder sonstwo aufhält. Ich wollte Brasilien erleben und erfühlen. Das ist in Rio de Janeiro leichter gesagt als getan. Das adrette Mulattenmädchen bei Riotour ist verzweifelt. Sie verfügt über eine ganze Palette teurer und mittelteurer Hotels, aber das Angebot ist auf Pauschaltouristen zugeschnitten. Für Leute, die alternativ reisen wollen, gibt es nichts. Letztlich lande ich im Stadtteil Santa Teresa. Hier werden Bilder längst vergangener Zeiten wieder lebendig. Die *Bonde*, eine Mini-Straßenbahn aus dem vorigen Jahrhundert, rumpelt gemächlich die enge Pflastersteinstraße bergauf. Immer weiter bleiben die einfallslosen Betonklötze im Zentrum zurück. Auf beiden Seiten dieser gußeisernen Antiquität hängt eine Traube schwarzer Kinder. Für sie gibt es weder einen Spielplatz noch eine sinnvolle Beschäftigung, also fahren sie am Trittbrett spazieren. Ich sitze auf einer Holzbank, eingepfercht zwischen dunkelhäutigen Menschen, die mich neugierig mustern. Eine junge Frau fühlt sich gleich einmal bemüßigt, mich zu warnen. Meine alte Plastikuhr am Handgelenk erregt Aufsehen. „So etwas zieht Diebe an." Ich solle sie lieber abnehmen.

Vorbei geht es an steilen Abhängen, altmodischen Villen mit spitzen Türmchen und prachtvollen Gartenanlagen, an den bunten Fassaden alter Häuser, an Klöstern und kleinen Kirchen. Das Viertel mitten im Grün tropischer Pflanzen wirkt verschlafen. Dem Anschein nach ist es ein kleines Paradies mitten in Rio de Janeiro – wenn da nicht die armseligen Hütten der Favelas *Coroa* und *Morro dos Prazeres* wären. Das einzige, was die *favelados* hier im Überfluß besitzen, sind Bananenstauden, die wild zwischen den Behausungen wuchern.

Trotzdem oder gerade deshalb ist der Berg von Santa Teresa besonders sympathisch. Schwarze Favelakinder gehen mit Rucksack und blauer Uniform zur Schule. Dicke schwarze Matronen mit buntem Kopftuch und Kleinkind am Arm schnaufen den Berg hinauf. Bei den *botequims* an der Straße stehen zerlumpte Gestalten und trinken Bier. Die Dorfidylle hält den Tag über an. Sobald es dämmert, sind die Gassen menschenleer. Niemand wagt sich nach Einbruch der Dunkelheit hinaus: „Zu viele *bandidos* ..."

Auf halber Höhe liegt das Hotel Santa Teresa – einstmals schmuckes Herrschaftshaus, jetzt desolate Absteige, allerdings mit einer gewissen Romantik. Außer mir gibt es hier keine ausländischen Gäste. Dennoch sind fast alle Zimmer belegt. Studenten, Pensionisten, ein Jurist, ein Bauingenieur, eine Dolmetscherin und eine Lehrerin leben hier in einer Art Wohngemeinschaft. Sie alle haben ihr altmodisches Hotelzimmer in ein kleines Appartement mit Kühlschrank, Herd und Fernseher umfunktioniert. Ihre Hunde und Katzen streunen am Flur umher. Die stetig verarmende Mittelschicht kann die Wucherpreise am Wohnungsmarkt nicht mehr bezahlen. Hotels der unteren Preisklasse, oft wahre Bruchbuden, dienen als willkommener Behelf.

Man haust hier abenteuerlich. Jedesmal, wenn die *Bonde* vorbeirattert, gibt es einen Wackelkontakt, und für einige Sekunden geht das Licht aus. Tropische Regengüsse machen sich nicht nur außerhalb des Hauses bemerkbar. In Flur und Stiegenhaus entstehen dann regelrechte Wasserfälle.

In den Zimmern tummelt sich allerhand Ungeziefer. Mit Papiertaschentüchern stopfe ich die Löcher im Teppich zu und hoffe, daß so die diversen ekelerregenden Insekten nicht ins Bett kriechen können. Jeden Morgen finde ich im Waschbecken tierische Exkremente. In der Nacht muß der ungebetene Besucher durchs offene Fenster ins Bad klettern. Die ausgebrochene Fensterscheibe steht neben dem Fensterrahmen. Provisorisch klebe ich sie mit einem Klebeband wieder an. In der kommenden Nacht weckt mich lautes Kreischen. Das Tier protestiert wütend vor dem Fenster, weil der Weg zum Waschbecken versperrt ist.

Durch die primitiven Wohnverhältnisse fühlte ich mich auf

gewisse Weise mit den Favelabewohnern verbunden. Dieses Phänomen ist bei vielen, die aus einem reichen Land in die Dritte Welt reisen, zu beobachten: Man glaubt, auch „arm“ sein zu müssen, wenn man zu den Armen reist. Vielleicht ist das ein Zeichen der Solidarität, vielleicht eine psychologische Strategie, um das schlechte Gewissen zu beruhigen, vielleicht ist es nichts weiter als ein Tarnungsversuch, damit die im Elend Lebenden nicht merken, was man wirklich ist: im Vergleich zu ihnen immer reich.

Auf der Straße blättere ich hektisch in meinem Reisewörterbuch. Andauernd fehlen mir wichtige Vokabel, die ich aber unbedingt brauche, um den Straßenkindern diese oder jene Frage zu stellen. Leute bleiben stehen und betrachten mich mit unverhüllter Neugier. Anscheinend wirke ich wie eine typische Touristin: Timberland-Schuhe, Sonnenbrillen, Rucksack und Wörterbuch. Weiße Haut und rote Haare. Ich tröste mich: Was soll's, spätestens wenn ich den Mund aufmache, merkt ohnedies jeder, daß ich eine Ausländerin bin.

Ich bin mit der Absicht gekommen, Straßenkinder kennenzulernen und sie und ihre Lebensumstände zu „erforschen“. Dabei ging es mir nicht nur darum, zu erfahren, wie sie ihr Leben organisieren und überleben, sondern auch, was sie denken und fühlen. Was ist nach dem Normen- und Wertesystem der Straßenkinder richtig, was falsch? Was darf sein, was nicht? Dazu hatte ich einen Fragebogen ausgearbeitet, den ich den Kindern zum Ausfüllen geben wollte. Mit jenen, die nicht lesen und schreiben konnten, wollte ich Interviews machen. Dabei war ich mir bewußt, daß viele Mitteilungen von Straßenkindern mit Vorsicht zu genießen sind. Teilweise mußte ich damit rechnen, daß sie mich anlügen. Das mußte ich als Teil ihrer Persönlichkeit in Kauf nehmen.

Denn es ist charakteristisch für verwahrloste Kinder, daß sie sich bemühen, ihr wahres Ich zu verbergen, und sich manchmal bewußt verstellen. Nicht immer zeigen sie sich so, wie sie tatsächlich sind – und das ist auch verständlich. Neuankömmlingen gegenüber ist man zunächst einmal mißtrauisch. Letztlich ist jeder Erwachsene, der sich der Gruppe nähert, in gewisser Weise eine Bedrohung. Denn jeder Unbekannte kann ein Feind sein.

Straßenkinder müssen immer auf der Hut sein. Auch wenn der Fremdling als Zeichen der Solidarität Essen mitbringt, sehen sie ihn nicht nur als Wohltäter. Er ist auf jeden Fall eine Gefahr, denn er vertritt jenen Teil der Gesellschaft, mit dem Straßenkinder in permanentem Konflikt stehen.

Bei den Straßenkindern, die sich ständig in Extremen bewegen, sind das Schweigen, das Mißtrauen und die Vertuschung der wahren Lebensgeschichte und Identität ein wichtiger Überlebensmechanismus. Das hat mich dazu veranlaßt, lieber eher sparsam mit Fragen umzugehen, die direkt mit ihrer Person zusammenhängen.

Besser waren allgemeine Fragen. Die Straßenkinder sollten erzählen, was sie momentan bewegt, und das eher in Form eines Gesprächs als eines Interviews. Ich muß zugeben, daß mir das erst nach einiger Zeit wirklich gelungen ist. Anfangs bot mir als blutiger Anfängerin im Umgang mit Straßenkindern das Festhalten an einem Fragebogen eine gewisse Sicherheit, die ich später nicht mehr benötigte.

Um meine guten Absichten zu beweisen, fahre ich mit acht Butterbroten in der Tasche nach Copacabana – ehemals Wohnviertel des *Carioca*-Adels, jetzt Wohnsitz der gehobenen Mittelklasse. Um neun Uhr morgens sind die Straßencafés an der Avenida Atlântica, vis-á-vis dem weltberühmten Strand von Copacabana, noch leer. Erst gegen Mittag kommt eine gewisse Geschäftigkeit auf. Doch immer mehr Touristen bleiben der „schönsten Stadt der Welt" fern, verunsichert von Schreckensmeldungen, die den Globus rauf und runter laufen. Träger von Rolex-Uhren und Brillantcolliers präsentieren sich lieber in Saint Tropez. Souvenirs aus Rio – Strandtücher, mit bunt schillernden Papageien bedruckt, und kitschige Porzellanteller mit Bild vom Zuckerhut – verkommen zu Ladenhütern.

Auch der Straßenhandel vor den Luxushotels rentiert sich kaum noch. Nur an den Wochenenden, wenn überarbeitete Büroangestellte auf der Flucht vor Smog und Hitze an den kühlen Atlantik strömen, finden die zerlumpten Favelakinder Abnehmer für Papiertaschentücher, Rosen, Kugelschreiber und Bonbons. Kein einziges Straßenkind ist an diesem Tag zu sehen.

Unter der Woche läuft das Geschäft hier nicht. Trotzdem, irgendwo hier müssen Straßenkindergruppen sein, denn in den Vierteln der Wohlhabenden können sie immer noch am ehesten überleben.

Ich gehe vom wenig bevölkerten Strand weg in Richtung der Hügel, die das Ende des Copacabana-Viertels markieren, und tauche in den Betonschluchten zwölfstöckiger Hochhäuser unter. Parallel zum Strand, wenige Meter stadteinwärts, verläuft die *Avenida Nossa Senhora de Copacabana*. Hier kommt nicht einmal bei Nacht der Verkehr zum Erliegen. Busse donnern messerscharf an Fußgängern vorbei. Wehe dem, der die Straße nicht auf dem Zebrastreifen überqueren will. Neonreklamen der Fast-Food-Ketten Boby's und McDonald's verleihen dem Straßenbild internationales Kommerz-Flair. Dazwischen funkeln Colliers, geschickt arrangiert in den Auslagen der Weltklassejuweliere „Stern" und „Amsterdam & Sauer".

Einstmals hat sich auf dem kunstvoll mit Pflastersteinen gestalteten Trottoir alles bewegt, was Rang und Namen hatte. Heutzutage stolpert man über ausgebrochene Pflastersteine und Löcher, in denen sich Dreck sammelt. Jetzt flaniert das Volk hier. Am Straßenrand lagert ein unübersehbares Heer von Händlern. Auf Decken werden Schuhe und Sandalen zur Schau gestellt, daneben bunte Tücher und billiger Modeschmuck, kunstvoll arrangiert. Zwischen Taschenradios, Batterien und Springmessern stapeln sich Türme bunten Plastikgeschirrs. Nicht fehlen dürfen Spielkarten und Dominosteine – beliebter Zeitvertreib der Obdachlosen. Für Mädchen aus den umliegenden Favelas gibt es preiswerten Lidschatten und Lippenstifte in allen Farben. Doch auch traditionelles Kunsthandwerk findet sich neben dem billigen Fließbandschund.

Unübersehbar erstreckt sich der rot-weiß gestreifte Baldachin der Lebensmittelkette *Pão de Açúcar* über den Boulevard. Darunter stehen zwei uniformierte Wächter im schwülen Schatten, mit Revolvern im Gurt. Kein Unbefugter kommt über die schräge Rampe zu den Verkaufsräumen. Gegen *arrastões* – organisierte Raubzüge der Favelabewohner, die oft in ihrer Verzweiflung ganze Läden plündern – wissen sich viele Kaufhäuser zu schützen. Aber auch gegen Taschendiebe ist vorgesorgt:

Handtaschen und Plastiksäcke müssen beim Eingang abgegeben werden.

An den unzähligen Kassen im künstlich beleuchteten Raum stehen *office boys* im dunkelblauen Dreß: Jugendliche aus der Favela, die den ganzen Tag nichts anderes tun, als in unendlicher Monotonie die Einkäufe in Plastiksäcke zu stopfen. Das Kaufhaus erstreckt sich über die unteren Räume eines Hochhauses, das von zahlreichen Säulen gestützt wird. Zwischen den äußersten zwei Pfeilern befindet sich ein leerstehendes Geschäftslokal, Rollgitter schützen es vor Einbrechern. Der Laden ist zurückversetzt, ein Dachvorsprung ragt drei Meter über den Gehsteig, davor steht eine Mauer aus Holzkisten, zweifach gestapelt und ordentlich übereinander geschlichtet. Zehn schwarzgelockte Kinderköpfe lugen aus billigen Filzdecken hervor: ein Straßenkinderlager. Unbeeindruckt von den geschäftig vorbeieilenden Passanten und dem Höllenlärm auf der Straße dösen sie im warmen Sonnenschein des späten Morgens. *Mamitex*, ein Alugeschirr, halbvoll mit Bohnen und Reis, steht etwas schief am oberen Rand einer Schaumstoffmatratze. Ein Teil der *feijoada* beschmutzt die Matratze. Zwischen den Kindern liegen verstreut Plastikbecher und Zeitungsfetzen. Am Gitter hängen Kleidungsstücke, es riecht nach Urin.

Ich nehme meinen ganzen Mut zusammen und sage schüchtern „*oi*"– „Hallo". Dann krame ich aus meinem Rucksack Weißbrot mit Butter hervor und frage in die Kindermenge hinein: „Wollt ihr?" Ein rundliches, ungefähr 14 Jahre altes Mädchen, von dem ich später erfahre, daß sie Shirley heißt, blinzelt mich durchs grelle Sonnenlicht verschlafen an, lächelt, richtet sich auf und nimmt die Brötchen dankend entgegen. Dabei macht sie eine Faust und streckt den Daumen nach oben – das brasilianische Zeichen für *o. k.* und „super".

Mitten unter den Kindern liegt Magno – das Gruppenbaby. Er öffnet seine großen, schwarzen Augen und nimmt den hellblauen Schnuller, der an einer Schnur um seinen Hals hängt, aus dem Mund. Seine Mutter, die hübsche Mulattin neben ihm, schläft noch. Magno rappelt sich auf und streckt seine Hand nach dem Stück Brot aus, das Shirley gerade verzehrt. Sie nimmt ihn auf den Schoß, reißt die Hälfte vom Brot herunter, an dem

Magno nun zufrieden knabbert. Bei Straßenkindern ist es üblich, daß nicht nur die Mutter ihr Kind versorgt, sondern alle sich für das jüngste Gruppenmitglied verantwortlich fühlen und es liebevoll behandeln, solange es noch ein Kleinkind ist.

Immer mehr Kinder richten sich gähnend auf, sitzen auf der Schaumstoffmatratze und starren mich zunächst einmal wortlos an. Ich habe das Gefühl, etwas sagen zu müssen, ihnen erklären zu müssen, wer ich bin, und warum ich hier bin. Ich erzähle ihnen, daß ich aus Österreich komme: „Das ist ein Land in Europa. Europa ist ein Kontinent, so wie Amerika."

„Ah, *Australia*", sagt Shirley wissend. „Nein, *Austria.*" – „Ist das weiter als São Paulo?" will Shirley wissen. Keines der Kinder hat je eine Weltkarte gesehen. Brasilien ist für sie die Welt – und irgendwo sind auch die Vereinigten Staaten. „Mein Land liegt auf der anderen Seite der Welt" – versuche ich die Distanzen einigermaßen zu veranschaulichen. „Aha, Sie kommen aus einer anderen Welt", nicken die Kinder verständnisvoll und treffen damit eigentlich den Nagel auf den Kopf.

Damit wäre meine Herkunft geklärt, aber noch nicht der Grund meiner Anwesenheit. Ich erkläre ihnen, daß ich in Brasilien bin, um Straßenkinder kennenzulernen – und daß ich eine Studie über Straßenkinder mache. Verständnisloses Nicken. „Ich schreibe ein Buch über Straßenkinder." Gespannt warte ich, ob die Kinder meine Erklärung akzeptieren werden. Eigentlich bin ich ja ein Eindringling. Doch da sie nicht abwehrend reagieren, beschließe ich zu bleiben.

Die Kinder beginnen, auf mich einzureden. Leider verstehe ich nur das Wenigste. Ich muß mich zuerst an ihren Slang gewöhnen. Inzwischen dolmetschen Kinder, die ich besser verstehe, für die, die ich überhaupt nicht verstehe.

„Dort, wo Sie wohnen, da muß es gut sein, nicht wahr? Gibt es dort Leute, die auf der Straße leben müssen? Gibt es Leute, die an Hunger sterben?" fragen sie. Und: „Gibt es dort Drogen?" – „Die gibt es auf der ganzen Welt", antworte ich. „Gibt es Leute, die auf der Straße schlafen?" – „Einige schon, aber kaum Kinder."

Ein Junge mit bunter Strickmütze ergreift das Wort und sagt mit wissender Miene: „Dort gibt es doch den reichen und den armen Teil, dort bei dieser Mauer, nicht wahr? Ich habe das im Fernsehen gesehen, auf der einen Seite waren die armen Familien, auf der anderen Seite die Familien der Reichen – alles Hurensöhne." – „Gibt es in Australien Alkohol?" will Shirley wissen. „Gibt es Zuckerrohrschnaps? Oder trinkt man dort mehr Whisky?"

Eine kleine Mulattin in einem roten Minikleid fragt aufgeregt: „Gibt es in *Australia* eine *Praça*?" – „Plätze gibt es in jeder Stadt. Und ich komme aus *Austria*. Australien ist so wie Amerika ein Kontinent, und *Austria* ist ein Land in Europa." – „Aber das ist doch alles dasselbe: Iran, Irak, *Austria*, *Australia*, Rio Grande do Norte und Rio Grande do Sul", philosophiert Shirley und verschlingt genüßlich den letzten Bissen vom Butterbrot.

Der größte unter ihnen richtet sich gähnend auf, lang und dünn, mit Shorts bekleidet. Auffallend für einen Schwarzen sind seine schmalen Lippen, die ihm etwas Zynisches verleihen. Er reibt sich die Schaumstoffstückchen aus dem kurzen, lockigen Haar und grinst mich an. Ein wenig unheimlich ist er mir. Sein Lachen wirkt verrückt. Ist er high? Macht er sich lustig über mich? Vítor, so sein Deckname, steigt über die Holzkisten und kommt zu mir auf die Straße. Er deutet auf meinen Hemdkragen, wo ein kleines Mikrophon befestigt ist. Im Rucksack steckt mein *Walkman* und nimmt alles auf. Ich will es mir nachher übersetzen lassen. Vítor verlangt, daß ich ihn abdrehe, was ich auch prompt tue.

Damals wußte ich es noch nicht: Niemals entgeht einem Straßenkind auch nur ein Handgriff, den du machst. Und deine Person wird bis ins kleinste Detail gemustert. Zu gefährlich ist das Leben auf der Straße, als daß ihnen auch nur eine Kleinigkeit entgehen dürfte. Eine kleine Unaufmerksamkeit kann den Tod bedeuten. Ich komme mir lächerlich vor. Was wird Vítor jetzt machen? Er nimmt eine Holzkiste: „Setz dich." Etwas verschämt, fast schon, als wolle er sich entschuldigen: „Das sind die Stühle, die wir auf der Straße haben. Die Straße ist unser Haus, und Holzkisten sind unsere Möbel." Dann zeigt er mir auf meinem Stadtplan die Standorte von Straßenkinderprojekten. „Wenn Sie wollen, kann ich Sie durch die ganze Stadt führen. Ich kann Ihr Fremdenführer sein."

Shirley setzt sich neben mich auf eine Obstkiste. Sie hat kinnlanges, lockiges schwarzes Haar, eine helle Haut und negroide Züge, ihre Kinderlippen sind rot angeschmiert. Sie trägt ein hautenges, schwarzes Minikleid. Neugierig sieht sie mich an, sagt aber nichts.

Ich wende mich an Vítor: „Wovon lebt ihr?" – „Von dem, was die Leute uns geben – und vom ..." Er macht eine eigenartige Handbewegung, flüstert: „Wir stehlen. Geldbörsen, Uhren, Schmuck, Fotoapparate." – „Wen bestehlt ihr?" Vítor grinst: „Die Touristen natürlich, an der Copacabana. *Gringos* haben ihre Vorteile: Sie können nicht portugiesisch, deshalb können sie nicht die Polizei rufen."

Unweigerlich halte ich meinen Rucksack fest und denke an mein Tonbandgerät. Keine schlechte Beute. Da einem Straßenkind keine Regung seines Gegenübers entgeht, meint er besänftigend: „Aber Sie wird hier niemand bestehlen. Sie sind eine Freundin." – „Lüge", mischt sich Shirley ins Gespräch. Und warum sollte er mich wirklich nicht bestehlen? Schließlich bin ich eine Fremde und kann mich nicht wehren. Er kennt mich kaum, und Sympathie kann auf der Straße, wo es ums nackte Überleben geht, wohl kaum mehr zählen als Geld.

Vítor schiebt mißbilligend seine Unterlippe vor und schnaubt wütend. Keiner darf ihm widersprechen und ihn bloßstellen. Er schlägt Shirley links und rechts auf die Wangen. Sie zuckt zusammen. Vítor lacht. Das Mädchen blickt ihm fest in die Augen: „Laß das, du Hurensohn." Sie versucht, die Tränen zurückzuhalten, während er ihr noch ein paar Ohrfeigen verpaßt.

Ich denke mir: „O Gott, nein." Ich fühle mich mies und weiß, daß ich dem Mädchen zu Hilfe kommen sollte, aber mir fehlt einfach der Mut dazu. Ich bringe nur ein leises „Nein" hervor. Shirley steht schließlich auf und geht weg. Vítor bleibt eine Weile wortlos sitzen. Dann springt er auf und läuft, ohne etwas zu sagen, geschickt zwischen den Autos auf die gegenüberliegende Straßenseite und taucht im Menschengewühl unter.

Da sitze ich nun mitten in Copacabana, dem legendären Touristenviertel, das weltweit für beschwingten Samba, Luxus und gute Stimmung steht. Ich habe das Gefühl, abgeschnitten vom Rest der „zivilisierten" Welt zu sein. Tatsächlich sind wir

– inmitten von Menschenmassen – vollkommen unter uns. Fußgänger machen einen Bogen um das Straßenkinderlager. Verächtlich blicken sie auf die dreckigen Kinder herab, die den halben Gehsteig für sich beanspruchen. Ab und zu zischt ein hastig vorbeeilender Passant mir zu: „Vorsicht – alles Räuber hier."

Die Aggression, die gutbürgerliche *Cariocas* den Straßenkindern entgegenbringen, ist offensichtlich, auch wenn sie versuchen, sie zu verbergen. Straßenkinder stören, selbst wenn sie nichts anderes tun, als einfach da zu sein, doch kaum jemand wagt, sich direkt mit Straßenkindern anzulegen. Denn das Harmloseste, das einem dabei passieren kann, ist, daß man von den wütenden Kindern angespuckt wird. Aber es kann auch vorkommen, daß sie jemand, der ihren Zorn hervorruft, eine Eisenstange nachschleudern oder mit einem Stein die Windschutzscheibe seines Autos zertrümmern.

Lange halte ich es hier nicht mehr aus. Ich muß weg: Zu viele neue Eindrücke, zuviel Anspannung und Angst. Äußerlich wirke ich gelassen, zumindest bilde ich mir das ein, sitze aber wie auf Nadeln und beobachte den „Gegner" genau. Nicht nur die Straßenkinder sind mir gegenüber argwöhnisch, auch bin es. In gewisser Weise bin ich auf Verteidigung eingestellt. Was werden sie als nächstes mit mir tun? Diesem Druck möchte ich entfliehen.

Ich nähere mich dem Jungen, der in meinem Heft malt, und bitte ihn, es mir zurückzugeben. Zuvor habe ich es den Kindern überlassen, damit sie ihre Namen eintragen. Der kleine Bengel ist nicht älter als zehn und trägt ein weißes, löchriges T-Shirt, das ihm bis zu den Knien reicht. Die Nähte sind außen, das Markenzeichen vorne. Gelassen, mit einem eigentümlichen Grinsen, präsentiert er mir seine Zeichnung: Eine vornehme Dame, mit einem langen, weiten Rüschenkleid. Das soll offenbar ich sein. Egal, wie ich mich kleide – in den Vorstellungen der Kinder bin ich nicht weniger als eine Prinzessin.

Mir gegenüber hat er einen überdimensionalen Penis gezeichnet. Daneben steht in Blockschrift: *buca* – eine sehr unschöne Bezeichnung für das weibliche Geschlechtsorgan. Ich denke kurz nach, lächle ihn an und sage: „Sehr schön." – „Sehr schön?" wiederholt er etwas verunsichert. Diese Reaktion hat er nicht erwartet. Er rennt weg, kreischend vor Lachen.

Meine Konflikte mit den Kindern sind damit noch nicht ausgestanden. Zwar toleriert mich die Gruppe bald in einer Art Gleichgültigkeit, doch nach einigen Tagen, ich habe bereits meine ersten Interviews gemacht und regelmäßig Essen mitgebracht, erscheint Sérgio auf der Bildfläche. Er ist der Freund von Alexandra, einer 16jährigen, die das Sagen in der Gruppe hat und nur dann mit mir spricht, wenn sie Geld will. Sérgio ist groß, muskulös und wohnt teilweise in der Favela. Alexandra erwartet ein Kind von ihm. Eine Zeitlang waren sie getrennt. Es hatte Streit gegeben, bei dem sie ihm mit dem Messer eine tiefe Schnittwunde am Bein versetzt hatte. Nun liegen die beiden, offensichtlich versöhnt, eng umschlungen auf der Schaumstoffmatratze.

Als ich mich der Gruppe nähere, schreit Sérgio provokant: *„Fuck you, gringa!"* Ich tue so, als würde ich mich nicht angesprochen fühlen, und schaue in die andere Richtung. Dabei weiß ich: Der erste Kontakt mit Straßenkindern, die in einer gewissen Führungsposition sind, ist sehr wichtig – eine Art Bewährungsprobe. Von dieser Begegnung kann es abhängen, ob man weiterhin in der Gruppe toleriert oder vertrieben wird.

Sekundenschnell macht sich jeder seine Gedanken über den anderen. Was wird er jetzt wohl tun? Wenn ich nicht reagiere, ihn nicht beschimpfe oder auf eine andere Weise autoritär bin, dann bin ich für ihn die Schwächere, der gegenüber er sich alles herausnehmen kann. Noch einmal brüllt er: *„Fuck you, gringa!"* Soll ich weggehen? Damit würde ich mich geschlagen geben und zum Gespött der Gruppe werden. Ich bleibe also und warte ab.

Da ich nicht reagiere, reize ich ihn noch mehr. Andere Straßenkinder sitzen stumm auf der Matratze und beobachten uns, ohne Partei zu ergreifen. Sie sind Zeugen, und da kann Sérgio es sich nicht leisten, daß ich ihn einfach nicht beachte. Er springt auf, stellt sich direkt vor mich hin. Kampflustig leuchten seine Augen: *„Fuck you, gringa!"* Was soll ich tun? Zurückschimpfen? Selbst wenn ich wollte, fehlt mir dafür das nötige brasilianische Vokabular. Aber ich muß etwas sagen, etwas tun, wenn ich mich nicht lächerlich machen will.

In meiner Unsicherheit reiche ich ihm die Hand und stelle mich vor. Auch wenn er von den anderen bereits weiß, wer ich bin, wird dadurch die Situation etwas entspannter. Dann frage ich ihn, wie er heißt, und bitte ihn, seinen Namen in mein Heft zu schreiben – was er auch tut.

Und was jetzt? Ich nehme meinen Mut zusammen und frage: „Sérgio, willst du mir einen Liebesbrief in mein Heft schreiben?" Etwas verlegen lehnt er ab, denn er hat nie Schreiben gelernt. Diese Reaktion hat er nicht erwartet, und das ist auch gut so. Man muß den „Gegner" immer überraschen. Er geht zu Alexandra zurück und setzt sich friedlich nieder. Seither hatte ich nie wieder Probleme mit ihm. Er war freundlich und hat, als ich ihn ein Jahr später zufällig wieder auf der Straße getroffen habe, sogar meine Hand geküßt.

Natürlich weiß ich nicht genau, was in Sérgio vorgegangen ist, aber ich vermute, daß er bereits von den anderen Straßenkindern gehört hat, daß ich „gut" bin, schließlich habe ich jeden Tag Essen mitgebracht. Andererseits wirke ich unsicher, und das reizt ihn, denn ich stehe in der sozialen Hierarchie ganz oben und er ganz unten. Sonst hat er kaum Gelegenheit zur direkten Auseinandersetzung mit solchen Menschen. Aber er weiß, daß die reichen Weißen sich vor Straßenjungen fürchten, und das macht ihn stark, verleiht ihm Macht, die er nun an mir genießen will, indem er mich beschimpft. Ich verlagere den Konflikt auf eine andere Ebene. Da kann er nicht mithalten und muß sich geschlagen geben. Gleichzeitig habe ich ihm gezeigt, daß ich ihn nicht mißachte, wie es viele andere tun. Ich habe dadurch Freundschaft gewonnen, und Respekt, weil ich den Kampf aufgenommen habe.

Die Begegnung mit Straßenkindern ist schwierig und voller Konflikte. Doch nimmt man die Auseinandersetzung auf, dann sind Beziehungen von einer Intensität möglich, die im stets lauwarmen Klima der bürgerlichen Welt selten ist.

„Straßenkinder schätzen das Leben viel mehr als wir. Sie leben so, als wüßten sie, daß sie morgen sterben werden", hat mir später Gecivaldo Barbosa Alves erklärt, ein Straßenerzieher aus Rio. „Sie machen alles heute. Ihre Devise heißt: *jetzt und sofort.* Wir, die wir Schulbildung haben, Familie, Erziehung, besitzen diese Spontaneität nicht. Wir sind vorsichtiger damit, was wir fühlen, was wir wollen, was wir sagen – ja sogar mit dem, was wir denken dürfen. Wir haben nicht die Gabe, uns so offen mitzuteilen wie Straßenkinder. Wenn sie dich beschimpfen wollen, dann beschimpfen sie dich, wenn sie dich küssen wollen, dann küssen sie dich, wenn sie dich berauben wollen, dann berauben sie dich. Wenn sie dich lieben, dann lieben sie dich wirklich – es ist eine Beziehung ohne viel Heuchelei."

# Wo es keine Familie mehr gibt

Ein Körper, gerippt wie ein Wurm, läuft spitz zusammen und endet in einer Art Stachel. Darauf sitzt eine furchterregende Fratze, mit spitzen Raubtierzähnen in einem weit aufgerissenen Maul. Wie bedrohliche Geister schweben diese Gestalten, die fast nur aus dem riesigen Kopf bestehen, über einer kleinen Figur. In deren Richtung hält die Krallenhand eines Monsters einen Gegenstand, der wie ein Teppichklopfer aussieht. „Die Eltern schlagen das Baby, wenn es schreit“, erklärt mir der 13jährige Alexandre seine Zeichnung.

Er ist eines der 250 Kinder, die in der *Casa Emergencial* des Wohlfahrtsvereines *São Martinho* mitten im Prostituierten- und Transvestitenviertel von Lapa betreut werden. Ein Polizist mit Schlagstock und Revolver ist beim Eingangstor postiert. Alle nichtstaatlichen Straßenkinderheime Rios haben einen Wachposten, denn Straßenkinder haben zu viele Feinde. Bei *São Martinho* haben die Kinder freien Zutritt. Die einzige Regel lautet: Niemand darf mit Drogen und Waffen hinein. Zigaretten sind erlaubt, auch bei Kindern unter zehn Jahren. Mit zu vielen Verboten würde man die Straßenkinder überfordern.

Eine Weile beobachte ich die schwarzen Kinder, die im zubetonierten Hof herumtollen. Es gibt keinen Baum, der in der unerträglichen Hitze ein wenig Schatten spendet. Ich ziehe mein Sweatshirt aus und lege es hinter mich. Als ich mich ein wenig später umdrehe, ist es weg. Irgendeine flinke Hand hat es geschnappt. Ein wenig verärgert über meine Gedankenlosigkeit packe ich meinen Rucksack mit beiden Händen und sehe mir den Bau einmal von innen an.

Als wohl renommierteste Straßenkinderorganisation Rio de Janeiros besteht *São Martinho* seit 1986 und kann sich prominenten Besuchs aus aller Welt rühmen. Niemand, der Rang und Namen hat, darf *São Martinho* bei einem Aufenthalt in Rio versäumen. An der Wand des Zentrums hängen Bilder, die von Prinzessin Dianas Visite zeugen. Auch die große Umweltkonferenz im Juni 1992 brachte hochrangige Gäste: Fürst Rainier von Monaco wartete mit einer Spende von 80.000 Dollar auf, mit der ein weiteres Haus für 30 Straßenkinder in Niteroi gekauft werden konnte. Monaco stellt die notwendigen Dinge zur Verfügung: Herd, Kühlschrank, Betten – und Videokassetten. Auch der britische Premierminister John Major stattete dem Heim einen Pflichtbesuch ab – umringt von Leibwächtern, die Säcke mit 300 Paar Turnschuhen, Bermudas, Leibchen und Sportartikeln plus einem Computer mitbrachten.[30]

Aber während immer mehr Spenden für die ausgezeichnete Arbeit von *São Martinho* fließen, wächst die Kritik der Eltern aus den Elendsvierteln. Milton aus der Favela *Pavão e Pavãozinho* in Ipanema ist arbeitslos und verbringt seine Zeit mit Holzschnitzereien und geborgten Büchern. Er seufzt verbittert: „*São Martinho* raubt uns unsere Kinder. Denn sie geben ihnen Essen, und wir können ihnen nichts geben."

Immer mehr Kinder landen auf der Straße. Ihre traurigen Behausungen lassen sie hinter sich zurück, denn die Zustände dort sind so chaotisch, daß ihnen alle Gefahren der Straße nichts mehr ausmachen. In den *cubiculos*, wo zehnköpfige Familien auf engstem Raum leben, fließen die Abwässer unter Tisch und Bett. Wenn es regnet, werden Matratze und Decke naß, der Lehmfußboden verwandelt sich dann in Schlamm. Hier gibt es keine Privatsphäre mehr, die dünnen Holzwände dämpfen die Stimmen der Nachbarn kaum. Passanten können in das Innere der Räume sehen. Die Kinder sehen den Erwachsenen beim Geschlechtsverkehr zu. Sie erleben tagtäglich Streitereien und Messerstechereien.

Trotz allem sind diese Bretterverschläge für viele ein begehrtes Gut. Unternehmer lassen solche Buden bauen, um sie äußerst gewinnbringend zu vermieten oder zu verkaufen. Viele Bewohner der Bretterbudensiedlungen entlang der Schnellstraße leben in einer rechtlichen Grauzone, denn sie beschaffen sich ihren nötigen Wohnraum auf eigene Faust. Sie besetzen Gemeindegrundstücke oder Privateigentum. Sie handeln illegal, in der

Hoffnung, daß ihre Siedlungen irgendwann einmal legal werden. Später müssen sie in zähen Verhandlungen die nötige Infrastruktur von den Behörden erzwingen. Doch ehrgeizige Großprojekte der Stadtverwaltung vertreiben sie allzuoft wieder, und dann wissen sie nicht mehr, wohin. Es ist legal, sie zu vertreiben. Denn für die meisten Bürger der Mittel- und Oberschicht sind *favelados* nur Schmarotzer, die fremdes Eigentum okkupieren.

Der Arbeitsmarkt nimmt nur wenige von ihnen auf. In der Großstadt leiden vor allem die zugewanderten *Nordestinos* unter der Geringschätzung, die ihnen entgegengebracht wird. Die ehemaligen Bauern werden zu Fremden im eigenen Land. In einer auf Fortschritt bedachten Industriegesellschaft gelten diese einfachen, tiefreligiösen Menschen als minderwertig. Sie müssen Erfahrungen, Verhaltensweisen und Wertvorstellungen zweier Welten in sich vereinen. Ihre Traditionen sind nicht mehr gefragt, dafür sollen sie lesen und schreiben und einen Computer bedienen können. Die mangelhaft ausgebildeten Männer finden bestenfalls einen Hilfsarbeiterjob.

Ein Teil ihres mageren Lohns geht gleich wieder für Transportkosten drauf, ein anderer Teil für überhöhte Mieten. Nur schwer können sie der Rolle des Familienoberhaupts entsprechen. Unerträglich ist die heulende Schar hungriger Kinder, die jedes Mal, wenn der Vater nach Hause kommt, etwas zu essen verlangen. Die Männer fühlen sich als Versager und greifen zum Alkohol. Ihre Minderwertigkeitsgefühle werden noch verstärkt durch die von den Massenmedien propagierte Ideologie, wonach alles machbar und möglich sei. Der einzelne müsse nur wollen, und alles wird sich zum Besseren wenden.

Der Straßenerzieher Gecivaldo Barbosa de Alves erklärt die absurde Situation: „Straßenkinder kehren meist deshalb nicht mehr nach Hause zurück, weil es dort nichts zum Essen gibt. Auf der Straße können sich die Kinder wenigstens Essensreste erbetteln, oder Fußgänger geben ihnen Kekse. Oder sie bekommen bei irgendwelchen Gelegenheitsjobs Geld und eine warme Mahlzeit. Auf der Straße sind sie nicht hungrig, zu Hause schon."

Wir gehen die frisch gewaschenen Stiegen zum oberen Stockwerk hinauf, links und rechts von uns rasen halbnackte Jugendliche die Treppen hinauf und hinunter. Auf einmal Geschrei.

Zwei Jungen wälzen sich am Boden. Gecivaldo und ein anderer Erzieher stürzen auf sie zu. Einer der Jungen strampelt, kratzt, beißt und schimpft hysterisch, während ihn Gecivaldo mit festem Griff in einen Nebenraum zerrt: Alltag in *São Martinho.*

Im hellen Waschraum treffe ich Alexandre, der sich im Spiegel bewundert. Seine Haare sind geschnitten und entlaust, er ist frisch gebadet, seine saubere Kleidung duftet. In der hauseigenen Wäscherei wird seine Wäsche gewaschen, und manchmal bügelt er seine Kleider selbst. Ab und zu wird er zum Reinigungsdienst eingeteilt. In blauer Uniform muß er dann die Stiegen und den Speisesaal aufwaschen. Straßenkinder erledigen auch kleine Aufgaben im Büro von *São Martinho.* Wer hier arbeitet, erhält eine kleine finanzielle Unterstützung, einige Jugendliche sind sogar fix angestellt.

Endlos betrachtet sich Alexandre im Spiegel über dem Waschbecken. Vielen Straßenkindern ist dieses für uns alltägliche Utensil eine Rarität. Manche können nicht einmal mit Löffel und Gabel umgehen. Wo sie herkommen, gibt es anderes Besteck: zusammengerollte Alufolie, ein Stück Plastik oder einfach die Hände.

Alexandre und seine Schwester sind vor einem Jahr von ihrer Mutter und dem Stiefvater vertrieben worden. „Der *padastro* hat gesagt, er erschießt mich, wenn ich mich noch einmal zu Hause blicken lasse“, sagt er niedergeschlagen und läßt den Kopf hängen. Sozialarbeiter suchen nun ein Internat für ihn, wo er wohnen und lernen kann.

Vertrauensvoll rückt er näher und greift nach meiner Hand, obwohl wir uns erst seit wenigen Stunden kennen. „Willst du meine neue Mutter werden?“ fragt er, voll Hoffnung auf eine intakte Familie. Etwas verlegen lehne ich ab. Alexandre sieht in mir die heile Welt. „Wie groß ist dein Haus? Wie viele Geschwister hast du? Geht ihr auch manchmal gemeinsam essen?“ Er will wissen, ob wir auch Freunde einladen und ob wir uns alle miteinander vertragen. Und: „Wenn du Kinder hättest, wie würden sie heißen? Und wären sie auch deine Erben? Und wenn du gestorben bist, wird dein Dienstmädchen dann entlassen?“ Er versinkt mit seinen unzähligen Fragen in einen angenehmen Tagtraum.

In Brasilien befinden sich Millionen von Familien in Auflösung. Viele Männer, oft nur mehr psychische Wracks, lassen irgendwann einmal Frau und Kinder im Stich. Alleinstehende Mütter mit drei, vier oder mehr Kindern sind in den Städten der Normalfall, dabei ist nicht selten jedes Kind von einem anderen Mann. Längst ist die Familie nicht mehr Ort sozialer Geborgenheit. Berichte über vernachlässigte Kinder sind häufig: Mütter liegen tagelang betrunken in der Hütte und vergessen das Kind in der Wiege. Sein Schreien stört längst niemanden mehr, und es schreit, bis es an Hunger und Durst stirbt. Nicht selten verlassen Mütter ihre Kinder. Wenn sie Glück haben, werden die Kleinen von verschiedenen Nachbarn aufgenommen ...

Ich steuere auf das gelockte Mädchen zu, das verschüchtert an der Wand lehnt und den Tumult um sich herum betrachtet. Die 14jährige Rosali hat bereits von klein auf keine Eltern mehr gehabt. Auch sie schaut ab und zu beim Zentrum *São Martinho* vorbei. „Als ich geboren worden bin, hat meine Mutter – das verstehe ich bis heute nicht – mich genommen und zu meinen Tanten gesagt: Paßt auf sie auf, ich gehe Milch holen und komme gleich zurück. Und dann ist sie verschwunden. Sie ist ein Jahr weggewesen und nur zurückgekommen, um mich zu holen. Aber meine Großeltern haben das nicht erlaubt, und so bin ich bei ihnen geblieben. Ich bin von meiner *madrinha*, der Taufpatin, großgezogen worden, deswegen ist sie für mich jetzt meine Mutter."

Nun darf Rosali auch nicht mehr bei ihrer *madrinha* wohnen. Denn sie ist drogensüchtig und wird zu Hause nicht mehr geduldet. Ihre Mutter hat sie schon eine Ewigkeit nicht gesehen. Wenn sie einsam und traurig ist, singt sie:

„Schau, Mutter, wieviel Sehnsucht hier in meiner Brust,
die mich quält und schmerzt,
schau, Mutter, es geht nichts mehr,
ich leide zu sehr,
ich verlor die Welt und den Frieden,
ohne deine Liebe.
Schau, Mutter,
ohne deine Liebe bin ich niemand,

wenn ich aufwache, ist es so traurig,
ich bitte um deine Liebe,
bitte komm zurück."

„Für viele gibt es die gute Mutter nur mehr in der Phantasie", sagt Gecivaldo und betrachtet die Kinder im Hof mit sorgenvoller Miene. Brasilien rangiert weltweit an vierter Stelle, was innerfamiliäre Gewalt betrifft. Besonders betroffen von der elterlichen Aggression sind Kinder bis zu sechs Jahren, aber auch Neugeborene. Dabei ist die Person, die statistisch am meisten mißhandelt, die Mutter, weil sie den häufigsten Kontakt mit den Kindern hat.[31]

Der materiellen Armut folgt psychische Armut, denn der zermürbende Alltag führt zu Gefühlsunfähigkeit. Nur bruchstückhaft erfassen die Eltern ihr Kind als Wesen, das zuerst einmal nehmen muß und erst dann geben kann. Die Eltern, oft selbst noch Kinder, sind überfordert und stellen zu hohe emotionale Ansprüche an das Kind; sie glauben, das Kind sei da, um ihre Bedürfnisse zu befriedigen, und nicht umgekehrt. Mitunter deuten sie das Schreien und Greinen des Säuglings als Bosheit, die rigoros bestraft gehört.

Selten leben die Kinder mit beiden leiblichen Eltern. Meistens ist der Vater ein *padastro*, d. h. Stiefvater. Aber es gibt auch Familien mit einer *madastra*, einer Stiefmutter. Die Stiefeltern sind oft die Ursache, daß die Kinder von zu Hause flüchten. Zu alledem kommt noch, daß die wenigsten Kinder wirklich gewollt sind. Abtreibung ist in Brasilien illegal, Verhütungsmittel sind wenig verbreitet. Engere Gefühlsbindungen werden auch dadurch erschwert, daß Kinder am laufenden Band geboren werden und oft nicht einmal das erste Lebensjahr überleben. Stirbt eines, kommt das nächste: Mütter erleben ihr Kind als austauschbar.

Die materielle Not zwingt viele Familien, ihre Kinder buchstäblich auf die Straße zu schicken. Kinder werden zu Familienerhaltern, wenn Vater oder Mutter aufgrund von Krankheiten oder Arbeitsunfällen arbeitsunfähig werden. Sie können auf keine staatliche Unterstützung hoffen und sind völlig auf das Geld angewiesen, das die Kinder nach Hause bringen.

Als „Kinder auf der Straße“ sind sie den ganzen Tag unterwegs und kehren erst am Abend nach Hause zurück. Wenn die Heimfahrt zu beschwerlich ist, dann kommen sie nur an den Wochenenden. Immer loser wird der Kontakt mit der Familie. Dabei machen sie eine entscheidende Entdeckung: Sie können ganz allein überleben. Und noch etwas gibt es da: die unendliche Freiheit in der Anonymität des Großstadtdschungels. Gibt es irgendwo Probleme, ziehen sie eben eine U-Bahn-Station weiter. Sie finden immer einen Schlupfwinkel. Zu Hause ist das anders: Bringen sie kein Geld mit, werden sie grün und blau geprügelt, da gibt es kein Entrinnen.

Es ist unmöglich, das zu leisten, was die Eltern verlangen. Die Konkurrenz auf der Straße ist einfach zu groß. Das wissen die Eltern auch, doch es tut gut, der ganzen aufgestauten Wut auf dieses ungerechte Leben freien Lauf zu lassen. So findet sich immer ein Anlaß, das Kind zu züchtigen.

Irgendwann entflieht es dem familiären Alptraum zur Gänze und wird zum „Kind der Straße“. Der Kontakt mit den Angehörigen bricht ab. Im Grunde genommen tut es damit seiner Familie einen Gefallen. Wenn es nicht von selbst gegangen wäre, wäre es beim nächsten Streit wahrscheinlich sowieso vor die Türe gesetzt worden.

Selbst wenn die Eltern ihr Kind lieben, kommt es ihnen oft nicht in den Sinn, auch nur nach ihm zu suchen. Es befindet sich irgendwo draußen auf der Straße. Die Eltern wissen, daß ihr Kind genauso wie unzählige andere auf der Straße überleben kann. Sie haben kein schlechtes Gewissen – was könnten *sie* ihrem Kind schon geben?

Das Programm von *São Martinho* besteht aus mehreren Etappen: Die erste beinhaltet die Arbeit mit den Kindern direkt auf der Straße. Mit gemeinsamen Spielen und kleinen Jausenpaketen versuchen Erzieher, zunächst einmal das Vertrauen der Kinder zu gewinnen. Zweite Etappe: Sie werden eingeladen, *São Martinho* zu besuchen. Hier können sie ihre Kleider wechseln, bekommen dreimal täglich etwas zu essen, werden medizinisch betreut und können an sportlichen Aktivitäten teilnehmen. Sie sollen lesen und schreiben lernen und können auch einen Beruf erlernen.

Staatliche Schulen können nur jene Kinder besuchen, die eine Geburtsurkunde besitzen. Viele Eltern kümmern sich aber nicht darum. Dieses Stück Papier, das sie nicht entziffern können, hat keinerlei Bedeutung für sie. Die Sozialarbeiter beschaffen die notwendigen Papiere, die lebenswichtig sein können: Auf der Straße ist jeder ausweispflichtig, und Straßenkinder, die zu einer Organisation gehören und beweisen können, daß sie arbeiten oder lernen, werden von der Polizei nicht so schnell verprügelt.

Eine Ordensfrau bringt den Kindern das Lesen und Schreiben bei. „Das ist nicht einfach", lächelt die alte Frau müde, während sie das Klassenzimmer aufsperrt. „Manche haben noch nie eine Schule von innen gesehen. Die meisten weigern sich überhaupt, in eine normale Schule zu gehen. Sie können gerade umständlich ihren Namen aufs Blatt kritzeln. Andere, oft kleinere Kinder, die schon viel mehr können, verspotten sie deshalb", fährt sie fort.

In den Schulstunden von *São Martinho* wird meistens nur gezeichnet. Die Kinder sind nur bereit, das zu tun, worauf sie momentan Lust haben. Außerdem erscheinen sowieso die wenigsten regelmäßig, und so ist an eine wirkliche Alphabetisierung kaum zu denken.

Zerlumpte, kleine Jungen tauchen in der Früh auf, um sich ihren Schuhputzkasten zu holen, ihr einziges Kapital, das sie über Nacht in einem versperrten Schrank untergebracht haben. Sie verschwinden gleich wieder auf die Straße, um zu arbeiten. Sozialarbeiter versuchen, für sie einen Platz in der Abendschule zu organisieren.

Kinder, die nach der Arbeit noch die Schulbank drücken, sind keine Seltenheit in Brasilien, allerdings setzt das einen Ehrgeiz voraus, den viele Straßenkinder nicht mitbringen. „Bei wirklichen Straßenkindern ist an eine Schulbildung kaum zu denken, weil ihnen jedes Zeit- und Pflichtgefühl fehlt", sagt Mônica Collett-Solberg aus der Direktion von *São Martinho* illusionslos. „Sie sind an regelmäßige Schulbesuche nicht gewöhnt – wozu auch? Zum Überleben wissen sie genug. Sie sehen fern. Sie wissen, wo es etwas Neues gibt. Sie kennen die verschiedenen Buslinien und Straßennamen und wissen, wie sie wohin kommen. Sie können mit Geld umgehen und wissen, wieviel Wechselgeld sie bekommen müssen."

Vor allem Favelakinder und Kinder, die über Nacht in einem Haus der Stadtverwaltung schlafen, gehen halbtags zur Schule und machen eine Berufsausbildung als Gärtner, Mechaniker oder *office boy*. Einige *São-Martinho*-Kinder arbeiten auch in einer Keks- und einer Textilfabrik.

Projekte bieten auch einfache Ausbildungsformen an, bei denen man nicht unbedingt lesen und schreiben können muß. Manche Kinder arbeiten dann in einem Reisebüro oder in der Hotelbranche. Doch selbst einfache Tätigkeiten sind für sie eine große Herausforderung. Sie wissen oft nicht einmal die korrekte Anrede, sagen zu allen „du". Große Schwierigkeiten haben sie auch mit der Grammatik, und so fühlen sie sich dumm und ungeschickt. Selbst Kopieren wird zum Problem, wenn sie die Vorlagen nicht entziffern können und sich nicht merken, was schon kopiert ist. Sie erleben permanent, was sie alles nicht können, und so wird ihr Selbstvertrauen auf eine harte Probe gestellt. Die wenigsten bleiben daher länger in solchen Jobs.

Viele Kinder von *São Martinho* tun den ganzen Tag über nichts, sitzen oder liegen „eingeraucht" im Hof herum. Sie warten nur mehr darauf, daß sie mit Essen und Kleidern versorgt werden. Sie haben die Hoffnung bereits aufgegeben, daß ihr Leben für irgend etwas gut ist. Sie besitzen keinen Antrieb, auch nur irgend etwas zu tun.

*A dormida* – das Schlafen – bildet die dritte Phase des Projektes. Denn wer Glück hat, kann in einem Haus der Stadtverwaltung oder von *São Martinho* übernachten. Bevor Straßenkinder eine Zeitlang mit Erziehern und Gleichaltrigen zusammengelebt haben, was immer mit bestimmten Regeln und einer gewissen Struktur verbunden ist, ist an die vierte Phase des Projektes nicht zu denken: die Rückkehr in die Familie.

Eine Integration in Familien, die es im eigentlichen Sinn kaum noch gibt, ist extrem schwierig. Trotzdem: Gecivaldo meint mit einem gewissen Optimismus: „Zur Familie zurückkehren – das heißt zur Mutter, Großmutter, Schwester, zu einer Bekannten oder Nachbarin. Wenn das Kind vor dem Stiefvater davongelaufen ist, dann muß man feststellen, ob es noch derselbe ist. Vielleicht ist schon ein anderer da, der es nicht mehr schlägt."

Die Realität sieht oft anders aus. Nilma, 15 Jahre alt, lackiert gerade ihre Fingernägel und meint beiläufig: „Manchmal sehe ich meine Mutter. Aber ich glaube, daß da für mich kein Platz ist. Sie hat zwölf Kinder. Wenn ich nach Hause komme, zeigt sie mir, daß ich unerwünscht bin. Eigentlich ist sie ja gar nicht meine wirkliche Mutter, ich bin nämlich im Heim groß geworden", sagt sie und beißt sich auf die Lippen. „Ich habe immer noch Angst vor ihr. Ich kann ihr nicht einmal ins Gesicht sehen. Sie verflucht mich, und als ich noch klein war, hat sie gesagt, daß sie mich töten will."

Das Mädchen stellt ihr Nagellackfläschchen neben sich und sagt mit vor Zorn blitzenden Augen: „Aber wenn Gott will, werde ich einen Platz zum Wohnen finden – und dann wird die Stunde kommen, wo ich die Türe vor ihrer Nase zuschlagen werde, so wie sie es gemacht hat, als ich noch klein war."

Straßenkinder, für die es nirgendwo einen Platz gibt, müssen um fünf Uhr nachmittags, wenn die *Casa Emergencial* zusperrt, zurück auf die Straße. Teilweise schlafen sie in Bussen und Lastwagen, die von der Militärpolizei und der Feuerwehr zur Verfügung gestellt werden. Es ist durchaus üblich, daß Straßenkinder, die von einem Verein betreut werden, nachts zurück auf die Straße müssen. Trotzdem ist der Verein *São Martinho* für viele das einzige Zuhause.

Um nicht nur notdürftig an Symptomen herumzudoktern, müßte der Verein eigentlich jedes Kind psychotherapeutisch behandeln lassen. Viele Erzieher sind sich dessen bewußt, doch das nötige Geld fehlt. Deswegen wird vor allem mit jüngeren, weniger belasteten Kindern gearbeitet. „Echten" Straßenkindern, die schon länger auf der Straße leben, kann ein Projekt ohne psychologische Maßnahmen meist nur Erste Hilfe leisten.

Es wird Abend. Gecivaldo hat heute Nachtschicht. Ausgerüstet mit Butterbroten und einem Fußball macht er sich auf den Weg, und ich begleite ihn. Bunte Leuchtreklamen zucken über dem zähflüssigen Strom der Fahrzeuge. Vor uns eine Schar zerlumpter, barfüßiger Kinder, die im Müll eines Supermarkts wühlen. Ihre Gesichter sind schmutzverklebt. Einige Häuserblocks weiter gelangen wir zum *Cinelândia*, einem Platz mitten im Zentrum, beliebter Treffpunkt der gehobenen Mittelklasse. Es riecht nach heißen Würsten, gerösteten Erdnüssen und gekochtem Mais. An Laternen gelehnt stehen einige schwarze Jungen in engen Hosen, nicht älter als zwölf, am Homosexuellenstrich. Stumpfe, dunkle Kinderaugen. Jäh tauchen in der Menschenansammlung fünf Halbwüchsige in viel zu weiten T-Shirts auf. Freudig begrüßen sie Gecivaldo, sie haben bereits auf ihn gewartet. Gierig stürzen sie sich auf die Brote und schlingen sie heißhungrig hinunter.

„Sie klammern sich an diese Beziehung, als wäre es ein Rettungsring", meint Gecivaldo nachdenklich. Er verlangt von „seinen" Kindern kein angepaßtes Verhalten. Auf der Straße müssen sich die Erwachsenen den Kindern anpassen. Straßenkinder lehren sie die Regeln und Gesetze der Straße, zeigen ihnen ihre Welt.

Der Erzieher ist für sie Vater, Mutter und einziger Draht zur Zivilisation. Er gibt ihnen das, was normalerweise die Familie geben sollte: Vertrauen in andere und sich selbst. Und noch mehr: Er zeigt ihnen, daß auch sie Menschen mit Rechten sind.

Gecivaldo will Straßenkinder nicht „resozialisieren". „Die sind bereits sozialisiert genug. Sie sind Früchte eines grausamen Kapitalismus und einer ungerechten Gesellschaft."

# Die Ärmsten der Armen

Es regnet seit Tagen in Strömen. Auch wenn es nie weniger als 14 Grad hat, fröstle ich, trotz Wollpullover, Jeansjacke und dicker Socken. Bei dieser hohen Luftfeuchtigkeit wollen die Kleider einfach nicht mehr trocknen. Selbst die Bettdecke im Zimmer ist ganz feucht. Auf der Straße sind kaum Leute zu sehen. Kein Wunder bei dem Regen, und dazu ist noch Sonntag.

Auch die Straßenhändler sind in ihren Hütten geblieben. Man sieht vereinzelt Familien, die am Boden liegen, unter Dekken und Plastikplanen, und sich gegenseitig wärmen. Im Straßenkinderlager halten sich heute nur wenige Kinder auf. Fest eingewickelt in ihre Filzdecken frieren sie. Manche Kinder haben nicht einmal eine Decke. Sie schlüpfen mit den Armen aus ihren Ärmeln und schlingen sie unter dem Leibchen um den mageren Körper. So wärmt sie wenigstens ihre eigene Körperwärme.

Luna liegt auf dem Boden. Sie trägt nur eine Jeansjacke, eine Jogginghose und ein T-Shirt. Ihr ist nicht gut, sie hat Fieber und ist im dritten Monat schwanger. Ich vermisse Magno. Er ist bei seiner Großmutter in der Favela. Wenn es regnet, soll er nicht auf der Straße sein. Ich frage Luna, wieso sie nicht auch bei ihrer Mutter geblieben ist. „Weil ich es dort nicht aushalte", meint sie nüchtern.

Unter dem Dachvorsprung sitzen an dem Tag auch obdachlose Erwachsene, die vor dem Regen hierher ins Trockene flüchten. Sie verkaufen normalerweise Kerzen und Streichhölzer vor der Kirche um die Ecke, aber bei dem Wetter kauft ihnen niemand etwas ab. Also warten sie, bis der Himmel sich wieder lichtet. Sie grüßen mich freundlich. Die Straßenkinder sagen nichts, weder wenn ich komme noch wenn ich gehe. Schließlich ist das ganze Leben auf der Straße ein einziges Kommen und Gehen, da wäre es viel zu umständlich, immer etwas zu sagen.

Es ist auffällig, daß die Kinder kaum miteinander reden. Sie starren stundenlang schweigend auf die Straße. Nur der 17jährige Vítor spielt mit einigen Bettlern Domino. Ich möchte mich auf den Boden setzen. Da springt ein Mann mit indianischen Gesichtszügen auf und bietet mir seine Holzkiste an. Immer wieder lächeln mich diese Frauen und Männer an. Gewöhnlich fürchten sich die Leute vor ihnen oder begegnen ihnen mit Verachtung. Manchmal schenkt ihnen ein Passant etwas, aber niemand würde sich zu ihnen setzen. Eine Frau aus Bahia schenkt mir ein Muschelarmband und einige funkelnde Steine. Sie will dafür kein Geld. Ich bin ihre *amiga*, obwohl ich sie an diesem Tag zum ersten Mal gesehen habe.

Wie eine große Familie sitzen sie hier auf dem Asphalt, Alte und Junge gemeinsam. Ihr Haus ist die Mauernische, ihre Möbel bestehen aus Holzkisten. Ihr Bett: Schaumgummimatratzen und Pappe. Sie alle warten, daß der Regen endlich aufhört. Die Erwachsenen, damit sie wieder Obst und Kerzen verkaufen können, Marco, ein junger Mann mit Krücken, und zwei alte Männer, damit sie wieder vor der Kirche sitzen und betteln können. Die Straßenkinder, damit sie wieder Schuhe putzen, betteln und stehlen können. Bei Schlechtwetter ist der Sonntag ein Hungertag. Niemand ist auf der Straße, der ihnen etwas geben könnte. Niemand sitzt in den Straßencafés, wo sie sich sonst die Reste einer warmen Mahlzeit erbetteln können.

## DIE LEBENDEN TOTEN

Wer sind diese Männer, Frauen und Kinder? Sie alle haben einen gemeinsamen Namen: *marginais*. Die Marginalisierten leben auf der Straße und in Elendsvierteln am Rand der Städte. Sie alle leben im Elend – und doch überleben sie auf sehr unterschiedliche Art.

„Lebende Tote" werden jene 10.000 Menschen genannt, die als Müllsammler etwas außerhalb von Rio de Janeiro im *Jardim de Gramacho* wohnen. Die Ironie will es, daß dieser gottverlassene Flecken Erde – ein Gebiet von einer Million Quadratmetern – ausgerechnet *jardim*, also Garten, heißt. Täglich werden hier 5000 Tonnen Müll abgelagert. Die *maloqueiros* leben von und auf dem Müll, inmitten von Geiern und Spitalsabfällen. Sie sind extrem durch Infektionskrankheiten gefährdet. Manchmal finden sie einen menschlichen Finger, oder eine ganze Hand, dann bekreuzigen sie sich flüchtig und wühlen weiter.

Ihre Behausungen, die *malocas*, bestehen aus Holz und Pappe. Lächerlich idyllisch klingt das Krähen des Hahnes mitten am Müllberg. Am Eingang zur Halde stehen einige Wächter der Stadtverwaltung, die alle „Unbefugten“ abweisen. Nicht jeder darf sehen, wie es hier zugeht.

Auch bei größter Hitze sind die Müllsammler bekleidet – so gut es eben geht. Dicke Lederhandschuhe, manchmal auch nur Wollfäustlinge, und – wenn möglich – feste Schuhe sollen als Schutz gegen giftige Substanzen und spitze Gegenstände dienen. Sie müssen sich sehr vorsichtig fortbewegen, um nicht in eines der vielen Löcher zu stolpern. Überall liegen Glasscherben. Wer unglücklich fällt, kann sich schwer verletzen. Oft enzündet sich der Müll in der prallen Sonne. Die Rauchschwaden beißen in den Augen.

In großen Jutesäcken werden Abfälle gesammelt und sortiert: Papier, Glas, Blech, Plastik. Jedes Kilo hat seinen Preis. Eine Person schafft bis zu 100 Kilo am Tag. So kommen die Müllsammler auf einen halben Mindestlohn im Monat und liegen damit vergleichsweise gar nicht so schlecht.

Viele Familien leben lieber im Zentrum der Stadt auf der Straße als in den Außenbezirken in irgendeiner Hütte. *Sucateiros* nennt man jene, die auf den Straßen den Müll der Wohlstandsgesellschaft einsammeln und weiterverarbeiten. Aus Holz, Eisen und Rädern basteln sie kleine Wagen. Damit wird der verwertbare Abfall abtransportiert. Papier, Dosen, Flaschen werden zu Geld gemacht. Auf der Suche nach Eßbarem wühlen sie gemeinsam mit Hunden, Katzen und Schweinen im Dreck. Sie suchen überreifes Obst und Gemüse und Fleischreste. Finden sie ein paar Flachsen, braten sie diese am Feuer am Straßenrand – eine erfreuliche Abwechslung von verfaulten Bananen, hartem Brot und kalten Nudeln. Doch die Angst quält sie: Was ist, wenn das Fleisch vergiftet ist?

Tausende versuchen, ihren Lebensunterhalt mit Betteln zu verdienen: die *mendingos*. Improvisation ist für sie alles. Bei der nächsten Tankstelle finden sie eine Waschgelegenheit und Wasser zum Kochen, sie schlafen im Park, unter einer Brücke oder auf dem Asphalt. Wer Geld für eine Plane hat, kann ein Zelt aufbauen. Wer keines hat, schläft unter Bäumen. Die meisten von ihnen haben irgendwann einmal gearbeitet, dann wurden sie entlassen und konnten keinen neuen Job finden. Jetzt sind sie Bettler, und das ist immer noch besser als Verbrecher. Doch Betteln ist meist weniger lukrativ. Wer zu alt ist, hat ohnehin keine Wahl.

Obdachlose Männer, Frauen und Kinder, die nicht miteinander verwandt sind, bilden eine große Familie, zumindest dem ersten Anschein nach. Sie teilen sich den Dachvorsprung, wenn es regnet. Wenn die Straßenkinder tagsüber nicht beim Lager sind, dann passen Bettler auf ihre Sachen auf. Ihr gemeinsamer Feind ist die Polizei, da gibt es Momente der Solidarität, sonst sind die Gruppen strikt getrennt. Straßenkinder grenzen ihren Schlafplatz mit Holzkisten von dem der Erwachsenen ab. Das Essen teilen die Kinder nur untereinander auf.

Sie verachten die Alten, die schwach und oft dem Alkohol verfallen sind. *Cachaça*, der brasilianische Zuckerrohrschnaps, ist bei den meisten Kindern verpönt. Sie wollen nicht so sein wie die alten Bettler, denn das ist zweifellos die Endstation. Sie sind noch jung und wollen zunächst einmal leben. Vermutlich haben sie mich deshalb immer nur um ein Getränk gebeten: Milch.

Der Straßenjunge Vítor weiht mich in die Rangordnung der Außenseiter ein: Die *mendingos* stehen ganz unten. Sie sind auf das Mitleid der anderen angewiesen. „Sie können nichts mehr machen. Sie sitzen und warten. Oft sind sie verwirrt, faseln dummes Zeug. Und irgendwann einmal sterben sie." Kein Straßenkind wird sie je bestehlen. „Einem, der leidet, darfst du nichts wegnehmen."

Die *maloqueiros* zählen schon ein bißchen mehr. Sie leben im Müll, aber sie verdienen ihr eigenes Geld und sie besitzen ein Haus, auch wenn es nur aus Pappe, Holz und Müll besteht.

Die *favelados* zählen am meisten. Nicht selten bewohnen sie ein Haus aus Stein. „Sie schlafen in einem Bett. Sie haben einen Herd, ein Radio, ein Fernsehgerät. Sie haben Kleider, können sich waschen", zählt Vítor sehnsüchtig auf. Die Kinder besuchen eine Schule, die Erwachsenen gehen meistens irgendeiner Tätigkeit nach. Wenn sie zur Drogenmafia gehören, besitzen sie sogar Waffen. Die Leute in der Favela sind arm, doch für Straßenkinder reich.

Auch die Prostituierten werden bewundert, zumindest die, die in der Favela wohnen. Sie haben ein Bett, Geld, Schmuck und schöne Kleider. Sie gehen in teuren Lokalen ein und aus, in die Straßenkinder nicht hineindürfen. Wenn sie schön sind, dann können sie soviel Geld verdienen, daß sie sich sogar ein Appartement an der Copacabana leisten können. Sie werden bewundert, aber auch verachtet.

„Sie verkaufen ihren Körper an Ausländer, dabei wissen sie nichts von ihnen. Ob sie eine Krankheit haben, ob sie Aids oder so etwas haben. Sie machen das, weil sie wollen", mischt sich das Straßenmädchen Shirley in unser Gespräch ein. „Wir leben auf der Straße und haben den Ruf, Taschendiebe, Klebstoffschnüffler und Hascher zu sein. Aber ich verkaufe meinen Körper nicht – an niemand. Ich hab' kein Geld, ich hab' nichts zum Essen, ich habe meistens furchtbaren Hunger, aber meinen Körper verkaufe ich nicht. Ich mache das nicht, weil ich mich mehr liebe als alles andere", sagt die Vierzehnjährige stolz.

Die Straßenkinder erklären mir, daß sie im Spektrum der Außenseiter eine mittlere Stellung einnehmen. Sie stehen in der Rangordnung über den Bettlern und Müllsammlern, aber unter den Leuten in der Favela. Eines haben aber alle gemeinsam: keine Chance im bürgerlichen Leben.

Edson, ein großer Bursche, kommt auf mich zu und gibt mir einen sogenannten Karate-Händedruck. Ich reibe meine schmerzenden Hände und blicke ihn ein wenig argwöhnisch an. Seine kleinen Augen, die etwas schräg stehen, haben etwas Verschlagenes an sich, bilde ich mir zunächst ein. Er begegnet mir jedoch mit einer Offenheit, die alle Vorbehalte schnell vergessen läßt. Ein dummer Jungenstreich hat sein Leben grundlegend verändert. Als Dreizehnjähriger hat er bei einer Tankstelle gearbeitet. „Ich war hungrig. Dann parkte da plötzlich ein Lastwagen aus São Paulo, darin ist eine Tasche mit Wertsachen gelegen. Ich hab' sie mir einfach genommen und mir nichts dabei gedacht. Wenn ich gewußt hätte, was das für Probleme bringt, hätte ich das nie getan."

Nach drei Tagen kehrte er wieder zur Arbeit zurück. „Da ist dann alles rausgekommen. Die Polizei hat mich verprügelt. Meine Mutter hat mich aus dem Haus gejagt. Für die bin ich gestorben, weil sie sehr gläubig ist. Ich mußte im Wald schlafen. Von nun war ich ein Dieb und bin einer geblieben. Ich bin in diese Scheiße hineingeraten, und ich habe keine Chance mehr, da wieder rauszukommen", sagt er resigniert, in sich zusammengesunken.

João, der bis jetzt schweigsam für mich ein Jesusbild gezeichnet hat, meldet sich zu Wort: „Verdammt, ich wollte arbeiten, aber sie haben mir keine Anstellung gegeben. Ich habe sechs Jahre Schule hinter mir, habe sogar im Heim einen Kurs als Mechaniker gemacht, aber sie wollten mir keine Chance geben, nur weil ich keinen Arbeitsausweis habe. Und so mußt du stehlen, um zu überleben. Deshalb gibt es in diesem Land Krieg."

Die millionenfache Armut führt dazu, daß sich viele Arme das nehmen, was ihnen – ihrem Verständnis nach – ohnehin zusteht, auch wenn das nach bürgerlicher Norm rechtswidrig ist. Die Reaktion: Sicherheitshalber wird jeder Arme wie ein Verbrecher behandelt. Armut wiederum wird von den Reichen als gottgewollt hingestellt. Demnach besteht die Ungleichheit zwischen den Klassen aufgrund naturgegebener Unterschiede, die die Welt in Reiche und Arme aufteilen, je nach ihren Fähigkeiten. Die Armen gelten simpel als unfähig, reich zu werden, aber wenigstens als notwendig zur Produktion des Reichtums. Die bestehende Ordnung hinterfragen dürfen sie nicht. Jedes Aufbegehren gegen die Armut wird als illegal hingestellt; wer aufbegehrt, wird zum Unruhestifter, zum Aufwiegler abgestempelt.

Vor diesem Hintergrund sind Straßen- und Favelakinder prinzipiell verdächtig, nämlich aus ganz einfachem Grund, weil sie extrem arm sind. Sie sind suspekt, weil sie schwarz sind oder weil ihre Gesichtszüge indianische Abstammung verraten. Sie werden diskriminiert, weil sie schäbig gekleidet und barfuß sind. Sie werden als Taschendiebe und Verbrecher beschimpft. Doch wer nichts zum Essen hat, muß es sich nehmen, auch wenn das für kleinbürgerliche Moralvorstellungen schwer begreiflich ist. Die Kinder werden als schuldig angesehen, als ob sie je eine

Alternative gehabt hätten. Früher oder später glauben sie selbst, daß sie nur eines sind: Banditen.

„Wir sind *ladrão*, Räuber", schreit mir João seine Wut ins Gesicht. „Wenn wir in die Nähe von irgendwem kommen, um zu betteln, sehen wir, daß die Leute Angst haben. Das macht uns wütend. Wir sagen nur: ‚Gib mir Geld, ich bin hungrig.' Und die Leute halten schon ihre Tasche fest, verstecken sie. Also stehlen wir eben wirklich."

„Findest du es gut oder schlecht, wenn Straßenkinder stehlen?" werfe ich ein. „Gut ist es nicht", erwidert er nachdrücklich. „Es ist besser zu arbeiten, weil du so niemand was wegnimmst und dein Geld mit deinem eigenen Schweiß verdienst. Aber wir müssen stehlen, um zu überleben. Es gibt nämlich viele Leute hier, die lieber einen Teller mit Essen wegwerfen, als ihn einem *moleque* zu geben." Er zuckt resigniert mit den Achseln.

Vítor schaltet sich wieder ein: „Es gibt viele Leute, die denken: ‚Alle Schwarzen sind kriminell.' Wir sind da aber anderer Meinung: Die größten Verbrecher sind die Weißen, obere Klasse, klar? Die sind am gefährlichsten. Die Reichen stehlen zum Spaß, aber wir stehlen, weil es notwendig ist."

„Wer, glaubt ihr, hat mehr Angst: die Reichen oder die Armen?" frage ich in die Runde und warte gespannt, was jetzt wohl kommt. „Alle, die was zu verlieren haben: Liebe oder Geld", murmelt Vítor. „Die Reichen haben genausoviel Angst wie die Straßenkinder", tönt es von irgendwo. Für die kleine Cynthia ist es anders: „Die Armen, weil sie Angst haben zu sterben, das Haus zu verlieren und mit den Kindern auf die Straße zu müssen." – „Alle haben Angst", gibt Shirley zu bedenken, „die Armen, weil sie Angst um ihr Leben haben, und die Reichen, weil sie Angst haben, überfallen und arm zu werden."

Ein Junge mit blond gefärbten Haaren macht sich brüllend Luft: „Die Reichen haben Angst, mit uns zu sprechen. Die behandeln uns wie Hunde, aber wir sind keine Hunde. Sie glauben, alle Straßenkinder sind *ladrão* oder Mörder. Aber bei vielen stimmt das nicht. Ich zum Beispiel verkaufe Kaugummis, versuche, etwas Sinnvolles zu machen, und sie haben auch Angst vor mir." – „Am meisten fürchten sich die Reichen: Einmal bin ich zu einer Villa gegangen und hab nur um ein Stück Brot gebeten, und sie haben die Tür vor meiner Nase zugeknallt", erinnert sich João, und seine Augen funkeln zornig. Alle Kinder reden jetzt durcheinander, jeder will mir erklären, wie das Leben eines Straßenkindes wirklich ist. Plötzlich beginnt einer zu singen:

„Kinder und Jugendliche in schlechter Gesellschaft – auf den Straßen der Stadt, am Tor zur Fabrik und zur Schule. Sie werden süchtig nach Tabak und nach Leim. Und angeboten werden dir Marihuana und Kokain. Das erste Mal ist's umsonst, das zweite Mal mußt du es kaufen. Und hast du keine Arbeit, dann mußt du stehlen geh'n." Die Kinder haben begonnen, mitzusingen und rhythmisch mitzuwippen – zum „Straßenkinder-Rap."

„Beim ersten Überfall hast du Glück, du entkommst der Polizei, du entrinnst dem Tod. Beim zweiten Mal läuft's nicht so gut, du entkommst der Polizei, doch du landest im Heim. Beim dritten Mal besiegelt die Polizei dein Schicksal: Du endest mit einer Kugel im Kopf und einer im Herzen. Und so endet wieder einmal ein kleiner Verbrecher." Die Melodie ist monoton, doch sie singen sie mit Stolz und Pathos.

„Und wenn du nicht stirbst, raubst du weiter. Und damit du nicht stirbst, beginnst du zu töten. Wo du vorbeikommst, beschimpft dich alle Welt. Und immer hast du Angst vor der Polizei. Schnappt sie dich, dann denkt sie nicht dran, dir zu helfen. Sie werfen dich an die Mauer und schlagen dich. Du liegst auf dem Boden und weißt nicht, wohin. Nur so zum Spaß schlagen sie dich grün und blau. Und noch was will ich dir sagen: Ein verlassenes Kind hat nichts zum Wohnen. Sein Haus ist die Straße, sein Bett ist der Boden, und Essensreste sind seine Nahrung. Ich kenne den Hunger, ich kenne die Kälte – so geht's uns verlassenen Kindern von Rio."

Sie singen das Lied wie eine Hymne der Straßenkinder, und ich spüre, daß es auf der Straße nicht nur Verzweiflung gibt. Es gilt: Geteiltes Leid ist halbes Leid, und auch wenn wir sterben, gemeinsam sind wir stark.

# Gesetz der Straße

Die Welt der Straßenkinder ist konfus. Von klein an auf sich allein gestellt, werden sie allzuoft von Schicksalsschlägen überrollt, mit denen sie fertig werden müssen – egal, wie. Einige Aspekte der Wirklichkeit vermochten sie ihrem Verständnis nach richtig einzuordnen. Viele Dinge bleiben unverständlich, Lücken, derer sich ihre Phantasie bemächtigt, die nun die Realität verzerrt wiedergibt. Ihre kleine innere Welt ist zerstört. Offenbar ist ihre einzige Möglichkeit, sich nicht immer weiter in dem inneren und äußeren Wirrwarr zu verstricken, die Dinge in Gegensätze einzuteilen: Es gibt die Guten und die Bösen, die Armen und die Reichen. Andere Straßenkinder sind Leidensgenossen, und daher sagen Straßenkinder immer „wir", nicht „ich". Oder sie sind Widersacher bis in den Tod. Dazwischen gibt es nichts – wenigstens auf den ersten Blick.

Im Straßenkinderlager herrscht ein stetiges Kommen und Gehen. Einmal kann ich 30 Kinder beobachten, dann wieder zwei, manchmal überhaupt niemanden. Vor allem tagsüber schwirren sie aus. Jeder muß sehen, wie er zu Geld und Essen kommt, so oder so.

Immer wieder tauchen neue Gesichter auf. Einige sehe ich ab und zu, manche immer wieder, andere nur ein einziges Mal. Ihre Gruppendynamik erinnert an einen Dorfplatz: Da gibt es ein paar Alteingesessene, und der Rest wechselt. Vítor, der stets so dreinsieht, als ob er mit sich und der Welt hadern würde, schlendert zu mir herüber. Er bleibt dicht bei mir stehen, schiebt beide Hände in die Hosentaschen und lehnt sich an die Motorhaube eines Autos, unverzichtbares Möbelstück im Wohnraum von Straßenkindern. Kaum jemand sucht meine Nähe so wie er. Wie es sich für einen kriminellen Straßenjugendlichen geziemt, ist er stets gut gekleidet unterwegs, diesmal ganz in Weinrot: Marken-T-Shirt, Jeans, Tennisschuhe. Er schläft auf der Straße, aber seine

Kleidung läßt er um teures Geld in der Putzerei reinigen: einer der vielen Widersprüche auf den Straßen Brasiliens.

Ich nutze die Gunst der Stunde, um mir ein wenig Klarheit zu verschaffen über diesen chaotischen Haufen Halbwüchsiger. „Welche Regeln gibt es im Zusammenleben von Straßenkindern?" Er blickt mir ein wenig verwundert ins Gesicht und dann, nach einer Weile: „Es gibt eigene Gesetze in jedem Stadtviertel, jeder trägt seinen Teil bei, lebt sein Leben, befiehlt und bekommt Befehle", lautet die schlichte und doch etwas unverständliche Antwort. „Hat jede Gruppe einen Chef?" – „Es gibt welche, die sich hervortun, aber es gibt keinen Chef, alle sind Rebellen, einige gehorchen, andere nicht. Ich werde versuchen, es dir zu erklären, obwohl ich nicht weiß, wie. Es gewinnt der, der mehr Kraft hat. Es gilt der, der keine Angst hat." Er grinst: „Das Gesetz der Hunde ist: Es gewinnt der, der am lautesten kläfft. Es zählt der etwas, der krimineller ist. Auf der Straße hat nur der einen Freund, der schlecht ist, und wir sind schlecht. Du versuchst, die Bewunderung aller *colegas* zu gewinnen, damit du das Sagen hast." Er lächelt matt. „Das ist eine Illusion, die die Straße jedem gibt: die Illusion der Macht. Je mehr du kannst, um so mehr willst du, und je mehr du willst, um so mehr kannst du. Wenn du die Sachen magst, dann mußt du sie dir nehmen. Wenn du sie nimmst, gehören sie dir, aber meistens gehört dir nichts." – „Ist es leicht, als Dieb zu leben?" bohre ich weiter. „Es ist leicht für den, der weiß, wie er es machen muß, und schwer, weil wir immer verlieren. Du stiehlst und kannst dabei sterben. Du verkaufst die Sachen billiger und kaufst Drogen. Es ist immer ein Verlust, nie ein Gewinn." Erklärend fährt er fort: „Wenn du hier was stiehlst, gibst du etwas davon den Bullen, trinkst was in einem Nachtlokal, kaufst dir Stoff, verstehst du? Du besitzt was und besitzt doch nie was, du machst was und zerstörst dabei etwas. Heute gewinnst du einen Freund und verlierst fünf."

„Wieso?" frage ich verwirrt. „Weil dieser Freund, den du gewonnen hast, der Feind von den fünf ist, die früher deine Freunde waren. Ab dem Moment, wo ich mich mit dem zusammentue, verliere ich das Vertrauen der anderen. Auf der Straße ist das so. Es sind Kleinigkeiten, die ein Leben kosten können. Und du kannst nie unparteiisch bleiben." – „Warum nicht?"

Vítor kratzt sich den krausgelockten Kopf und grübelt. „Wenn du dich heraushältst, dann mißtrauen dir beide Seiten. Du mußt wählen: Entweder bist du für sie oder gegen sie. Wenn du gegen sie bist, hast du die Wahl, wegzugehen und andere Freunde zu suchen. Weiter dort zu leben, hat keinen Sinn. Das Leben auf der Straße ist nie anders. Weder auf der *praça* noch am *morro*, noch in der Favela, noch an irgendeinem anderen Ort, wo es Arme und Außenseiter gibt. Der Typ da ist Freund oder Feind der anderen. Und wenn du da dabei bist, ist es klar: Du bist gezwungen zu töten, um nicht zu sterben."

Er blickt mich herausfordernd an. Ihre Welt ist nun einmal so, so muß sie sein, und da kennt er sich aus. Er duldet keinen Widerspruch. „Es gibt viele, die sterben, weil es nun einmal notwendig ist. Wenn du am Leben bist, wirst du irgendwann sterben, bei einem Überfall, oder auch nicht." Eine Zeitlang grübelt er vor sich hin. „Niemand gehört irgendwem, und was ist die Folge?" sagt er plötzlich. „Sie wissen, daß sie keinen Wert haben." – „Für wen haben sie keinen Wert?" lasse ich nicht locker. „Für sich selbst, sie sind nur dazu da, um benutzt zu werden", gibt er bedächtig zurück.

„Wenn er nicht tötet, dann stirbt er, und wenn er tötet, dann stirbt er auch. Niemand ist verantwortlich für irgendwen. Du bist nichts", sagt er traurig. Er sieht mich abwartend an, als wolle er sagen: Verstehst du das? „Wie meinst du das, gilt das für das Leben der Gruppe?" – „So ist es. Es ist dann eben einer mehr, der zum Sterben verurteilt ist, so wie alle in der Gruppe", erwidert er dumpf. „Es gibt bloß den 24-Stunden-Freund."

„Was heißt das?" möchte ich wissen und mache es mir neben ihm auf der Motorhaube des Autos bequem. „Es gibt ihn nur heute, morgen weißt du nicht, ob er noch am Leben sein wird, ob er dein Feind sein wird, ob er dich reinlegen wird oder nicht." Abgeklärt schildert er das Grauen der Straße, nichts kann ihn mehr erschüttern. „Ein Teil stirbt durch die Polizei, ein Großteil. Andere finden durch die Drogenhändler den Tod, oder sie krepieren durch eine Überdosis, andere streiten untereinander. Nur wenige überleben auf der Straße. Und die Straßen sind trotzdem voll, weil immer neuer Nachschub kommt."

„Weshalb streiten sie untereinander?" – „Nicht die ganze Gruppe denkt gleich, sogar auf der Straße gibt es unterschiedliche Meinungen." Vítor kramt ein paar *Cruzeiros* aus seiner auf der Innenseite der Hose eingenähten Tasche hervor, geht zum Obstverkäufer, kauft zwei Orangen und schenkt mir eine. Während er sie für mich schält, erwähnt er nebenbei: „Streit bedeutet töten."

„Jeder Streit?" frage ich ungläubig. „Einige schon, andere nicht." – „Welche schon?" – „Die wirklich argen, wenn es um Frauen oder Drogen geht, zum Beispiel." – „Wie töten sie einander?" – „Mit Messern, Kugeln, Steinen", entgegnet er. „Sie schaden sich gegenseitig, wenn sie auf der Straße leben. Es gibt welche, die gut sind und auf der Straße leben. Andere streiten im Heim, und wenn sie dann wieder auf der Straße sind, dann streiten sie weiter. Wenn du die Kinder fragst, was das *Comando Vermelho* ist, wissen sie nicht einmal, was das wirklich ist, aber sie streiten deswegen."

Er tritt eine Orangenschale beiseite, die auf die Straße rollt. Der Verkehr walzt sie blitzartig in den Asphalt. Ich will mehr über die Beziehung der Kinder zu der allmächtigen Drogenmafia wissen: „Was denken sie über das *Comando Vermelho?*" – „Das sind die, die Macht haben, Besitz. Die *moleques* haben keinen Gott, für sie ist Gott das *Comando Vermelho*, sie haben sonst niemanden, dem sie applaudieren können. Ihr Leben dreht sich um das eine: *Comando Vermelho*, das ist die Gruppe von Freunden, wo es keine Feigheit gibt, keine Schikanen. Sie irren sich zwar", so Vítor vielsagend, „aber es ist ihre Kultur."

„Wie treten sie in das Kommando ein?" Er lacht kurz auf. „Sie treten nicht ein, sie machen sich über nichts Gedanken." Irgendwann einmal landen sie in der Drogenszene – ganz von selbst. Irgendwann arbeiten sie als Drogenkuriere, ohne viel dazu zu tun. Irgendwann werden sie getötet – einfach nur so.

Dann, nach einer Pause: „Um zu sterben, genügt es zum Beispiel, einen falschen Freund zu haben. Auf der Straße gibt es ein Gesetz, das besagt: Wenn wir Freunde sind, dann sind wir Freunde. Dann darf es keinen Verrat geben. Wenn es Verrat gibt, dann mußt du dafür zahlen." Und er fügt erklärend hinzu: „Wenn ich mit einem Mädchen zusammen bin, und meine

Freunde versuchen, mein Mädchen zu vergewaltigen, dann muß ich etwas tun. Das ist mein Recht."

Die Tücken des täglichen Überlebenskampfes lehren sie eines: „Vor allem zu überleben. Zum Beispiel, wenn dir jemand etwas gibt, Geld oder so, das du einem anderen weitergeben sollst. Und wenn du es nicht übergibst, sondern für dich abzweigst, hast du nicht das Richtige gemacht. Was passiert also: Der eine bringt den um, der ihn hintergangen hat. Es kann sogar vorkommen, daß dich dein Freund tötet, dein eigener Freund. Das nennt man *volta, me deu uma volta.*"

„Was bedeutet das genau?" – „Er hat mich reingelegt und ist verschwunden, und ich räche mich dafür. So tötet der eine den anderen, und so lernen wir zu überleben. Wenn du etwas nimmst und weitergibst, hast du gelernt zu überleben. Und so wirst du ein gutes Verhältnis zu den Leuten haben. Auf der Straße streitet jeder mit jedem. Es ist sehr schwierig, eine Straßenkindergruppe zu finden, die nicht untereinander streitet. Sie streiten sich viel, aber das hat doch keinen Sinn. Wir machen alles gemeinsam, und nachher streiten wir mit den Freunden." Vítor zieht die Stirn kraus, wirkt auf einmal abwesend. Wir springen von der Motorhaube hinunter. Der Besitzer des Wagens kommt zurück und scheucht Vítor mit ein paar abfälligen Bemerkungen weg. Mich beachtet er nicht.

Straßenkinder müssen stark, intelligent und schlau sein. Sie dürfen aggressiv und asozial sein. Willst du auf der Straße überleben, darfst du dir alles erlauben, nur zwei Dinge nicht: Zeige niemals Schwäche und verstoße nicht gegen die Gesetze der Straße. Das Freund-Feind-Schema, das schon zu ihrem Weltbild gehört, wird beinhart durchgezogen. Die zwölfjährige Simone etwa hat es sich mit ihrer älteren Schwester Alexandra verscherzt, die das Sagen in der Gruppe hat. Simone – obwohl blutsverwandt – wird vertrieben. Auf meine Frage, was vorgefallen sei, erhalte ich die verstockte Antwort: „Streit." Näheres ist aus ihnen nicht herauszuholen.

Wie wichtig die Gruppe und die Freundschaft der anderen trotzdem sind, sollte ich einige Tage darauf erleben. Ich stoße auf Simone, die eine Nebenstraße weiter mitten auf dem Trottoir liegt: zusammengekauert, eingerollt wie ein Wurm, den Kopf auf einem Kanaldeckel. Sie sucht sich keine schützende Nische, ist weder mit einer Decke noch mit Pappe bedeckt. Die Passanten müssen fast über sie steigen, weil der Gehsteig an dieser Stelle sehr schmal ist. Sie lutscht gierig an ihrem Daumen. In dieser Mangelsituation, bar jeglicher zwischenmenschlicher Zuwendung, bleibt sie auf ihren eigenen Körper beschränkt. Sie hat sich so weit von der Welt zurückgezogen, daß sie diese offenbar nicht mehr wahrnimmt.

Den täglichen Überlebenskampf mit dieser Welt hat sie aufgegeben. Grausam sind die Gesetze der Straße, die Kinder und Jugendliche in einen Strudel der Gewalt ziehen, aus dem es bloß zwei Auswege gibt: sich ergeben oder angreifen. Faszinierend ist das Schauspiel in den Straßen Brasiliens: Augenscheinlich herrscht Friede, Männer, die ihren Geschäften nachgehen, Frauen, die Besorgungen erledigen, Kinder, die die Schule besuchen, Jugendliche, die Fußball spielen. Und unterschwellig, und doch allgegenwärtig: der Krieg – Messerstechereien, Mord und Totschlag am hellichten Tag.

Das fahle Licht der Abendstunden bricht herein. Ich sitze auf einer wackeligen Obstkiste und warte. Wie immer herrscht emsiges Treiben auf den Straßen. Hunderte dunkelhäutiger, bunt gekleideter Straßenverkäufer tummeln sich am Bürgersteig. Unmittelbar vor mir steht ein schwatzender und lachender Obstverkäufer, der die Welt im Alkoholrausch nur mehr komisch findet. Der zähflüssige Verkehr, der sich unermüdlich vorbeiwälzt, betäubt. Aus dem Pocketradio eines Straßenkindes plärrt amerikanischer *Rap*. Stimmen, abgerissene Wortfetzen vorbeieilender Passanten dringen an mein Ohr. Überall wimmelt es von Jugendlichen, die im Menschengewühl ältere Damen anbetteln. Manche Frauen umklammern ängstlich ihre Handtasche, wenn sie beim Matratzenlager vorbeieilen. Ihr geschocktes Gesicht, wenn sie von einem Halbwüchsigen angeschnorrt werden, amüsiert mich. Bisweilen drängt sich ein Gefühl auf, daß alles, was ich hier erlebe, nicht real ist. Ein Kinofilm gleichsam, der vorbeizieht, freilich nicht so bequem, und während man sich, wenn es auf der Leinwand so richtig gruselig wird, behaglich zurücklehnen kann, bekommt man hier auf der Straße seine Rolle zugewiesen.

Edson, ein 16jähriger Straßenjunge, taucht plötzlich an der Ecke auf und wankt auf mich zu. Dunkle Ränder umrahmen seine Augen, die tief in den Höhlen liegen. Das weiße Leibchen ist blutüberströmt, Schweißperlen des Schmerzes glänzen auf der Stirn. Edson keucht atemlos: „Ich bin hier auf der Straße gegangen und stoße auf einen Feind von mir. Früher war er mein Freund, aber dann hat es Streit gegeben. Zuerst hab' ich ihn gar nicht gesehen, wir sind aneinander vorbeigegangen. Plötzlich hält er mich zurück, stänkert mich an, und auf einmal spüre ich einen Schmerz im Rücken. Seine Frau hat mir hinterhältig das Messer reingestochen. Ich bin ins Spital gegangen, dort haben sie mich genäht, der Messerstich ist ungefähr sieben Zentimeter lang und hätte beinahe meine Lunge verletzt. Da wäre ich dann wohl krepiert. Aber es ist alles o. k. Ich hatte verdammt noch mal Glück." Seine Haltung ist angespannt. Er versucht, eine möglichst unbewegte Miene aufzusetzen, aber ich habe das Gefühl, daß dahinter pure Angst steckt.

„Und was wirst du jetzt tun?" frage ich besorgt. Er hockt sich vor mir hin und beginnt zu erklären: „Zuerst mich ein wenig erholen und die Wunde verheilen lassen. Dann hole ich meinen Revolver, den ich in der Favela bei einem Freund deponiert habe, und schnappe mir die zwei." Seine Stimme klingt schroff. „Ich werde sie töten. Wenn ich das nicht tue, dann töten sie mich. Also darf ich ihnen keine Chance lassen. Ich muß sie töten, weil sie sonst das nächste Mal Schluß machen mit mir, wenn sie mich irgendwo sehen, und sie haben auch einen Revolver dabei. Das ist sicher." Er blickt mich an, als wolle er fragen: Bin ich jetzt Abschaum für dich?

„Wie hast du vor, sie zu töten?" frage ich ungläubig und kann mir nicht so recht vorstellen, wie er das anstellen möchte. „Auf der Straße, im richtigen Augenblick." Seine Augen blitzen auf einmal kriegerisch. „Aber alle werden das sehen", werfe ich ein. Vítor, der sich zu uns auf eine Holzkiste setzt, fällt mir mit einem breiten Grinsen ins Wort. „Ah, da gibt es das Gesetz des Schweigens. Was du gesehen hast, hast du nicht gesehen." Die weißen Zähne blitzen. „Du hast was gesehen und darfst nichts sagen, weil sonst ..." Er fährt mit einer vielsagenden Handbewegung über seinen Hals.

„Wer wird dich töten?“ frage ich naiv. Vítor lächelt spöttisch über meine Ahnungslosigkeit. „Die, die dich plaudern sehen. Die eiserne Regel ist also: Mund halten.“ Edson nickt nachdenklich und macht einen tiefen Zug von seiner Zigarette. „Und wenn einer es sieht, hat er es nicht gesehen. Er hat eben nicht aufgepaßt, hat eben in einer Ecke geschlafen und nichts mitgekriegt. Wir machen es, wenn's spät ist, oder auch am Tag, wenn viele Leute auf der Straße sind. Mir ist das egal, Hauptsache ist, daß ich ihn töte, weil er mich sonst umbringen würde.“

„Dein Feind, lebt er in einer Favela?“ – „Manchmal.“ – „Ist er Drogenhändler, oder was macht er?“ – „Nein, er ist auch von der Straße. Er ist ein *ladrão*.“ – „Wirst du die zwei allein töten oder mit der Hilfe von anderen?“ – „Das ist eine Sache, die nur mich etwas angeht. Ich kann da niemand mit hineinziehen. Ich muß allein töten.“ Mit seinen dunklen Augen sieht er abwesend durch mich hindurch. Er muß sich gefühllos machen, darf seine Angst nicht mehr spüren.

„Wie hast du es geschafft, dir einen Revolver zu besorgen?“ – „Ich habe einen *Gringo* beraubt und konnte dabei 1700 Dollar erbeuten. 200 Dollar sind für das Schießeisen draufgegangen.“ – „Wo bekommt man so etwas?“ – „Am Hügel, dort, wo die Drogenhändler wohnen, da gibt es alle Arten von Waffen mit den verschiedensten Kalibern. Ich habe einen 38er Colt, einen großen, besorgt. Er ist gut verwahrt. Er ist für Überfälle gedacht, oder eben um solche Dinge zu erledigen.“ Ich wundere mich, wie er bei den strengen Polizeikontrollen auf den Straßen bewaffnet sein kann. „In der Favela sind wir frei, da können wir mit dem Revolver im Gürtel herumgehen, mit Maschinengewehren, mit einer Pumpgun oder einer Pistole. Aber auf der Straße müssen wir die Waffe gut verstecken“, schildert Edson und versucht, dabei kühl und unbewegt zu wirken. „Den Revolver trägt man nur in Ausnahmefällen.“

Wir besorgen Antibiotika und schmerzstillende Medikamente. Nachher lade ich den sich unter Schmerzen windenden Jungen zu einem Abendessen ein. Ab und zu wischt er sich den Schweiß ab, der ihm von der Stirn tropft. Seine Hände zittern dabei leicht. Er blickt aufgeregt und nervös um sich wie ein gehetztes Tier. Etwas matt stochert er im Teller herum, ißt aber alles auf. Für mich ist das ein eigenartiges Gefühl: Ich kenne jemanden, der plant, zwei Menschen umzubringen. Wenn ich dagegen nichts unternehme, mache ich mich da nicht mitschuldig? Nein: Denn hier herrscht Krieg, hier gilt das Gesetz der Straße.

# Zwischen den Fronten

Abseits bürgerlicher Moral leben die Armen in einem Territorium mit eigenen Gesetzen, Rechten und Normen. Es sind Menschen, die oft anders wollen und nicht können. Wer ist der Gute, wer der Böse? Zwei Fronten stehen einander gegenüber: Schwarz gegen weiß, arm gegen reich. Der, der einen Karren vor sich herschiebt, gegen den in der Limousine. Das Kind, das auf dem Asphalt schläft, gegen das andere, das mit einem Rucksack zur Schule geht. Die Uniformen sind klar ersichtlich. Es ist ein Krieg, der unterschwellig abläuft und doch allgegenwärtig ist.

Die Gefahr im Nacken, die Angst in den Knochen. Lang, lang ist es her und liegt doch kaum mehr als zwei Jahrzehnte zurück, als die Reichen noch ohne Angst vor Diebstählen, Überfällen und Entführungen auf die Straße gehen konnten. Heutzutage wohnen sie in von Privatmilizen bewachten, mit Stacheldraht umzäunten Nobelsiedlungen, den *condomínios*. Die Besitzlosen verwandeln Rios Straßen in einen wahren Bazar der Diebe, Gauner und Obdachlosen. 400.000 Menschen allein im Großraum Rio zählen zu den *descamisados*: Sie besitzen nichts außer der Kleidung, die sie am Körper haben. Allein in Rio de Janeiro leben schätzungsweise 200.000 Menschen bereits vom organisierten Verbrechen. Als besonders berüchtigt gelten die Halbwüchsigen, die sich in Banden zusammenschließen, die *pivetes* und *moleques*.

Lässig schlendern sie durch die Gassen, scheinbar vor sich hinträumend, beobachten jedoch mit ihrem Späherblick alles, was vor sich geht. Die vorbeieilenden Passanten genau im Visier, wird schnell Bilanz gezogen: Kleidung, Schmuck, Uhr, Tasche wirken einladend. Die Mühe lohnt sich. Der Mann mit Anzug und Krawatte geht zum Auto. Zwei Jungen folgen ihm. Sie lassen das kleine Mädchen, das mit ihnen durch die Straßen gestreunt ist, hinter sich zurück. Sie setzt sich auf den Randstein und wartet. Sie wird jetzt nicht mehr gebraucht. Ihre Rolle ist es, das Messer in der Tasche ihres Kleidchens aufzubewahren. Sie ist klein und wird deshalb von den Polizisten nicht aufgehalten. Die großen, schwarzen Jungen hingegen sind prinzipiell verdächtig und tun gut daran, im Zentrum der Stadt möglichst unbewaffnet herumzugehen.

Das Opfer steigt in den Wagen. Bevor der Mann jedoch die Türe schließen kann, spürt er einen spitzen Gegenstand am Hals, sieht in dunkle, drohende Augen und bekommt Order, den Mund zu halten. Blitzschnell ist seine Uhr vom Handgelenk, der Ring vom Finger, die Brieftasche wird ihm herausgezogen, und weg sind die zwei. Laufen wie vom Teufel besessen über die stark befahrene Kreuzung, geschickt zwischen Bussen hindurch, um die nächste Ecke, lassen die Beute blitzschnell in die Schürzentasche einer jungen, hübschen Verkäuferin an einem Essensstand gleiten und tauchen im Menschengewühl unter. Die junge Verbündete läßt die Brieftasche sofort unter Essensresten im Müll verschwinden, das Geld kommt in eine Blechdose unter den Ladentisch, Ring und Uhr an den Busen.

Voller Wut nimmt der beraubte Mann die ersten hundert Meter die Verfolgung auf, muß sich aber bei dem mörderischen Verkehr bei der nächsten großen Avenida geschlagen geben. Am Abend trifft die schöne Komplizin die zwei Straßenjungen auf der *Praça*, das Geld wird unter den dreien aufgeteilt. Das kleine Mädchen erhält nur eine warme Mahlzeit. Für ihre nützlichen Dienste bekommt sie kein Geld, dafür genießt sie aber den Schutz ihres Bruders und Vaters der Straße. Der geraubte Schmuck geht noch durch viele Hände, denn auf der Straße hat jeder seinen *canal*. Bald darauf landet er etwas verändert als besonderes Prunkstück bei einem Juwelier, obwohl bereits so mancher daran verdient hat, noch immer sehr günstig.

*Gringo, Gringo*, wärst du doch zu Hause geblieben. Nichtsahnend geht er an den Bogengängen des Viadukts, auf dem die vielberühmte *Bonde* den Berg von Santa Teresa hinaufpendelt, entlang. Er wollte die in jedem Reiseführer empfohlene Fahrt mit der einzigen noch in Rio de Janeiro verbliebenen alten Straßenbahn wagen, obwohl bereits im Reiseführer vor Taschendieben gewarnt wird – allerdings in der *Bonde*. Es ist Sonntag und kaum jemand auf der Straße. Die Geschäfte haben geschlossen, halb Rio weilt am Strand. Die Kinder in den ausgestorbenen Gassen im Zentrum sind hungrig.

Von ihrem Versteck aus, hinter den Säulen des Viadukts, lauern sie auf ihr nächstes Opfer. Lautlos gleiten sie hervor und umstellen den Ahnungslosen, der in seiner Stimmung nach Sightseeing im sonnigen Süden vergißt, daß viele in der *cidade maravilhosa*, der wunderbaren Stadt, um zwei Uhr nachmittags noch nichts im Magen haben. Der geschockte Fremde sieht sich von fünf Halbwüchsigen mit nacktem Oberkörper und wildem Gesichtsausdruck umstellt. Der Größte hält ihm einen abgebrochenen Flaschenhals vor die Augen, geschickte Hände durchwühlen seine Taschen. Plastikuhr am Handgelenk, Fotoapparat in der Umhängetasche sind konfisziert, die Papiere darf er behalten, das Geld aber kommt mit.

In aller Ruhe schlendern sie davon, als ob nichts geschehen wäre, springen auf das Trittbrett der soeben anfahrenden *Bonde* und fahren zur Endstation am Gipfel des Hügels, zum *Morro dos Prazeres*, einer riesigen Favela, etwas abseits vom Zentrum gelegen. Die dort lebenden *favelados* warten vergebens auf Zuschüsse der Stadtverwaltung und müssen selbst sehen, wo sie bleiben. Am Hügel wird der Fotoapparat einem Zwischenhändler billig verhökert. Der Tourist kennt nicht einmal das portugiesische Wort für Hilfe, und wenn, was würde es ihm nützen? Diebstahl, Raub und Überfall gehören zum Alltag in Rio de Janeiro. Keiner hat dabei ein schlechtes Gewissen. Die Moral der Straßenkinder Rios lautet: „Wir sind nicht kriminell, weil wir es so wollen. In Wirklichkeit hat man *uns* beraubt, und ein Dieb, der einen anderen Dieb bestiehlt, ist für 100 Jahre entschuldigt."

Immer wieder drängt sich die Frage auf: Warum tun mir diese Halbwüchsigen nichts? Ein Großteil von ihnen lebt doch von Diebstahl, und zimperlich sind sie keineswegs. Eines Nachts springen zwei Straßenjungen unmittelbar vor mir an zwei russischen Sportlern in die Höhe, blitzschnell reißen sie deren Hemdtaschen herunter und hauen ab. Die zwei Athleten sind härtere Brocken als ich. Es ist unlogisch, sich nicht an die leichtere Beute heranzumachen. Daraus werde ich nicht schlau.

In den ersten Tagen meines Aufenthalts in Rio lerne ich den

Straßenerzieher Jorge kennen. Er ist selbst einmal Straßenkind gewesen und hilft mir weiter: „Ich glaube, das hat mit der Art des Kontaktes zu tun, den du mit ihnen hast. Man darf nicht schreckhaft sein. Wenn Straßenkinder in ihre Nähe kommen, haben die *Gringos* Angst. Und dann werden die Kinder wütend. Du hast diese Angst nicht gezeigt, und deswegen haben sie dir nichts getan. Wichtig ist, daß du ihnen in die Augen siehst. Wenn du unsicher bist, kannst du sicher sein, daß sie dich bestehlen. Denn deine Angst macht sie stark."

Er grinst: „Sehr oft habe ich *Gringos* gesehen, die Angst hatten, also habe ich sie bestohlen. Das hat mich stark gemacht. Wenn sie mich beachtet hätten, mit mir gesprochen hätten oder in meine Augen gesehen hätten, hätten sie ruhig vorbeigehen können. Was für die Kinder zählt, ist, daß jemand mit ihnen fühlt und aufrichtig mit ihnen spricht. Das Straßenkind braucht ein gewisses Vertrauen. Wenn du kommst und dich öffnest, kannst du noch soviel Geld in der Tasche haben, sie werden dich nicht bestehlen. Weil sie großes Vertrauen zu dir haben und wissen, daß du ihnen helfen kannst." – „Also bestehlen sie die Leute, die ihnen nicht helfen", stelle ich nüchtern fest. „So ist es. Als ich noch ein Straßenkind war, habe ich viele Freunde gehabt. Das hätte sich geändert, wenn ich sie bestohlen hätte. Aber ich hätte das Verhältnis zerstört, und mir wäre von niemand geholfen worden. Also habe ich andere bestohlen."

Nachdenklich stimmen mich auch die Worte von Luna: „Ich hätte nie den Mut, dich zu bestehlen, weil du uns hilfst." Ich bin für die Straßenkinder eine *tia,* eine Tante: Wenn sie hungrig und krank sind, kommen sie zu mir. Egal, ob sie mich nun persönlich kennen oder mich bloß mit anderen Straßenkindern zusammen sehen. Wenn es Streitigkeiten mit Passanten gibt, muß ich die Vermittlerrolle spielen. Nimmt ihnen die Polizei ihre Sachen weg, werde ich zum Polizeirevier geschickt, um ihr Hab und Gut zurückzuholen. Wenn jemand ins Spital muß, soll ich ihn begleiten. Ich bin, so wie jeder Straßenerzieher, ihre einzige Brücke in die bürgerliche Welt.

Die Zwistigkeiten mit Vítor fingen wegen meiner Jeansjacke an. Es herrschte wieder einmal Schlechtwetter, wie so oft im August in Rio. „Können Sie mir Ihre Jeansjacke geben, mir ist kalt", bittet er zähneklappernd. Ich tue es. „Diese Jacke ist nur geborgt, und nach dem Wochenende möchte ich sie zurückhaben", sage ich bestimmt. Er nickt mit dem Kopf: „O. k." Die Jeansjacke steht ihm übrigens vortrefflich. Das findet er offenbar auch, und stolz zeigt er sich anderen Straßenkindern. In den nächsten Tagen richtet er es so ein, daß er jedes Mal, wenn ich zum Lager komme, nicht da ist. Endlich treffe ich ihn dann doch einmal. „Die Jacke ist in der Putzerei, ich wollte Sie ihnen nicht schmutzig geben", antwortet er patzig. Argwöhnisch blicke ich ihn an. Ich bestehe darauf, daß wir zur Putzerei fahren. Die Jeansjacke ist tatsächlich dort. Erleichtert atme ich auf. Vítor kann mich nicht verstehen. „Sie haben ohnehin noch eine Jeansjacke, warum können Sie mir die eine nicht lassen?"

Vítor, der nicht bekommt, was er will, und auch nicht einsieht, wieso nicht, schnaubt: „Ich bin wütend auf Sie, ich würde Sie am liebsten bestehlen." – „Warum tust du es nicht?" frage ich provozierend. „Das ist wenig. Einen Freund haben, das zählt mehr. Hier in dieser schwierigen Welt zählt die Freundschaft, die Absicht, zu helfen. Sie sind in unsere Gruppe gekommen, also werden wir Sie respektieren." Egal, ob in der Favela oder auf der Straße, es gilt: Niemand darf innerhalb der Gemeinschaft klauen, außerhalb schon. Niemand darf etwas tun, das der Mutter, dem Vater, dem Bruder und der Schwester der Straße schadet. Und auch hier zählt so etwas wie Gastfreundschaft. „Was heißt Freund für dich?" frage ich unvermittelt. „Das ist Sicherheit, Vertrauen." – „Was bedeutet Hilfe für dich?" – „Man hilft nicht mit Geld, mehr mit Worten, eben damit, daß man da ist." Sein Tonfall ist schleppend, ohne Pathos. Er meint, was er sagt. Nur, es juckt ihn in den Fingern, sich das zu holen, was er will, aber sein Gewissen siegt. Er besitzt diese Gaunerehre, die mir immer wieder bei Straßenkindern auffällt. „Man darf die Leute, die man kennt, nicht berauben", sagt er kurz angebunden und versetzt einem zerbeulten Plastikbecher einen Tritt.

Zuerst werde ich aus seinen Worten nicht ganz schlau, dann aber ahne ich, worum es geht, nämlich um seine Selbstachtung. Er löst diesen Konflikt so: Er bestiehlt mich nicht, ist aber böse auf mich. Als Kompensation will er nun alles von mir: Um läppische 5000 Dollar soll ich ihm ein Haus kaufen. Ich erkläre ihm, daß das unmöglich ist. Er: „Wenn Sie das nicht tun, dann ist das, weil Sie nicht wollen, und nicht, weil Sie nicht können." Er mustert mich skeptisch. „Was wollen Sie denn überhaupt hier, wenn Sie uns nichts kaufen?" Meine Diskutierfreude ist geweckt. „Ist es dir lieber, wenn ich so wie die anderen Leute aus der Mittelschicht an euch vorbeigehe und euch nicht beachte?" Er antwortet mit Schweigen und reagiert abwehrend. Jedesmal, wenn ich auftauche, verderbe ich Vítor augenblicklich die Laune.

Wie so oft in letzter Zeit schleudert er mir ein paar abfällige Worte entgegen. Ich verstehe ihn nicht. Marco, ein junger, hagerer Bettler, der stets vor der Kirche um Almosen bittet, richtet sich mühsam auf. Das Gehen bereitet ihm Schwierigkeiten, er humpelt. Marco hat seine Hände auf Krücken gestützt, Arme und Schultern sind gestrafft. Furchtlos blickt er dem hochgewachsenen Schwarzen geradewegs ins Gesicht. „Du sollst unsere Freundin mit Respekt behandeln!" Die Ermahnungen eines Krüppels machen Vítor ganz wild. Zornig funkeln seine Augen. „Mische dich nicht in meine Angelegenheiten ein", faucht er und ballt die Fäuste, die er unheilvoll vor dem Gesicht seines ungleichen Gegenübers plaziert. Marco richtet sich zu voller Größe auf. „Das einzige, worum ich dich bitte, ist, daß du unsere Freundin mit Respekt behandelst." Vítor schlägt dem Wehrlosen mit seiner Faust mitten ins Gesicht. „Laß das", rufe ich dazwischen und fasse ihn am Arm. Er reißt sich los. Seine Nasenlöcher beben vor Erregung. Er wendet sich ab und eilt davon.

Ich bewundere Marcos Mut, bin aber traurig über Vítor. Vielleicht bleibt ihm der Weg zu mir jetzt für immer versperrt. Er wurde in seinem Stolz verletzt, und der ist das einzige, was er besitzt und wie toll verteidigt. Ich gehe ihm nach, denn es ist mir wichtig, ihm zu zeigen, daß ich ihn gern habe. Ich finde ihn ein wenig später in einem „Armeleuterestaurant" gemeinsam mit einem anderen Schwarzen. Beide sind high, reißen Witze über mich und sind unausstehlich. Ich gehe.

Vítor gerät im Morgengrauen in eine Messerstecherei und wird dabei an einer Hand verletzt. Marco sieht darin die gerechte Strafe Gottes. Für Vítor ist das ein Grund mehr, um unverschämt zu sein. Er fordert Desinfektionsmittel, Verband und Geld und empört sich, als ich ihm nur die kleine Packung kaufe. Jetzt reicht es auch mir. Ich gehe mit Shirley in ein Straßencafé und mache ein Interview.

Vítor kommt wie zufällig vorbei. „ Shirley hat vorher gesagt, sie würde Ihnen nur Lügen erzählen." Das Mädchen antwortet verlegen. „Das stimmt nicht, ich mag dich." Vítor darauf höhnisch: „Ja, weil Sie ihr Essen kaufen", und spuckt aus. „Ist das der einzige Grund, mich zu mögen?" will ich wissen. Er schweigt eine Weile. „Nein", sagt er schließlich mit belegter Stimme und entfernt sich Richtung Strand.

Und dann war diese Geschichte mit den *playboys*, wie die Straßenkinder die Söhne der Reichen nennen. Längst waren die herumlungernden Halbwüchsigen vor der Kirche *Nossa Senhora de Copacabana* gläubigen Kirchgängern ein Dorn im Auge, zumal angeblich fünf Überfälle täglich ungeniert vor dem Gotteshaus begangen wurden. Selbst der dort amtierende Pater wurde nicht verschont. Die *pivetes* machten sich einen Spaß daraus, ihren verschreckten Opfern zuerst eine Decke über den Kopf zu werfen, um sie anschließend zu beklauen. Der Sohn einer Frau, die ebenfalls überfallen wurde, übte Vergeltung. Als regelmäßiger Besucher eines *Bodybuilding-Centers* rief er an die 30 Freunde und Bekannte zusammen. Die *playboys* überraschten die schlafenden Straßenkinder in den frühen Morgenstunden eines Sonntags. Die Angreifer waren in der Überzahl verprügelten die Straßenkinder spitalsreif.

Luna hält ein Exemplar der Tageszeitung *O Dia* in der Hand. Am Titelblatt steht in dicken Lettern: „Minderjährige aus Rache für Überfall verprügelt." Das Mädchen liest den anderen leseunkundigen Straßenkindern laut vor. Ich blicke der hübschen Mulattin über die Schultern. Bei meinem Anblick schreit alles wild durcheinander: „Die *playboys* kamen mit Stöcken! Unser Glück war der Streifenwagen, sonst hätten sie uns nämlich getötet! Sie haben Steine genommen, um uns zu töten! Sie haben ein schwangeres Mädchen geschnappt und sie ins Gesicht geschlagen!"

Eine dicke *Senhora* mit weißem Hut und Brille stolziert vorbei, beobachtet den Tumult und zischt: „Wer sind die Miststücke hier?“ Und dann, zu mir gewandt: „Passen Sie ja auf, diese *pivetes* sind gefährlich.“ Ein Mädchen stößt einen Schrei aus, stürzt zu einem der Klapptische, die Kerzenverkäufer vor der Kirche stehen haben, hebt ihn senkrecht in die Höhe und geht fluchend auf die Frau los, die schleunigst das Weite sucht.

Später trifft ein Fernsehteam ein. Die Story ist interessant. „Die *playboys* haben uns den Krieg erklärt. Sie sagten, sie würden im Morgengrauen wiederkommen. Sie wollen nur zwei schnappen, aber wenn wir zusammenbleiben, dann würde es uns allen an den Kragen gehen. Sie sagten, wir sollen von hier verschwinden, aber wir bleiben“, berichtet Luna dem Reporter und versteckt ihr Gesicht hinter einem Handtuch. Viele der älteren Straßenkinder weichen den Medien beharrlich aus. „Das kann sie das Leben kosten“, raunt João in mein Ohr und blickt besorgt auf den 14jährigen, der sich die Hand vor die Augen hält, als er vor laufender Kamera spricht und sich offenbar vormacht, niemand würde ihn erkennen.

„Die *playboys* wollen uns von der Straße weghaben, aber wir leben doch auf der Straße“, schimpft João, und auf seinem sonst sonnigen Gesicht erscheint ein Ausdruck von Haß und Bitterkeit. „Hast du Angst vor ihnen?“ frage ich ihn. „Wenn ich nichts habe, um mich zu verteidigen, dann werden sie mich schlagen. Wenn ich aber ein Messer in der Hand habe, dann greife ich an. Wenn ich was zu greifen bekomme, dann schleudere ich ihnen das ins Gesicht. Wenn ich einen Flaschenhals habe, dann verletze ich sie.“ Ich betrachte seine starken, breitknochigen Hände, und trotz ihrer Verzweiflung muß ich unwillkürlich lächeln: Wenigstens haben die Kinder es den Angreifern nicht leicht gemacht.

In der bunten Menschenansammlung steht plötzlich Vítor vor mir. Er reicht mir seine Hand und küßt mich auf die Wange. Erstaunt blicke ich zu ihm empor. Er, der in letzter Zeit bei meinem Anblick schimpfend davoneilte, neigt auf einmal zu solcherlei Sympathiebekundung? Wie ist das zu verstehen? Ich beginne zu begreifen: Der Angriff der *playboys* hat ihm deutlich gezeigt, wer Freund und Feind ist. Seine Ambivalenzen mir gegenüber konnte er damit offenbar überwinden.

Später gehe ich zur Copacabana und mache einige Tagebuchaufzeichnungen. Die weißen Türme der Luxushotels säumen den berühmtesten Strand der Welt. Palmenhaine, die in der sanften und kühlen Brise des Atlantiks leise rauschen. Einige Jugendliche spielen Volleyball, Jogger laufen an der Uferpromenade auf und ab. Strandverkäufer, die monoton „Coca-Cola“ und „Heineken-Bier“ rufen. Ich genieße es, dem Höllenlärm der Verkehrslawine entflohen zu sein, die sich unermüdlich durch die Häuserschluchten wälzt. Kein Schmutz, kein Elend, nur Sand, Sonne und Meer. Ein wenig Urlaubsstimmung, und dann diese wohltuende Ruhe.

Plötzliches Gegröle läßt mich irritiert aufblicken. Wenige Meter vor mir stehen sechs junge Männer mit *Surfboards* unterm Arm. Blondes, sonnengebleichtes Haar, grellbunte Stirnbänder, Shorts, die unvermeidliche *Swatch* auf dem muskulösen Arm: die Söhne der Reichen, die *playboys*. Ich fühle mich bedroht, als ob ich etwas von ihnen zu befürchten hätte. Ich versuche, mich zu beruhigen, indem ich mir sage: Wäre ich in Brasilien aufgewachsen, wären wir vielleicht in dieselbe Klasse gegangen. Es nützt nichts. Ich bin gefühlsmäßig eins mit den Armen und Straßenkindern, und unwillkürlich übernehme ich ihre Angst.

Letzter Tag: Ich bringe, wie versprochen, Babykleidung für das Kind, das Alexandra erwartet, Fatima ist eingeschnappt, weil ich ihr nicht auch etwas schenke. Ich versuche, ihr klarzumachen, daß es unmöglich ist, jedem etwas zu geben. Auf einmal sind Fatima, Shirley und Alexandra krank und bitten mich um Medikamente. „Ich werde nur ein Medikament kaufen, ihr könnt entscheiden, für wen.“ Es ist Alexandra. Fatima springt auf: „Ich werde Sie heute noch berauben“, brüllt sie und schleudert eine Coladose gegen die Wand.

Vítor habe ich versprochen, noch einmal mit ihm essen zu gehen. Wir betreten ein Lokal für einfachere Leute, das ich für recht nett halte. Doch Vítor glaubt offenbar, daß ich täglich in exquisiten Nobelrestaurants speise. „Wunderbar“, sagt er spöttisch. Dann bildet er sich ein, daß das Fleisch, das wir beide essen, schlecht sei. Barsch befiehlt er dem verschüchterten Kellner, ein anderes zu bringen. Mürrisch und doch irgendwie wehmütig verabschiedet er sich schließlich von mir. Er will meine

Adresse, um mir zu schreiben. Die anderen Kinder aus seiner Gruppe sagen lediglich „kauf das“ und „bring das“, als ich mich verabschiede.

In eigenartiger Stimmung verlasse ich diese Halbwüchsigen. Sie verlangen, ohne Erbarmen – grausam schon fast, aber nicht, weil sie einen nicht mögen oder weil sie nicht zu zwischenmenschlichen Beziehungen fähig sind. Sie verlangen nur das Lebensnotwendige. Aber weil eben nur ich da bin, sind sie mir gegenüber maßlos in ihren Forderungen. Drei Wochen später erhalte ich zu meinem großen Erstaunen einen Brief von Vítor. Viele weitere sollten folgen. Er erzählt mir alle Neuigkeiten der Gruppe und kündigt an, daß er mir regelmäßig schreiben will, denn: „Es ist eine Therapie für mich, wenn ich mit Leuten kommuniziere, die mich mögen, auch wenn sie weit weg sind. Es ist eine Kraft, die Du mir gibst, weil ich dabei sehr glücklich bin.“

# Vítor

Rio de Janeiro, Juni 1992: Ich hinterlasse bei einem Straßenkinderprojekt, wo Vítor ab und zu vorbeischaut, die Telefonnummer meines Hotels. Wenige Tage später ruft er mich an. Nervös spricht er mich abwechselnd mit „Sie" und „du" an. Auch für mich ist die Situation fremd: Der Rebell von einst – angepaßt und zivilisiert. Er wohnt zur Zeit in einer Villa in Ipanema. Der Hauswart hat ihm ein Zimmer zur Verfügung gestellt, solange die Herrschaft nicht da ist. Vítor war in den Alkoholismus abgerutscht und versucht, mit Hilfe der anonymen Alkoholiker davon wegzukommen. Jeden Tag irrt er in der Stadt umher und geht auf Jobsuche, bis jetzt aber vergebens. Bitterkeit und Mißtrauen haben sich tief in seiner Seele eingegraben. Auf seinem Gesicht spiegeln sich Elend und Furcht und die Frage: Was kommt jetzt? Ich möchte mehr über ihn und sein Leben wissen.

„Ich weiß nicht, ob ich es schaffe, dir alles zu zeigen, was die Straße mir weggenommen hat. Du hast mich ja nicht gekannt, als ich ganz am Boden war. Du hast mich bereits in einem besseren Stadium kennengelernt, schon in der Phase der Rückkehr, zurück zur Welt, zurück zu mir selbst." Er stockt, und es dauert eine Weile, bis er weitersprechen kann.

„Ich rede nicht gern über mein Zuhause und meine Geschwister. Ich hatte ein Haus, ich hatte dort meine Brüder. Ich war dort verloren. Ich bin von zu Hause weggegangen und dachte an Überfälle, an die Welt, an das Leben, wollte mich finden."

*„Warum bist du von zu Hause weggegangen?"*

„Ich wollte nicht dort leben. Das Leben dort hat es nicht gebracht. Wir hatten große Schwierigkeiten: Vater und Mutter getrennt, wir konnten oder wollten miteinander nicht reden. Irgendwie mochte ich es dort, aber es war notwendig, von zu Hause wegzugehen. Es gab nur Streit, Leid, es fehlte an allem.

Die Wahrheit ist, daß sie mich nicht akzeptiert haben, so wie ich war. Es gab eine Zeit, wo ich einfach nicht mehr im Haus bleiben konnte. Das Trinken, die Drogen, es gab keinen Platz im Haus, wo ich mich zu Hause fühlen konnte. Ich dachte, ich hätte das Recht, von dort wegzugehen."

*„Wie alt warst du, als du von zu Hause fortgegangen bist?"*

„Acht, neun Jahre. Mit sieben, acht, bin ich schon einmal von zu Hause weggelaufen, aber wieder zurückgekehrt. Meine Mutter hatte nie Lust, zu kommen und mich von der Straße wegzuholen. Das macht mich manchmal traurig, wenn ich denke, daß meine Mutter mich nicht holen gekommen ist. Das ist es, was mich am meisten schmerzt, die Mutter zu mögen, und sie ist nicht gekommen, um mich zu holen. Einige Freunde von mir hatten Mütter, die ihre Kinder gesucht, sie bei uns gefunden und wieder nach Hause gebracht haben. Ich hab sogar davon geträumt, daß meine Mutter mich holen kommt."

*„Und mit wem hast du gelebt als Kind, mit den Kleinen oder mit den Großen?"*

„Ich habe mit den Großen und mit den Kleineren gelebt, alles Kinder. Als ich noch kleiner war, lebte ich mit den Jüngeren. Wer mehr hatte, waren die Größeren. Einen aus dieser Gruppe hat die Mutter nach Hause geholt. Ein anderer ist von uns weggegangen. Einer fing an, Klebstoff zu schnüffeln, ein anderer wurde überfahren. Das waren meine ersten Abenteuer auf der Straße. Mich hat das alles so sehr fasziniert, aber ich habe auch bemerkt, daß etwas aus meinem Inneren verschwunden ist: Das Schöne ging verloren. Die Größeren haben angefangen, uns schlecht zu behandeln. Als wir das bemerkten, also wir, die Kleinen, verhielten wir uns genauso. Die Banden waren getrennt, auch wenn wir gemeinsam gelebt haben.

Ich hab von den Banden gelernt. Es gab nur dazugehören oder nicht dazugehören, sein oder nicht sein. Wir waren Freunde, und zur selben Zeit waren wir es wieder nicht. Wir lebten und lernten, schlecht zu sein. Ich war Freund, bewußt, wirklich freundlich, und irgendwann einmal bin ich dann doch wirklich schlecht geworden. Das Böse kam langsam in mir auf. Alles, was ich auf der Straße erlebt habe, was von den Freunden gekommen ist, von der Straße, von der Gesellschaft, habe ich als

Teil in mir aufgenommen. Ich begann also zu schnüffeln, Zigaretten und Marihuana zu rauchen."

*„Als du dann älter geworden bist, hast du einen Unterschied gemerkt zu der Zeit, als du klein warst?"*

„Als ich klein war, habe ich gelitten und gelernt, zu überleben. Als ich größer war, setzte ich dann das um, was ich als Kind gelernt hatte. Als ich klein war, haben sie mich geschlagen. Warum soll ich dann nicht als Großer auch die Kleinen schlagen? Zu Hause hörte ich sehr wenig gute Sachen, auf der Straße lernte ich dann noch mehr schlechte Sachen dazu. Zu Hause sagte meine Mutter: ‚Geh nicht auf die Straße, das ist nicht gut.' Ich hörte das, und als sie anfing, darüber zu sprechen, was die Straße alles bieten würde, ging ich weg. Auf der Straße hörte ich dann, daß sie schlecht ist, und was sie alles an Schlechtem bringen würde, und ich habe weitergemacht, habe mitgemacht, ich war ein Teil davon. Auf der Straße bin ich zerstört worden, ich hatte mich vollkommen vom Menschsein entfernt. Was soll ich tun, wenn mir die Straße das beibringt: Haß, Rache, Krieg, Unehrlichkeit. Die Gesellschaft macht das mit jedem von uns, der heute auf der Straße ist, ihm wird nicht geholfen. So ist es sehr wahrscheinlich, daß er in Zukunft ein großes Monster wird."

*„Wieso?"*

„Weil die Straße das mit sich bringt. Die Straße bringt das Kind dazu, ein Verbrecher zu sein. Als Kind lernt man keine guten Prinzipien, die Straße hat nämlich keine guten Prinzipien."

*„Warum glaubst du, daß die Straße nur schlechte Prinzipien bringt?"*

„Weil du niemanden auf der Straße siehst, der irgendwas Gutes tut. Hast du schon einmal ein Straßenkind gesehen, das etwas Gutes machen konnte und als Mensch anerkannt worden ist? Der kleine Gesetzesübertreter heute wird ein großer Krimineller morgen sein oder ein großer Chef im Gefängnis. Er ist sich selbst sein Feind Nummer eins. Wenn die Leute das erste Mal ins Gefängnis gehen und dort zwei, vier, fünf Monate, ein Jahr verbringen, dann gehen sie wieder auf die Straße. Das Schlechteste ist, daß er dort hineingekommen ist, er wird zum Außenseiter, das Leid wird immer größer, es zerstört den Menschen, den Herrn seiner Prinzipien, zerstört alles. Der kleinste Grundsatz, den er ins Gefängnis mitgenommen hat, wird, wenn er von dort weggeht, verschwunden sein. Die Gesellschaft hilft dabei, sie verachtet uns nämlich nicht nur als Außenseiter, sondern als Menschen.

Es gibt Leute – sie sind nicht wie ich, ich betrachte mich nämlich nicht als produktive Person –, aber es gibt gute Jugendliche, gute Kinder, die in den Straßen vergeudet werden. Es gibt *moleques*, die zum Beispiel sehr gut zeichnen, und ihr Wert wird nicht gesehen. Sie haben nicht die Voraussetzungen, um irgend etwas zu sein, sie haben nicht einmal einen Platz zum Schlafen. Man gibt ihnen keine Hoffnung, und sie haben auch keine Hoffnung."

*„Was war der ausschlaggebende Grund für dich, das Leben auf der Straße aufzugeben?"*

„Wenn ich auf der Straße geblieben wäre, wäre ich jetzt ein großer Krimineller, ein Führer im Gefängnis, aber doch zum Tode verurteilt. In einer Strafanstalt ist das das Schicksal von allen. So ist das bei einem Verbrecher: Du stirbst beim Stehlen, an den Drogen, im Gefängnis. Wenn ich nachdenke, hat es viele Ursachen gegeben, warum ich von der Straße weggegangen bin. Je weniger du hast, umso weniger schaffst du es, und dann kommt noch dazu, daß du nichts wert bist. Ich hab es schließlich nicht mehr ausgehalten, so zu leben: Es gab nur Trinken, Drogen, Frauen, Diebstahl, nichts weiter. Es hätte mich auf die Dauer innerlich zerrissen. Ich habe nicht mehr den Mut gehabt, weiter mit Drogen, mit Diebstahl zu leben. Ich mußte einen Ausweg finden. Ich hab es nicht mehr geschafft, mit dem Alkohol an meiner Seite zu leben.

Mein Leben war so, heute ist mein Leben anders. Ich habe nichts, nicht einmal eine Arbeit, aber ich habe eine kleine innere Genugtuung, nicht betrunken zu sein, nicht eingeraucht zu sein, nicht zu stehlen. Was mir heute Befriedigung bereitet, ist, daß ich nicht mehr auf die Straße zurück will. Ich bin nicht weggegangen, weil ich nicht in der Lage war, dort zu bleiben, sondern weil ich töten würde oder dort sterben. Mein Wunsch zu töten war schon enorm groß, meine Feinde zu töten, den Leuten das Leben zu nehmen. Aber das war wirklich nicht der Weg. Ich hab es nicht länger ausgehalten, es gab nur rauskommen oder sterben. Um nicht zu sterben, bin ich weggegangen."

*„Warum gibt es so viele Straßenkinder?"*

„Die Regierung hat ihren Anteil daran – in einem Land, wo der Mindestlohn nicht zum Leben reicht. Der Mensch, der Hunger hat, revoltiert. Wenn jemand keinen Vater, keine Liebe, keine Zärtlichkeit hat und an einem Ort lebt, wo es nicht einmal Essen gibt, dann ist es natürlich, daß er aufwieglerisch wird. Ich glaube, das Schlimmste auf der Welt ist der Hunger. Man sagt ja auch, daß bei einem Menschen, der einen vollen Bauch hat, die Gedanken weiter gehen, als bei jemand, der Hunger hat. Würde es die Regierung ermöglichen, daß eine Familie überleben kann, einen gewissen Lebensstandard hat, würde das Kind nur fortlaufen, wenn es von den Eltern dauernd verprügelt wird. Auch wenn es ein chaotisches Zusammenleben ist, wenn ich entsprechende Voraussetzungen habe, werde ich nicht stehlen gehen.

Ein Armer heute hat eine ganz andere Ausgangsposition als alle anderen Menschen, auch wenn er sehr viel Kultur hat, sehr intelligent ist, wirklich denken kann, ist und bleibt er anders. Wenn ich eine Arbeit habe und mein Wert als Arbeiter auch gewürdigt wird, dann gibt es keine Notwendigkeit, zu stehlen. Aber hier ist es anders: Du arbeitest und wirst nicht geschätzt. Je mehr du arbeitest, desto weniger bist du wert.

Man verdient im Monat einen Mindestlohn, während ein anderer der Eigentümer von unzähligen Restaurants ist, mit dem Bauch nach oben sitzt und auf das Geld wartet, das du ihm geben wirst. Der eine macht nichts und verdient viel, der andere arbeitet viel und verdient nichts. Das Wort des Kellners zählt weniger als das des Patrons. Nicht nur, weil er Chef ist, denn am Arbeitsplatz ist es logisch, da muß er respektiert werden, aber auch außerhalb der Arbeit wird der Angestellte als Mensch entwertet. Er wird immer der einfache, dumme Arbeiter sein, sein Leben lang. Dein Wort wird immer über meinem stehen, weil du die finanziellen Voraussetzungen hast. Die Inflation ist hier sehr groß, dein Gehalt verschwindet wie nichts, deine Arbeitskraft gilt nichts. Das heißt für mich: Damit ich dein Geld bekomme, muß ich schlauer sein als du.

Das Leben wird immer so sein: die Inflation, die Kinder werden stehlen gehen, auch wenn sich die Fassade ändert, es bleibt alles beim alten. Was wird der Außenseiter wohl der Gesellschaft antun, bevor er stirbt? Er wird töten, bevor er eingesperrt wird, und er wird stehlen. In einem Land, dem es an Liebe fehlt, wird es nie anders sein. Die Regierung ist weit von sozialem Denken entfernt. Der Regierung fehlt die Ehrlichkeit, die grundlegende Voraussetzung für die Beziehung mit den Nächsten, mit der Gesellschaft. Die Politiker stehlen immer und werden nie eingesperrt. Du siehst im Fernsehen Berichte von enormen Betrügereien, und niemand muß ins Gefängnis. Wenn ich aber hergehe und einen Teller mit Essen stehle, dann werde ich verhaftet.

Aber wer bin ich eigentlich, um über das Land zu reden und um die Probleme zu lösen? Es ist ganz einfach wichtig, daß sich die Regierung und die sozialen Bedingungen ändern. Aber die Regierung löst ja nicht einmal ihre eigenen Probleme, was soll sie dann mit unseren Problemen tun?"

*„Wie können Außenstehende dir und den Straßenkindern helfen? Was erwartest du von ihnen?"*

„Was soll ich erwarten? Es ist schwierig, irgend etwas zu erwarten. Wenn ich nur glauben könnte, daß meine Worte irgendwas bringen. Um zu helfen, muß man lieben können, wirklich an das Kind glauben, ihm Möglichkeiten zum Leben geben, damit es eines Tages ein Mensch sein wird. Die Gesellschaft trägt ihren Teil bei: Sie zieht dir alles Gute raus und kreiert ein zukünftiges Monster. Wo es keine Liebe gibt, wird es nämlich immer Krieg geben, mitten im Frieden wird es immer Krieg geben.

Man muß das Kind nehmen, bevor es groß ist, bevor es zu einem kleinen Verbrecher wird. Man muß es formen, bevor es mit dem Schlechten in Berührung kommt, danach ist es viel schwieriger. Es geht noch, aber es ist schwierig. Wenn man es von klein an aufnimmt, passiert das nicht. Man muß sein Leben mit positiven Dingen erfüllen. Das ist das Wichtigste im Leben. Ein Kind, das die gute Seite des Lebens lernt, wird eines Tages gut sein. Es wird leiden, aber gut sein, trotz der Schwierigkeiten, die es erwarten. Es wird ein gutes Leben haben, und nicht gezwungen sein, Böses zu tun. Wenigstens hat es das Recht zu wählen, ob es positiv oder negativ ist, auf die Straße zu gehen. In meinem Fall hatte ich keine Wahl.

Es muß einen Weg geben, wo man nicht länger Drogen zu nehmen braucht, töten und trinken muß, um zu überleben. Das hängt natürlich von jedem einzelnen ab, aber was die Regierung und die Leute geben können, ist Verständnis, eine Chance. Die Möglichkeit, zu arbeiten, zu leben, akzeptiert zu werden. Was man in der Vergangenheit gemacht hat, sollte einem in der Gegenwart nicht mehr vorgehalten werden, damit ist nämlich nichts gewonnen. Es hat keinen Sinn, ständig darauf hinzuweisen, wie böse der andere war."

*„Welche Hilfe erwartest du von uns in den reichen Ländern?"*

„Die Länder, die helfen wollen, sollen nicht nur mit Geld helfen. Geld ist nicht alles im Leben. Wenn Geld Glück gebracht hätte, wäre ich glücklich gewesen, weil ich als Straßenkind viel gestohlen habe. Ich konnte Kleider mit Markenzeichen tragen, hatte zu essen, zu trinken, konnte Drogen nehmen. Das heißt, ich habe jeden Tag Geld gehabt, aber nie Frieden."

*„Wie stellst du dir deine Zukunft vor?"*

„Ich habe zwar nie eine Familie gehabt, na ja, ich habe schon eine gehabt, aber was soll ich machen, es war nicht möglich, mit denen zu leben. Obwohl ich bis heute keine habe, habe ich noch immer die Hoffnung, eine Familie zu gründen. Auf der Straße hat es keinen Sinn, auch nur darüber nachzudenken. Dort hat es keinen Sinn, überhaupt an was zu denken. Für mich ist es schwierig, über die Zukunft zu sprechen. Das Leben gibt dir nämlich keine Anleitung, was du sein wirst, wenn du erwachsen bist. Heute ist es für mich so schwierig, an mich selbst zu glauben, ich weiß nicht, was ich kann. Einmal bin ich auf der Straße gewesen und bin bei einem Buchgeschäft vorbeigekommen. Dort habe ich ein Buch gesehen, mit dem Titel: *Moleque, was wirst du sein, wenn du groß bist?* Hätte ich damals Geld gehabt, hätte ich es mir gekauft, um zu wissen, was die Antwort war. Ich habe mich nämlich mein ganzes Leben gefragt, was ich sein werde, wenn ich einmal erwachsen bin. Heute weiß ich es noch immer nicht und frage alle, die auf der Straße sind."

Rio de Janeiro, September 1993: Vítor hat sich ein Zimmer in einem Haus in der Favela Rocinha gemietet. Er arbeitet in einem Fast-Food-Lokal in Ipanema. Der Geschäftsführer ist ebenfalls Mitglied der anonymen Alkoholiker und hat ihm die Stelle beschafft. An seinem Arbeitsplatz weiß niemand, daß er einmal Straßenkind war. Das hält er streng geheim und meidet bewußt alle früheren Kontakte. Zu leicht könnte er sonst wieder auf die schiefe Bahn geraten.

Gemeinsam schlendern wir durch die Straßen Rios. Jedesmal, wenn ich bei einem Straßenkinderlager stehen bleibe oder einen Blick in Richtung Obdachloser riskiere, zieht er mich energisch weiter und nennt mich neurotisch. Es scheint fast, als schütze er sich vor seiner traurigen Vergangenheit, indem er aufhört, das Elend auf der Straße wahrzunehmen.

Unsere Beziehung hat sich verändert. Ich bin nicht länger seine *tia* und er mein Sorgenkind, sondern wir sind nun wirkliche Freunde. Er hat sich mittlerweile das Portugiesisch der Mittelklasse angeeignet, es gibt keine Verständigungsprobleme mehr. Seinem depressiven Zynismus hat eine gewisse Heiterkeit Platz gemacht. Er scheint mit sich und der Welt versöhnt.

Nach wie vor nimmt er täglich an einer Selbsterfahrungsgruppe der anonymen Alkoholiker teil. Er liest Psychologiebücher und möchte den Führerschein machen, um später einmal Taxifahrer zu werden. Ich gebe ihm 200 Dollar für den Kurs.

Wien, Januar 1994: Ich bekomme einen Brief von Vítor, in dem er mir mitteilt, daß er zum Gruppenleiter ernannt wurde. Er arbeitet am Tag und geht abends zur Schule. Den Fahrkurs hofft er in den Ferien machen zu können. Er hat das Geld inzwischen auf der Bank deponiert. Dem Brief liegt eine Rechnung bei. Er schließt mit den Worten: „Vertraue mir, so wie ich Dir vertraue."

# Im Netz der Drogenmafia

Wir sitzen auf den Tribünen des *Sambódromo*, einer modernen, überdimensionalen, massiven Betonkonstruktion mitten in Rio de Janeiro, in deren Zentrum die weltberühmte Samba-Paradestraße *Passarela do Samba* verläuft. Zusammengedrängt warten wir gespannt und in einer bereits etwas ungeduldig gewordenen Menschenmenge seit über drei Stunden auf die Ankunft von Nelson Mandela. Im mitreißenden Rhythmus spielen afrobrasilianische Popgruppen Lieder von Unterdrückung und Widerstand ehemaliger Sklaven, während Menschenmassen sich dazu euphorisch im Takt bewegen und sich ihrer schwarzen Identität besinnen.

Eine Reihe vor mir tanzen einige schwarze Jugendliche in ekstatischen Verrenkungen, die ich sofort als Straßenkinder identifiziere. Mitten unter ihnen steht ein weißer Mann mit Brillen, nicht älter als 40, nicht größer als einen Meter sechzig, um einen Kopf kleiner als seine jungen, auffälligen Begleiter. Salopp trägt er ein kurzärmeliges Leibchen, Jeans und Sandalen. Sein Blick strahlt Ruhe und Güte aus. Ich erinnere mich, dieses Gesicht bereits einmal gesehen zu haben, in einem Buch über Straßenkinder: „Der Krieg der Kinder" von Gilberto Dimenstein, das ich kurz zuvor gelesen hatte.

Der charismatische Mann ist Priester vom Franziskanerorden. Sein Name: Márcio de Araújo Terra. Bereits damals hat mich das Foto beeindruckt, auf dem er von Straßenkindern umgeben ist. Unter dem Bild stehen die Worte: „Die Gewalt ist für diese Kinder so alltäglich, als würden sie Wasser sehen." Zufall oder nicht, wir kommen gleich ins Gespräch, und Padre Márcio ist sichtlich überrascht, daß eine Ausländerin sein Bild kennt. Er wohnt zur Zeit in Cantagalo, einer Armensiedlung auf einem Abhang etwas oberhalb von Ipanema. Dorthin lädt er mich für die kommenden Tage ein.

Wir treffen uns am Fuß eines steilen, felsigen Berghanges, auf dem sich die Favela Cantagalo ausbreitet, und nehmen den Aufzug, um zum CIEP *(Centro Integrado de Educação Pública)* von Ipanema zu kommen, einer der vielen Ganztagsschulen für arme Kinder, die in ganz Rio eingerichtet sind. Dieser eindrucksvolle Bau markiert den Anfang der Favela. Hier oben ist das Dröhnen der Autos nur mehr dumpf zu vernehmen, vermischt mit dem Geschrei von Kindern, Hundegebell und ab und zu dem Krähen eines Hahns.

Geradezu malerisch wirken diese eng aneinander gedrängten Häuser, mit ihren durch Holzläden verschlossenen Fenstern, den flachen Blechdächern mit den chaotisch montierten Fernsehantennen, auf diesem unwegsamen Gelände, das gleichsam eigens für die Armen reserviert ist. Wegen der Raumnot und der horrenden Grundstückspreise sind sie gezwungen, immer steilere Berghänge mit ihren Hütten zu erschließen. In Rio de Janeiro gilt daher das Wort *morro*, also Hügel, als Synonym für Favela.

Die Favelabewohner haben wohl den schönsten Ausblick auf die weltberühmten Sandstrände von Rio de Janeiro. Allerdings hat dieser kleine Luxus auch seinen Preis: Tropische Regengüsse verursachen jedes Jahr Erdrutsche auf diesen kahlgeschlagenen, lehmigen Hängen. Sie reißen unzählige Hütten mit in die Tiefe. Am nächsten Tag werden dann die Toten geborgen und die Verletzten versorgt, so gut es eben geht. Die Hütten werden wieder aufgebaut, das Leben geht weiter: aber nicht für alle.

Wir gehen den Schotterweg entlang zu der etwas unter uns liegenden Favela, die in einer Talmulde eingebettet liegt und auf der anderen Seite des Berges wieder aufsteigt, um dann abrupt in die Tiefe nach Ipanema abzufallen. Heute ist Werktag, daher geht ein Großteil der Favelabewohner jetzt irgendeiner Arbeit nach. Nur ein paar Kinder spielen in den schattigen, engen Gassen, zwei alte Frauen sitzen auf den Stufen eines Hauses und machen Handarbeiten.

Obwohl es nicht regnet, gehen wir immer wieder über nasse Stellen, denn wegen der unzureichenden Kanalisation fließen im Rinnsal am Rand der Gassen die unkontrollierten Abwässer, die sogenannten *valas negras*. Dieses Provisorium führt dazu, daß die armseligen Behausungen mehr und mehr von Abwässern durchnäßt werden und allmählich verfaulen. Ein Geruch von Kot liegt in der Luft. Pater Márcio erzählt mir, daß niemand in die Favela hineinkommt, „wenn *sie* es nicht wollen". *Sie* sind die Wächter einer jeden Favela in Rio de Janeiro, aufgestellt von der Drogenmafia. Männer, die gelangweilt an einer Mauer lehnen, mit automatischen Gewehren zwischen den Knien.

Jede Favela hat ihre eigenen Gesetze, denen sich niemand entziehen kann. Blutige Auseinandersetzungen zwischen den verschiedensten Banden versetzen die Bewohner immer wieder in Angst und Schrecken. Neben dem Krieg der *favelados* untereinander gibt es den ständigen Kampf mit der Polizei, Konflikte, die immer wieder Opfer verlangen und auch vor Kindern nicht haltmachen. Ein trauriges Beispiel unter vielen ist die Ermordung des neunjährigen Patrício Hilário da Silva, dessen Leiche am Strand von Ipanema aufgefunden wurde. Daneben lag ein Zettel mit der Aufschrift: „Ich habe dich umgebracht, weil du nicht zur Schule gegangen bist und nichts für die Zukunft bringen wirst." Patrício war eines von vielen Kindern in Cantagalo, die täglich bei Pater Márcio vorbeikommen.

Márcio führt mich mit kurzen, schnellen Schritten durch das Labyrinth planlos zusammengewürfelter Häuser. Mittlerweile habe ich gänzlich die Orientierung verloren und achte aufmerksam darauf, nicht auf einen schlafenden Hund zu steigen oder auf dem glitschigen Boden auszurutschen.

Schließlich sind wir bei der Kirche angelangt, die nur durch eine Tür vom kleinen Pfarrhaus aus Stein getrennt ist. Erschöpft und ein wenig erleichtert trete ich in die dunkle, spartanisch eingerichtete Stube. Drei Halbwüchsige sind hier: Einer döst eingeraucht auf einer Couch vor sich hin. Kaugummis im Mund, spielen die anderen Tischfußball, eines der vielen Spiele, die Pater Márcio für „seine" Kinder besorgt hat. Er erklärt mir, daß die Straßenkinder von Ipanema jeden Sonntag zum Mittagessen eingeladen werden. Unter der Woche bekommen sie – gastfreundlich, wie er ist – auch uneingeladen etwas. Wir gehen in die einfache Küche, trinken Kaffee mit Milch und essen Melonenscheiben.

Ich möchte die Welt der kriminellen Außenseiter kennenlernen, eine Welt, der man sich nicht entziehen kann, wenn man das Leben von Straßenkindern verstehen will. Denn viele Straßenkinder werden schon in einem Milieu des Verbrechens geboren, einige handeln auf der Straße mit Drogen. Als kleine *aviões* (Flugzeuge) pendeln sie zwischen Favela und Stadtzentrum hin und her, hier kaufen sie, da verkaufen sie, ein lukratives, aber gefährliches Geschäft: Denn wenn sie etwas falsch machen, zahlen sie dafür mit dem Leben. Eine heruntergezogene Hose – die *calça arriada* – und eine Kugel im Kopf signalisieren den Rachemord.

Pater Márcio beginnt zu erzählen und schildert am Beispiel von Cantagalo die Welt der Drogen: „Die Drogenkriminalität gibt es hier am Hügel schon ziemlich lange. Die älteren Leute haben Sehnsucht nach der Zeit, in der es noch kein Wasser und kein Licht auf dem Hügel gab, damals, als die Häuser noch Holzhütten waren. Denn damals hat es mehr Sicherheit gegeben, mehr Ruhe, und es gab da nicht diese Verwicklung in das Drogengeschäft. Das Wohnen auf dem Hügel ist immer lebensbedrohlicher geworden, seit der Drogenhandel allmählich von der Favela Besitz ergriffen hat."

Anfang der sechziger Jahre gab es in Cantagalo die ersten Drogenkonsumenten. „Das war aber damals eine sehr diskrete Sache", berichtet der Pater. „Es wurde nicht in der Nähe von Kindern geraucht. Man respektierte die Leute, die vorbeigingen und nichts damit zu tun haben wollten."

Allmählich spitzte sich die Situation aber zu. Ein einschneidendes Ereignis war schließlich der Streit zwischen zwei Brüdern, die beide um die führende Position im Drogenhandel kämpften. Der blutige Konflikt endete mit dem Tod des einen Bruders. Márcio findet einen biblischen Vergleich: „Wie die Geschichte der Menschen nicht mehr dieselbe war, seit Kain Abel ermordete, so war auch die Geschichte des Hügels seit diesem Ereignis nicht mehr dieselbe."

Der Konflikt war damit noch lange nicht zu Ende, denn der Tote hatte Verbündete und die setzten den Kampf gegen die Anhänger des überlebenden Bruders fort. „Der Bandenkrieg führte zu einer großen Kluft zwischen den Bewohnern des Hügels", so der Priester. „Es gab immer wieder neue Provokationen, die zu neuer Gewalt führten." Auch als der zweite Bruder vertrieben war, blieb der Streit zwischen den Konfliktparteien bestehen. Die Herrschaft auf dem Hügel übernahmen nun andere, aber immer Verbündete des einen oder anderen Bruders. Bis zum Jahr 1989 setzte sich der Krieg fort.

1989 kämpfte ein gewisser *Charuto* – übersetzt „Zigarette" – gegen *Pé* – „Fuß" – um die Führung des Drogenhandels in Cantagalo. Dabei gab es zahlreiche Morde und ein makabres Schauspiel, das an längst vergangene Zeiten erinnert: „Einige Leute wurden geköpft. Der aufgespießte Kopf eines Ermordeten wurde dann vor seinem Haus zur Schau gestellt. Damit wollten die Mörder symbolisieren, daß sie die Stärkeren waren."

Bald darauf brach zwischen Cantagalo und der Nachbarfavela Pavão e Pavãozinho ein bewaffneter Konflikt – ebenfalls um Drogen – aus. „Jetzt gab es also zwei Kriege: den internen Krieg innerhalb der eigenen Gemeinde und den Krieg zwischen den Gemeinden", sagt Pater Márcio. „An diesem Streit waren natürlich nicht alle Bewohner beteiligt, sondern nur die Leute, die in den Drogenhandel verwickelt waren. Die Sache lief zwar zwischen Banden ab, aber alle, die in der Favela lebten, wurden hineingezogen: Denn wenn es eine Schießerei zwischen den Banden gab, konnten die Kinder nicht zur Schule gehen, weil sie Angst vor verirrten Kugeln hatten. Die Schießereien konnten jeden Moment aufs neue losgehen, so hielten die Mütter die Kinder lieber in den Häusern. Auch die Männer fürchteten, daß sie den Hügel zwar hinunter-, aber nicht mehr hinaufkommen würden. Nicht selten mußten auch sie zu Hause bleiben und versäumten so ihre Arbeit."

Die *brioscas* – kleine Läden in der Favela – mußten geschlossen bleiben. Das wirtschaftliche Leben auf dem Hügel – abgesehen vom Drogengeschäft – war lahmgelegt. Als die Situation bis zur Unerträglichkeit gespannt war, griff – spät, aber doch – die Polizei ein, diesmal ausnahmsweise mit Zustimmung der meisten Favelabewohner.

Neben der Polizei schaltete sich 1989 auch eine Gruppe von etwa 50 Jugendlichen ein, die sich bewaffnet hatten und in Cantagalo das Kommando übernahmen. „Medellín-Armee" nannten sich diese selbsternannten Hüter der Gerechtigkeit, in beziehungsvoller Anspielung auf die kolumbianische Drogenmetropole. Zumindest für eine kurze Zeit sorgten Polizei und Privatmiliz mit allen Mitteln für „Ruhe und Ordnung" auf dem Hügel.

Doch auch die Medellín-Armee hatte den Bogen bald überspannt, die meisten ihrer Mitglieder sitzen heute im Gefängnis. Das Ende der Miliz fiel mit dem Aufstieg des *Comando Vermelho* zusammen, des „Roten Kommandos": Diese Untergrundorganisation kontrolliert den Drogenhandel im Großteil von Rio de Janeiro.

Pater Márcio weiß, wer dahintersteckt: „Die Leitung des *Comando Vermelho* sitzt im Bangul, einem Hochsicherheitsgefängnis. Von der Haft aus dirigieren sie den gesamten Drogenhandel von Rio de Janeiro. Auch die Welle von Entführungen, die uns jetzt heimsucht, geht auf das Konto des *Comando Vermelho* – sagen die Leute." Denn die schwierige Wirtschaftslage Brasiliens habe auch das Drogengeschäft stark beeinträchtigt, der Profit werde immer geringer. Daher suchte das *Comando* nach neuen Einnahmequellen – wie eben Lösegeldern –, um seine Geschäfte fortführen zu können. „Außerdem brauchen sie viel Geld, weil sie ihre Anwälte zahlen müssen. Manchmal müssen sie auch die Familie eines ihrer Mitglieder erhalten, das im Gefängnis sitzt", so Márcio mit vielsagender Miene.

Zurück nach Cantagalo: Ein Verbrecher namens Serginho wurde dort zum ersten lokalen Boß des „Roten Kommandos" ernannt. Er fiel jedoch bald in Ungnade, und die Leitung des *Comando Vermelho* ließ ihn bald wieder in der Versenkung verschwinden. Als nächster übernahm ein gewisser Wellington aus der Favela Santa Marta in Botafogo die Führung. „Doch allein die Tatsache, daß er nicht aus dieser Gemeinde hier stammte, war schon sehr problematisch. Denn die Drogenhändler, die aus der eigenen Favela sind, geben den Leuten eine gewisse Sicherheit", beschreibt der Pater. „Man kennt sie, und deswegen werden sie auch respektiert. Wenn der Typ aber von woanders kommt, dann kennt er nichts und niemanden. So wurde auch der neue Anführer nicht respektiert. Denn abgesehen davon, daß er einen bösen Geist in sich hatte, kam er noch dazu von woanders."

1990 brach ein offener Krieg in Cantagalo aus: „Es war eine schlechte Zeit für die Gemeinde, viele wurden ermordet. Wellington zog sich einen roten Mantel an, ging nachts auf dem Hügel herum und schrie: ‚Ich bin der Tod, ich will Blut!' Die Leute starben fast vor Angst, haben die Häuser fest verschlossen und hatten Angst, daß er anklopfen würde."

Den Höhepunkt erreichte das Chaos, als Wellington sich vom *Comando Vermelho* lossagte. Die Nachbargemeinden Pavão und Pavãozinho verblieben unter der Herrschaft des *Comando*, was erneut zum bewaffneten Konflikt zwischen ihnen und Cantagalo führte. Wellington verlor den Krieg und war gezwungen, die Favela zu verlassen. Aber er hatte sich eine Gruppe von jungen Mitstreitern organisiert, mit deren Hilfe er eines Tages im Morgengrauen versuchte, aufs neue die Führung des Hügels zu übernehmen.

„Ich habe zwei Nächte des Terrors hier erlebt, als Wellington zurückkehrte und der Hügel durch das *Comando Vermelho* übernommen wurde", läßt Padre Márcio die blutigen Ereignisse Revue passieren. „Wellingtons Rückkehr war schrecklich: Sie kamen im Morgengrauen und hatten außer Schußwaffen auch Sprengsätze mit dabei, die sie in die Häuser warfen. Sie zwangen die Leute, ins Freie zu kommen, wenn sie dachten, daß einer, der gegen sie war, in einem Haus versteckt war. Sie haben die Leute mit Sprengsätzen bedroht. Und diese hausgemachten Sprengsätze sind höchst explosiv."

Wellington verlor auch diesmal. Auf der Flucht lief er den Hügel hinunter, doch die Polizei wartete bereits am Fuß des Hügels. Einige Frauen schrien: „Da ist er, nehmt ihn fest!" Nach seiner Verhaftung eilten fast alle Bewohner der Favela zur Polizeistation und warteten vor der Türe. Als er vorbeigeführt wurde, stürzten sie sich auf Wellington und verprügelten ihn.

Seither ist in der Favela Ruhe eingekehrt. Das *Comando Vermelho* habe alles unter Kontrolle, berichtet der Priester. „Sie haben ihre Wachen – die *guardas* und *vigias* – und ihre Späher – die *olheiros*. Die sollen die Sicherheit ihrer Arbeit gewährleisten. Es gibt hier sozusagen eigene Gesetze, einen eigenen ethischen Kodex. Wenn zum Beispiel jemand von ihnen stirbt, dann ist Trauertag in der Favela. Es wird offizielle Trauer verordnet. Die Geschäftsleute schließen ihre *brioscas*. Sie hängen eine schwarze Fahne auf."

Bei einer solchen Gelegenheit, erzählt Padre Márcio, habe man ihm einmal befohlen, den Fernseher abzudrehen, weil man an „Trauertagen" eben nicht fernzusehen habe. „Aber ich habe nicht abgedreht. Wir gehorchen nicht." – „Du hast nicht abgedreht?" fragt in diesem Augenblick erschrocken ein Maurer, der vor der offenen Türe des Pfarrhauses arbeitete und das Gespräch mitgehört hat: „Du hast den Fernseher nicht abgedreht? Aber wenn du das nicht machst, Mann ..." Sein Respekt vor dem couragierten Pater ist nicht zu überhören. Wir schmunzeln. In einer Favela haben auch die Wände Ohren.

Der Priester seufzt: „Es gibt viele Probleme mit ihnen. Zum Beispiel mischen sie sich mehr und mehr in die Angelegenheiten der *Associação de Moradores* – der Einwohnervereinigung – ein und übernehmen langsam ihre Führung. Es ist üblich in vielen Favelas, daß die Drogenbosse sich bei der *Associação de Moradores* wichtig machen. Das führt dazu, daß der Einwohnerverein nichts tun kann, was ihnen nicht paßt."

Nun, so Pater Márcio, nehmen die Drogenbosse langsam auch die letzte Bastion ein: die Kirche – „das einzige, wovor sie bisher noch Respekt hatten. Man hört immer wieder von Fällen in Rio de Janeiro, wo sie die Arbeit der Kirche behindern. So beginnen sie wirklich, alles zu beherrschen." Nicht nur politisch, auch wirtschaftlich legen die Drogenhändler zusehends wieder an Macht zu: Wegen der verstärkten behördlichen Repressionen in Kolumbien und Bolivien bietet sich Brasilien als sichere Alternative an.

Brasilien hat auch andere „Vorteile", die das Land zu einem wahren Exportkorridor für geschätzte 120 Tonnen Kokain pro Jahr machen. Es besitzt große Flughäfen und Häfen, die sich für den Drogenexport geradezu anbieten, und es hat eine lange, praktisch nicht kontrollierbare Staatsgrenze zu Kolumbien und Bolivien. Da Brasilien alle möglichen Güter in alle Welt exportiert, lassen sich auch Drogen leicht mitschmuggeln. Jüngster

Fall: kokaingefüllte Transformatoren, die ein angesehener Geschäftsmann in die USA lieferte.[32]

Wie geht es wohl den Kindern, die tagtäglich mit Schießereien und Gewalt konfrontiert werden, die in einem regelrechten Krieg mitten im Frieden heranwachsen? Einer von ihnen ist der 14jährige César, ein hochgewachsener, muskulöser Junge. Er blickt mich freundlich an. „Mein Vater ist erschossen worden, mit fünf Kugeln", erzählt er. „Damals war ich noch sehr klein, ich hab ihn nicht gekannt. Meine Mutter ist in der Stadt, aber ich lebe nicht bei ihr."

Er sieht meine Buntstifte und möchte zeichnen. „Ich kann nur den Drogenhandel am Hügel zeichnen", erklärt er bestimmt und beginnt zu kritzeln. Dann zeigt er auf zwei der vielen Vierecke, die in seiner Skizze Favelahäuser darstellen. „Hier am Hügel verkaufen sie Marihuana und Kokain." Aufgeregt zeigt er auf den Hubschrauber: „Das ist die Polizei, die Drogenhändler tötet. Es gibt einen Verwundeten, und ein Polizist stirbt. Und ein Kind stirbt im Maschinengewehrfeuer. Da ist sein Blut. Ich habe schon viele Leute tot gesehen, weißt du." César lächelt leise. „Ich habe schon einen Revolver gehabt, einen 38er. Da geben wir Kugeln hinein, und dann – peng, peng – töten wir."

Die Straßenjungen wollen ein Video über Zumbí sehen, jenen schwarzen Nationalhelden, der in einem *Quilombo*, einem Widerstandslager der Sklaven mitten im Urwald, gelebt hat. Doch es bleibt nur Zeit für die ersten zehn Minuten des Films, dann müssen wir gehen. Es wird bereits dämmrig, und Márcio möchte mir noch den steilen Abstieg auf der anderen Seite des Hügels zeigen. Er dreht den Fernseher ab. Einer der Burschen wird deshalb böse und wirft ihm – halb im Spaß, halb im Ernst – vor, ihn zu mißhandeln: „Er hat mich am Ohr gezogen, er hat mich geschlagen", klagt er theatralisch. Phantasie und Realität gehen bei Kindern, die in dieser gewalttätigen Atmosphäre aufwachsen, ineinander über.

Der Abstieg wird zu einer regelrechten Kletterpartie. Vorbei an armseligen Hütten und freundlich grüßenden schwarzen Brasilianern, setze ich behutsam Schritt vor Schritt, halb gehend, halb rutschend, über Baumwurzeln und Geröll stolpernd. Ich bin dankbar, daß mir Márcio an besonders steilen Stellen seine

Hand reicht. Er lacht über mein ängstliches Gesicht, während andere Favelabewohner flott an mir vorbei in die Tiefe traben. Langsam nähern wir uns wieder der „Zivilisation“, den grauweißen Hochhäusern von Ipanema, und sehen, wie die Sonne im Meer versinkt. Eines der vielen Dinge, die mir aus Rio unvergeßlich bleiben werden, sind diese atemberaubenden Sonnenuntergänge, bei denen sich der ganze Himmel zu einem intensiven Orangerot verfärbt.

# Jorge

Er war einer, der gerne unbeschwert tat. Stets aufgezogen wie ein Kreisel, machte er einen Handstand-Überschlag nach hinten, kickte mit seinem Fuß nach vorne, als würde er mit einem unsichtbaren Gegner kämpfen. Jorge bestach durch sein warmes Lächeln, und mit seiner einnehmenden, offenen Art verstand er es meisterhaft, alle Herzen für sich zu gewinnen. Er lebte zwischen zwei Welten – ein rebellischer Straßenjunge, der gezähmt wurde: Er eignete sich höfliche Umgangsformen an, dennoch, in seinem tiefsten Inneren besaß er eine unbezwingbare Wildheit.

Einen ersten Schritt zurück in die „Zivilisation" setzte er, als 1986 die *Pastoral do Menor* gegründet wurde. In den dunklen, bunkerartigen Gängen der pyramidenartigen *Nova Catedral* hatte ein Projekt für die kleinen Schuhputzer begonnen: Schuhpaste, Bürste und Schuhputzkasten wurden bereitgestellt, später dann auch Essen ausgeteilt. Damals zeigte sich Jorge bereits kooperativ und war erklärter Liebling aller Straßenerzieher.

Ich lernte Jorge 1991 kennen. Sachkundig schleppte er mich durch den Monsterbau der Kathedrale, stolz zeigte er mir jede der Sehenswürdigkeiten des schmucklosen und dennoch eindrucksvollen Betonklotzes. 1992 begegneten wir uns nochmals. Manchmal in der Nacht, wenn es auf Rios Straßen so richtig gefährlich wurde, begleitete er mich.

Es ist ein Nachmittag im Juli. Wir essen gemeinsam in der dunklen Werksküche der Kathedrale mittag. Jorge sieht imposant aus: Die starken Muskeln seiner Oberarme spannen sein T-Shirt. Ab und zu wischt er sich die Schweißperlen von der Stirn, die auf seiner dunklen Haut glänzen. Ich frage ihn, ob er mir etwas von seinem Leben erzählen möchte. Er ist einverstanden.

*„Wie alt warst du, als du von zu Hause weggegangen bist? Warum bist du von dort weg?"*

„Ich war zehn. Es hat nur Streit gegeben, und meine Mutter war Alkoholikerin. Sie hat zu viel getrunken, und trotzdem wollte ich sie gegen meinen älteren Bruder verteidigen. Er wollte ihr das Geld wegnehmen, aber ich wollte das nicht zulassen. Ich war dagegen, und es gab andauernd Krach. Jeden Tag ist er gekommen und wollte mich schlagen – und das habe ich mir nicht gefallen lassen. Ich bin nämlich kein Heiliger und auch kein Prügelknabe. Als er wieder einmal betrunken nach Hause kam, versuchte ich ihn zu töten. Meine Mutter hat davon gewußt, ich wollte mit ihr darüber reden, aber sie hat es nicht verstanden, und wir haben uns gestritten. Schließlich haute ich von zu Hause ab."

*„Wie viele Geschwister hast du gehabt?"*

„Sechs, drei Brüder und drei Schwestern."

*„Hast du noch Kontakt mit ihnen?"*

„Nein."

*„Und mit deiner Mutter?"*

„Auch nicht."

*„Lebt sie noch?"*

„Ja."

*„Und was ist mit deinem Vater?"*

„Er hat sich von meiner Mutter getrennt, als ich sechs Jahre alt war. Meine Mutter wußte damals nicht, wie sie uns erhalten sollte. Mein Vater war nämlich zu dieser Zeit Drogenhändler, und einmal, als die Polizei ihm Drogen abgenommen hat, hatte mein Vater kein Geld mehr für uns. Schon seit vielen Jahren habe ich keinen Kontakt mehr mit ihm."

*„Mit welchen Gruppen hast du zusammengelebt, mit welchen Kindern?"*

„Ich habe in einer eigenen Gruppe gelebt. Wir waren 14 Kinder, in einer Zeit, als hier bei der Kathedrale noch nichts umzäunt war, und wir sind hier vorbeigekommen, um Autoradios zu stehlen. Ich bin zum Verbrecher geworden, nachdem ich begonnen hatte, auf der Straße zu leben, ich hätte sonst nicht anders überleben können. Ich habe nichts zu essen gehabt, und so war ich gezwungen, zu stehlen. Die Gesellschaft ist nämlich so: Ich bitte um etwas, aber keiner gibt mir was. Es hat immer dieses Mißtrauen gegeben, weil ich schmutzig herumgelaufen bin, barfuß war, lange Haare trug – so hab ich einen schlechten Eindruck gemacht. Und so haben sie das aus mir gemacht."

*„Was hat dich die Straße gelehrt?"*

„Wenn man ein Straßenkind ist, lernt man alles: Die Welt ist nämlich deine Schule, wo jeder hineinkommt, der will, und hinauskommt, wer kann. Um rauszukommen, mußt du wissen, wie, und dabei darfst du nie wanken. Wenn du unsicher wirst, entsteht ein großes Loch. Du darfst nirgends schlecht angeschrieben sein, darfst keine Feinde haben und mußt überall deine Kontakte haben, damit du keine Kugel verpaßt bekommst, nicht verprügelt wirst, verhaftet und geschlagen wirst, wie es heute so üblich ist.

Die Straße lehrt einen viele Dinge: zum Beispiel die Gewalt, die Tradition ist. Auf der Straße leben, bedeutet Gewalt lernen. Es gibt viel Gewalt auf der Straße, vor allem, wenn es Nacht wird. Als Kind habe ich am Tag geschlafen und in der Nacht gearbeitet. Aber es war keine wirkliche Arbeit, ich war *ladrão*. Die Straße bringt dir eine Menge bei, was du nicht lernen wolltest, verstehst du? Als ich Straßenkind war, mußte ich viel aushalten. Das bringt uns dazu, kein Mitleid mehr zu haben, mit niemand. Die, die auf der Straße wohnen, sind gewalttätig, zu gewalttätig, weil die ganze Welt Gewalt ist.

Es gibt Huren, Banditen, Bullen, die mit Drogen zu tun haben. Und wir haben diese Typen als unsere Lehrmeister. Vor allem lehrt die Straße dich, Verbrecher zu werden, einen Revolver zu verwenden, ein Messer. Hier gibt es nichts Gutes, nur Schlechtes. Es kann sein, daß du ruhig in einer Ecke sitzt, und es kommt jemand und provoziert dich. Und dann machen wir Sachen, die wir gar nicht machen wollen, du verprügelst die anderen, du verpaßt den anderen eine Kugel. Wo ich aufgewachsen bin, gab es nur das eine: viele Huren, Banditen, Transvestiten, Homosexuelle, *ladrões*, die einen jede Stunde bestehlen, und die Polizei, die den anderen eine Kugel verpaßt. Du bist mitten drinnen und lernst auch das zu tun, was die anderen machen."

*„Hast du Drogen genommen?"*

„Das erste Mal, daß ich Kokain genommen habe, war auf dem Hügel. Wir haben mit Drogen gehandelt und viele Drogen genommen: Marihuana, Kokain. Wenn wir Kokain gekauft haben, haben wir viel gekauft, und dann waren wir zu. In der Nacht waren wir gezwungen, es zu nehmen, während der Nacht bist du müde, und Kokain vertreibt den Schlaf. Aber wenn wir zu waren, hat einer es sich mit dem anderen verdorben, und schmeißt ihm einen Stein auf den Kopf. Selbst wenn du den Stoff nicht kaufen willst, kommen andere und geben ihn dir. Sie sagen: ‚Nimm es, versuch es, das ist gut.' Und wir probieren es, wir mit unserem schwachen Kopf. Ein Straßenkind bekommt keinen Rat vom Vater, von der Mutter, vom älteren Bruder. So lernst du das Zeug zu nehmen und zu mögen."

*„Wo kaufen sie die Drogen?"*

„Sowohl auf dem Hügel als auch hier auf dem Asphalt. Auf dem Hügel, der am nächsten liegt, am Morro de Coroa, der in Santa Teresa ist, am Morro dos Prazeres, wo die Drogenszene sehr stark ist, in Mineira, Mangueira, Rocinha, Vidigal. Die sind alle in der Nähe vom Zentrum. Die Drogen werden von einfachen Leuten verkauft, von armen Leuten. Es ist leicht, an sie heranzukommen. Dann gehen wir dorthin und kaufen es. Das kann sehr gefährlich sein. Es gibt nämlich Zeiten, da ist der Hügel im Krieg. Die Polizei macht Razzien. Wir nennen das *blitz*. Manchmal töten die Bullen nicht den *traficante*, sondern einen Süchtigen. Jeder, der dorthin geht, riskiert das, wenn sie Razzien auf dem Hügel machen. Also nehmen wir an, ich gehe jetzt zum Hügel, der Hügel hat aber gerade *blitz*, und ich habe Drogen dabei. Die Polizei wird mich sehen, und sie werden glauben, ich bin *traficante*. O. k., was passiert? Sie verpassen mir eine Kugel. Auch wenn du noch minderjährig bist, behandeln dich die Bullen genauso wie die anderen. Übrigens nehmen die Bullen auch Rauschgift. Sie gehen nicht umsonst auf den Hügel ..."

*„Und wie bist du zum ersten Mal mit den Drogenhändlern in Kontakt gekommen?"*

„Ich hatte Zugang, weil ich einen Schuhputzkasten hatte, der gut als Tarnung geeignet war. Ich habe schnell kapiert, daß mir dieser Schuhputzkasten allein mit Schuhputzen nichts einbringen würde, und bin also zum Hügel gegangen, dort zur Drogenszene, zum *boca de fumo*. Dort habe ich mit den Typen gesprochen, und die sagten mir ihren Preis. Wenn der Wert der Droge 500 war, haben sie sie mir um 250 zum Verkauf gegeben. Ich habe viel gekauft und habe es in meine Schuhcremedose gegeben, ein Stück Plastik drüber und dann die Schuhcreme drauf. Das war ein Weg, den Hügel sicher runterzukommen. Und dann habe ich die *joints* verkauft. Den Huren am Abend, im Zentrum der Stadt, weil dort nur in der Nacht was los war. Am Tag sind dort nur normale Bürger, Arbeiter. In der Nacht laufen da nur Huren herum, Banditen, viel Polizei, Transvestiten. Und ich, mit dem Kontakt, den ich zu diesen Leuten hatte, konnte mit Leichtigkeit verkaufen."

*„Hast du auch der Polizei Drogen verkauft?"*

„Klar. Nachdem ich ihnen was verkauft habe, konnten sie nicht so leicht am nächsten Tag zu mir kommen und mich verhaften. Dann habe ich gesagt: ‚Nein, wenn Sie mich verhaften, werde ich Sie verpfeifen, weil Sie Stoff aus meiner Hand gekauft haben.' Also konnten sie nichts machen, waren wütend auf mich und wollten mich schlagen: ‚Nein, Sie dürfen mich nicht schlagen, ich habe nichts gemacht.' So war es jedesmal, wenn sie mich gesehen haben, wenn sie mir Geld weggenommen haben oder wollten, daß ich meine Ware hergebe. Sie konnten mir nichts anhaben, weil ich ihnen viel mehr schaden konnte."

*„Hast du auch Razzien erlebt?"*

„Ja. Ich hatte Glück, daß ich nicht gestorben bin. Die Polizei hat mir drei Kugeln verpaßt. Eine hat sogar mein Bein durchschlagen und ist im anderen steckengeblieben. Aber sie hat zum Glück nicht die Sehne verletzt, nicht den Nerv, sonst wäre ich jetzt ein Krüppel."

*„Du hast die Kugeln noch immer drinnen?"*

„Wenn die Kugel im Körper ist, dann darfst du sie nicht rausnehmen. Weil du sonst eine Blutung bekommst und daran stirbst. Die Kugel muß im Körper bleiben. In der kalten Zeit tut es weh, weil es Blei ist. Es ist schrecklich, eine Kugel im Körper zu haben. Ich habe schon viele Kugeln abbekommen. Einmal war ich stehlen, und der Typ war ein Bulle. Er hat mir eine Kugel verpaßt, die mich am Arm gestreift hat. Das ist normal auf der Straße, für jemand, der *ladrão* ist. Wir Straßenkinder wissen, daß wir eine Kugel abbekommen können. Wir wissen, daß wir ...

Nehmen wir an, ich bin *ladrão*, und ich will jemand bestehlen, dann ist mir klar, daß er eine Waffe haben kann. Ich gehe, weil ich weiß: Wenn ich eine Kugel abkriege, ist es egal, und wenn ich keine abkriege, ist es auch egal, aber immer noch besser. Man weiß: Wenn man zu viel riskiert, wirft man das Leben weg. Ich bin nur aus Glück nicht gestorben. Wir haben einen sehr starken Schutzengel. Einmal kam jemand vorbei und wollte mir einen Stein auf den Kopf werfen. Aber ich bin immer sofort aufgewacht und konnte gerade noch zur Seite rollen, und der Stein ist auf den Boden gefallen. Wenn ich nicht ausgewichen wäre, wäre ich bereits lange tot. Hier in Rio werden Straßenkinder sehr oft mit einem Stein erschlagen, wenn sie schlafen. Das heißt dann *pedrada*. Wenn ein Stein, der 20 Kilo wiegt, mit voller Kraft geschmissen wird, dann wirkt das wie 40 Kilo. Wenn er auf den Kopf trifft, zerquetscht er ihn."

*„Welche Leute tun das?"*

„Fremde Personen. Manchmal könnten es Opfer gewesen sein, die ich bestohlen habe. Ich wache auf und laufe, laufe weg."

*„Wie weiß das Opfer, daß du in dieser Ecke schläfst?"*

„Wir hatten keinen bestimmten Ort, wo wir geschlafen haben. Wir wandern immer, wandern viel. Wenn es hier schlecht ist, gehen wir woanders hin. Wir sammeln Karton und Zeitungen und schlafen. Ich schlafe also unter einem Dachvorsprung, und jemand, den ich bestohlen habe, sieht mich, möchte mich verprügeln und läuft hinter mir her. Sie sagen zu uns *ladrão*, Räuber. ‚Vorsicht vor diesem Jungen, er ist *ladrão*.' So werden wir alle abgestempelt."

*„Fühlt ihr euch ungerecht behandelt?"*

„Ich war immer sehr gewalttätig, weißt du. Und alle meine Opfer – ich habe sie bestohlen, ich habe sie auch geschlagen. Selbst wenn ich gestohlen habe und sie nicht geschlagen habe, bin ich nämlich eingesperrt und von der Polizei mißhandelt worden. Ich habe sie zuerst nicht geschlagen, aber die Polizei hat mich geschlagen, dann habe ich, wenn ich stehlen gegangen bin, auch die anderen geschlagen. Es war eine Art von Rache. Jedesmal, wenn ich gestohlen habe, haben mich die Bullen verprügelt, also werde ich auch prügeln, und wenn ich dann verprügelt werde, werde ich wenigstens zu Recht geschlagen. Das habe ich auch auf der Straße gelernt. Die Bullen hier lieben es, dich zu quälen. Sie sind feige, sie sind wirklich feige, und vor allem sind sie auch alle *ladrão*. Nehmen wir an, ich habe dich gerade ausgeraubt, die Bullen erwischen mich da vorne, und ich habe dein ganzes Geld. Sie werden das Geld, das ich dir gestohlen habe, ganz einfach einstecken und meinen Revolver auch."

*„Wo hast du deinen Revolver aufbewahrt?"*

„Ich hatte ihn in meiner Schuhputzkiste, ich hatte ein Holzbrett unten, das ich extra dafür gemacht habe. Wenn ich im Morgengrauen auf der Straße war, und die Bullen haben mich aufgehalten, um mich zu durchsuchen, haben sie alles durchsucht und ihn nicht gefunden, weil mein Revolver unter dem Boden war, unter der Kiste. Aber natürlich haben sie ihn auch manchmal gefunden, sie haben mir sehr oft meinen Revolver weggenommen und mich laufen lassen. Eigentlich hätten sie mich mitnehmen müssen, aber sie haben den Revolver für sich behalten. Sie haben ihn nicht auf das Polizeirevier gebracht, also hatten sie keinen Grund, mich festzunehmen."

*„Du hast mir einmal nebenbei erzählt, daß du auch schon jemand umgebracht hast. Stimmt das wirklich?"*

„Ja."

*„War es ein Straßenkind?"*

„Es war kein Straßenkind, sonst wäre es für mich nämlich nicht o. k. gewesen. Es gibt Leute, die stehlen Klebstoff und geben ihn den kleinen Straßenkindern zum Schnüffeln. Der Typ, den ich meine, der war auch so einer. Ich konnte das nicht akzeptieren, weil ich es eine Gemeinheit finde, wenn er den Kindern Klebstoff gibt. Ich war also schon wütend auf ihn, war gegen ihn. Ich habe das nicht geduldet und hab Lust gehabt, das zu tun. Deswegen mußte ich dann für zwei Jahre in São Paulo untertauchen, danach hat mich nämlich die Polizei gesucht und wollte mich auch töten."

Dieser Mord macht ihm Jahre später noch zu schaffen. Um Unklarheiten auszuräumen, habe ich zur Tat einen seiner ehemaligen Betreuer befragt. Damals, zum Zeitpunkt der Bluttat, gab es im kahlen Erdgeschoß der Kathedrale eine Anlaufstelle für verschiedene Straßenkindergruppen. Streitigkeiten waren unvermeidlich. Terror herrschte zur Stunde der Essensverteilung. Das Recht des Stärkeren regierte. Vieles lösten die Halbwüchsigen kurzerhand mit Ohrfeigen. Eines Tages erschien China auf der Bildfläche. Kein Straßenkind mehr, sondern ein richtiger Krimineller. Er hatte bereits einige schwere Verbrechen verübt und war extrem gewalttätig. Er wollte um jeden Preis dominieren und beherrschte die anderen Straßenkinder. Er nahm ihnen ihren Verdienst ab, den sie durch Schuhputzen, Eisverkauf und durch andere Aktivitäten bei der *Pastoral do Menor* erworben hatten. Jorge hatte bei den Straßenkindern eine Führungsposition inne. Unweigerlich kam es zu Reibungen. Einer mußte weg. „China ist mir in den Weg gekommen, und es war kein Platz für uns zwei", erklärte Jorge einst seinem Betreuer schlicht.

*„Und was hast du dann gemacht?"*

„Es war nie normal, weil ein Straßenkind niemals ein normales Leben haben wird. Also, was konnte ich in São Paulo schon machen? In São Paulo werden die Geschäfte nicht bewacht, also bin ich mit einer großen Tasche vorbeigegangen und habe *arrastão* gemacht, Kleidungsstücke geraubt und sie nachher verkauft. Manchmal habe ich auch *capoeira* auf der Straße vorgeführt. Ich war im Zentrum der Stadt gut versteckt und habe viele Drogen genommen. Was Rauschgift betrifft, ist in São Paulo nämlich am meisten los. Außerdem habe ich noch einige Kumpels gehabt, die Drogenhändler waren, und die wollten, daß ich für sie arbeite."

*„Warum bist du nach Rio zurückgekehrt?"*

„Ich bin nach Rio zurückgekommen, weil ich eine große Sehnsucht nach meiner Familie hatte. Auch wenn wir wenig Kontakt mit ihr haben, gibt sie uns Halt."

*„Was für eine Chance hat ein Straßenkind heute, von der Straße wegzukommen?"*

„Ehrlich gesagt, die Institutionen, die es für sie gibt, haben keine Ahnung. Sie wissen nichts über das Straßenkind, sie lösen nichts. Zum Beispiel geben sie dir zu essen und zu trinken, und du ißt und wirst stark und wirst wieder stehlen. Was ein Straßenkind braucht, ist ein Zuhause, Ausbildung, Beachtung, eine Beschäftigung, etwas, das ihm die Zeit vertreibt, damit es nicht mehr die Straße im Kopf hat. Nachdem es auf der Straße gelebt hat, ist es neurotisch: Es mag nur die Straße. Also braucht das Kind eine Berufsausbildung, aber die bekommt es nicht. Ich sehe Straßenkinder, meine Freunde, die alle schon groß sind und alle *ladrão*, mit Revolver. Der Straßenjunge wächst heran, und er stiehlt heute, morgen hat er schon einen Revolver, später steigt er zum Hügel hinauf und wird Drogenhändler. Ich habe wenig Hoffnung für sie."

*„Aber wie kann das Problem gelöst werden?"*

„Man muß die Kinder aufs Land bringen, weit weg vom Zentrum der Stadt. Dort müssen sie etwas lernen. Man muß ihnen eine Arbeit geben, sie müssen betreut werden. Und nachher, wenn sie von dort weggehen, haben sie einen klareren Kopf. Aber so, wie es jetzt gemacht wird, hat es keinen Sinn."

*„Warum stehlen die Kinder auch, wenn sie schon Essen und Kleider haben?"*

„Sie sind danach süchtig, weil sie in diesem Milieu leben. Man hat alles, aber man lebt da drin, also stiehlt man. Sie geben dir Essen, aber sie geben dir kein Zuhause."

*„Aber wenn du stehlen gehst, hast du noch immer kein Zuhause."*

„Aber du hast Geld, um in einer Absteige zu schlafen. Wir brauchen Geld, um dort hinzugehen, wenn es regnet, wenn es in der Nacht kalt wird. Dann muß man stehlen gehen, um sich ein Bett leisten zu können. Wenn sie betteln, gibt ihnen niemand etwas, also stehlen sie, um schlafen zu können. Sie stehlen auch für die Drogen, sie verwenden Geld für alles. Sie lieben es zu stehlen, einfach nur so."

*„Wie hast du es geschafft, von der Straße wegzukommen?"*

„Ganz bin ich noch nicht von der Straße weggekommen. Früher war die *Pastoral do Menor* hier in der Kathedrale. Zu dieser Zeit war ich Straßenkind, und sie haben mir die Möglichkeit gegeben, mit ihnen zu arbeiten, aber sie haben mir kein Zuhause gegeben. Aber ein Platz zum Wohnen war viel wichtiger für mich als die Arbeit, weil ich immer noch auf der Straße leben mußte. Ich habe immer unter einem Dachvorsprung schlafen müssen, und sehr oft bin ich von den Fußtritten der Polizei wach geworden, von den Schlägen auf den Kopf.

Später bin ich Hauswart in einem Projekt geworden. Was sie

mir gegeben haben, war etwas zum Wohnen, eine Arbeit, aber sie haben nicht mit mir gesprochen, sich nicht wirklich um mich gekümmert. Ich bin sozial geworden, trotz allem. Wenn wir minderjährig sind, haben wir unsere Süchte: Auch wenn wir nicht mehr auf der Straße wohnen, geben wir die Drogen nicht auf. Also, was ist passiert: Ich habe ein Dach über dem Kopf gehabt, habe viel *capoeira* gemacht, was ich noch immer tue, habe mehr gearbeitet und viele Drogen genommen. Ich habe nur mit dem Rauschgift aufgehört, weil ich es so gewollt habe, weil ich glaube, daß es nicht notwendig ist, daß ich das nehme, aber für mich war es eine große Erfahrung. Die gebe ich jetzt den anderen Straßenkindern weiter, nämlich, daß dieses Zeug zu nichts führt. Die Droge ist eine große Verschwendung. Es ist rausgeschmissenes Geld, es ist unser Ende, weil wir uns so wegwerfen."

*„Und was arbeitest du hier?"*

„Ich bin *office boy*, ich bin die *seguranca* von meinem Chef, aber eigentlich habe ich keinen Wert. Nur wer Dollars hat, zählt heute was. Und jemand, der die Macht hat, wird niemals davon lassen. Ich bin nur ein Angestellter und werde nie etwas wert sein für die Mächtigen."

*„Was möchtest du in Zukunft machen?"*

„In der Zukunft hätte ich gerne ein Haus für mich. Und eine Familie an meiner Seite. Ich glaube, es ist schon Zeit dafür. Mit aller Welt befreundet sein, eine gute Arbeit haben, ein gutes Gehalt haben, das ein Armer braucht, das ein guter Brasilianer braucht. Und denen, die nachkommen, das weitergeben, was ich weiß: Das ist es, was ich von meiner Zukunft möchte."

Seine Worte stimmen mich nachdenklich. Er hat bereits eine Frau und eine vier Monate alte Tochter. Er träumt wohl von der heilen Familie, doch davon ist er weit entfernt. Bei seiner Frau könne er nicht länger leben, sonst würde er sie umbringen, weil sie ihm andauernd den Kopf vollquaßle, sagt er. Um seine Tochter ist er sehr besorgt. Einmal sehe ich sie kurz. Er legt sie in meine Arme und fragt, ob ich sie nicht behalten möchte. Er weiß, hier hat sie keine Zukunft. Etwas verlegen lehne ich ab.

Trotzdem schien es mit ihm bergauf zu gehen. Er hatte noch

einen zusätzlichen Posten angenommen und gab *Capoeira*-Unterricht für Straßenkinder. Er liebte diese Arbeit und verdiente mehr. Und dennoch geriet er auf Abwege. Als wir uns das letzte Mal begegneten, sprach er davon, nach São Paulo zu gehen. In seinen Augen war etwas, was ich nicht zu fassen vermochte. Sonst hätte mir auffallen müssen, daß er nur einmal in São Paulo war und das, als er ein Verbrechen begangen hatte.

Er gehörte zu jenen Hungerleidern, die Könige sein wollen, und das sind sie in gewissem Maße auch in der Unterwelt. In der „Zivilisation" sind sie nichts weiter als Laufburschen. Er wußte, daß er niemals in einen guten Posten aufrücken würde, konnte er doch nicht einmal lesen und schreiben. Seine Vergangenheit kehrte zurück, als die Gefangenenpastoral einige Exsträflinge einstellte. Die Verführungen der Unterwelt zogen ihn wieder in ihren Bann.

Dann kam die Zeit, als mysteriöse Vorfälle passierten. Sogar das Haus des Chefs der Gefangenenpastoral wurde zweimal ausgeraubt. Das dritte Mal stahlen die Täter sogar den VW-Käfer. Jorge verwickelte sich abermals in Drogengeschäfte. Er wurde verhaftet. Sein Betreuer, der stets eine Vaterfigur für ihn war und zu der Zeit einen einflußreichen Posten bei der Vereinigung São Dimas bekleidete, konnte ihn befreien. Jorge versprach ihm, er habe das letzte Mal etwas Strafbares getan. Sein Freund könne unbesorgt sein.

Einen Monat darauf geschah der vierte Vorfall: Am 1. September 1992 überwältigten vier bewaffnete Männer die Mitarbeiter in der Kathedrale ausgerechnet in dem Augenblick, als die Auszahlung der Angestellten stattfand. Jemand aus dem Team mußte Zeit und Tag verraten haben. Der Verdacht fiel auf Jorge. Er wurde entlassen.

Eines Tages erschien er nicht an seinem zweiten Arbeitsplatz. Das beunruhigte seine Kollegen. Er war sehr zuverlässig und hätte etwas von sich hören lassen. Die Polizei wurde eingeschaltet. Wenig später fand man seinen Leichnam – mit gebrochenem Genick, am Beifahrersitz eines gestohlenen Autos, neben einem toten alten Mann.

Jorges Papiere waren verschwunden. Man nimmt an, daß sie auf der Flucht gewesen sind und sich zu Tode fuhren. Niemand weiß etwas Genaues, viele Fragen blieben offen. Die Polizei machte keine Anstalten, weitere Nachforschungen zu betreiben, für sie war er nur ein unbedeutender Toter, wie sie zu Dutzenden jeden Morgen auf den Straßen Rios aufgelesen werden. Für Rios Straßenkinderorganisationen und alle, die ihn kannten, war sein Tod ein großer Verlust. An seinem Grab hielt der Leiter der Nationalen Straßenkinderbewegung, Volmer do Nascimento, eine Ansprache. Viele waren gekommen, um Abschied zu nehmen. Man verzieh ihm – auch dieses Mal. Er wollte eben kein Nichts sein – sondern mehr. „Ich habe mir eine Zukunft erhofft, aber keine Lösung gefunden", waren seine Worte, als ich ihn zum letzten Mal sah.

# Leben im Loch

Nach Tokio und Mexico City ist sie die drittgrößte Stadt der Welt: São Paulo. Diese Megastadt kann sich keiner besonderen Schönheit rühmen. Das endlose Meer monotoner Hochhäuser, die irgendwo am grauen Horizont im Smog verschwinden, erschreckt alle, die ihr zum ersten Mal begegnen. Ist diese Stadt je zu begreifen und zu erfassen? Zur Gänze sicher nicht, nur einzelne Teile und Aspekte.

Als Wirtschaftsmetropole wirft sie selbst Rio de Janeiro, die Perle der südamerikanischen Städte, mit Leichtigkeit aus dem Rennen. Als Wohnort zieht der durchschnittliche Brasilianer São Paulo allen anderen Städten vor. Die Gründe sind einleuchtend: In Brasilien geht nichts ohne São Paulo.

Und während das Riesenland ohne dieses Ballungszentrum nicht existieren könnte, wäre dies umgekehrt sehr wohl der Fall. São Paulo ist eine schmucklose Metropole und dennoch von großer Anziehungskraft. So bietet sie das höchste Pro-Kopf-Einkommen Brasiliens, rund 45 Prozent des brasilianischen Bruttosozialprodukts gehen auf ihr Konto. In Grande São Paulo – die Randgebiete mitgerechnet – sind 55 Prozent der gesamten brasilianischen Industrie konzentriert und 36 Prozent der Dienstleistungsbranche. Nicht weniger als ein Viertel aller brasilianischen Unternehmen hat sich im Großraum São Paulo niedergelassen, und 60 Prozent des brasilianischen Gesamtkonsums finden hier statt.[33]

Der Zug vom Land vertriebener Migranten, die von einer großen Zukunft in São Paulo träumen, reißt nicht ab. Jedes Jahr sind es 250.000 Zuwanderer. Alle zwei Minuten erblickt in São Paulo ein Kind das Licht der Welt, das sind jährlich 260.000 *Paulistas* mehr. Experten sagen voraus, daß im Jahr 2000 bis zu 24 Millionen Menschen in diesem gigantischen Stadtgebilde wohnen werden.[34]

São Paulo wird dieser Menschenmassen nicht mehr Herr. In den riesigen Randbezirken gibt es so gut wie keine Infrastruktur, nicht einmal die Stadtverwaltung weiß, wie viele Straßen es gibt. Schätzungen zufolge sollen es mindestens 50.000 sein, die rund 10.000 nicht registrierten noch nicht mitgerechnet.[35] Und jedes Jahr entstehen aus dem Nichts weitere Bretterbudenviertel. So ist ein Ende dieses undurchschaubaren Chaos von Behelfsbehausungen und dem Wirrwarr nicht asphaltierter, namenloser oder gleichnamiger Straßen nicht abzusehen. Längst ist diese Riesenstadt aus allen Nähten geplatzt und nicht mehr verwaltbar. Es gibt keine einheitliche, von öffentlicher Seite koordinierte Planung. Millionen Randexistenzen müssen selbst sehen, wo sie bleiben. Wie wenig sich die Stadtverwaltung um die *favelados* kümmert, zeigt schon die Tatsache, daß riesige Gebiete im Stadtplan gar nicht aufscheinen. Und so existiert auch hier eine klare Trennung zwischen Bürgern und „Nichtbürgern“, zwischen jenen, die Rechte haben, und denen, die keine haben. Das macht São Paulo zur Brutstätte der Kriminalität. Alle eineinhalb Stunden wird ein Mensch umgebracht.[36]

Die Reichen werden zu Gefangenen ihres Reichtums, umgeben von Stacheldraht und hohen Mauern, versteckten Kameras an den Eingangstoren und bewaffnetem Sicherheitspersonal, eingesperrt in ihrer Welt der Villen. In einer regelrechten Verteidigungsstrategie wird alles umzäunt, selbst Parkanlagen, damit Obdachlose nicht ihr Quartier im gepflegten Grün aufschlagen. Man will unter seinesgleichen sein. Doch die Strategie hilft wenig: Im ewigen Wettlauf mit den Armen flüchten die Reichen von einem Stadtviertel zum nächsten.

Um die Jahrhundertwende war die Gegend um Barra Funda ein von den Reichen begehrtes Wohngebiet. Doch schon in den dreißiger Jahren übersiedelte man nach Higienópolis, und in den fünfziger Jahren wechselte man in die Stadtteile Europa, América und Paulistano. Schließlich war in den siebziger Jahren das Viertel Morumbi bevorzugte Residenz der *upper class*. Heute zieht jeder, der etwas auf sich hält, in das Stadtgebiet von Granja Viana und die Reichensiedlungen Alphaville 1 und 2. Die einstmals prachtvollen Villen in Barra Funda sind mittlerweile zu renovierungsbedürftigen Althäusern verkommen.[37] Hier hausen jetzt ganze Familien auf zehn Quadratmetern in den berüchtigten *cortiços*.

Diese Löcher, in denen kein intaktes Familienleben mehr möglich ist, treiben auch in Brasiliens reichster Stadt viele Kinder auf die Straße. Im Parterre der desolaten Bürgerhäuser befinden sich Geschäfte, wo alles nur Erdenkliche für bescheidene Ansprüche angepriesen wird. In zwielichtigen Bars tummeln sich abends vom Leben ausgelaugte, desillusionierte Männer und Frauen. So unterschiedlich ihre Lebenstragödie auch sein mag, eines haben sie alle gemeinsam: den Alkohol. Familienväter und Mütter spülen hier ihren Frust mit Zuckerrohrschnaps hinunter.

Im ersten Stock finden kinderreiche Familien Unterschlupf. Beklemmend sind diese schmalen, dunklen Treppen, auf denen man nach oben zu den Wohnungen gelangt. Geruch von Schweiß, Moder, Essen und Urin schlägt dem Besucher bereits am steilen Treppenaufgang entgegen. Die feuchten Wände sind faulig, und abgebröckelter Mörtel liegt auf dem bunten Steinboden. Sanitäre Anlagen gibt es viel zu wenige. Die Klos sauber zu halten, die noch dazu andauernd verstopft sind, ist ein Ding der Unmöglichkeit. Durch das desolate Dach dringt Regenwasser ein und vermischt sich mit Urin. Toiletten ohne Türen rauben den Bewohnern das letzte Bißchen Privatsphäre.

Kinder laufen barfuß auf dem nassen Boden herum, sitzen in den Pfützen, die sich im Flur bilden. Ihre Lieblingsbeschäftigung ist es, mit Sandalen Küchenschaben zu erschlagen. Ihr einziger Spielplatz ist der schmale, schlauchartige Gang zwischen den Quartieren. Draußen auf der Straße könnten ihnen vorbeirasende Busse und Autos leicht zum Verhängnis werden. Und im kleinen Hof hängen Windeln und Bettwäsche. Mühevoll wird die Wäsche mit der Hand gewaschen, und es hätte gerade noch gefehlt, daß sie die Kleinen beim Spielen in den Schmutz werfen.

Wohnungen, nicht größer als wenige Quadratmeter, müssen für mindestens sechsköpfige Familien reichen. Ein quergestellter Kasten teilt das Zimmer. Im „Wohnzimmer" stehen ein Herd, ein Kühlschrank, ein Tisch, ein paar Sessel und eine abgewetzte Plastikcouch. Im „Schlafzimmer" befindet sich das Ehebett, in dem die Eltern und die zwei Kleinsten schlafen. In dem schmalen Bettchen an der Wand machen es sich die anderen, schon etwas größeren Kinder „bequem". Auf der Couch schläft das größte von ihnen.

## DIE KINDER VON DER PRAÇA PAISSANDU

Die drei Jungen klettern flink über das Gitter, das um die Springbrunnen auf der Praça da República, mitten im Zentrum von São Paulo, angebracht ist. Rasch schlüpfen sie aus ihren übergroßen T-Shirts und ziehen ihre Jogginghosen aus, lassen ihre Turnschuhe am Beckenrand zurück, springen kopfüber ins Wasser und planschen fröhlich.

Doch plötzlich rinnt der Wasserstrahl nicht mehr. Straßenkinder, die hier als willkommene Abwechslung gerne gelegentlich ein Bad nehmen, sind unerwünschte Gäste, die mit allen Mitteln vertrieben werden. Aber das ist leichter gesagt als getan. Alle Umzäunungen nützen nichts. Selbst wenn das Wasser ausgelassen ist, sind die Brücken und Nischen der trockengelegten Brunnen ein bei den *moleques* beliebter Unterschlupf, weil sie Schutz vor Regen bieten.

Die Idylle der Praça da República – als grüne Insel im Herzen des zubetonierten São Paulo – soll für die braven Bürger erhalten werden. Wütend droht der Mann im Aufsichtshäuschen den Jungen mit der Faust. Die drei bevorzugen es, nach kurzem Badevergnügen wieder abzuhauen. Schließlich gibt es auf der Praça ein verstärktes Polizeiaufgebot, gegen das sie auf jeden Fall den kürzeren ziehen.

Zwei Tage lang bin ich in der Betonlandschaft herumgeirrt – vergebens. Ich konnte keinen Schlupfwinkel der Straßenkinder aufstöbern. Ich steuere auf den auffallend hellhäutigen Jungen mit kurzgeschorenem, dunkelblondem Haar zu. „Wo wohnt ihr?" Seine wachsamen blauen Augen mustern mich. „Nicht weit, auf der Praça Paissandu." – „Darf ich euch dort besuchen?" – „Klar", willigt Cláudio sofort ein, offen, spontan, mit einer gewissen Selbstverständlichkeit. Straßenkinder sind für neue Kontakte und Beziehungen immer zu haben. Schließlich gilt es auf der Straße nicht nur zu überleben, sondern auch so viel wie möglich zu erleben.

Ihr Lager liegt bloß zwei Häuserblocks entfernt. Der Platz befindet sich etwas abseits von den überfüllten und hektischen Einkaufsstraßen des Zentrums. Hier nimmt der Gestank der Abgase ein wenig ab und wird abgelöst vom Duft gepflegter Blumenbeete. Die *Praça* strahlt eine gewisse Ruhe aus. Eine gelbe Barockkirche verleiht dem Platz etwas Altertümliches: Ein Stückchen heile Welt mitten im futuristischen São Paulo? Nicht ganz.

Penner liegen in ihrem Erbrochenen. Obdachlose, deren karger Besitz in zerschlissenen Plastiksäcken neben ihnen steht, schlafen ihren Rausch aus: Uringestank – ein Lagerplatz für Resignierte.

Auf der einen Seite des Platzes stehen mit Girlanden verzierte Holzbuden; es ist die Zeit des traditionellen Junina-Volksfestes. Am späten Vormittag kommt Bewegung auf. Würste werden gekocht, selbstgebackene Kokoskuchen appetitlich auf weißen Tischtüchern angerichtet. Auf kleinen Kochern brutzeln diverse brasilianische Köstlichkeiten.

Männer in Lederjacken, Schnapsflaschen in der Hand, lungern stundenlang um die Holzabsperrung der Glückspielbuden herum. Radioapparate, Fernseher, Stofftiere und Zigaretten sind zu gewinnen – alles, was das Herz begehrt. Sie müssen lediglich einen Ring über einen Stab werfen. Doch das ist eine fast unlösbare Aufgabe, denn der Ring muß hundertprozentig waagrecht über den Stab gleiten. Gewinne gibt es meist nur für die Veranstalter, und die Glückspielmafia sorgt dafür, daß es dabei ruhig zugeht. Fühlt sich jemand ungerecht behandelt und begehrt auf, wird er von der Polizei verprügelt und abgeführt.

Unbehelligt von Ordnungshütern schlafen die Straßenkinder auf dem gepflegten Rasen des Platzes. In löchrige Filzdecken gehüllt, liegen sie auf Pappkartons: einige Jungen zwischen 8 und 16 Jahren und einige Mädchen, eine ungefähr Zwölfjährige mit Schnuller im Mund, eine Hochschwangere mit einer Puppe im Arm, Sheila, eine kräftige, korpulente 18jährige mit rosa Jogginganzug, und ihre Freundin Carolina, der das braune, gelockte Haar zerzaust in die Stirn hängt. Sie geben mir Zeitungspapier, auf das ich mich setzen soll. Zu spät, mein Knie ist schon mit Kot beschmutzt. Sanitäre Anlagen gibt es nicht – was bleibt ihnen also anderes übrig, als den Rasen als Toilette zu benutzen.

Ich frage Cláudio: „Habt ihr hier keine Probleme mit der Polizei?“ – „Nein, wir dürfen nur keinen Blödsinn machen“, lautet seine knappe Antwort.

„Bekommt ihr auch manchmal Essen von den Restaurants“, versuche ich das Gespräch fortzusetzen. „Nur von einem, wenn es zusperrt. Die geben uns Nudeln und manchmal Reis, Bohnen und Fleisch. Manchmal gibt uns der Typ von der Bäckerei einen Kaffee.“ – „Und wo laßt ihr eure Kleider und Decken, wenn ihr weggeht?“ – „Hier am Platz gibt es einen *companheiro*, dort bei der Post, den bitten wir, auf die Sachen in einer Ecke achtzugeben, manchmal verstecken wir sie auch im Gebüsch.“

Doch auf der Straße ist nichts, was man besitzt, wirklich sicher. Straßenkinder werden immer wieder Opfer von Diebstählen. „Sie haben mir schon fünfmal meine Sachen gestohlen. Jetzt zählen für mich Kleider nicht mehr“, stellt Cláudio gelassen fest. Er läuft dreckig umher und steht offensichtlich zu dem, was er ist: Außenseiter.

Cláudio greift hinter sein Ohr und holt eine Zigarette hervor. Er läßt sich von einem Passanten Feuer geben und pafft genüßlich. „Im Moment lassen wir unsere Sachen bei diesem Klo. Nur ein kleiner Straßenjunge kommt da hinunter. Es ist verlassen und versperrt.“ Médici, eine hochgewachsene Farbige mit einem gelben Hut, erklärt mir: „Dort schlafen wir auch und verstecken uns vor dem Regen und der Kälte. Es ist so ähnlich wie ein Haus. Und die Polizei kommt nicht hin.“

Médici wohnt eigentlich auf der Praça da República, wo sie bei Regen im Musikpavillon schläft. Jeder auf der Straße findet irgendeinen Unterschlupf und ist in einer bestimmten Ecke der Großstadt zu Hause. Doch Straßenkinder besuchen einander oft, denn manchmal ist nichts los, und ein Plausch mit Kindern aus der Nachbargruppe ist immer eine willkommene Abwechslung. „Manchmal bleiben wir auch über Nacht und kommen erst am nächsten Tag zu unserem Lager zurück. Vielleicht bleibe ich jetzt überhaupt hier.“ Sie lacht. „Wer weiß?“

Die Mädchen bringen mich zum *mocô* – dem Loch, ihre Behausung unter der Erde. Hinter den Spielbuden beginnt eine Böschung, die den Platz von einer verkehrsreichen Straße trennt.

In den Abhang hineingebaut ist eine öffentliche WC-Anlage, die mittlerweile aufgelassen wurde. Unten ist der Eingang durch eine große Gittertüre verschlossen, oben befindet sich ein Schacht, der zu den Klos führt und dessen fenstergroße Öffnung ebenfalls mit einem Gitter versperrt ist. Eine Gitterstange ist ausgebrochen. Wenn sich die Kinder durch diese kleine Öffnung zwängen, gelangen sie nach zweieinhalb Metern zu zwei Räumen.

In der Mitte befindet sich ein kleiner Vorraum, den man von oben sehen kann. Statt Türen trennen Decken die Räume ab. Überall am Fußboden liegen Plastikbecher, Coladosen und Zeitungspapier verstreut. Im Halbdunkel ein Lumpenberg, muffige Wäsche, vergammelte Matratzen. Auf den modrigen Wänden wuchert grüner Schimmelpilz.

Sheila fegt mit einem Besen den Mist ein wenig zur Seite. Mauerstaub rieselt auf das Mädchen nieder, als ein hagerer schwarzer Junge ins *mocô* kriecht. Hier herrscht ein ständiges Kommen und Gehen.

Sheilas Blick gleitet über das zerbröckelnde Mauerwerk. „In diesem stinkenden Loch riskieren wir, Cholera, Fußpilz, Aids oder sonst eine Geschlechtskrankheit zu bekommen", klagt Sheila. „Und wenn wir mit sauberen Kleidern hineingehen, kommen wir schmutzig raus."

Als ich die Straßenkinder am nächsten Tag ins Kino einladen will, lehnen sie ab. „Schauen Sie, wie dreckig wir sind. Wir sind nicht so angezogen, daß wir dort hingehen könnten", sagt Sheila mit einem Anflug von Verzweiflung in der Stimme. „Man muß wissen, wo man hingehört, und unser Platz ist hier."

Die Gruppe auf der Praça Paissandu besteht eigentlich aus zwei Gruppen: die 8- bis 14jährigen Jungen, die mit dem 16jährigen Cláudio herumziehen, und die etwas älteren Mädchen Médici und Carolina sowie ihr großer Bruder Lazar, die mit der 18jährigen Sheila zusammenstecken. Cláudio und seine *colegas* wohnen im einen Raum des *mocô*, und Sheila mit den anderen im zweiten.

Auf die Frage, ob es nun eine oder zwei Gruppen gibt, antwortet Carolina mit Überzeugung: „Nur eine." In gewisser Weise stimmt das auch. Denn die jüngeren Straßenjungen kooperieren auch mit den älteren Mädchen und Lazar, der bereits

– ganz wie ein Erwachsener – ständig mit einer Flasche *cachaça* herumläuft.

Sie tauschen ihre Kleidung untereinander aus. Ein Junge, der normalerweise einen bunt gestreiften Wollpullover trägt, zieht sich das Leibchen von Carolina über, die inzwischen seinen Pullover anzieht. Der Junge entfernt sich vom Lager, Carolina bleibt zurück. Trifft er zufällig jemand, den er bestohlen hat, ist so die Chance größer, nicht anhand der Kleidung erkannt zu werden.

Die Kinder leihen einander auch Schuhe, denn nicht alle besitzen welche. Sie brauchen Schuhe, um Wege zu erledigen und sich aufzuwärmen. Von den Hilfsorganisationen bekommen sie nur Essen und Kleider. Dabei sind gerade Schuhe für Straßenkinder auch von psychologischer Bedeutung, denn sie erhöhen ihr Sozialprestige, sind Bindeglied zur Gesellschaft. Ohne Schuhe sind sie hoffnungslos als Außenseiter und Kriminelle abgestempelt.

Immer wieder sprechen die Straßenkinder von der Bande des Deutschen. „Das sind die Jungen, die hier auf dieser Seite schlafen, die Drogenhändler", erklärt Sheila. „Der Deutsche stiehlt und teilt die Sachen mit seinen Leuten."

„Warum Bande des Deutschen?" will ich von Sheila wissen.

„Weiß nicht genau. Ich glaube, wir nennen ihn so, weil er blond ist."

Cláudio führt in seiner Gruppe ein strenges Regiment. Er hat das Geld und damit auch die Macht. Unter Straßenkindern gibt es keine Demokratie: Wer das Sagen hat, beutet nicht selten die anderen aus, wie es ihm selbst sein Leben lang gegangen ist. Vor allem jüngere Straßenkinder sind stark vom Anführer der Bande abhängig. Er ist der „Vater" der Gruppe, er organisiert, verteidigt und bewaffnet sie. Er hat seine Kontakte, um die gestohlenen Sachen zu verkaufen, und seine Beziehungen mit der Polizei, so daß die anderen ohne Schwierigkeiten agieren können. Er kann Medikamente ohne Rezept beschaffen. Durch ihn bekommen sie Waffen und Drogen, und deshalb ertragen sie seine Diktatur.

Die Jungen sind fast immer mit Cláudio zusammen. Gelegentlich verschwinden sie in kleinen Gruppen in den Seitengassen und tauchen nach einiger Zeit wieder auf. Tuscheln miteinander, werfen mißtrauische Blicke in meine Richtung und verschwinden wieder. Der Platz ist eine Drehscheibe des organisierten Verbrechens, und Cláudio spielt dabei eine zentrale Rolle. Er ist freundlich, unverbindlich und – was seine Geschäfte betrifft – stumm wie ein Fisch. Er ist nicht bereit, auch nur einen Ausschnitt seiner Welt einer Fremden preiszugeben. Meinen Fragen weicht er geschickt aus, denn er kennt die Regeln der Unterwelt. Ein Wort zuviel und du bist tot.

Geldscheine wandern zwischen Spielveranstaltern, Polizei und Straßenkindern hin und her. Sie alle haben beim Junina-Fest ihre Funktion, und eine Möglichkeit, zu Geld zu kommen.

Ihre Rolle als Handlanger der Unterwelt bedeutet für die Kinder gleichzeitig eine gewisse Sicherheit. Allerdings nur für jene, die das Sagen im jeweiligen Revier haben. Außerhalb müssen sie andere Arrangements treffen. Einmal genießen Straßenkinder polizeilichen Schutz, aber an der nächsten Ecke sind diese Vereinbarungen wertlos. An bestimmten Orten leben sie in Frieden. Doch überschreiten sie die Grenze – eine Straße, eine Kreuzung – oder ziehen in einen Bezirk, wo andere herrschen, sind sie wieder mitten im Krieg.

Ich frage Cláudio: „Bist du der Chef der Gruppe?" – „Niemand ist bei uns der Chef von irgend jemandem. Der Chef ist die Polizei." Er verdreht die Augen, blickt genervt drein. Bereitwillig erzählt er nur von seiner Familie: „Mit denen komme ich nicht klar. Meine Mutter hat sich von meinem Alten getrennt, und jetzt hat sie einen anderen. Der ist ein Alptraum." Als Sechsjähriger hat er sie verlassen. Aber gelegentlich besucht er sie doch: „Manchmal bin ich drei Monate auf der Straße und gehe dann erst wieder hin, manchmal länger, manchmal rufe ich meine Tante an und frage, wie es allen geht."

Zerlumpt und schüchtern setzt sich Paulo, der Jüngste aus der Gruppe, zu mir. Das Gesicht schmutzverklebt, kaut er nervös an seiner Unterlippe. Er muß auf die Sachen der Großen aufpassen, wenn sie nicht da sind, und darf sich nicht vom Fleck rühren – egal, wie lange sie wegbleiben. Paulo ist von zu Hause weggegangen, nachdem sein Vater die Mutter ermordet hatte.

Ich frage ihn: „Wovon lebt ihr?" – „Wir organisieren uns Geld und kaufen Essen." – „Wie?" – „Wir stehlen." Doch dann, ein wenig erschreckt: „Nein, ich habe nur Spaß gemacht." Er fuchtelt abwehrend mit den Händen. Offensichtlich heißt die Order: Schweigen wie ein Grab.

„Gibt es in deiner Gruppe einen Chef?" will ich von dem Kleinen wissen. „Ja, Cláudio. Weil er der Größte ist. Er bewahrt unser Geld auf. Und wenn es Nacht ist, dann bleibt er wach und paßt auf uns auf." Seine Kinderaugen sind vor Schrecken geweitet. „Manchmal bleibe ich bis zum Morgengrauen wach und schlafe erst in der Früh ein, weil ich Angst habe, daß mich jemand umbringt, daß mich jemand mit dem Messer ersticht, mich vergewaltigt, mich an einen unbekannten Ort bringt. Aber Cláudio paßt auf, daß mir nichts passiert", ist er sicher. Manches daran ist wohl nur Paulos Wunschdenken, der – zu Recht – schreckliche Angst hat, ermordet zu werden.

Die Straßenmädchen, die einige Stunden weg waren, schlendern zu uns herüber. Sheila deutet mit einer Handbewegung, daß Paulo verschwinden soll. Er zieht ab und gesellt sich zu den anderen Kindern, die auf der *Praça* herumtollen. Sheila läßt sich auf einer Parkbank nieder und zieht das Knie bis unter das Kinn. Sie zählt auf, wer aller zur „Bande des Deutschen" gehört: „Das kleine Negerlein von Brizolândia, Jerry, der Deutsche, der Trottel, der Glatzkopf, der Kleine, das Stinktierchen und der Magere. Und einer, auf den ich stehe." – „Und wie viele Mitglieder hat deine Bande?" frage ich sie. „Ich glaube, es sind sechs. Heute sind es sechs, morgen zwei und übermorgen niemand."

Mit einigen aus der „Bande des Deutschen" ist Sheila verfeindet, erzählt sie. Und Carolina stimmt zu: „Ich auch, und ich möchte auch nicht bei ihnen schlafen." – „Gibt es auch Freundschaft zwischen euch?" Sheila: „Wir spielen miteinander, unterhalten uns und machen gemeinsam Blödsinn."

Was denn nun der Unterschied zwischen den beiden Banden sei, will ich wissen. „Die Leute, die mit mir gehen, haben mehr Freiheit, glaube ich. Sie gehen, wohin sie wollen, und machen, was sie wollen", behauptet Sheila. In der „Bande des Deutschen" sei das anders. „Aber ich bin keine, die Vögel in Käfige sperrt und sie nur rausläßt, wenn die Königin will. Für mich ist das so: Wenn du weggehen willst, dann geh, wenn du dich unterhalten willst, dann unterhalte dich, wenn du dich umbringen willst, dann tue es doch. Schließlich bin es nicht ich, die sich umbringt", sagt sie und spuckt die Kerne einer Orange ins Loch.

Carolina unterbricht sie: „Unsere Bande ist eine gute Bande, und die sind schlecht. Wenn sie Drogen haben, machen sie sofort die Türe zu – und das war es. Sie kiffen, ohne uns einzuladen. Aber wenn wir unsere Drogen haben, will der Deutsche allein der Besitzer sein, er möchte so dastehen, als ob er der Chef wäre."

Beide Gruppen leben gemeinsam auf der Straße und teilen dasselbe Schicksal. Und doch verachten sie einander. Sie wollen nicht in den Spiegel sehen, den ihnen die anderen vorhalten. „Die stinken doch alle", sagt Carolina und rümpft die Nase. „Sie wissen nicht, wie man Schuhe trägt, sind Süchtler und befriedigen sich selbst."

Der eigentliche Chef beider Gruppen ist Sheila. Sie schlägt selbst Cláudio mit der Faust auf den Kopf, wenn er zu laut spricht und sie dadurch aufweckt. Als ich Essen mitbringe, übernimmt sie sofort die Chefrolle: Sie verteilt das Essen und behält am meisten für sich. Lazar steht unschlüssig daneben, dennoch behauptet er, er sei der Chef. Sein männliches Selbstwertgefühl will nicht zulassen, daß ein Mädchen das Oberhaupt der Gruppe ist.

Doch auf die Frage, ob die Bande einen Anführer hat, verneint Sheila. „In unserer *patrulha* gibt es keinen Chef, jeder ist für sich und einer für alle. Wenn es etwas gibt, was ich nicht machen will, dann gebe ich es an jemand anderen weiter. Und was jemand anderem nicht paßt, gibt er mir."

Sie erzählt von einem Jungen, den sie *Cebolinho* nannten – Zwiebelchen: „Der wollte sich als *Macho* aufspielen, wollte alle schlagen. Da bin ich in das Haus von meiner Tante gegangen und habe ein Messer geholt. Wenn er uns noch einmal belästigt hätte, hätte ich es ihm in den Arsch gesteckt. Wir haben einen Kreis gebildet und gefragt, wer den *Cebolinho* mag, aber es wollte ihn niemand. Dann haben wir ihn vertrieben und Schluß gemacht mit dieser Geschichte vom Chef", triumphiert sie.

„Chef" – dieses Wort ist für Sheila offensichtlich negativ besetzt. Deswegen will sie wohl nicht wahrhaben, daß nun *sie* alle anderen Kinder beherrscht.

Carolina balanciert auf der Mauer oberhalb des *mocô* und meint: „Wenn wir etwas zu essen haben – egal, ob es Brot oder nur ein Bonbon ist –, und wir sind zehn, muß es unter allen aufgeteilt werden. Du darfst nicht essen, ohne den anderen etwas zu lassen." – „Das ist auch mit Kleidern so: Wenn einer nichts hat, dann gebe ich ihm was", sagt Sheila gönnerhaft.

Zweifellos gibt es unter ihnen eine gewisse Solidarität. Trotzdem bin ich nicht überzeugt von der Gleichheit und Einheit, von der sie spricht. Wenn jemand den anderen um so vieles überlegen ist, fällt Teilen eben schwer, denn jeder führt auf der Straße primär seinen eigenen Überlebenskampf. Tatsächlich reißt sie drei Brote an sich, während die anderen nur eines abbekommen oder völlig leer ausgehen. Sie hat nie gelernt, die Bedürfnisse anderer zu erfassen, ebensowenig, wie irgend jemand je auf ihre Bedürfnisse Rücksicht genommen hat.

Dennoch hat Sheila als kräftiges und großes Mädchen nicht nur die Ausbeuterrolle inne. Wer sich mit ihr gut stellt, besitzt einen hervorragenden Schutz, und den brauchen die kleineren und schwächeren Straßenkinder. Auch wenn sie, wie es bei „Straßenmüttern" üblich ist, das Geld, das sie erbettelt haben, zumindest teilweise an sie abgeben müssen.

Stolz berichtet Sheila: „Andere Straßenkinder sind schon zu mir und Carolina gekommen und haben uns gefragt, ob wir ihre Straßenmütter sein wollen. Ich sagte: ‚Einverstanden.' Ich bin ihre Straßenmutter, ja. Ich habe Hochachtung vor ihnen. Die Kleinen haben Angst vor größeren Straßenkindern, die sie schlagen und vieles mehr, und das lassen wir nicht zu." Sie nimmt einen hastigen Schluck aus einem Milchsack.

Sie spricht vor allem von den kleinen Mädchen, die ich einmal bei dieser Gruppe schlafen sah: Die Haare gepflegt, durch Haarreifen zurückgehalten, Schnuller im Mund, Nagellack auf den Fingernägeln und eine Puppe in der Hand, schliefen drei Mädchen, eng an Sheila gekuschelt.

Die Kleinen werden von den Großen nicht immer nur aus Mitleid geduldet, sie müssen dafür auch etwas bringen. Die Kinder bilden Banden, um auf der Straße zu überleben, und nicht aus purer Freundschaft. Die anderen Kinder nennen sie daher meist *colegas* und nicht *amigos*. Sie geben einander Schutz und

Sicherheit, aber das Leben in der Gemeinschaft kostet auch etwas: Jeder muß eine Funktion erfüllen. Dabei kann auch schon den Jüngsten eine wichtige Position zukommen. Zum Beispiel können zwei kleine Mädchen die ganze Gruppe durch Betteln ernähren. Solange es für die Gruppe keine andere Alternative gibt als die „Mitleidsmasche“, sind die Mädchen unentbehrlich und können nicht so ohne weiteres wieder gehen. Viele Straßenmütter nützen die Kleinen auch aus reiner Bequemlichkeit aus. Den ganzen Tag über warten sie, bis die jüngsten Straßenkinder Geld bringen.

Sheila liebt die Kleinen wirklich, und sie träumt davon, eines Tages eine echte Mutter zu sein: „Wenn ich mir eine Hütte gebaut habe, dann ist es mein Traum, ein ganz kleines Kind zu haben, das Kleinste der Gruppe. Und ich werde die anderen hier jeden Tag besuchen. Ich kann eine Hütte für die Kleinen bauen, ihnen weiter Essen geben, Kleider. Was ich vor allem möchte, ist das Kleine, aber ich möchte auch für die anderen da sein.“

Sie selbst hatte nie eine intakte Familie, trotzdem sagt sie: „Mein Vater und meine Mutter haben mir bis heute Kraft gegeben.“ Sheila idealisiert ihre Eltern. In Wirklichkeit wurde sie in einem staatlichen Erziehungsheim großgezogen und kennt ihre Mutter kaum. Der Vater verprügelte sie, ihre Mutter und die Geschwister immer wieder. Die Mutter setzte sie vor die Türe, und bis heute hat Sheila Angst vor ihr. Denn in der kurzen Zeit, die sie zusammen waren, wurde sie von ihrer Mutter gequält, mit dem Tod bedroht und verflucht.

Ihre Mutter ist für sie eine Art Zauberin, die ihr in jeder Hinsicht überlegen war und noch immer ist. Als Unterlegene bleiben ihr nun zwei Möglichkeiten: Flucht oder Unterwerfung. Sheila hat beide Varianten in sich vereinigt. Sie ist auf die Straße gegangen, wagt aber noch immer nicht, weit entfernt von den mütterlichen Aggressionen, aufzubegehren.

Sheila mußte sich als Unterlegene ihrer Mutter unterwerfen. Als Schwächere identifizierte sie sich mit dem Sieger, bis ihr irgendwann einmal die Flucht gelang. Den Haß aber, der dabei zwangsläufig aufkommen mußte, erlebt sie nicht mehr bewußt. Sie wehrt ihn ab, indem sie die Gewalttäter idealisiert. Doch bewältigt ist er damit nicht. Er tritt an anderer Stelle mit voller Vehemenz zutage.

Diesmal geht es Paulo an den Kragen. Noch nie habe ich jemand so mit einem anderen Menschen sprechen gehört – nicht nur lieblos, haßerfüllt und laut, sondern in einem Tonfall, der regelrecht tötet. Sie schlägt den Kleinen auf den Kopf und ins Gesicht, tritt ihn mit Füßen und brüllt ihn an, auch wenn er überhaupt nichts getan hat. Seine Anwesenheit reicht, um ihn zu terrorisieren. Er sei schlecht, sagt sie, „er stiehlt, schnüffelt, läuft dreckig herum und stinkt. Er verdient es nicht anders." Wie an einer Puppe kann sie den Haß auf die ganze ungerechte Welt, auf sich selbst und ihre Mutter ungestraft ausleben.

„Hast du denn kein Mitleid mit ihm?" frage ich Sheila entsetzt, auf deren Gesicht sich nur Abscheu zeigt. „Nein, er ist so klein und schon so verkommen. Er will schon den ganzen Klebstoff für sich haben. Er möchte alles mögliche, weißt du, *tia*."

Zwei Tage später treffe ich Sheila zufällig auf der Straße. Sie hält kleine lilafarbene Turnschuhe in der Hand. Es sind die Schuhe, die ich Paulo gekauft habe, weil er bei acht Grad und Regen barfuß herumgelaufen ist. Er war stolz und machte den Eindruck, als würde er zum ersten Mal in seinem Leben Schuhe tragen. Doch nun wollte Sheila die nagelneuen Schuhe offensichtlich zu Geld machen.

„Du hast Paulos Schuhe", stelle ich ruhig fest, obwohl in mir Wut hochkommt. Sie zwingt sich zu einem kurzen Lachen und antwortet mit einer schlecht verpackten Lüge: „Ja, ich bewahre sie auf." – „Wo ist er jetzt?" – „In der *Febem*." – „Warum hat er seine Schuhe nicht? Ich habe sie für ihn gekauft." Darauf gibt sie mir keine Antwort, meidet meinen Blick und versucht abzulenken.

Aber ich lasse nicht locker: „Warum ist er in der *Febem?*" Ihre Worte klingen unsicher und ein wenig verlegen: „Er hat gestohlen. Man kommt nie ohne Grund dorthin, eine Kleinigkeit reicht, und du landest schon dort. Dort braucht er keine Schuhe mehr, die haben dort alles, sogar ein Schwimmbad."

Sheila schildert diese staatliche Erziehungsanstalt, Schrecken eines jeden Straßenkindes, in rosigen Farben. Sie will mich unbedingt überzeugen, daß alles o. k. ist, denn sie will vor mir nicht schlecht dastehen. Ich schweige, auch wenn es mir nicht leichtfällt. Wir setzen uns gemeinsam auf den Randstein, und Sheila beginnt, über das Leben auf der Straße und über sich selbst zu erzählen. Sie sitzt da, die Ellbogen auf die Knie gestützt, und wippt nervös mit dem rechten Fuß. Und ich merke, hinter ihrem forschen Auftreten steckt auch Verzweiflung.

„Was heißt Gewalt für dich?“ frage ich sie gespannt. „Gewalt ist viel: zuallererst Tod und Traurigkeit. Ich habe nie die Liebe von einem Freund gehabt. Oder von einer Freundin, einer Mutter, einem Vater, meinen eigenen Geschwistern“, antwortet sie traurig. „Gewalt ist, wenn man weder Mutter noch Vater findet. Für uns gibt es keine Liebe, keine Zuneigung, niemand umarmt uns. Die Leute beachten uns nicht einmal. Sie denken, wir sind Tiere. Sie laufen vor uns weg.“

## „... Sonst sterbe ich vor Einsamkeit“

Auffällig viele Straßenmädchen sind homosexuell – ob zehn Prozent, ein Drittel oder drei Viertel aller Straßenmädchen, darüber lassen sich nur Vermutungen anstellen. Fest steht jedenfalls, daß es triftige Gründe gibt, keine „richtige“ Frau mehr sein zu wollen. Sie wollen nicht mehr dem erotischen Bild der Verführerin entsprechen, sondern legen ein burschikoses Auftreten an den Tag. Sie tragen weite Bermudas und viel zu große Leibchen, unter denen sie ihre Brust völlig verbergen. Die Haare sind kurz abrasiert und nicht länger als ein Zentimeter, oder sie tragen *cabelo grande* – „großes Haar“: Die schwarzen, gekräuselten Haare hängen wild bis zu den Schultern herab. Sie gleichen in ihrer Erscheinung den ungepflegt und schlampig aussehenden Straßenjungen. Selbst ein aufmerksamer Beobachter bleibt so lange Zeit im unklaren, ob es sich um männliche oder weibliche Wesen handelt: ein guter Schutzmechanismus, um nicht so leicht Opfer sexueller Übergriffe zu werden.

Als Kinder noch, auf brutale und gewaltsame Weise, wurden sie in das Sexualleben eingeführt: ein Trauma, das sie nie verarbeiten konnten, tief in ihr Unterbewußtsein verdrängt und schließlich vergessen haben. Es macht ihnen angst und bereitet ihnen Widerwillen allein nur bei der Vorstellung, etwas mit einem Mann zu tun zu haben. Sexuelles Lust- und Glücksgefühl empfinden sie nur mit gleichaltrigen Straßenmädchen. Bei ihnen fühlen sie sich geborgen und geliebt. Sie sind abhängig von körperlicher Nähe, der Wärme, den Umarmungen und der Liebe eines anderen Menschen. Vielleicht finden sie in der weiblichen Figur ihrer Partnerin ihre Mutter wieder.

Als Straßenmädchen können sie ohnehin nicht mehr der ihnen vorgeschriebenen Frauenrolle entsprechen – einer Rolle, die sie in vielerlei Hinsicht hemmt, wenn sie ihr entsprechen wollen. Als „brave“ Mädchen dürfen sie sich ja nicht einmal

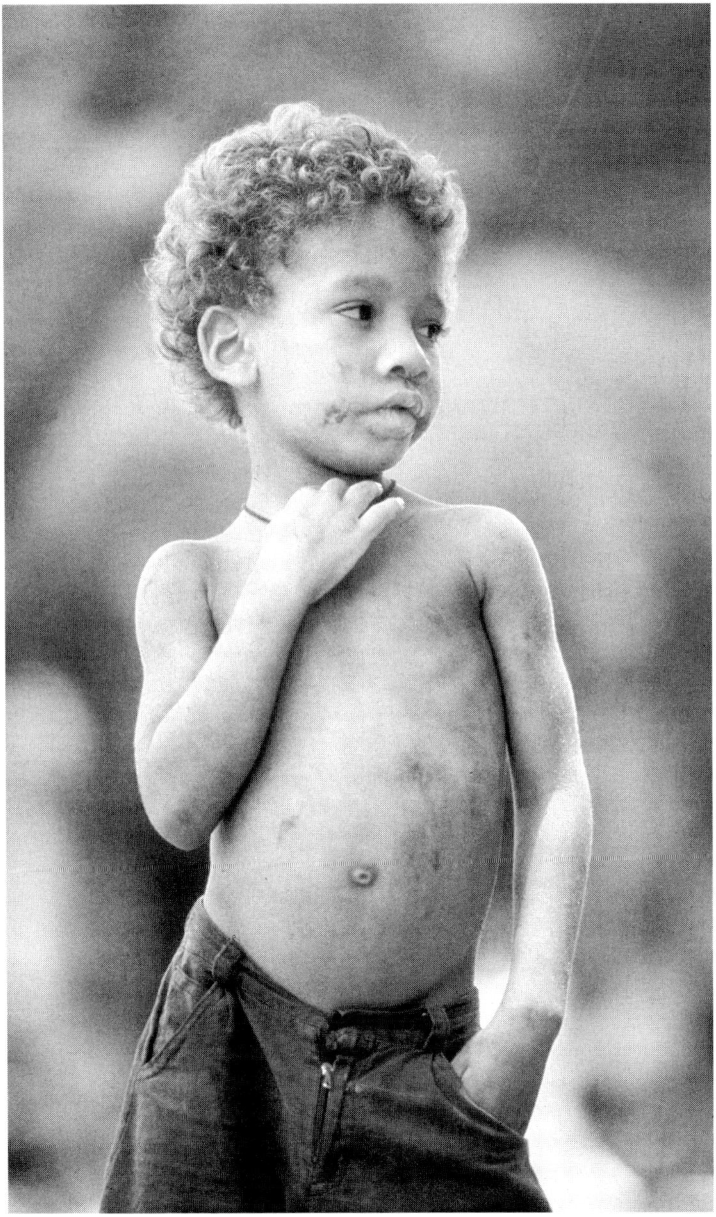

*Straßenkind in Recife.*

Antônio Milena / Abril Imagens

*Die Straße ist oft der einzige Spielplatz.*
*Kinder von Straßenverkäufern betteln gemeinsam*
*mit obdachlosen Erwachsenen.*

Henrique José
Oliver Harisch

*Unser Haus ist die Straße.*

Júlio César Cavalcante Silva

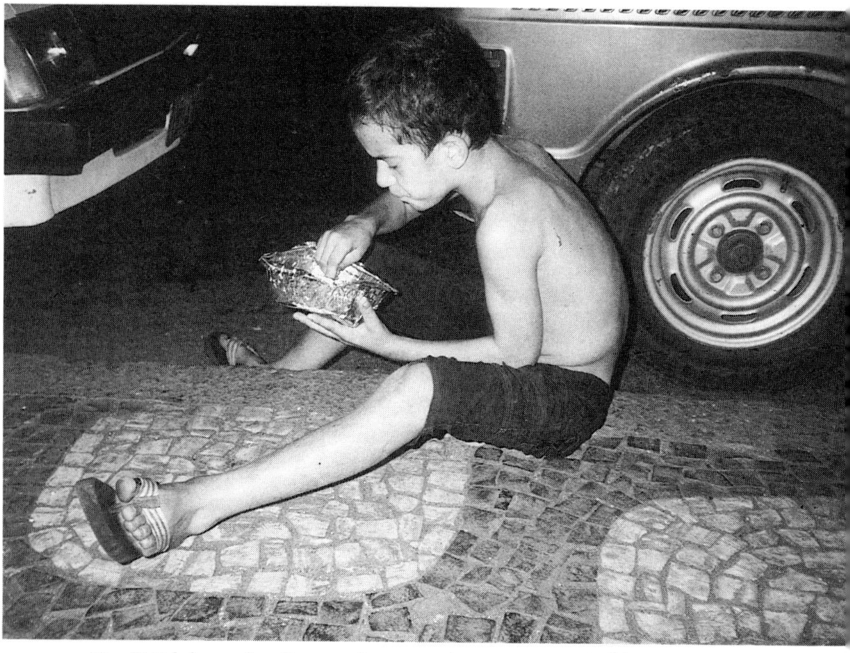

*Ein Mädchen, das Pappe einsammelt, um etwas Geld zu verdienen.*
*„Gewalt ist, wenn du um Essen bittest und sie knallen dir die Tür vor der Nase zu."*

Júlio César Cavalcante Silva
Oliver Harisch

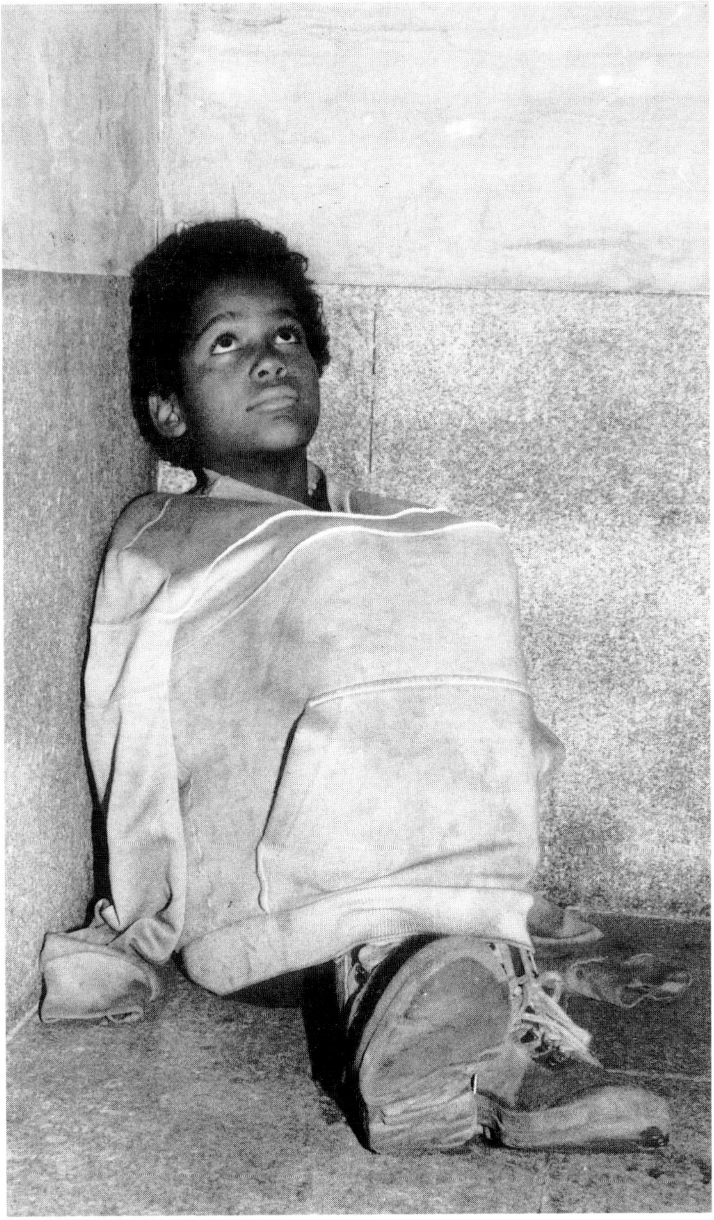

Júlio César Cavalcante Silva

*Straßenkinderbande im Zentrum von São Paulo.*
*Immer wieder sind Straßenkinder Opfer von Polizeikontrollen.*

Júlio César Cavalcante Silva

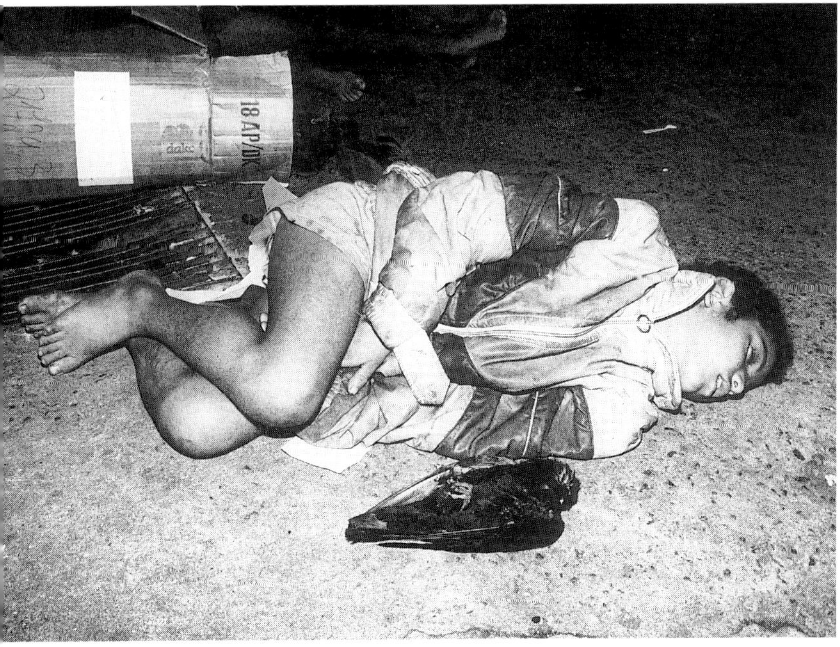

*Bei Lüftungsschächten von Tiefgaragen kann man sich in kalten Nächten ein wenig aufwärmen.*
*Ein Junge im Drogenrausch. Er hat einen verletzten Vogel mit sich getragen, der nun tot neben ihm liegt.*

Júlio César Cavalcante Silva

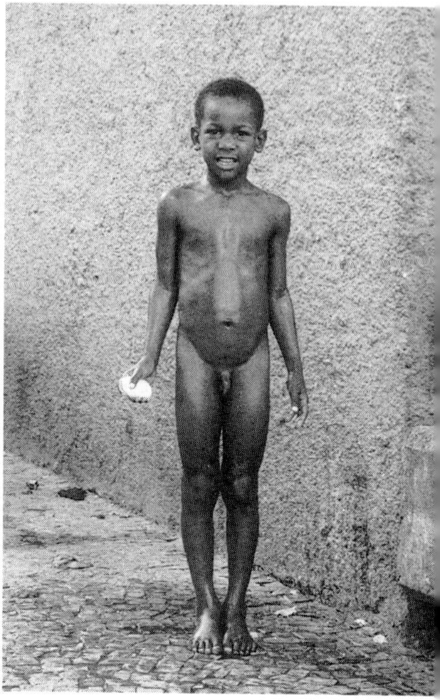

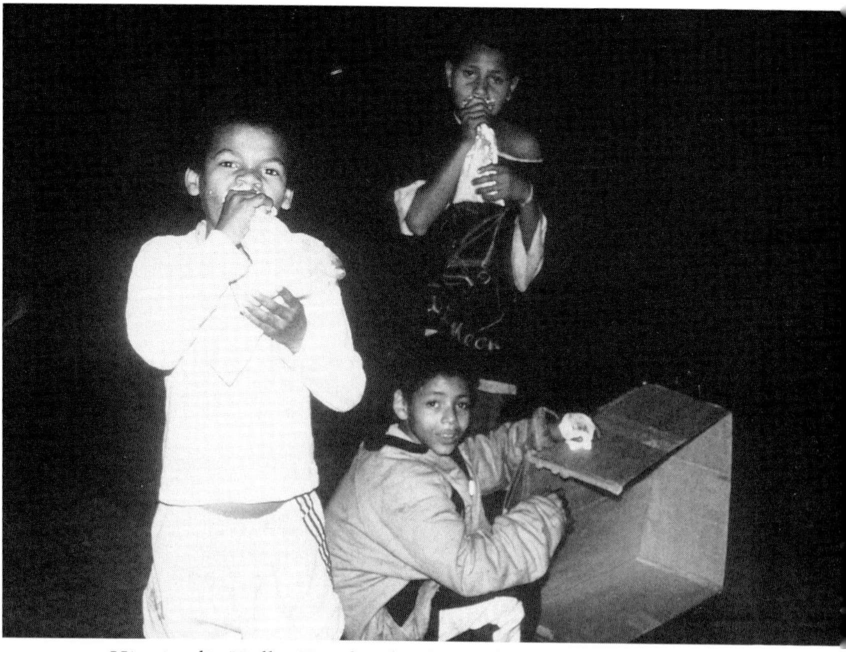

*„Hier ist die Hölle. Um das durchzustehen, brauchst du Drogen."*
*Immer mehr Straßenkinder schnüffeln Klebstoff und nehmen Drogen.*

Júlio César Cavalcante Silva, Oliver Harisch
Antônio Milena / Abril Imagens

bewegen, wie sie wollen, nicht sitzen, stehen und gehen, wie es ihnen paßt. Beine und Arme sind eng am Körper zu halten, um sie schlank und grazil erscheinen zu lassen. Aber nicht nur die Art und Weise, wie sie sich bewegen dürfen, wird eingeschränkt: Ihr Verhalten muß auch passiv und aggressionslos sein. Sie sollten, heißt es, immer bei einem Mann sein, der sie beschützt, und am besten sollten sie überhaupt zu Hause bleiben.

Als Straßenmädchen müssen sie aber ihr eigener „Herr" sein. Sie dürfen nicht mehr schutzbedürftig, schüchtern und hilflos wirken, sondern müssen sich durch kräftiges, selbstbewußtes Auftreten selbst schützen. Geht das mit Homosexualität einher, so wird diese zu einer Form der Emanzipation. Das Zusammenleben mit den Straßenjungen kann sich dadurch erleichtern. Ihre Beziehung läuft jetzt nicht mehr ausschließlich auf sexueller Ebene ab, sondern stärker auf der Leistungsebene. Das Verhältnis wird kumpelhaft, sie gilt als jemand, „der es bringt". Straßenmädchen haben weit größere Probleme als die Jungen. Zum Beispiel die Menstruation: „Um uns sauber zu machen, müßten wir zu Hause sein, sonst bleibt die Hose blutig, und die Leute verspotten uns", klagt Carolina. Mädchen müssen besonders zusammenhalten. Gemeinsam haben sie die Kraft, ihr Schicksal zu bewältigen. Doch Zusammenhalten in der Not ist eine Sache, wirkliche Freundschaft eine andere.

„Die einzige Freundin, die ich habe, ist meine Schwester", sagt Carolina. „Also hast du keine", mischt sich Sheila in unser Gespräch ein. „Carolina, was ist Sheila für dich?" möchte ich wissen. „Ich weiß nicht. Einmal ist sie freundlich, dann sagt sie wieder viele Sachen ... Ich kann nicht sagen, daß sie meine Freundin ist." – „Aber es gibt auch Stunden, wo man das sagen kann", meint Sheila beleidigt.

Ich wende mich an Sheila: „Was ist Carolina für dich?" – „Mit Carolina kann ich nicht über alles reden, also so, daß ich ihr alles sagen und sie mir helfen kann." Diesmal ist Carolina gekränkt: „Wie kann ich dir helfen, wenn ich auch auf der Straße wohne?" – „Eben", erwidert Sheila gereizt. „Ich wünsche mir eine Freundin, die mir hilft. Nicht jemand, der nur etwas von mir will."

Offensichtlich kann es für Sheila in der absoluten Misere

keine wahre Freundschaft geben. Im Grunde genommen fühlt sie sich einsam, auch inmitten ihrer *colegas*. Und sie glaubt, daß wahre Freundschaft erst möglich ist, wenn die menschlichen Grundbedürfnisse befriedigt sind: ein Dach über dem Kopf, keine Kälte, kein Hunger. Und nicht dieser permanente psychologische Terror: die Angst vor Verfolgung und Tod.

„Aber wenigstens vertrauen wir einander", meint Carolina versöhnlich und klopft ihrer Freundin auf die Schulter. Sheila antwortet gleichgültig: „Sicher. Sonst würdest du ja nicht mit mir schlafen, nicht wahr, Fred?" Mit diesem Phantasienamen reden sie einander immer wieder an. Carolina stemmt beide Hände in die Hüften und gibt sich empört: „Wer schläft mit dir? Ich schlafe nicht mit dir. Du schläfst mit Jungen." Doch dann schmunzelt sie: „Weißt du, was wir gemacht haben, *tia?* Wir haben geheiratet. Ich habe ihn geheiratet und er mich, sie hat mich geheiratet und ich sie."

Ich bin verwirrt. „Sie ist meine Geliebte", erklärt Carolina in ihrer sanften und warmen Art ganz offen. „Oder, Fred?" – „Meine Geliebte war Claudete", antwortet Sheila fast trotzig. „Wer ist jetzt die Geliebte von wem?" will ich wissen. Sheila lächelt und stößt Carolina mit einem vielsagenden Zwinkern in die Seite: „Ich bin ihr Geliebter." Und Carolina sagt: „Ich brauche jemanden, sonst sterbe ich vor Trauer und Leidenschaft."

Carolina und Sheila sprechen einander abwechselnd mit Frauen- und Männernamen an. Offensichtlich sind sie unsicher über ihre geschlechtliche Identität. Und wenn sie auf der Straße überleben wollen, brauchen sie auch „typisch männliche" Eigenschaften. Ihre Lösung: Sie haben Frau und Mann in sich vereint. Sie fühlen, denken und handeln wie ein Mann *und* eine Frau.

Sheila will mir ein Lied vorsingen. „Mit diesem Lied erinnere ich mich an meine Freundin Claudete", sagt sie feierlich. „Das ist eine Freundin, mit der ich etwas hatte. Ich war mit ihr fünf Jahre zusammen, ich habe sie geliebt."

Sie beginnt, mit kräftiger Stimme zu singen, und ihre Augen bekommen dabei einen träumerischen Glanz:

„Man braucht eine Putzfrau, am besten eine, die Polenta macht, um das Haus zu versorgen, eines traurigen Mannes, der müde ist zu weinen.

Ich verlange nicht viel, weil ich nicht allein bleiben mag, Ich zahle alles, was sie will, wenn sie mir Liebe gibt und Momente der Zärtlichkeit.

In diesem Haus wohne ich und die Einsamkeit, ich bin traurig und viel allein, total allein, ich brauche wen, sonst sterbe ich, vor Traurigkeit und Einsamkeit."

Sie selbst hat sich dieses Lied ausgedacht, und es zeigt, daß auch für sie eine Frau offenbar in erster Linie Arbeitstier und Objekt der Liebe ist. „Aber Claudete ist fortgegangen, sie hat beschlossen, ihr Glück ohne mich zu versuchen, und ich habe sie gehen lassen", erinnert sich Sheila. „Jetzt habe ich niemandem auf der Welt, nur mich und Gott und meine Freundschaften."

Ich werfe Carolina einen fragenden Blick zu: „Hast du auch einen Liebhaber, oder magst du nur Frauen?" – „Ich habe die Camila." Ich frage Médici, die wie ein Junge aussieht und bei unseren Gesprächen meistens schweigend dabeisitzt. „Einen Liebhaber", antwortet sie kurzangebunden.

Homo-, bi- und heterosexuelle Mädchen leben gemeinsam in einer Gruppe. Unter ihnen herrschen große sexuelle Freizügigkeit und Toleranz. Aber auch in den gleichgeschlechtlichen Beziehungen gibt es den stärkeren und den schwächeren Teil. Die Unterlegenen werden nicht selten geprügelt, und es herrscht auch große Eifersucht unter ihnen, zumindest, wenn es um wirkliche Liebe und Leidenschaft geht und nicht nur um die mehr oder weniger zufälligen Begegnungen in der Nacht, wenn sie die Körperwärme von irgend jemandem brauchen.

*Sapatão* nennen sie den männlichen Part in einer Liebesbeziehung zwischen Mädchen, während die *piva* die weibliche Rolle übernimmt. Sheila sagt nostalgisch: „Zwischen mir und Claudete gab es das nicht, daß die eine der anderen was angeschafft hat. Wir haben uns wirklich geliebt."

Sie schildert mir die Nachteile, die sie in einer Beziehung mit Männern sieht: „Wenn ein Mann Sex mit dir hat, dann will er dich nur in diesem Augenblick, und dann ist er weg. So ist es mir schon mit vielen passiert. Wenn ich ein kurzes Kleid anziehe, dann macht das die Männer heiß. Wenn ich sie nachher sehen will, dann sind sie schon fort. Ich dachte, der Kerl liebt mich, und das erste Mal, als ich mit ihm geschlafen habe, war alles o. k.

Aber am nächsten Tag habe ich mich gefragt: ‚Wo ist der Typ?‘ Er hat mir nicht einmal mehr ein Bonbon gegeben.“ Sie macht eine abfällige Geste. „Und die Männer kümmert es nicht, ob sie Aids haben, ob sie einem weh tun. Sie sind heute alle angesteckt: mit Aids, Gonorrhö, Syphilis.“

Sie murmelt, mehr zu sich selbst als zu uns: „Eine Frau schaut auf mich, sie wirft diesen zärtlichen Blick auf mich, diese schönen Augen, die sagen: Mit dieser Schwarzen möchte ich wirklich zusammenbleiben. Wenn eine Frau mit dir schläft, dann geht sie nicht gleich fort.“

# Sie wissen, was sie tun

Cláudio lehnt an der Wand des Lochs und starrt vor sich hin. Vielleicht wartet er auf etwas, vielleicht hat er einfach nur nichts zu tun. Regungslos steht er da und blickt scheinbar ins Leere. Eine Mauer des Schweigens umgibt ihn. Er ist zwar äußerst mißtrauisch, aber mich begrüßt er doch jedesmal mit einem leisen Lächeln auf den Lippen und sagt: „Hallo, *tia*." Unberührt von meiner Anwesenheit, deutet er diesmal nicht einmal mit einer kleinen Geste an, daß er mit mir reden will.

Während wir so wortlos nebeneinander stehen, dringt ein stechender Geruch zu mir herüber – Klebstoff. „Wieso schnüffelst du?" frage ich besorgt. „So ist es eben auf der Straße. Vielleicht, weil ich blöd bin", stammelt er. „Ich weiß nicht, warum ich schnüffle. Bei mir hat der Leim keine Wirkung mehr. Ich schnüffle nur, um zu schnüffeln, weil ich es schön finde, wenn die anderen schnüffeln und ich mitmache."

Er gleitet mit dem Rücken zur Wand zu Boden. Sein schwarzes Sweatshirt wird dabei schmutzig vom weißen Putz der Mauer. Demonstrativ zieht er einen kleinen Plastiksack aus dem Ärmel. Er ist halb voll mit einer gelblich schimmernden Substanz: *cola de sapateiro* – Schusterleim. Cláudio preßt die Öffnung des Sackes gegen Mund und Nase und bläst einmal kräftig hinein. Das flüssige Lösungsmittel verwandelt sich dabei in giftige Dämpfe, die er tief einatmet. Wenige Züge reichen bereits für die gewünschte Wirkung.

Im Rausch benehmen sich die Kinder sehr auffällig: Sie können ihre Bewegungen kaum noch koordinieren, ihre Hände zittern, ihr Gang ist taumelig und ihre Sprache undeutlich und verschwommen. Unterhält man sich mit ihnen, können sie nur unter größter Anstrengung einen Satz oder eine Frage im Gedächtnis behalten. Immer wieder fragen sie nach, was man nun eigentlich wissen wollte, und dann brauchen sie eine halbe Ewigkeit, um eine – zumeist unpassende – Antwort zu finden. Oft dämmern sie nur vor sich hin und sind zu keiner Unterhaltung fähig. Da Straßenkinder täglich große Mengen Schusterleim und andere Drogen konsumieren, verwundert es nicht, daß sie sehr oft einen extrem verwirrten Eindruck machen. Traum und Wirklichkeit gehen nahtlos ineinander über. Manchmal wissen sie nicht einmal, wer und wo sie sind.

Schusterleim und verschiedene andere Lösungsmittel besorgen sich die Straßenkinder bei Farbenhändlern und Schustern. Dabei verbietet seit 1990 das neue „Kinder- und Jugendlichenstatut", halluzinogene Mittel an Minderjährige weiterzugeben: Paragraph 243 sieht eine Geldstrafe und sechs bis 24 Monate Gefängnis für alle vor, die „ohne guten Grund Produkte, deren Bestandteile physische oder psychische Abhängigkeit verursachen, an Jugendliche verkaufen oder auf andere Weise, auch gratis, zur Verfügung stellen".

Wieder ein Gesetz mehr, das in der Realität nicht greift. Die Drogenproblematik kann nicht wirklich gelöst werden, solange immer noch Kinder auf der Straße leben müssen. Im Rausch empfinden sie kein Hunger- und Kältegefühl, keine Schmerzen. Als Teil der Konsumgesellschaft, wenn auch an deren Rand, nützen sie wenigstens das reichhaltige Angebot bewußtseinsverändernder Substanzen.

Zahlreiche Produkte, die in jedem Kaufhaus erhältlich sind, können sie zum „Schnüffeln" verwenden: Plastikkleber, Haushaltskleber, Klebstoff-, Farben-, Lack- und Nitroverdünner, Nagellack, Nagellackentferner, Schuhputzmittel, Feuerzeugbenzin, Kfz-Benzin, Haarsprays, Deodorants – um nur einige zu nennen.[38] Wenn die Kontrollen beim Schusterleimverkauf verstärkt werden, greifen sie eben zu einem anderen Lösungsmittel.

Nach wie vor besorgen sich Straßenkinderbanden 5-Liter-Dosen mit Leim, um die Wochenenden gut zu überstehen. Will ein Verkäufer ihnen den Klebstoff nicht aushändigen, gibt es andere Mittel und Wege: „Dann lasse ich das Zeug eben von Pennern für mich kaufen. Die kriegen dafür ein paar *Cruzeiros* oder *cachaça*", erzählt Cláudio.

Natürlich gibt es auch in diesem Geschäft Zwischenhändler. Der Schwarzmarkt mit halluzinogenen Mitteln blüht. Erwachsene kaufen den Klebstoff in großen Mengen und füllen ihn in kleine Plastiksäcke, die sie dann den Kindern auf der Straße verkaufen.

Im *mocô* sind Stimmen zu hören. Sheila und Carolina treten in die Mitte des Lochs – eine Art Vorraum – und blicken durch die Gitterstäbe zu uns nach oben. Carolina macht für Sheila die Räuberleiter. Sie bekommt die Gitterstäbe zu fassen, zieht sich hoch, findet auf einem Mauervorsprung Halt und zwängt sich durch den engen Spalt. Triumphierend lacht sie uns an, atmet durch, beugt sich nach unten, streckt Carolina die Hand entgegen und hilft ihr hinauf.

Die zwei Mädchen wollen malen, bitten mich um meine Wasserfarben und um Papier. Sheila läuft zur nächsten Bäckerei, holt Wasser, und sie beginnen zu malen. Carolina erklärt mir, warum sie *cola de sapateiro* mag: „Nagellack bringt es nicht, er macht hungrig. Klebstoff nicht. Aber wir nehmen alles – Klebstoff, Kokain, Marihuana und Benzin –, damit wir es hier aushalten können. Brasilien ist nämlich die Hölle." Ihr stumpfer Blick verrät, daß auch sie benebelt ist.

Benzindämpfe schnüffeln die Kinder aus den Tanks parkender Autos. Manchmal finden sie auch Reservekanister in Garagen und Hinterhöfen, oder sie tränken ihre Leibchen mit Lösungsmitteln und pressen sie fest an Mund und Nase. Durch den direkten Hautkontakt mit den Chemikalien kommt es zu Entzündungen in Nase und Rachen.

Besonders „in" ist bei Straßenkindern derzeit *Bim:* eine Mischung aus Äther, Zucker, Wasser und Benzin. Im Mischen von chemischen Cocktails sind sie erfinderisch. Improvisation ist alles: Sie schnüffeln aus Milchpackungen, Joghurtflaschen und Getränkedosen.

„Wenn wir *high* sind, fühlen wir uns, als ob wir schweben würden, als ob wir vom Boden dieser beschissenen Welt abheben würden", beschreibt Sheila das Drogenhoch in schönsten Farben. Vergessen ist die Einsamkeit, die Schläge in der Familie, die Verfolgung durch die Polizei. Alles um sie herum wird so klein. So können sie alles beherrschen, sind auf einmal stark und mächtig, haben keinen Hunger und spüren die Kälte nicht mehr.

Doch manchmal begegnen ihnen auch Monster, die sie auffressen wollen. Ihre Angst und Aggression, die gegen die ganze Welt gerichtet ist, richtet sich nun gegen sie selbst. So kehren sie nicht nur von schönen Phantasieerlebnissen gestärkt in die rauhe Wirklichkeit zurück, sondern erlangen ihr Bewußtsein unter quälenden Gedanken wieder. Manchmal ersticken sie im Plastiksack mit Klebstoff oder sie werden von einem vorbeirasenden Bus überfahren, wenn sie orientierungslos auf der Straße umhertaumeln.

Betreten sie am Anfang der Sucht noch das Reich der Irrationalität und der Träume, gewöhnt sich ihr Körper allmählich an dieses Gift. Sie haben kaum mehr Halluzinationen, nur ein Gefühl der Betäubung. Immer größere Mengen müssen sie inhalieren, damit sie von dieser Welt abheben können.

Drogenumschlagplätze sind vor allem die Praça da República und die Praça Júlio Mesquita. Dort stehen die *bocas ambulantes:* Erwachsene und Straßenkinder, die als Zwischenhändler fungieren. Sie lehnen an Hausecken, irgendwo im Rotlichtviertel, und wickeln den Drogendeal direkt auf der Straße ab. Mit Kennerblick wird der mögliche Kunde ausfindig gemacht. Doch die Kundschaft weiß ohnedies Bescheid und steuert geradlinig auf den *traficante* zu. Drogen werden auch in den *bocas fixas* verkauft: Häusern in der Favela, Zimmern, Hotels.

Der Drogenhandel steht hinter einem Großteil der kriminellen Handlungen in der Stadt. Der Diebstahl eines Autos ist ein passables Startkapital für einen *traficante*. Das Fahrzeug, sicher über die Grenze nach Bolivien gebracht, bringt zwei bis fünf Kilogramm Kokain ein. Am Schwarzmarkt läßt sich jedes gestohlene Objekt zu Drogen machen. Ein Autoradio oder Tennisschuhe kommen auf rund 500 *Cruzeiros Reais,* umgesetzt in weißes Gold sind das drei Gramm Kokain. Es reicht nicht für Reichtümer, doch kann man etwas davon weglegen und für sich selbst Stoff besorgen.

Auch die chemische Droge *Crack* wurde jüngst auf den brasilianischen Drogenmarkt geschwemmt, eine billige Version für Rauscherlebnisse. Und Straßenkinder lassen selbst Shampoo im Supermarkt mitgehen, um an diese Wunderdroge ranzukommen.

Sheila wischt die rote Farbe vom Pinsel in Cláudios Leibchen, das neben ihr am Boden liegt, und sagt: „Kokain und Crack lassen uns mager werden. Marihuana nicht, es macht uns hungrig. Wenn ich Geld habe, dann gehe ich zu einer Bar hier an der Ecke." Eine warme Mahlzeit für wenig Geld bekommt man in den Volksküchen in versteckten Seitengassen, wo Obdachlose oder einfache Arbeiter einkehren. „Ich kaufe mir drei, vier Teller, fülle meinen Bauch, und nachher nehme ich meine Drogen. Die Droge kann meinen Bauch nämlich nicht füllen. Sie frißt unser Gehirn auf, unsere Lunge, und wenn unser Magen leer ist, macht die Droge Schluß mit uns, dann sind wir reif fürs Grab."

Wenn Sheila Geld hat, ißt sie auf Vorrat. Sie verschlingt mit Leichtigkeit mehrere Teller Reis mit Fleisch und Bohnen. Zu oft mußte sie schon hungrig schlafen gehen. Straßenkinder verlieren das Gefühl dafür, wieviel ihr Körper momentan braucht. Manchmal laufen sie hungrig umher, und ein paar Bissen müssen für einen ganzen Tag und eine ganze Nacht reichen. Dann malen sie sich aus, was und wieviel sie gerne essen würden. Auch wenn der Hunger bereits längere Zeit zurückliegt – als sie noch klein waren und noch nicht so gut stehlen konnten –, haben sich doch die Qualen des Hungers tief in ihrem Inneren festgesetzt. Zur „Wiedergutmachung" packt sie ein wahrer Freßtrieb. So gesehen sind Straßenkinder also fast immer schrecklich hungrig.

Sheila hat das Glück, den Schusterleim als Hungertöter nicht mehr zu brauchen. Trotzdem – selbst als starkes, kriminelles Mädchen, das über etwas Geld verfügt und sich gewisse Dinge leisten kann, benötigt sie alle Drogen dieser Welt, um ihren trostlosen Alltag zu vergessen.

Sie erzählt: „Wenn ich Geld habe, kaufe ich mir eine große Dose Klebstoff, und dann gebe ich jedem in meiner Gruppe eine ordentliche Portion. Oder ich kaufe Marihuana, vier Joints, und teile sie mit den anderen." Sie lacht. „Und die Stummel stecken sie ein, weil der Kleinste gern die Stummel ißt."

Straßenkinder nehmen fast immer gemeinsam Drogen. Hat einer den Plastiksack vor dem Mund, wird das nächste Kind, das um die Ecke biegt, auch schnüffeln. Wenn die Kinder auf der Praça Paissandu sich einen Joint genehmigen, kriechen sie durch das Loch in den Gitterstäben hinunter ins *mocô*, gehen in ein Zimmer und hängen eine Decke vor die Türe. So können sie sich ungestört einrauchen. In der Gruppe spüren sie ein Zusammengehörigkeitsgefühl, das sonst durch die andauernden Rivalitäten selten entsteht.

Durch die Droge kann in der Gruppe das Gefühl enstehen, eins zu sein und nicht mehr allein. Gemeinsam können sie Spaß haben, gemeinsam können sie sich in dem stinkenden Loch die Welt in rosigen Farben ausmalen.

Wenn die Großen etwas tun, machen es auch die Kleinen, denn die strengen Bandenstrukturen lassen ihnen keine Chance, sich abzugrenzen. Die Gruppe gibt ihnen vor, was sie zu tun haben. Drogen sind Teil ihres Lebens, sie können und wollen keinen Tag ohne sie sein.

Dabei verleiten nicht nur die älteren Straßenkinder die jüngeren zum Konsum von Drogen wie Crack und Marihuana; manchmal ist es auch umgekehrt. Untersuchungen des Kinderarztes Lauro Monteiro zeigen, daß die Hauptkonsumenten der sogenannten Kinderdroge Jungen mit zwölf Jahren und achtjährige Mädchen sind. Bei diesen Drogen handelt es sich um Substanzen, deren Geschmack und Geruch Kinder anzieht, etwa *Toluol,* das unter anderem in Klebstoffen enthalten ist. Werden die Kinder älter, setzen sie diese Drogen ab. Wahrscheinlich verleiten die Kleinen mit ihrer Vorliebe für diese Geschmacksrichtung ältere Gruppenmitglieder, die dieses Stadium normalerweise bereits überwunden hätten.

Die Abhängigkeit der Kinder von Drogen ist vorwiegend psychologisch bedingt. Für dieses zweifelhafte Vergnügen nehmen die Kinder aber zahlreiche körperliche Nebenwirkungen in Kauf: Husten, Übelkeit, Kopfschmerzen, Atemnot, Herzklopfen, Wadenkrämpfe und zittrige Hände. Wenn sie jahrelang schnüffeln, kann es zu Störungen der Leberfunktion und des Gehirns kommen.[39] Sie wissen durchaus Bescheid über die möglichen Nebenwirkungen, denn Straßenerzieher klären sie darüber auf.

„Habt ihr Probleme mit der Polizei, wenn ihr Drogen nehmt?" frage ich Sheila. „Ja, die kommen oft und vertreiben uns, wenn wir schnüffeln. Und sie nehmen uns alles weg. Sie kommen, schnappen den Klebstoff und hauen wieder ab." Sheila wird zornig: „Sie suchen vor allem einen Grund, uns zu schlagen. Sie tun so, als ob wir ein Verbrechen begehen würden, als ob wir stehlen oder morden würden. Ich sage dann immer: ‚Schlagen Sie mich nicht, ich schade mir nur selbst damit. Wenn wir Drogen nehmen, wissen wir, was wir tun. *Wir* machen uns kaputt, nicht Sie, *wir* sterben schneller, nicht Sie.'"

# „Gott schafft, und wir töten"

Nach Einbruch der Dunkelheit wirkt das Zentrum von São Paulo wie ausgestorben. Die „braven" Bürger verkriechen sich in ihren Häusern und holen sich die Wirklichkeit per Fernseher herein. In der Nacht wird die Welt da draußen gespenstisch. Zerlumpte, in Decken gehüllte Gestalten kriechen aus ihren Löchern, wühlen in aufgeplatzten Müllsäcken, die sich an den Straßenrändern türmen, nach eßbarem Abfall. Auch sie sind nicht mehr als Müll, der am Rand der Gesellschaft lagert.

Hungriger Blick und flinke Finger: Autofahrer treten selbst dann aufs Gaspedal, wenn die Ampel auf Rot steht. Denn Stoppen heißt Überfall. Berüchtigt sind die Jugendbanden, die immer wieder Lastwagen anhalten und plündern. Ein Kind legt sich mitten auf die Straße, während sich die anderen in der Nähe verstecken. Fahrer, die helfen wollen, werden kurzerhand überrumpelt und gefesselt, danach haben die Jugendlichen leichtes Spiel und können die gesamte Ware in ihren Besitz bringen. Nicht selten geraten dabei ganze Waffenlieferungen in ihre Hände. Von Pistolen bis hin zu Maschinengewehren sind sie nun bestens ausgerüstet. Man schätzt, daß 1500 Jugendbanden in São Paulo über beachtliche Waffenarsenale verfügen.

Jenseits des Lichtscheins der spärlichen Laternen herrscht stockfinstere Nacht. Carolina und Sheila sitzen, in Decken gewickelt, auf den Stufen der Kirche. Gierig stopfen sie sich von mir gekauftes Weißbrot mit Wurst in den Mund. „Es kommen viele Leute aus der anderen Welt, aber die wenigsten helfen uns", sagt Carolina. „Auch Gott hilft uns nicht, also helfen wir uns selbst. Wir sind gezwungen, zu stehlen. Aber wir beklauen nur die, die viel haben", rechtfertigt sie sich und blickt mir unbefangen ins Gesicht.

„Bettelt ihr auch?" – „Nein", sagt Sheila stolz und macht eine abwehrende Geste. „Ich habe noch niemand um etwas gebeten.

Wenn wir nur um ein Stück Brot bitten, sagen sie sowieso schon Taschendieb zu uns und Hure. Dann sagen sie: ,Warum arbeitest du nichts? Du brauchst nur Dokumente zu besorgen und kannst schon arbeiten'", äfft Sheila sie nach. „Als ob das so einfach wäre."

Ältere Straßenkinder werden von der bürgerlichen Gesellschaft verachtet. Mit ihnen hat kein Mensch Mitleid. Sie haben keine andere Wahl, als kriminell zu werden. Verdächtigt werden sie sowieso. „Ich bin nur beim Geschäft gestanden und hab mir die Turnschuhe angeschaut. Und der Mann hat schon gebrüllt: ,Geht weg von da, ihr werdet mich nicht bestehlen!' Und ich habe gesagt: ,Ich stehle nicht, ich schaue nur. O. k.? Wenn ich was haben will, kann ich mir die teuersten Turnschuhe kaufen.'" Sie fährt sich nervös durchs Haar und schnaubt wütend.

Die Methoden der Kinder auf ihren Raubzügen sind je nach ihrem Alter unterschiedlich. Die Kleineren begehen Gelegenheitsdiebstähle, sie streifen durch die Straßen und nutzen die Gunst der Stunde. Sie scheuen den direkten Angriff, stehlen versteckt, im Menschengewühl, und befinden sich immer auf der Flucht. Sie agieren selten allein. Einer stößt das Opfer, der andere entreißt ihm die Uhr und gibt sie einem Dritten weiter, der in eine Richtung läuft, während die anderen in die entgegengesetzte Richtung abhauen. Die Beute verkaufen sie und teilen den Erlös gerecht untereinander auf.

Die älteren Kinder stehlen in Banden mit bis zu zehn Mitgliedern. Sie plündern Geschäfte vorwiegend in der Nacht. Sheila erzählt: „In der Nacht machen wir unsere Tour. Wir suchen uns meistens ein Kleidergeschäft. Die Kleinen machen da nicht mit, weil sie nicht mit den schweren Säcken davonlaufen können. Wir verwenden einen Glasschneider, um die Türe zu öffnen, oder wir klettern aufs Dach und kommen von oben rein. Und wir nehmen jede Art von Kleidern. Einen Teil behalten wir, den Rest verkaufen wir, und mit dem Geld kaufen wir uns Essen."

Während kleinere Straßenkinder die Fußgänger im Menschengewühl bestehlen, greifen größere Straßenkinder die Passanten nicht selten tätlich an, bevorzugt in der Nacht. „Diese Woche habe ich ein paar Uhren und ein Radio geraubt", berichtet Sheila zufrieden.

Nach Geschäftsschluß weilt kaum eine Menschenseele auf der Straße. Wehe dem, den es dann noch zu Fuß in diese Gegend verschlägt. Frauen sind leichtere Opfer, erklärt mir Sheila. „Wenn wir zu zweit sind, springe ich der Frau an den Hals, Carolina nimmt die Sachen, die Frau rennt schreiend davon, und nachher machen wir halbe-halbe."

„Und wie würdet ihr mich berauben?" frage ich neugierig. Die Mädchen lächeln amüsiert, und Carolina baut sich vor mir auf. „Da gibt es verschiedene Möglichkeiten: Wir können dich aufhalten, dich mit einem Messer, mit einem abgebrochenen Flaschenhals oder sogar mit einem Revolver bedrohen."

Nachdenklich blicke ich von Carolina zu Sheila. „Wo habt ihr den Revolver?" – „Ah, das ist ganz verschieden", meint sie vielsagend. „Wir werden beobachtet, also bleibt der Revolver bei jemanden, der nicht sehr auffällig ist. Wichtig ist, nicht darüber zu sprechen. Wenn wir nicht in einer Absteige wohnen, bewahren wir ihn im Park im Gebüsch auf. Wir rauben aber nicht nur damit. Es gibt viele Methoden. Wir können dich stoßen und dir die Tasche wegreißen. Mit einem Messer können wir Taschen durchschneiden, und dann laufen wir sehr schnell davon. Wir sind gut im Laufen." Sheila antwortet offen und setzt dabei ein spitzbübisches Lächeln auf.

Straßenmädchen haben es beim direkten Angriff schwerer als die Jungen. „Auch zwei Mädchen haben nicht die Kraft, mit einem Mann zu kämpfen", sagt Carolina. Doch auch dafür sind Sheila und Carolina gerüstet: „Wir nehmen ein Messer, hängen es uns um die Taille und halten es ihm an den Rücken. Wenn er sich mit uns anlegen will, fragen wir ihn: ‚Willst du ein Loch im Rücken?'"

Sie verwenden auch einen Spielzeugrevolver. „Und wenn er sagt: ‚Ich werde euch nichts geben', sagen wir: ‚Dann schießen wir.' Dann gibt er alles her, worauf wir wiederum sagen: ‚So, jetzt töten wir dich.'"

Die Mädchen lächeln. Ihre Opfer zu erschrecken, macht ihnen Spaß, schließlich hat auch niemand mit ihnen Mitleid. Und wenn sie schon allseits gefürchtet sind, wollen sie ihrem Ruf auch gerecht werden. Sie haben dabei leichtes Spiel. Denn kaum jemand wird sich gegen einen bewaffneten Überfall zur Wehr setzen – schließlich könnte die Waffe doch echt sein. Für sie ist das Stehlen nicht nur notwendig, sondern auch ein Spiel, das ans Fangenspielen erinnert.

Straßenkinder suchen sich ein Opfer und bleiben ihm dicht auf den Fersen. Sie rennen ihm bis zu einer geeigneten Stelle nach, umstellen es und schnappen sein Eigentum.

Manchmal ähneln die Streifzüge auch dem Versteckspiel. Die Kinder lauern irgendwo im verborgenen und springen plötzlich hervor. Die Betroffenen wiederum verstecken sicherheitshalber ihr Geld, zum Beispiel in den Schuhen oder in einem Gürtel. Viele Bürger verlassen nach Einbruch der Dunkelheit überhaupt nicht mehr ihre Wohnungen. Und mit der Verfolgung durch die Polizei gehen diese Spiele weiter.

Wiederholt beteiligen sie die Ordnungshüter am Diebsgut. Polizisten, mit denen solche Arrangements bestehen, sind keine Gefahr. Sie sehen und hören nichts. „Manchmal beschlagnahmen sie unsere Sachen und behalten sie, manchmal geben sie uns auch Geld dafür." Eines ist für die Mädchen ganz klar: „Schlecht ist nicht der, der stiehlt, sondern der, der das Gestohlene kauft."

Die sogenannten „Ordnungshüter" stellen auf der Straße die größte Gefahr für jeden dar, der obdachlos und Außenseiter ist. Die Polizei nimmt den Kindern auf der Straße willkürlich und ungestraft alles weg, selbst Dokumente und die wenigen Kleidungsstücke, die sie besitzen. Sie schlagen die Kinder, sperren sie ein, verfolgen und bedrohen, vergewaltigen und töten sie.

„Das Leben auf der Straße ist furchtbar", sagt Carolina und trommelt unruhig mit den Fingern auf einer Coladose. „Wir halten das kaum noch aus. Wir können nicht in Ruhe schlafen, weil sie dauernd kommen und uns schlagen. In der Nacht haben sie uns angegriffen, als wir gerade auf der Praça da Sé geschlafen haben. Sie beginnen uns zu schlagen, einfach so. Wenn wir wo schlafen, kommen sie schon mit Fußtritten."

Die Kinder sind Freiwild. Sie, die oft nicht einmal eine Geburtsurkunde besitzen, werden wie Wegwerfobjekte behandelt: Die Phantasie ihrer Peiniger ist dabei grenzenlos. Schwangeren Mädchen wird auf den Bauch geprügelt. Polizisten schütten den Kindern Kleister über den Kopf, zwingen sie, Zigaretten zu schlucken, und übergießen sie mit Teer. Kinder werden im Winter gezwungen, nackt in Brunnen zu baden.

Ein magerer Zehnjähriger erzählt: „Ich schlafe jede Nacht beim *Shopping-Center*, und jede Nacht kommen die Militärpolizisten, schleppen uns hinein, prügeln uns, zwingen uns, Küchenschaben und Scheiße zu essen, überschütten uns mit heißem Wasser und tun noch alles mögliche."[40]

Nun überschreien sich die Mädchen gegenseitig, um mir zu erklären, wie sie die Polizei behandelt. „Sie zielen mit dem Revolver auf unser Gesicht, damit wir mit ihnen Schweinereien machen, und wenn wir nicht mitmachen, sterben wir."

Untersuchungen der *Folha de São Paulo* zeigten auf, daß 60 Prozent von 86 befragten Straßenmädchen bestätigten, unter sexueller Belästigung der Polizei zu leiden. 83 Prozent sagten, daß sie einen Fall eines Mädchens kennen, das von einem Polizisten mißbraucht wurde. Doch in offiziellen Dokumenten scheinen solche Zahlen kaum auf. Die Angst der Mädchen, einen Polizisten anzuzeigen, ist zu groß.

Sex ist auf der Straße eine gängige Tauschware. Um nicht verhaftet zu werden, müssen sich die Straßenmädchen sexuell preisgeben. Oft wird der sexuelle Akt auf der Polizeistation vollzogen, und nicht immer werden die Mädchen dazu mit physischer Gewalt gezwungen, viele bieten sich sogar selbst an, um nicht mitgenommen zu werden.

Bei Polizeirazzien müssen sich Straßenmädchen an die Wand stellen, und während der Leibesvisitation befriedigen sich die Beamten an ihnen. Manche Straßenmädchen versuchen, dem zu entfliehen: Sie tragen Männerkleider.

Die Gewalt gegen Straßenmädchen kennt keine Grenzen: Bekanntgeworden ist der Fall der minderjährigen R. Ihr Kind, das Anfang 1993 geboren wurde, stammt von einem Militärpolizisten. Weil sie ihn beschimpft hatte, prügelte und vergewaltigte er sie. Als das Kind geboren wurde, erhob der Polizist Vaterschaftsansprüche und drohte dem Mädchen, ihr das Kind wegzunehmen. Sie ist inzwischen aus São Paulo geflohen.[41]

Eine besondere Zielscheibe polizeilicher Aggression sind die beliebten Aufenthaltsorte für Straßenkinder, etwa die Praça da Sé und die Praça da República. Aus diesem Grund flüchten

Straßenkinder häufig auf benachbarte, nicht so stark frequentierte Plätze.

Médici nähert sich. Ihr mageres Gesicht mit den herben Zügen ist wie immer ausdruckslos. Sie gibt einen Seufzer von sich: „Diese Woche habe ich dort geschlafen. Dann ist ein Polizist gekommen und hat geschrien: ‚Alle aufstehen, haut ab von hier!‘ Und dann ist ein Bulle gekommen und hat Wasser auf uns geschüttet. Wir dürfen nichts sagen. Wenn wir *das* tun, dann gnade uns Gott.“

Auch ein anderer Schlafplatz ist nicht weniger gefährlich: „Als wir beim Kino waren – manchmal schlafen wir dort, weil es dort wärmer ist –, haben sie Carolina ein blaues Auge geschlagen“, berichtet Sheila. „Sie haben ihr einen Fußtritt ins Kreuz verpaßt. Ich bin mit ihr ins Spital gefahren.“ Wenn ein Straßenkind verletzt wird, ist ihm die Hilfe der *colegas* sicher. Ohne Solidarität könnten sie in diesem Krieg nicht überleben.

„Begründen die Polizisten, warum sie euch schlagen?“ möchte ich wissen. „Sie sagen, daß es nichts bringt, wenn wir auf dieser Welt leben, daß wir sterben müssen, daß wir nichts sind. Sie sagen: ‚Gott schafft, und wir töten.‘ Das heißt, Gott hat uns in die Welt gesetzt, und ihr Job ist es, Schluß mit uns zu machen.“

Als Anführer ist Cláudio bevorzugte Zielscheibe der Polizeiwillkür. Eines Morgens läuft mir Sheila vollkommmen aufgelöst entgegen. Ihre Augen sind rot und verschwollen, das Gesicht vom Schrecken gezeichnet. „Sie haben Cláudio gefaßt und beinahe getötet“, stößt sie hervor. „Sie haben ihn gepackt, gequält und getreten. Nachdem er zurückgekommen ist ins *mocô,* war drinnen alles voll Blut. Wir haben schon gedacht, sie hätten ihn getötet. Sie wollen uns alle töten.“

Die Polizisten fragten Cláudio: „Kennst du den Tiete-Fluß? Nein, noch nicht? Aber bald wirst du dort die Fische schwimmen sehen.“ Ich schlage ihr vor, eine Anzeige bei der Straßenkinderbewegung zu machen. Sie schüttelt verzweifelt den Kopf: „Ja, aber dann gibt es doch keine Leibwächter für uns. Die Typen werden uns töten, wenn wir eine Anzeige machen. Weißt du, was die dann machen? Cláudio zahlt dafür, und nachher bringen sie uns die Rechnung.“

Sicherheitshalber wird die Kindergruppe die Praça Paissandu verlassen und auf einen nahegelegenen Platz umziehen, denn die Polizisten haben bereits einmal versucht, sie zu töten. „Sie haben gedacht, wir schlafen schon, und haben ein paar Kugeln auf uns abgefeuert", erzählt Sheila. „Gestern war dann alles o. k., und ich sagte: ‚Leute, gehen wir hinauf.' Nach einer Weile kommen wir wieder zurück, nur Cláudio ist im *mocô* geblieben. Er sagte: ‚Geht lieber wieder, sie werden kommen, um euch zu holen.' Wir sind fortgegangen und erst heute früh wieder zurückgekommen. Und ein Typ beim Glücksspiel hat uns erzählt, daß drei Polizisten bis zum Morgengrauen auf uns gewartet haben. Es sollte mich erwischen und noch zwei andere Straßenjungen."

Sie fährt mit dem Handrücken über ihr Gesicht und wischt sich eine Träne ab: „Was die Polizei mit uns macht, ist pure Bosheit. Das Gesetz heißt jetzt eben: ‚Gott schafft, und wir töten.' Aber mich werden sie nicht umbringen." Doch der Klang ihrer Stimme ist nicht so sicher, wie sich ihre Worte anhören. Sie lächelt: „Ciao, *tia*. Wer weiß, vielleicht sehen wir uns wieder."

# Die Straße ist kein Ort für Mädchen

Wie schlecht es Mädchen aus der brasilianischen Unterschicht auch gehen mag, so legen sie doch großen Wert auf ihr Äußeres. Auffallend ist ihre figurbetonte Kleidung mit einem gehörigen Schuß Erotik. Recht freizügig zeigen sie sich in der Öffentlichkeit: mit nackten Schultern, einem kurzen, hautengen, bikiniähnlichen Oberteil, das ein Stück des Bauches hervorschauen läßt, und einem Minirock. An den Füßen tragen sie Sandalen, oder sie sind völlig barfuß. Die Zehennägel sind rot lackiert, den Fußknöchel ziert ein dünnes Silberkettchen. Die schwarzen, ursprünglich gekräuselten Haare tragen sie kinnlang, mit Haarmitteln präpariert und ganz glatt zurückfrisiert. Sie werden mit einem bunten Haarreifen in Fasson gehalten. Keine widerspenstige Locke darf ins Gesicht hängen, das gilt als ungepflegt und betont noch dazu ihre „Negeridentität".

Dem Vorbild der Freundinnen folgend, verkörpern sie das Schönheitsideal einer vor Sexappeal strotzenden jungen Frau. Gleichgültig, ob man sie am frühen Morgen in der Favela beim Wäschewaschen beobachtet oder am Abend, wenn sie zu einem *baile* gehen – sie sind immer „gestylt". Straßenmädchen versuchen dem erotischen Klischee einer brasilianischen Farbigen ganz zu entsprechen, obwohl ihnen das nicht immer gelingt. Werden sie von keinem Straßenkinderheim betreut und verbringen sie nicht ab und zu einige Stunden zu Hause, dann sind ihre Kleider schwarz vom Staub und Dreck der Straße, die Haare, auch wenn frisiert, voller Läuse, und die Haut zeigt offene, rosige, leicht verkrustete Stellen: Krätze.

Ein gewisser Rassismus läßt sich auch bei Mädchen aus der Unterschicht nicht verleugnen. Als schöner gilt, wessen Haut nur um eine Nuance heller ist. Im Gegensatz zu den USA, wo die Rassenzugehörigkeit unabhängig vom Tönungsgrad der Haut definiert wird, bestimmt in Brasilien eine ausgeklügelte Farbenhierarchie, wer mehr und wer weniger „wert" ist. Besonders wenn es Streit gibt, berufen sich auch Straßenkinder gerne auf die jeweilige Hautfarbe. Ethnische Merkmale bedeuten hier nicht Zugehörigkeit zu einer gemeinsamen Klasse, sondern werden als rein individuelle Merkmale gesehen. Sie erzeugen also kein Gemeinschaftsgefühl, sondern führen zur Abgrenzung.

Charakteristisch ist die Unsicherheit der Mädchen, wenn es um ihre Identität und ihre Erwartungen an die Zukunft geht. Die weißen und damit schönen, blonden und blauäugigen Filmstars der *Telenovela* spielen in ihren Phantasien eine wichtige Rolle. So wird ihnen die Schönheit einer Welt vorgegaukelt, die nie die ihre sein wird. Träumen dürfen sie, doch die Wirklichkeit drängt ihnen ein anderes Frauenmodell auf: das der Mutter, der Tante, der Nachbarin. „Ich habe mir einen Mann besorgt, der mir fünf Kinder gemacht hat", hieß ein Lied, das bei einem Mädchentreffen in Rio gesungen wurde. Das Auftauchen eines Mannes in ihrem Leben scheint unabdingbar zu sein. Auch wenn es kaum eine intakte Beziehung in der Favela gibt, werden Mann und Familie sehr idealisiert, und es ist selbstverständlich, daß jede Liebesbeziehung „als natürliches Produkt" eine Menge Kinder mit sich bringt.

## WER GLÜCK HAT, DARF KIND SEIN

Sie ist eine *menina* – wenn sie Glück hat und wirklich Kind sein darf. Sie wohnt in einer Favela oder in einem der Elendsviertel am Rand irgendeiner brasilianischen Großstadt – immerhin aber in einem Haus aus Stein – und hat eine intakte Familie. Ein Beispiel ist Maria: Ihr Vater hat zwei Berufe. Am Tag arbeitet er als Gepäckträger in einem Hotel, am Abend als Kellner in einem Restaurant und verdient je einen Mindestlohn. Das ist zuwenig Geld, um eine fünfköpfige Familie halbwegs durchzubringen. Deshalb muß die Mutter auch arbeiten. Als „einfache Frau" kann sie Kassiererin in einem Supermarkt werden oder Putzfrau in der *Banco do Brasil*. Der Verdienst der Mutter macht nicht mehr als einen Mindestlohn aus. Tagsüber wird Maria – als *menina* – mit ihren Geschwistern von der Großmutter versorgt.

Auch wenn die Eltern nicht genug Geld verdienen, haben sie alles darangesetzt, sie in einer Privatschule unterzubringen. Sie soll nämlich etwas lernen, und das ist in einer öffentlichen Schule nahezu unmöglich. Staatsschulen sind häufig wegen Streiks geschlossen. Der Grund: chronische Unterbezahlung der Lehrer. Sie erhalten oft nicht einmal den gesetzlich vorgeschriebenen *salário minimo*, der sowieso kaum zum Leben reicht. Für die Kinder gibt es dann wochenlang keinen Unterricht.

Ob arm oder reich, jeder Schüler in Brasilien muß eine Schuluniform besitzen. Wer keine hat, ist kein „richtiger" Schüler und wird verachtet. Marias Schuluniform besteht aus einem weißen Leibchen und einer weinroten Trainingshose mit zwei weißen Streifen an der Seite. Jeden Tag in der Früh frisiert ihr die Mutter die Haare: Sie macht mit rosa Haarschleifen zwei Zöpfchen, die in die Höhe stehen, weil sie so kurz sind, und steckt noch jede widerspenstige Locke mit einer Spange fest.

Maria besitzt auch Spielzeug: eine zerraufte, blonde Puppe, die nichts zum Anziehen hat, einen Ball, dem schon etwas die Luft ausgegangen ist, einen Kreisel, ein altes Fahrrad und einen selbstgebastelten Papierdrachen. Am Abend dürfen Maria und ihre Geschwister bis spät in die Nacht vor dem Fernseher sitzen. Wenn sie dabei einschlafen, trägt die Mutter sie ins Bett. Als *menina* hat Maria eine Familie, die auf sie schaut und auch die nötige Wärme und Liebe gibt.

Viel häufiger aber ist ein Mädchen in der Favela eine *pequena mulher* – „kleine Frau" – oder eine *menor mulher*, eine „minderjährige Frau". Wie die kleine Andréa: Ihr Vater hat immer getrunken, ihre Eltern haben sich immer fürchterlich gestritten. Eines Tages ist er nicht mehr nach Hause gekommen. Er lebt jetzt mit einer anderen Frau. Andréas Mutter arbeitet im Haushalt einer reichen Familie. Sie muß aber in der Früh schon um fünf Uhr weggehen, weil sie drei Stunden braucht, um zur Arbeit zu kommen. Am Abend kommt sie erst um sieben Uhr zurück. Andréa ist mit ihren zehn Jahren schon die „Seele des Hauses".

Andréa spielt das Spiel der kleinen Hausfrau. Ihre „Kinder" sind dabei allerdings keine Puppen, sondern die jüngeren Geschwister. Dem Baby muß der Brei gemacht werden, den anderen Geschwistern das Mittagessen: Bohnen und Reis, manchmal auch eine Suppe mit Nudeln, Tomaten, Maniok und ein bißchen Rindfleisch. Den zwei Kleinsten muß sie alle zwei Stunden die Windeln wechseln und außerdem täglich die Babywäsche waschen. Die Kleinen haben nämlich wegen des verdreckten Wassers Würmer, daher einen ganz aufgeblähten Bauch und fürchterlichen Durchfall. Die Stoffwindeln saugen kaum noch. Hat sie die Kleinen endlich sauber gemacht und frisch angezogen, ist schon wieder alles voll mit Scheiße. Beim Baby, das im Bettchen schläft, wird dann die Matratze schmutzig, beim Kleinen, der schon herumläuft, der Boden.

Manchmal gelingt es Andréa nicht, Mamas gute Tochter zu sein, und sie wickelt das Baby erst kurz, bevor die Mutter nach Hause kommt. Der Babypopo ist von den ständig durchnäßten Windeln ganz rot. Die Haut geht in Fetzen ab, das Baby schreit fürchterlich. Für ihre Sorglosigkeit erhält Andréa Schläge, weil die Mutter jetzt eine teure Creme und Puder kaufen muß. Damit das Baby endlich still ist, bereitet die Mutter einen Schlaftrunk: ein Gemisch aus Milchpulver, Wasser und Zucker mit einem ordentlichen Schuß *cachaça* – Zuckerrohrschnaps. Jetzt gibt das Baby bis zum nächsten Morgen Ruhe.

Wenn es im Winter kalt ist und die Kinder frieren, dann kuscheln sie sich ins Bett und wärmen sich gegenseitig. Der einzig schöne Tag in der Woche ist der Sonntag, denn da ist die Mutter zu Hause, und sie gehen alle zur Nachbarin, um fernzusehen. Unter der Woche ist das leider nicht möglich. Da sperrt die Mutter nämlich die Haustüre zu, weil sie Angst hat, daß die Kinder in der Gegend herumstreunen. Außerdem sagt die Mutter, daß fremde Männer ins Haus kommen könnten – und wenn kleine Mädchen dann ganz allein sind, ist das „nicht gut".

*Menina na rua* – Mädchen auf der Straße – werden sie genannt, wenn sie oder ihre Eltern auf der Straße arbeiten. Lucília ist eine von ihnen. Ihre Eltern sind Straßenverkäufer. Sie hilft ihren Eltern beim Verkauf, muß auf ihre jüngeren Geschwister aufpassen und muß selbst durch Betteln ihren Beitrag leisten, um die Familie über die Runden zu bringen.

Sie müssen hartnäckig sein, denn die Konkurrenz ist groß. Zugleich müssen die Kinder aber auch unauffällig sein, damit man sie nicht wegscheucht. Das ist ein schwieriges Unterfangen, weil die meisten Restaurants eigens wegen der „Kinderplage“ Aufpasser engagiert haben. Am ehesten gelingt es noch den Kleinsten, sich ins Restaurant zu schmuggeln. Besonders als Mädchen haben sie noch eine kleine Chance, bei den an Elend gewöhnten und mittlerweile abgebrühten Brasilianern noch so etwas wie Mitleid zu erwecken. Sie wirken irgendwie putzig und doch so arm. Wie kleine Kätzchen schmiegen sie sich an den Gast, um so sein Herz zu erweichen, nicht wissend, daß sie sich dabei in Gefahr begeben, denn wer weiß, ob jeder Kunde dieses vertrauensvolle, zärtliche Anschmiegen auch richtig zu deuten versteht.

Sitzt ein Paar am Tisch, dann hängt es vom Mut der Kinder ab, wer von den beiden angesprochen wird. Eigentlich müßten sie zuerst zum Mann gehen, denn in Brasilien hat meist er das Geld. Oft gehen die Mädchen aber lieber Umwege. Mit leiser Piepsstimme bitten sie die Frau, ein gutes Wort für sie einzulegen.

Wenn sie Glück haben, dürfen sie sich dann setzen und das Übriggebliebene aufessen. Oft stochern sie – für den Beobachter anfangs unerklärlich – nur im Essen herum und blicken andauernd zur Seite oder nach hinten. Man könnte fast annehmen, daß sie keinen Hunger hätten. Aber irgendwo im Dunkeln stehen ihre hungrigen Freunde oder ihre Mutter mit dem Baby auf dem Arm. Noch einmal müssen die Kinder ihren ganzen Mut zusammennehmen und fragen, ob sie den Teller kurz auf die Straße tragen dürfen, damit die anderen auch etwas abbekommen. Wenn sie Glück haben, nickt der Gast zustimmend. Dann verschwinden sie schnell und tauchen kurz darauf mit dem leeren Teller wieder auf. Gut organisiert haben die anderen bereits auf der Straße mit einem leeren Plastikbehälter gewartet, in den das Essen hastig gefüllt wird. Die Kellner sollen möglichst nichts bemerken, denn sonst kann es leicht passieren, daß auch diese Kinder das nächste Mal zu den Unzähligen gehören werden, die sich nicht einmal mehr in die Nähe des Restaurants wagen dürfen.

Als *menina de rua* verbringt das Mädchen schließlich Tag und Nacht auf der Straße. Oft ist wiederholte Vergewaltigung innerhalb der Familie der Grund dafür, warum sie auf die Straße gehen. Nicht selten wird das Mädchen von der eigenen Mutter vertrieben, die sie nun als Rivalin sieht. Oder die Mutter will von all dem nichts wissen und tut so, als ob nichts geschehen wäre. Das Mädchen – bisher nur an den häuslichen Bereich gewöhnt – muß nun eine neue Identität für ihr ungewohntes Leben auf der Straße finden.

Linda zieht seit drei Jahren mit einer Bande von Gleichaltrigen herum, ist aber nicht gleichberechtigt, denn auch auf der Straße gibt es eine Hierarchie. Sie muß sich den Burschen unterordnen und wird oft nur benutzt. Wirkliche Freundschaft oder Liebe gibt es selten. Sie wird mit einer gewissen Distanz behandelt und manchmal grundlos geschlagen. Sie kommt nicht in den Träumen der Burschen vor, mit denen sie herumzieht. Diese finden ihre Geliebten woanders: etwa ein Mädchen in der Favela oder eine Verkäuferin.

Linda ist eine Rebellin, die sich den bürgerlichen Normen widersetzt, und sie ist zugleich Sklavin, unterworfen den oft rigiden Bandenregeln. Trotzdem ist für sie die Straße ein Ort der relativen Unabhängigkeit, ein Symbol der Freiheit: Sie kann kommen und gehen, wann sie will, sie kann tun und lassen, was sie will, jeden Tag neu gestalten. Sie ist Gefangene ihres widersprüchlichen und undurchsichtigen Außenseiterdaseins, und sie ist Opfer einer gesellschaftlichen Moral, die ihr auf der Straße nur drei Rollen zugesteht: Bettlerin, Verbrecherin oder Prostituierte.

Peinlich genau muß sie sich an die Spielregeln der Straße halten, jeder Fehler kann ihr zum Verhängnis werden. Sie muß sich mit den Polizisten gut stellen und meidet – wenn möglich – die Umgebung von Geschäften, Restaurants, Bars und Hotels. Das heißt, sie sollte sie meiden, denn allzuleicht können sich Passanten von ihr „bedroht" fühlen und um Hilfe schreien. Aufpasser vor den Geschäften können ihr den Diebstahl, den die Freundin vorgestern begangen hat, anhängen. Polizisten könnten sie aufs Revier mitnehmen und mißhandeln, weil sie prinzipiell verdächtig ist. Linda kann aber diese öffentlichen Plätze natürlich nicht meiden: Hier hat sie ihre Haupteinnahmequelle. Im Menschengewühl kann sie auf Raubzug gehen, denn Betteln hat kaum Sinn, das merkt sie schnell. Stehlen wird hart bestraft, das bekommt sie bald zu spüren. Und irgendwann hat sie verstanden: „Die Straße ist kein Ort für Mädchen."

Die Mädchen, so jung sie auch sein mögen, fügen sich bald in ihr weibliches Schicksal: die vermeintlich unumgehbare Schwangerschaft. Jedes Liebesabenteuer kann für sie zum Verhängnis werden. Es bleibt für sie oft rätselhaft, wie man schwanger werden und was man dagegen unternehmen kann. Untersuchungen aus São Paulo zeigen, daß ein Drittel der Mütter im Alter zwischen 12 und 17 Jahren keine Ahnung davon hatte, daß Geschlechtsverkehr zu Schwangerschaft führen kann. Weitere 60 Prozent wußten nichts von den verschiedenen Verhütungsmethoden.

Die jungen Mütter sind stolz, auch wenn sie auf der Straße leben und nicht wissen, wie sie ihr Kind großziehen sollen. Stolz sein heißt hier in erster Linie, sich dem Schicksal fügen. Das Unvermeidliche ist so keine Tragödie mehr. Unbeteiligte Beobachter könnten meinen, die Jugendlichen hätten nichts Besseres zu tun, als laufend Kinder zu produzieren. Doch der Schein trügt. Fragt man ein 14jähriges Mädchen, dessen Freundinnen bereits alle schwanger sind, ob es denn auch schwanger sei, und sie ist es zufällig nicht, dann folgt sofort die Antwort: „Gott sei Dank nein."

In der Favela und auf der Straße braucht man sie nicht lange zu suchen: die *mãe menor*, die minderjährige Mutter. Man findet sie in Bretterbuden, deren Zahl an der Peripherie brasilianischer Großstädte unaufhörlich wächst. Oder unter Autobahnbrücken, wo sich richtige „Substädtchen" von Obdachlosen bilden, die Brett an Brett, Blech an Blech und Loch an Loch hausen. Oder in öffentlichen Parkanlagen, bei Brunnen und Kirchen: bevorzugte Treffpunkte der Außenseiter.

Hier kommen zerlumpte, stets nach Alkohol riechende alte Männer und Frauen zusammen, die ihr ganzes Hab und Gut in einem Plastiksack mitschleppen und die Hand nach ein paar *Cruzeiros* ausstrecken. Hierher kommen gutgekleidete, junge *bandidos*, und mitten unter ihnen diese jungen, hübschen Mädchen mit einem Kleinkind im Arm. Mädchen, die keine Familie mehr haben, Kinder, die selbst schon Kinder haben, das einzige Familienband, das ihnen bleibt – zumindest eine Zeitlang.

1990 gab es drei Millionen minderjährige Schwangere mit einem durchschnittlichen Alter von 15 Jahren.[42] Frühzeitige Schwangerschaften sind ein großes Gesundheitsrisiko: Die Sterberate liegt bei jungen Mädchen, die vor ihrem 15. Lebensjahr schwanger werden, um 60 Prozent höher als bei Müttern Anfang zwanzig, bei 15- bis 19jährigen immerhin noch um 13 Prozent.*

Viele der betroffenen Kinder sind noch zu jung, um den Geburtsvorgang zu verstehen, sofern sie diesbezüglich überhaupt aufgeklärt wurden. Dies ist einer der Gründe, warum Komplikationen bei Schwangerschaft, Geburt und Entbindung am siebenten Platz der Todesursachen bei brasilianischen Jugendlichen stehen. Jährlich bringen etwa 600.000 Minderjährige Kinder zur Welt.

São Paulo 1992 an einem kalten Winterabend im Juli: Zwei Mitarbeiter der *Pastoral do Menor* besuchen eine Straßenkindergruppe am Largo do São Francisco. Sie haben es sich zur Gewohnheit gemacht, immer zu zweit die Plätze, wo Straßenkinder anzutreffen sind, aufzusuchen. Wenn möglich, gehen ein Mann und eine Frau gemeinsam. Sie möchten auf diese Weise, gewissermaßen als Ersatzvater und -mutter, das Vertrauen aller Straßenkinder gewinnen.

Halbwüchsige sitzen, stehen und liegen auf einem schmalen Grünstreifen. Ein Pärchen liegt ineinander verschlungen unter einer großen Decke, andere hocken dicht zusammengedrängt um ein kleines Lagerfeuer. Eine von ihnen ist Tereza, die einen riesengroßen Bauch vor sich herträgt, der sich bereits nach unten gesenkt hat. Sie ist im neunten Monat schwanger und steht kurz vor der Geburt. Zur Zeit ist sie sehr unruhig, hält es an keinem Ort länger aus und wandert in der ganzen Stadt umher, duscht sich täglich in den öffentlichen Gratisduschen am Praça da

---

* Rush Florence: Das bestgehütete Geheimnis: Sexueller Kindesmißbrauch, S. 36, Orlanda Frauenverlag, 1989.

Bandeira und kommt nur am Abend zum Schlafen hierher zurück. Ihre Haut ist heller als die der anderen, und sie hat blaue Augen. Sie stammt aus dem Nordosten. Ihr Haar – eigentlich brünett, aber blond gebleicht – trägt sie kurz, und es ist zerzaust. Fast unwirklich wirkt diese magere, zierliche Mädchengestalt mit ihrem Körperumfang. Tereza ist 15 Jahre alt.

In ihrer kleinen Faust hält sie etwas fest und drückt es gegen Mund und Nase. Bei genauerem Hinsehen ist ein Wollknäuel zu erkennen, das einen stechenden Geruch verbreitet und an dem sie schnüffelt. Sie nennt die Substanz *esmalte*, Nagellack. Eigentlich handelt es sich jedoch dabei um dessen Lösungsmittel, also Nagellackentferner. Stumpf blickt das Mädchen durch uns hindurch.

Die Psychologin Maria Inês Rondello setzt sich neben Tereza, die zu weinen beginnt und im selben Moment auf sie einschlägt. Maria Inês nimmt es ihr nicht übel und versucht sie zu verstehen: Schließlich ist das Mädchen wegen seiner Schwangerschaft übersensibel und hat auf der Straße viele negative Erfahrungen gemacht. Ein paar Kinder schlendern zu uns herüber und nennen Tereza *vagabunda*, eine der unzähligen Bezeichnungen für Hure aus dem brasilianischen Wortschatz.

„Wieso nennt ihr sie *vagabunda*?" interessiert sich Maria Inês. „Weil sie schnüffelt." – „Aber ihr schnüffelt doch auch." – „Aber Tereza ist schwanger, sie schadet dem Kind damit", erklären sie wie aus einem Mund. Erstaunlich, wie Kinder in dieser Extremsituation Sensibilität für ein noch ungeborenes Kind aufbringen, wenngleich dieses Feingefühl der werdenden Mutter gegenüber offenbar nicht vorhanden ist.

Tereza legt die Hand von Maria Inês auf ihren Bauch und lächelt, denn es ist selten, daß sich ihr jemand liebevoll zuwendet. Die Psychologin möchte sie überreden, mit ihr in ein Spital zu gehen, damit sie und das Kind dort gut versorgt werden können. Doch Tereza winkt ab, sie will nur gehen, „wenn es soweit ist". Sie fürchtet, daß man ihr das Kind wegnehmen könnte. Als Minderjährige hat sie nicht das Recht, allein mit dem Kind auf der Straße zu leben. Doch davon möchte sie nichts wissen. Sie weiß nur, daß sie schwanger ist, daß ihr Kind gesund ist und daß sie bald Mutter wird. Die andere Realität – mit ihren

Gesetzen, mit ihrer Einteilung in Minderjährige und Volljährige – sagt ihr nicht viel.

Sie sehnt sich nach Zuwendung und Fürsorge, ist aber gleichzeitig auch sehr mißtrauisch. Maria Inês, die nur mit einer leichten Bluse und einem Sweatshirt bekleidet ist, beginnt leicht zu frösteln. Tereza schüttelt den Kopf. „Du lügst, du sagst, daß dir kalt ist, um zu zeigen, daß du genauso leidest wie ich, aber das stimmt gar nicht", argwöhnt sie. „Nein, du bist mehr an die Kälte gewöhnt als ich, mir ist wirklich kalt", gibt die junge Frau ruhig zurück.

Plötzlich legt Tereza den Kopf auf ihre Schulter, schlingt die Arme um sie und möchte sie nicht mehr weggehen lassen. Die ambivalenten Gefühle des Mädchens sind offensichtlich. Sie möchte Schutz, Geborgenheit und Liebe und fürchtet sich zugleich davor. Das würde nämlich auch bedeuten, etwas von jemand anderem annehmen zu müssen, sich in etwas einzufügen und sich unterzuordnen. Nimmt sie die Fürsorge von jemandem an, dann muß sie aufhören zu schnüffeln, von der Straße weggehen, das tun, was andere als das Beste für sie ansehen. Für sie wäre das eine Art, sich selbst aufzugeben. Es ist so, als würde sie denken: Will ich etwas von dir und nehme ich auch etwas von dir an, dann hat das Folgen für mich. Was ich ab jetzt tun darf und was nicht, bestimme ich nicht mehr allein. Meine Freiheit stößt an Grenzen. So gesehen bedeutet also Schutz, einen Teil des bisherigen Lebens aufzugeben. Und das macht angst.

Die zwei Mitarbeiter der *Pastoral do Menor* kaufen der Gruppe zum Abendessen noch Brot mit Mortadella, denn für abwechslungsreichere Nahrung gibt es kein Geld. Allerdings hat diese Ernährungsweise auch ihre Konsequenzen: Der permanente Vitaminmangel führt zu Entwicklungsrückständen aller Art. Fünf Brote hat Maria Inês als Reserve aufbewahrt. Schließlich könnten Kinder vorbeikommen, die noch nichts gegessen haben, oder vielleicht will jemand aus der Gruppe ein zweites Brot. Als der erste tatsächlich mehr will, sagt ein kleines Mädchen plötzlich: „Nein, *tia*, gib es der Tereza, sie ist schwanger."

Die beiden verabschieden sich und versprechen, am nächsten Tag wiederzukommen. Der Vater des Kindes wisse gar nicht, daß sie schwanger ist, erzählt mir Tereza. „Wir waren nur einmal zusammen, und dann ist er fort nach Santos", sagt sie und kaut an ihren Fingernägeln. Ein wenig bedrückt lassen wir sie allein auf der Straße zurück.

Am nächsten Morgen sitzen wir im Büro der *Pastoral do Menor*, im zehnten Stock eines Bürogebäudes am Praça da Sé, und machen uns Gedanken über die Zukunft von Tereza: eine von vielen, die auf der Straße Mutter wird. Die *Pastoral* besitzt ein kleines Haus in Piquete, im Landesinneren des Staates São Paulo, das von zwei Salesianerschwestern geführt wird. Tereza soll dort hinkommen. Sie und ihr Kind wären bei den Schwestern gut versorgt.

In Piquete sollen die Mädchen alphabetisiert werden und, fern vom Großstadtleben und den damit verbundenen schlechten Einflüssen zunächst einmal zu sich finden. Nach einiger Zeit kehren sie nach São Paulo zurück und sollen weiterhin von der *Pastoral do Menor* betreut werden. Sie können sich eine Arbeit suchen. Wenn sie ein Kind haben, können sie es in einer Kindertagesstätte unterbringen.

In diesem Plan gibt es nur ein Problem: Tereza. Für sie paßt dieses Modell nicht, und sie weigert sich hartnäckig, die Stadt so plötzlich zu verlassen. Im Gegensatz zu ihr sind die bereits in Piquete wohnenden Mädchen aus einer Art Internat für arme Mädchen gekommen.

Terezas Welt hingegen ist die Straße. Direkt von dort in eine neue Wirklichkeit zu kommen, macht ihr angst. „Bisher war die Gruppe ihr Leben. Hier gibt es Mutter- und Vaterbeziehungen, hier hat sie ihre *colegas*, hier gibt es Drogen, und sie gehen gemeinsam stehlen. Sie teilen das Essen miteinander und wärmen sich gegenseitig im Schlaf", erklärt Maria Inês. Auf der Straße findet Tereza so etwas wie Geborgenheit, dort hat sie auch ihre Liebhaber. Das Leben ist die Straße, die Plätze mit den Verkaufsständen, wo man alle kennt. Das Leben besteht hier aus Busfahren, kreuz und quer durch die Stadt, in Kinos und *Playcenters* gehen, wo es die *fliperianos* gibt, die Spielautomaten, mit denen man den ganzen Tag verbringen kann. Die Psychologin stellt nüchtern fest: „Die Straße gibt ihr Sicherheit, hier kennt sie sich aus."

Es würde sich an ihrer sozialen Situation weiterhin nichts ändern, auch wenn sie mit ihrem Kind nach Piquete ginge. Zurück in São Paulo, müßte sie sich eine Arbeit suchen. Das ist für eine junge Mutter ohne Berufsausbildung ein äußerst schwieriges Unterfangen, selbst wenn sie dabei von einem Sozialarbeiter unterstützt wird. Als Hausangestellte kann sie nicht arbeiten, weil sie bei ihren Dienstgebern nicht mit einem Kind wohnen darf. Es ist auch unwahrscheinlich, daß ihre Arbeitszeit und die Öffnungszeiten der Kindertagesstätte miteinander übereinstimmen.

So steht und fällt alles mit einem Ort, wo sie mit ihrem Kind bleiben kann und wo jemand auf das Kind aufpaßt, wenn sie zur Arbeit geht, falls sie überhaupt eine findet. Es gibt zwei Möglichkeiten: Entweder zieht sie wieder zu ihrer Familie, oder sie wird in einem Mädchenheim in der Stadt untergebracht. Ersteres ist wenig realistisch, denn sie würde wohl nicht auf der Straße leben, wäre das so einfach möglich. Auch die zweite Variante ist äußerst ungewiß: Meist sind die Heime überfüllt und sind nur für Straßenkinder bis zu einem gewissen Alter vorgesehen. Und was soll Tereza tun, wenn sie zwanzig ist?

Maria Inês seufzt. Sie träumt von der Möglichkeit, auch ein Haus in der Stadt zu besitzen. „Dann müßten die Mädchen nicht von heute auf morgen alles hinter sich lassen, und sie könnten sich allmählich auf einen längeren Landaufenthalt in einem stillen kleinen Haus einstellen." Das Haus in der Stadt müßte auch als Wohnheim dienen, in dem Tereza so lange bleiben könnte, bis sie eine wirkliche Alternative gefunden hat: eine dauerhafte Bleibe, jemand, der sich um das Kind kümmert, und eine geregelte Arbeit. Das wird allerdings schwierig, wenn nicht unmöglich sein. Tritt der Idealfall nicht ein, wird sie zwar einen Platz in der Kindertagesstätte und irgendwo eine Arbeit finden, aber sich mit ihrem mageren Gehalt nie ein – auch noch so schäbiges – Zimmer in der Stadt leisten können. Dann landet sie am Abend erst recht wieder auf der Straße.

Zudem besitzt Tereza nicht die psychologischen Voraussetzungen, um ein Kind selbständig großziehen zu können. Der 15jährigen fehlt jeder Bezug dazu, was es heißt, Mutter zu sein. „Natürlich liebt sie ihr noch ungeborenes Kind, allerdings auf eine neurotische Weise: Wenn sie ein Kind in sich trägt, ist sie nicht mehr allein. Es klopft und hüpft und macht sich jeden Tag ein bißchen mehr bemerkbar. Sie kann mit ihm sprechen, also mit ihrer inneren Welt, und braucht die Außenwelt nicht mehr", sagt Maria Inês. Das Lächeln aus ihrem Gesicht verschwindet. „Aber das Puppenbaby ist nicht das Baby, das bald geboren sein wird." In ihrem Bauch versorgt und ernährt es sich von selbst. Doch wenn es geboren ist, muß sie etwas unternehmen, damit es am Leben bleibt. Sie hat das Gefühl, endlich etwas zu besitzen und nicht mehr allein zu sein. Aber nicht das Baby ist da, um sie zu versorgen, sondern sie ist da, um das Baby zu versorgen.

Wie sie das Kind auf der Straße großziehen will, darüber macht sie sich derzeit noch keine Gedanken und möchte auch nicht darüber reden. Als Maria Inês zum ersten Mal auf das Thema Adoption zu sprechen kommt, erschlägt sie sie fast. „Mein Kind ist kein Hund, den man einfach so hergeben kann", schreit sie verzweifelt. „Man gibt nur Hunde her, aber keine Kinder!"

Die Frage bleibt: Ist es für das Kind in diesem Fall wirklich besser, bei seiner Mutter zu bleiben? Sehr wahrscheinlich ist, daß auch dieses Kind letztlich in der *Febem* landen wird. Wieder ein Kind mehr, das institutionalisiert, hospitalisiert und traumatisiert wird und irgendwann einmal auf der Straße landet.

Viele junge Frauen bringen ihr Kind bei Verwandten unter, eine Praxis, die in Brasilien weit verbreitet ist. So kann die Mutter ihr Kind wenigstens ab und zu sehen, aber der Kontakt bleibt meist sehr sporadisch. Manchmal kommt das Kind mit auf die Straße, dann bleibt es wieder für drei Wochen bei der Großmutter, dann wird es bei Freunden gelassen, eine Zeitlang beim Vater untergebracht, dann lebt es wieder auf der Straße. Wird die Mutter wegen irgendeines kleinen Delikts eingesperrt, heißt es wieder: „Wohin mit dem Kind?"

Sozialarbeiter suchen dann hektisch nach Verwandten. Falls diese nicht ausfindig zu machen sind oder das Kind nicht mehr haben wollen, landet es in der *Febem*. Von Geburt an lebt es an verschiedenen Orten, mit verschiedenen Bezugspersonen. So hat das Kind keine Chance, sich altersgemäß zu entwickeln. Bald wird es auf der Straße um sein Überleben kämpfen müssen, wenn es überhaupt bis dahin überlebt. Seine Mutter wird es kaum kennen. So verliert die Mutter ihr Kind, früher oder später, bestimmt.

Ob sie es nun durch eine Adoption oder aufgrund ihrer verworrenen Lebensrealität verliert, verletzt wird die Mutter auf jeden Fall.

Tereza klammert sich verzweifelt an die Vorstellung, alles wiedergutmachen zu können. Eigentlich sieht sie sich selbst in dem Baby. Was ihr angetan worden ist, kann sie nun anders machen. Sie hatte keine Mutter, ihr Kind aber wird eine haben. Alte Wunden können so endlich heilen, meint Tereza.

„Wie glaubst du, wird die Geschichte von Tereza enden?" frage ich Maria Inês gespannt. „Ich bin dabei, sie zu überreden, daß sie ins Spital geht. Ich werde mit ihr auch über das Haus in Piquete reden", antwortet sie und holt tief Luft. „Ich möchte dir aber nicht sagen, was ich glaube, denn das ist ziemlich fürchterlich. Ich möchte dir sagen, was ich mir wünsche. Ich möchte, daß sie in dieses Haus geht, wo sie betreut wird, wo sie lesen und schreiben lernt. Und ich möchte, daß das Kind adoptiert wird. Aber ich weiß nicht, ob es wirklich so sein wird, denn ich werde auch Tereza respektieren. Ich werde ihren ganzen Entwicklungsprozeß achten, aber ich werde versuchen, sie von der Adoption zu überzeugen." Und mehr zu sich selbst als zu mir murmelt die vom schlechten Gewissen geplagte Frau: „Sie wächst heran und kann andere Kinder haben. Wenn es ihr besser geht, kann sie wieder schwanger werden, dann kann sie dem Kind alles geben, auch wenn sie allein ist."

Neben Terezas Persönlichkeit muß Maria Inês „auch das Kind in ihrem Bauch respektieren". „Wenn sie sich entscheidet, nicht nach Piquete zu gehen und unterstützt zu werden, dann werde ich sie zumindest allein begleiten." Sie stockt und sagt mit einem wehmütigen Lächeln: „Meine Arbeit macht mir manchmal angst, aber die Mühe lohnt sich."

# Das Haus der Wiedergeburt

Straßenmädchen sind arm, jung und Angehörige des „schwachen“ Geschlechts und daher auf dreifache Weise verwundbar. Unabhängig davon, ob sie nun in der „Welt des Hauses“ leben, in der privaten Atmosphäre einer Favela, wo jeder jeden kennt, oder bereits in der „Welt der Straße“, die anonym und gleichzeitig öffentlich ist. Sie werden leicht zu Opfern, weil sie als minderwertig gelten. Offensichtliche Verbrechen werden meist nicht mit den einem Rechtsstaat zur Verfügung stehenden Mitteln geahndet, sondern achselzuckend hingenommen, ohne weitere Konsequenzen für die Täter.

Der Vater oder Stiefvater wird von vielen Mädchen fast schon prinzipiell mit Aggression verbunden. Völlig verunsichert, weiß sie nicht mehr, was sein darf und was nicht. Wer bestimmt das überhaupt? Wenn sie mit dem, was andere für sie bestimmen, nicht einverstanden ist, bleibt ihr nur mehr die Flucht. Selbst wenn sie noch nicht Opfer ist, weiß sie, daß sie es jederzeit werden kann. Die Angst vor einer möglichen Vergewaltigung ist im kollektiven Bewußtsein brasilianischer Unterschichtsmädchen fest verankert. Immer wieder taucht das Thema in den Gesprächen der Mädchen auf – als allgegenwärtige Bedrohung. Die Mädchen selbst sind in diesen Schilderungen selten direkt die Opfer, sondern eine Nachbarin, Freundin oder vielleicht noch die Schwester. Zu verletzend sind solche Erlebnisse für das eigene Selbstwertgefühl, als daß sie, bewußt auf die eigene Person bezogen, weiterleben dürften. Wenn das Mädchen selbst betroffen ist, dann gibt es in der Erzählung plötzlich eine Art magischer Lösung.

„Es sind vier Typen gekommen. Einer hält mich beim einen Arm, der andere beim anderen fest, der eine nimmt den einen Fuß, der andere den anderen“, erinnert sich eine 16jährige. „Und dann wollten sie mich ins Finstere schleppen. Es war sehr dunkel, es war ganz zeitig in der Früh, und ich schreie und niemand hört mich. Mein Glück war, daß eine Bar offen hatte, aber die Leute dort haben zuerst nichts gemerkt. Und dann ist ein Mann gekommen und hat so getan, als hätte er eine Waffe, und gesagt: ‚Laßt sie frei, sonst schieße ich.' Sie haben mich losgelassen und sind davongelaufen. Ich glaube, wenn sie mich in das Gebüsch gezerrt hätten, dann wäre ich nicht mehr am Leben. Ich wäre jetzt tot."[43]

Über Gewalt an Mädchen werden regelrechte Legenden von Freundin zu Freundin, Mutter zu Tochter weitergegeben: Geschichten, die angst machen und raten, immer auf der Hut zu sein; Greueltaten, die mündlich überliefert werden, fast schon als eine Art Erziehungsmittel.

Ein achtjähriges Mädchen berichtet: „Meine Tante hat mir erzählt, wie meine Cousine ein Fest besucht hat. Es war schon sehr spät, als sie nach Hause gegangen ist. Plötzlich hält ein Kombi bei ihr, und sie sagt: ‚Junger Mann, laß mich nach Hause mitfahren, ich sterbe schon vor Müdigkeit.' Sie dachte, es sei ein guter Mann. Aber sie konnte ihn nicht gut erkennen, und er schleppte sie mit ins Dunkle. Sie wurde ..., er hat dumme Sachen mit ihr gemacht, sie wurde ..., und dann hat er sie getötet."[44]

Ein vergewaltigtes Mädchen ist nicht nur Opfer physischer Aggression, sondern muß sich oft auch noch moralische Vorhaltungen anhören. Ihr Verhalten wird als „unsittlich" bezeichnet. Am Ende heißt es gar, sie sei „selbst schuld" und habe das Schreckliche provoziert. Oder es heißt, sie habe alles erfunden.

„Meine Mutter hat mich von zu Hause weggeschickt, *tia*. Ich habe ihr erzählt, daß mein Stiefvater angefangen hat, an mir rumzumachen. Sie hat mich geschlagen, hat gesagt, daß ich lüge. Sie hat mir nicht geglaubt, und jetzt bin ich schwanger. Meine Mutter sagte, das waren die *Machos* von der Straße. *Tia*, ich schwöre, ich wollte das nicht, aber er hat mich viel geschlagen, hat ein Messer genommen und gesagt, wenn ich es jemand erzähle, dann würde er mich töten", erzählt ein 13jähriges Mädchen der Psychologin Dilma Felizardo. Die junge, energiegeladene Frau hat in Natal, der Hauptstadt von Rio Grande do Norte, die *Casa Renascer* eingerichtet: das „Haus der Wiedergeburt", eine Anlaufstelle für mißhandelte und mißbrauchte

Mädchen. Es ist Teil des Programms der nichtstaatlichen Organisation CEBRAIOS (Informationszentrum für soziale Gesundheit). Diese veranstaltet Kurse über Aids, Sexualität, sexuelle Gewalt und Menschenrechte für Eltern, Lehrer, Schüler sowie Gewerkschafter. Zudem erstellt CEBRAIOS Studien, etwa über die Ursachen der Prostitution, und führt eine Kampagne gegen Kinderprostitution.

In der *Casa Renascer* fangen die Mädchen allmählich wieder zu leben an. Jedes Kind hat seine eigene Geschichte, und alles, was sie erzählen, hat seine Bedeutung: die Wahrheit, aber auch ihre Lügen und Phantasien. Die Mitarbeiterinnen finden einfühlsame Erklärungen für ihre Verhaltensauffälligkeiten, ihre scheinbar unbegründeten Wutausbrüche und Tränen. Es sind Mädchen, die mit grausamen Dingen fertig werden müssen, die sie nicht verstehen: sexueller Mißbrauch.

Ein sechsjähriges Mädchen etwa versuchte, sich auf kindliche Art davor zu schützen, genützt hat es nichts: Jeden Abend ging sie mit acht Unterhosen schlafen, weil der Stiefvater „häßliche Dinge“ mit ihr machte. Und jeden Morgen wachte sie ohne Unterwäsche auf.

Das Mädchenhaus hat montags bis freitags von 8 bis 18 Uhr geöffnet. Am glänzenden Fliesenboden sitzen einige Mädchen mit Comicsheften auf den Knien. Als Dilma und ich eintreten, stürzen sie sich freudestrahlend auf uns. Zwei von ihnen fassen mich an der Hand und zerren mich stolz durch ihr Haus.

Hier wird den Kindern, die in Baracken, unter Brücken oder am Straßenrand wohnen, eine Alternative angeboten. Anfangs hat Dilma sogar das Einkaufen mit ihnen geübt: Was gibt es wo am günstigsten? Die Mädchen kochen sich ihr Essen selbst, waschen ihre Wäsche, lernen nähen, lesen und schreiben. Am Abend, manchmal auch nur am Wochenende, sollen sie – wenn möglich – zu ihren Familien zurückkehren. Ziel von CEBRAIOS ist, die Familien zu unterstützen und den Kindern einen Raum anzubieten, wo sie ohne Gefahren heranwachsen können, aber die Mädchen nicht gänzlich ihren Familien zu entfremden.

Ich lerne diese Mädchen lieben, die trotz allem soviel Liebe geben können. Die 13jährige Fabiana, die ständig Körperkontakt sucht, wendet sich vertrauensvoll an mich: „Ich lebe nicht zu Hause, weil mein Stiefvater immer was von mir wollte. Er hat mich immer berührt, mir an den Popo gegriffen, seine Hand auf meine Brüste gelegt, und das wollte ich nicht. Ich habe es meiner Mutter erzählt, die hat nichts gesagt und mich nur angegrinst."

„Hast du auch mit deinem Stiefvater darüber gesprochen?" Sie fuchtelt abwehrend mit den Händen. „Nein, mir graust, wenn ich nur sein Gesicht sehe." Sie hat dann eine Zeitlang auf der Straße gelebt und kennt bereits alle Motels der Stadt. Sie lächelt verschämt: „Man kommt mit dem Auto rein, und wenn das Mädchen *programa* macht, muß sie sich ducken. Sie bleibt vorne ganz gebückt am Fußboden sitzen, damit sie der Mann an der Kassa nicht entdeckt." Der Mann fährt mit ihr zu einem Appartement, unten die Garage, oben das Zimmer. „Dort sind sie zwei, drei Stunden, und dann muß sie sich wieder bücken, wenn sie rausfahren."

Der Weg in die Prostitution schien geebnet, bis sie auf der Straße Dilma kennenlernte. „Ich war viel zu mager, jetzt bin ich schon dicker. Wenn ich heute nicht gekommen wäre, hätte ich den ganzen Tag Hunger." Auch für Fabiana wurde eine Lösung gefunden. Am Abend schläft sie bei ihrer Schwester, die vor kurzem geheiratet hat.

Lediglich ein Mädchen wohnt ständig im *Casa Renascer:* die 16jährige Angela. Sie ist auffällig bleich und hat dunkle Schatten unter den Augen. Sie ist beim „ersten Mal" schwanger geworden, als sie noch mit einer Straßenkinderbande durch die Stadt zog. Jetzt schläft ihre drei Monate alte Tochter in einer schönen weißen Wiege neben ihrem Bett. Gemeinsam mit dem Säugling hat auch sie erstmals Dokumente bekommen. In dieser geschützten Umgebung kann das junge Mädchen so etwas wie Mutterliebe entwickeln.

Dilma wird gemeinsam mit dem Mädchen zu dessen Mutter fahren, die in einer anderen Stadt lebt und Angela furchtbar mißhandelt hat. Trotzdem, Angela hat Sehnsucht nach ihrer Mutter, aber auch Angst. Wenn das Mädchen nicht mit ihr auskommt, kann sie weiter im *Casa Renascer* bleiben, bis sie volljährig ist. Danach soll sie mit anderen Mädchen in einem kleinen Favela-Häuschen untergebracht werden und sich allmählich vom Projekt lösen. Eines der Ziele des Projekts ist es, Häuser für die Mädchen zu beschaffen, die schon selbst Kinder haben.

Viele der Mädchen wollen den Beruf einer Sozialarbeiterin ergreifen. Sie identifizieren sich mit ihren Betreuerinnen, bringen andere Mädchen in die *Casa Renascer* und zeigen, daß sie anderen helfen wollen.

Das kleine Hausmütterchen Nadja, nicht älter als elf, schenkt mir Kaffee ein, reicht mir einen Teller mit Bohnen und gibt mir eine Handvoll Reis dazu. Da wir vorher von Motels gesprochen haben, hat auch sie ihre Geschichte zu erzählen: „Meine *colegas* haben mich gerufen, und wir sind mit einem Mann ins Motel gegangen. Er und das andere Mädchen sind ins Bett, und die andere ist mit mir im Badezimmer geblieben, damit wir nicht sehen, daß sie etwas machen, das nichts taugt. Und nachher hat er die andere gerufen, und die, die bei ihm war, ist zu mir gekommen. Wir haben gegessen, wir haben ein Bad genommen, wir haben ferngesehen. Es war nur mit den beiden was, mit mir war nichts. Der Mann hat mich gerufen, aber ich wollte nicht."

„Und die anderen Mädchen wollten?" – „Ja, weil es ihnen Spaß gemacht hat, im Bett, beim Fernsehen, und so sind sie dort geblieben, und jede ist einmal drangekommen, und dann sagte der Mann: ‚Ruf diese Kleine!' Aber ich hab gesagt: ‚Sag ihm, daß ich das nicht mache.'" Noch heute schüttelt sie sich bei dem Gedanken. Er hat aber auch ihr Geld gegeben. „Damit ich es nicht den Leuten sage, was sie da drinnen gemacht haben." Für ihre *colegas* empfindet sie nur Verachtung, fügt sie hinzu und wirft mir einen treuherzigen Blick zu.

Um den Mädchen eine wirtschaftliche Alternative zu bieten, bietet das Projekt auch Arbeit an: die Herstellung von Decken und Hängematten in einer kleinen Werkstätte, eine Tätigkeit, die sonst von Männern dominiert wird, weil sie sehr lukrativ ist. Der Erlös wird zwischen den Mädchen und dem Zentrum aufgeteilt. Sie werden ab dem 14. Lebensjahr – ab diesem Alter dürfen sie laut Gesetz arbeiten – für einen Mindestlohn eingestellt. In der Fabrik können 20 Personen beschäftigt werden. Auch die Familien der Mädchen werden eingebunden. Es darf stets nur ein Familienmitglied arbeiten, damit möglichst vielen Familien geholfen werden kann. „Das Ziel ist nicht, daß sie nur lernen, wie man Hängematten macht, und eine billige Arbeitskraft sind, wie man sie an jeder Ecke findet“, erklärt Dilma trocken. „Wir wollen, daß die Mädchen verstehen lernen, was Arbeit bedeutet. Die Mädchen sollen eine Vorstellung bekommen von dem, was sie alles sein können. Wenn sie diese Tätigkeit nicht ewig ausüben wollen, wissen sie wenigstens, was es heißt, am Arbeitsplatz respektiert zu werden, was es heißt, regelmäßig seinen Lohn zu erhalten und nicht ausgebeutet zu werden. Wenn sie selbst etwas aufbauen wollen, haben sie schon gelernt, sich zu organisieren, zu kämpfen.“

Nicht alle Mädchen kommen regelmäßig in die *Casa Renascer*, und so manche bleibt auch nicht den ganzen Tag. Sie treiben sich – zum Leidwesen ihrer Betreuerinnen – immer wieder auf den Straßen herum, um sich ein Zubrot zu verdienen. Nadja etwa verkauft Muscheln und bettelt. Ihr Vater wurde erschossen, ihre Mutter von einem Auto angefahren. Seither ist sie halbseitig gelähmt und kann nicht mehr arbeiten. „Wenn ich meiner Mutter helfen kann, dann tu ich das, damit sie ihre Medikamente kaufen kann, damit sie wieder gesund wird und uns großziehen kann.“ Ich betrachte ihr kleines, energisches Gesicht und muß lächeln. „Zu Hause gibt es vier Kleine, einer ist sechs Jahre alt, einer vier, einer zwei, einer ein Jahr und acht Monate, einen Bruder, der blöd im Kopf ist, und einen Bruder, der keine Arbeit hat. Wir wohnen gemeinsam in einem Haus aus Holz und Lehm, es hat kein Schlafzimmer, nicht einmal eine Küche, nur eine Wand in der Mitte.“

Daß die Mädchen auf die Straße gehen, führt immer wieder zu heftigen Diskussionen mit ihren Betreuerinnen, und immer wieder müssen sich diese geschlagen geben. „Wir können niemandem verbieten, zu betteln, weil sie sagen: ‚Betteln ist besser als stehlen‘“, schmunzelt Dilma.

Aber nicht nur die Mädchen müssen betteln, auch Dilma muß um Spenden bitten, um Unterstützung von der Gemeinde, von nationalen und internationalen Organisationen. Die Hängemattenfabrik ist ein – zumindest teilweiser – Schritt in Richtung Unabhängigkeit. So ist wenigstens das Essen gesichert, damit nicht jeden Monat aufs neue der Kampf um Bohnen und

Reis beginnen muß. Dilma bittet im Radio, im Fernsehen, in den Zeitungen um Unterstützung. Bei verschiedensten Institutionen, die angeblich armen Kindern helfen, bei der *First Lady* der Provinz, bei Großunternehmern ...

„Sie geben oft nichts, weil ihnen das Elend dieser Kinder gleichgültig ist." Viele staatliche Stellen tun ihr Projekt als Utopie ab. „Wer noch hilft, sind die kleinen Leute, die aus ihrer eigenen Tasche das beisteuern, was eben geht." Dilma selbst hat aus ihrem Haus Geschirr, Leintücher, Handtücher, ein Bett mitgebracht. Für ihre Schützlinge müht sich die tatkräftige junge Frau ab.

Dilma wird wegen ihrer Arbeit häufig angefeindet. Haßerfüllte Nachbarn präsentierten am Eröffnungstag der *Casa Renascer* eine Unterschriftenliste, mit der sie gegen das Haus protestierten. Die Besitzerin wurde bekniet, den Mietvertrag von einem Jahr nicht zu verlängern, zum Glück erfolglos.

Anfangs läutete andauernd das Telefon, weil feine Damen das Hilfszentrum offenbar mit einer Vermittlungsagentur für billige Dienstmädchen verwechselten. Ein junger Mann, der das Haus täglich mit Lebensmitteln unterstützte und nett mit den Mädchen plauderte, entpuppte sich alsbald als Zuhälter. Er mietete in der Stadt ein Zimmer und wollte die Mädchen an Kunden vermitteln.

Trotzdem gibt es auch Momente, die Dilma Felizardo – gleich einem Rettungsring im Ozean voller Schwierigkeiten – Mut machen und sie in ihrem Willen bestärken weiterzukämpfen. Etwa als ein achtjähriges Mädchen traurig fragte: „*Tia*, ich war schon an so vielen Orten, aber niemand wollte mich. Warum will mich denn keiner?"

# Ehrenwerte Herren

Viel wird über die organisierte Ermordung von Straßenkindern berichtet: Diese trifft vor allem Jungen. Die Mädchen bleiben weitgehend verschont, dafür zahlen sie einen hohen Preis: Sie müssen ihre persönliche Freiheit, Würde und Unversehrtheit aufgeben. Zwar sichern sie sich durch den Verkauf ihres Körpers das physische Leben, doch die Konsequenz ist ein langsames seelisches Sterben. Das Mädchen aus der Favela und auf der Straße stirbt so nicht einmal, sondern unzählige Male den psychischen Tod.

Die Provinz Rio Grande do Norte – etwas größer als die Schweiz – ist eine trockene Einöde. Ihr einziger Reichtum besteht aus Sisal. An der Küste erstrecken sich zwischen Felsen und riesigen Sanddünen über weite Flächen Salzgärten, wo das salzige Wasser des Atlantiks in der stechenden Sonne verdunstet.[45] Zerlumpte Kinder laufen bei Ebbe zu den Riffen und jagen mit großem Geschick diverses Meeresgetier, das später in den Suppentopf wandert – doch davon wird eine ganze Familie selten satt.

Die bittere Armut der Menschen und die unzureichenden Arbeitsmöglichkeiten – vor allem auf dem Land – sind hier die maßgeblichen Ursachen der Prostitution. Es geht dabei ums nackte Überleben. Die verantwortlichen Politiker rühren keinen Finger gegen Dürre und Elend. „Der Grund, warum sich so viele Mädchen für die Prostitution entscheiden, ist in der Politik dieser Herren zu suchen“, schreibt die Regionalzeitung *Jornal de Natal*.

Prostitution prägt in Brasilien mittlerweile ganze Städte: Mossoró etwa, eine Stadt unter vielen im Nordosten, die zum Bordell geworden ist. In der legendären Hurenstadt ist Prostitution allgegenwärtig: *Meninas de programa* sind verfügbar auf den Straßen, auf den *praças,* in Bars, in Klubs, sogar in Schulen.

Die Hälfte der weiblichen Bevölkerung von Mossoró prostituiert sich. Viele von ihnen sind minderjährig, manche noch nicht zwölf Jahre alt. Einige bieten sich bereits seit dem neunten Lebensjahr an.

Das Geschäft, mit dem in jeder Nacht Millionen *Cruzeiros* umgesetzt werden, ist die einzige Chance für Tausende Familien, die außer der jungen, hübschen Tochter nichts besitzen.

Auch die Vorgänge in der Kleinstadt Cuiu-Cuiu prangten in dicken Lettern in den Printmedien. Sie wurde zum Symbol für Sklaverei, Menschenhandel und Prostitution, als die *Folha de São Paulo* 1992 eine Serie über Kinderprostitution in Brasilien startete. Das Goldgräberstädtchen am Rand der Zivilisation wurde von Frauenhändlerringen mit „jungem Fleisch" aus dem Hinterland des Nordens und Nordostens beliefert. Gekidnappte Mädchen wurden gezwungen, sich für Kost und Quartier zu prostituieren. Zwei Tage nach Beginn der Artikelserie stürmten Polizeieinheiten die Stadt und befreiten die Mädchen. Fünf Nachtklubbesitzer wurden verhaftet. Der Gouverneur des Staates Pará habe bereits seit längerem von den Zuständen in Cuiu-Cuiu gewußt, warf ihm der Generalstaatsanwalt vor.

Neben wirtschaftlichen Faktoren spielen – vor allem in den traditionsbewußten ländlichen Gebieten – sozio-kulturelle Umstände eine entscheidende Rolle auf dem Weg in die Prostitution. Häufig werden auch heute noch Frauen, die vor der Ehe ihre Jungfräulichkeit verlieren, als „verloren" betrachtet. Patriarchalische Strukturen bewirken, daß eine „deflorierte" Frau ihre „bürgerliche" Zukunftsperspektive verspielt hat. Wenn man sagt: „Fulano hat Sicrana schlecht gemacht", dann weiß jeder, daß Sicrana „verloren" ist. Umso schlimmer ist es, wenn sie dabei schwanger wird. Bald wird sie verstoßen. Sicrana ist jetzt ein „gefallenes Mädchen". Der einzige Weg für ein anständiges Mädchen, die Ehe, ist ihr versperrt.

*„Mulher não é gente"* – „Eine Frau ist kein Mensch" – sagt ein brasilianisches Sprichwort. Was Frausein in einer Männergesellschaft bedeutet, bestimmen weniger die Frauen selbst als tief verwurzelte gesellschaftliche Wertvorstellungen. Er ist Mensch, sie ist Geschlecht und zugleich Objekt für den Mann.

In ihrer Rolle als „anständige" Frau gehört sie an die Seite ihres Mannes. Wenn sie niemandem gehört, ist sie frei für jedermann: Sie wird zur Ware.

Bei vielen Mädchen und Frauen der niedrigeren Einkommensschicht ist auch der Wunsch nach – sonst unerreichbarem – Luxus im Spiel, wenn sie sich prostituieren. Viele denken so wie Lucía, ein Favelamädchen in Natal, der Hauptstadt von Rio Grande do Norte: Mit ihren zwölf Jahren weiß sie schon fast alles über Sex, sie hat bereits verstanden und hautnah erlebt, was sie in ihrem Außenseiterdasein am Rand der bürgerlichen Gesellschaft erwartet. Sie kann als Wäscherin oder Putzfrau hart arbeiten und nichts verdienen; einen Mann haben, der das ganze Geld versäuft, sie tyrannisiert und ihr eine Menge Kinder macht, die sie dann allein großziehen muß: keine sehr rosigen Aussichten.

Lucía ist arm und hat nichts gelernt. Ihr ganzes Kapital ist ihr junger und für viele begehrenswerter Körper. Sie kann in ein, zwei Tagen soviel verdienen wie ein einfacher Arbeiter in einem ganzen Monat. Dazu kommt noch der Traum, eines Tages berühmt zu werden: eine bekannte Künstlerin oder ein Topmodel.

Natürlich muß Lucía von ganz unten beginnen, und aller Anfang ist schwer, das weiß sie. Aber wer kann es leugnen: Manche haben es ja wirklich geschafft, ganz nach oben zu kommen. Nachtbars – verkappte Bordelle – stehen am Beginn der vermeintlichen Karriere. Groß sind die Opfer, um eine Stufe höher zu kommen. Allzuoft enden die Mädchen dann in der ungeschminkten Prostitution: ein Ende im Dreck, ohne Glanz und Ruhm.

Mit obszönen Verrenkungen lassen sie unter den lüsternen Blicken ihrer Kundschaft die Hüllen fallen. Unter raffinierten Lichteffekten, dröhnender Musik und dem Rausch des Alkohols lassen sich die Freudenmädchen und ihre Freier in der Illusion treiben. Nackt gehen die *„garotas de programa"* durch ein Spalier aus bewundernden Zuschauern und suhlen sich in dem Traum, daß man ihnen wie einer Schauspielerin Beifall klatscht. Auch das grölende Publikum schwelgt in der schönen Phantasie, einen Fernsehstar oder ein *Covergirl* einer Männerzeitschrift vor sich zu haben. Doch sie ist kein Star und keineswegs unerreichbar, sondern verfügbar für grobe Männerhände.

Der Einstieg in die Prostitution beginnt früh, das zeigt auch eine Untersuchung der Universität von Rio Grande do Norte: für 61 Prozent der Mädchen im Alter von zwölf bis 14 Jahren und für 36 Prozent im Alter von 15 bis 18 Jahren. Drei Prozent beginnen schon im Alter von acht Jahren.

„Meine Angst ist, daß Kinderprostitution etwas ganz Normales wird, die logische Konsequenz dieses Elends, so wie Straßenkinder", so Dilma Felizardo von CEBRAIOS. „Wenn Mädchen sich mit acht Jahren prostituieren, sagen die Leute: ‚Klar, was soll sie sonst machen? Es gibt keine Arbeit, aber Gott sei Dank gibt es die Prostitution.'"

Zahlreiche Politiker und Unternehmer von Rio Grande do Norte sind ins Netz der verbotenen Kinderprostitution verstrickt. Jüngster Skandal: 1992 wurden Abgeordnete, Senatoren und selbst ein protestantischer Pastor als „Kunden" entlarvt. *Jornal de Natal* listet auch Namen von Autobusunternehmern und Hotelbesitzern auf, darunter der Bruder eines Exgouverneurs. Den Stein ins Rollen brachte Alice F., so ihr fiktiver Name.

Es begann ganz harmlos: „Als ich Régia Cristina Alves kennenlernte, wußte ich nicht, daß sie Zuhälterin ist. Eines Tages wollte sie wissen, ob ich was dabei fände, mit Männern gegen Geld auszugehen. Ich sagte, ich hätte Angst, doch sie meinte bloß: ‚Laß dich doch nicht für blöd verkaufen. Willst du bei einem Typen landen, der dich gratis besteigt und dir sonst nichts zu bieten hat?' Sie sagte, ich müßte mich bloß hinlegen, der Typ würde kommen, genießen, zahlen und verschwinden. Régia wählt immer sehr junge und sehr hüsche Mädchen aus. Zuerst stellt sie sich mit der Familie gut, um Vertrauen zu gewinnen. Nachher beginnt sie, um uns herumzuschleichen, sagt, daß sie Leute kenne, die einem alles geben könnten, was man sich nur wünschte. Und daß man nur ab und zu mit den Männern schlafen muß. Aber wenn ein Mädchen aufhören will, bedroht sie es."[46]

Die Lage spitzte sich für Alice F. zu: Die 15jährige lernte den Abgeordneten Cipriano Correia bei einer Präsentation in einem

Motel kennen. Bei solchen Anlässen treffen sich die Mädchen in Begleitung ihrer Zuhälterin mit einem interessierten Kunden: Die Mädchen posieren nackt oder in knapper Unterwäsche. Régia verheimlichte nie, daß einflußreiche Persönlichkeiten zu ihren Stammkunden zählen. Im Gegenteil, sie war stolz auf ihren Draht zur Politik und prahlte mit den Telefonnummern, die sie in ihrem Adreßbuch notiert hatte.

Alice F.: „Cipriano hat mich ausgewählt, aber ich konnte nicht bleiben. Es war schon elf Uhr, und ich mußte nach Hause. Der Abgeordnete hat mir seine Telefonnummer hinterlassen und mich gebeten, ihn am nächsten Tag anzurufen. Aber ich wollte mit dieser ganzen Sache nichts mehr zu schaffen haben. Als ich das Régia erzählte, meinte sie: ‚Jetzt, wo der Abgeordnete scharf auf dich ist, willst du kneifen? Sei nicht so blöd. Alles, was du willst, ist, daß der Abgeordnete es dir besorgt.'"

Nach dieser Nacht rief der Politiker mehrmals bei Régia an, um ein Rendezvous mit Alice F. zu vereinbaren. Die alte Freundin versuchte dreimal, das Mädchen dazu zu überreden – immer mit dem Nachsatz: „Wenn du nicht mit dem Abgeordneten ausgehst und ein *Programm* mit ihm machst, erzähle ich alles deiner Familie." Ihre Drohung hat sie dann auch wahrgemacht. „Jetzt droht sie, sie würde jemand bezahlen, damit er mich verprügelt", berichtet das Mädchen.[47]

Die Eltern informierten die Zeitung, „weil viele wichtige Leute drinhängen und die Polizei nichts unternimmt". Auch die Mutter einer 14jährigen fand den Weg zur Presse: Sie hatte bis vor kurzem keine blasse Ahnung von dem, was ihre Tochter trieb. Sie sei jeden Tag weggegangen unter dem Vorwand, Kosmetika zu verkaufen. Sie sei erst mißtrauisch geworden, als eines abends Régia in einem Taxi mit anderen Mädchen vorgefahren war, um die Tochter abzuholen.

Die Täter, die selbstverständlich alles dementieren, müßten, wenn ihre Tat bewiesen wäre, zur Verantwortung gezogen werden. Derzeit untersucht eine Parlamentskommission die Kinderprostitution und besuchte auch Natal. Die Untersuchungsrichterin habe aber gemeint, es würde sich kein Richter finden, der Interesse hätte, diesen heiklen Fall aufzugreifen, erzürnt sich Dilma Felizardo.

1993 sagte sie vor der Kommission aus und klagte die Behörden an, vor den Vergehen der einflußreichen Herren beide Augen zu schließen. Schon am nächsten Tag erhielt sie telefonische Morddrohungen: „Deine Tage sind gezählt“, verkündete ein Anrufer.

# Die Schönen der Nacht

Seit Jahren findet eine leise Invasion minderjähriger Mädchen statt, die aus dem armen Hinterland des Nordostens in die Hafenstadt Vítoria strömen, die Hauptstadt der Provinz Espírito Santo. Sie kommen mit der Hoffnung, irgendwie zu Geld zu kommen. Viele wissen schon vorher, was das bedeutet. Manche haben nicht die leiseste Ahnung. Außerdem reisen auch Mittelsmänner in ländliche Regionen und werben um Hausangestellte. Eltern, die froh sind, „ein Maul weniger stopfen zu müssen", geben ihre acht- bis 15jährigen Töchter gerne her. In der Stadt, so meinen sie, können die Kinder etwas lernen und bekommen freie Kost und Logis.

Für das Mädchen ist es der Traum ihres Lebens, die einzige Chance, von ihrem trostlosen Landdasein wegzukommen. In Vítoria angekommen, geht es ihr zunächst einmal ganz gut. Sie wird neu eingekleidet und beginnt bei einer Familie als Hausangestellte. Sie wohnt in einer dunklen Kammer, denn die Architekten moderner Großstadtbauten haben Fenster für Dienstmädchen oft nicht vorgesehen. Manchmal muß sie wie ein Hund auf dem Küchenboden schlafen. Sie ist der Ersatz für Geschirrspülmaschine und Waschmaschine, denn sie kommt billiger. Als „Mädchen für alles" muß sie 24 Stunden bereitstehen. Mit der Hausherrin ist der gesetzlich vorgeschriebene *folga* – ein freier Tag pro Woche – jedesmal neu auszuhandeln. Nicht selten kommt es vor, daß der Hausherr ihre extreme Schutzlosigkeit und Unerfahrenheit ausnützt und sie sexuell belästigt, und irgendwann einmal wird sie entlassen oder geht freiwillig.

Nach Hause kann sie nicht mehr zurück, denn sie weiß, daß sie für ihre Eltern nur eine zusätzliche Last wäre. Doch bald lernt sie von anderen Mädchen, wie sie ihr Überleben sichern kann, nämlich mit dem Geschäft der Liebe. Sie beginnt in einer *casa de massagem*, einem Nachtklub oder Bordell zu arbeiten. Dabei besteht ihr Leben aus einer einzigen großen Lebenslüge. Niemand aus ihrer Familie weiß, daß sie sich prostituiert. Das Geld, das sie jeden Monat nach Hause schickt, stammt angeblich von einer Arbeit als Verkäuferin. Sie lebt mit der Angst, von der Polizei erwischt zu werden und auf der Straße zu landen. Dann besitzt sie nicht einmal den minimalen Schutz, den ihr ein Etablissement bietet, sondern ist ohne Dach über dem Kopf vollkommen ungeschützt. „Selig sind die, die bereits volljährig sind", so lautet die Devise der minderjährigen Prostituierten.

Sogenannte „Modellagenturen" bieten täglich in den Zeitungen *garotas jovens* und *garotas bonitas* – junge und schöne Mädchen – an. Dezent wird der Preis pro Stunde angegeben – „für eine Nacht, die du nie vergessen wirst". Ein Anruf bei einer dieser unzähligen Vermittlungsagenturen genügt, um sich mit der freundlichen Damenstimme am anderen Ende das „Programm" für einen Hausbesuch auszumachen. Da Prostitution Minderjähriger verboten ist, vermeidet der Kunde genaue Altersangaben und verwendet lieber die Umschreibung „sehr junges Mädchen". Der Typ ist noch zu vereinbaren: hell oder dunkel, blond oder schwarzhaarig, Größe etc. Der Kunde bestellt die Frau nach Wunsch und Maß.

Wer weniger Wert auf Anonymität legt, kann sich auch in einem der vielen Massagesalons verwöhnen lassen. Es ist für viele brasilianische Ehemänner durchaus üblich, regelmäßig ein paar Stunden in einem *relax for men* zu verbringen.

Trotz Gesetzen, die den Aufenthalt von Kindern und Jugendlichen in einschlägigen Hotels, Motels und anderen Etablissements verbieten, ist die Anwesenheit von Minderjährigen in solchen Lokalitäten ein offenes Geheimnis. Liegt eine anonyme Anzeige vor, geht die Polizei sehr diskret vor. „In diesem Fall sollen die Kunden ihre Dokumente unter der Türe durchschieben", so Moacir Rodrigues, Jugendrichter in Vítoria. Werden die Beamten fündig, und es wird ein junges Mädchen *in flagranti* erwischt, droht dem Eigentümer des Etablissements eine Geldstrafe von 15 Mindestlöhnen. Hat das Mädchen an diesem Ort auch seinen Wohnsitz, kann das Lokal für 15 Tage zugesperrt werden.[48]

Selbst die zuständigen Behörden müssen zugeben, daß es

derzeit kein wirksames Mittel gibt, um die Kinderprostitution zu bekämpfen. In Brasilien gibt es rund 500.000 minderjährige Prostituierte.[49] Um wirkliche Gegenmaßnahmen zu setzen, müßten zuerst einmal ökonomische und sozio-kulturelle Hindernisse überwunden werden, wovon Brasilien jedoch zur Zeit weit entfernt ist.

## „WER SAGT, DASS ICH EINE PROSTITUIERTE BIN?"

Die Nacht ist mondlos. Im Dunklen tasten wir uns vorsichtig an das unbeleuchtete Gebäude des Nachtklubs *Dire Straits* heran. Ich konnte zwei Brasilianer und einen Holländer dazu bewegen, mit mir eine kleine nächtliche Tour durch Vítoria zu starten. Heute ist Ruhetag in der Nachtklubszene. Wir klopfen kräftig an die verschlossene Glastüre. Die *seguranca* fragt, was wir wollen, und beäugt mißtrauisch unsere Papiere. Wir machen Ansätze, in Richtung der beleuchteten Veranda zu marschieren. Doch brüsk hält uns der Türsteher zurück. Meine männliche Eskorte muß sich an die Wand stellen, wir werden nach Waffen durchsucht, sind aber sauber und dürfen passieren. Es ist gerade eine Party für das Personal im Gange. Bei Grillspießen und Bier wird gezockt, irgendwo lärmt ein Radio.

15 Mädchen wohnen in den kleinen Zimmern über dem noblen Klub. Die Mieten teurer Appartements können sie sich nicht leisten. Kellner, Discjockey, Barmann und *seguranca* dagegen verschwinden im Morgengrauen wieder nach Hause.

Besitzer des Nachtklubs mit eigenem Pool ist ein gewisser Senhor Viana, Exbürgermeister von Guarapari, jetzt ein prominenter Bürger von Vítoria, der eine *casa de massagem* nach der anderen eröffnet. „Er kontrolliert alle Nachtklubs in der Gegend, zwölf sind es", raunt der Discjockey. Zwei Mädchen erklären sich bereit, ein Interview zu geben. Auf der anderen Seite des beleuchteten Pools lassen wir uns auf unbequemen Holzsesseln nieder, einige andere Mädchen hocken sich zu unseren Füßen ins Gras.

Eine von ihnen stammt aus Paraíba, die andere aus Belo Horizonte. Míriam hat große, kastanienbraune Augen, trägt einen knappen Tanga, ein noch knapperes Oberteil. Als einziger Schutz vor dem kühlen Abendwind hüllt sich ihr langes braunes Haar wie ein Mantel um ihren schönen Körper.

Die blonde Ivonete wirkt verloren in ihrem viel zu großen blauen Männerschlafrock. Ins Milieu geraten ist das grazile Wesen, als sie in einer Zeitung las: „*Casa de massagem* sucht hübsche Mitarbeiterin." Das ist das Reizwort für die Mädchen vom Lande. Ivonete dachte zuerst, sie müßte den Männern bloß den Rücken massieren. „Ich bin weggelaufen, als man mir sagte, um welche Art von Massage es geht." Irgendwann hat sie ihre Ängste überwunden. „In Wirklichkeit geht es nur um das eine", bringt es die kokette Míriam auf den Punkt.

„Wir müssen Geld verdienen", so Ivonete, „und deshalb kommen wir. Ist das falsch, wenn wir es doch brauchen? Ist das eine Sünde?" Eine seltsame Unsicherheit breitet sich in ihren Zügen aus, und fragend blickt sie mich an, als wollte sie meine Absolution. „Nein", kommt es mir spontan über die Lippen. „Wie lange arbeitest du schon hier?" – „Fünf Monate." – „Wieso hast du dich dazu entschlossen?" – „Weil ich mehr verdiene. Hier kriegst du pro Woche 7000 oder 8000. (1000 Cruzeiros Reais waren im August 1993 10 Dollar. Man sagt z. B. fünfhundert, auch wenn auf der Geldnote drei zusätzliche Nullen draufstehen, die aber weggedacht werden.) Klar, es variiert natürlich, aber ein Mindestlohn wöchentlich, das ist schon drin." Die Mädchen gehen mit den Kunden nicht auf ihre Zimmer, sondern in Stundenhotels.

Pro Stunde verlangen die Mädchen 1000 Cruzeiros. Das Geld dürfen sie zur Gänze behalten, denn auch der Nachtklubbesitzer kommt auf seine Rechnung. Schließlich genehmigen sich Freier und Freudenmädchen vor dem Liebesspiel immer einige teure Drinks.

Ivonete fragt sich laut: „Sollen wir eine Arbeit suchen, wo wir nicht mehr als einen Mindestlohn verdienen, wo schon 9000 allein für die Miete draufgehen. Wie soll man so ein Kind großziehen, und wo bleibt das Geld für alles andere? Niemand wird zu etwas gezwungen, wir sind hier, weil wir es wollen. Es gibt nichts Besseres."

„Also findet ihr euer Leben großartig?" – „Meines ist wunderbar", beteuert Ivonete. „Meines auch", bekräftigt Míriam. „Niemand muß sich da einmischen, uns geht es sehr gut dabei", tönt es aus dem Kreis der anderen Mädchen, die uns aufmerksam zuhören. „Es ist besser, als eine Hure ohne Geld zu sein. Du bist immer eine Hure", heißt ihr Credo. „Es ist vernünftiger, als deinen kleinen Schatz zu haben und davon nicht das geringste zu haben, außer daß er hinter deinem Rücken mit einer anderen abzieht."

Prostitution, das Paradies auf Erden? Wohl kaum. Sie wollen mir die heile Welt vorgaukeln, an die sie selbst so gerne glauben. Sie leben im bürgerlichen Luxus – aber immer am Rand des Abgrunds. Doch an der schützenden Fassade darf niemand rütteln. Ich locke sie aus der Reserve, indem ich feststelle, daß jeder Beruf – auch meiner – seine Schattenseiten hat, und frage nach ihren Problemen.

„Wenn du einen Scheck kriegst, und er ist nicht gedeckt." Míriam gähnt gelangweilt. „Wenn du dir die Nacht für nichts und wieder nichts um die Ohren geschlagen hast", seufzt Ivonete. Und auf einmal sprudelt es aus ihnen heraus: Míriam und Ivonete waren zuvor im *Playman* tätig, wo ein gewisser Gilmar das Regiment führt – eine *casa de massagem*, wo 20 Mädchen in sieben bescheidenen Suiten leben.

„Wir sind von dort weg, weil wir an einem Samstagnachmittag zu einem Grillfest gegangen sind, und als wir zurückkehrten, war es acht Uhr, und er wollte uns 1000 Cruzeiros abziehen, jeder von uns", empört sich Míriam.

„Wenn du schläfrig bist und deine Augen kurz schließt, dann zieht er dir gleich Geld ab. Wenn du 1000 hast, zieht er dir 1000 ab, wenn du 500 hast, zieht er dir 500 ab. Er gibt dir kein Geld für den Bus, er gibt dir kein Mittagessen. Er ist die schlimmste Pest, die es auf Erden gibt", so der Tenor. „Er ist ein Drogendealer, ein Autodieb, er besitzt mehr als zehn Autos, und alle sind gestohlen."

Míriam erzählt weiter: „Er hat schon Morddrohungen erhalten, aber niemand hat den Mut, ihm eine Kugel zu verpassen. Er kauft die Polizei. Wenn die Bullen kommen, schenkt er Bier aus und zwingt die Mädchen, *show* zu machen. Sie müssen sich nackt vor den Polizisten ausziehen. Manchmal müssen sie gratis mit ihnen aufs Zimmer gehen. Er sagt: ,Wenn du nicht spurst, ziehe ich dir das vom Gehalt ab.' So geht das Mädchen und macht es", sagt sie voll Mitleid.

„Haben die Mädchen dort einen fixen Lohn?" erkundige ich mich. „Nein, wenn sie 20 Massagen macht, dann verdient sie 20, und wenn sie keine macht, dann verdient sie nichts. Und wenn sie in einer Woche 5000 verdient, dann zieht er ihr 4000 ab." – „Warum gehen die Mädchen nicht von dort weg?" – „Sie gehen weg, aber sie kommen wieder zurück. Keine Ahnung, warum."

„Hat er auch sexuelle Beziehungen mit den Mädchen?" bohre ich weiter. „Natürlich." – „Wie kommen die Mädchen dorthin, wählt er sie aus?" – „Nein. Jede, die kommt, kann bleiben." Die Mädchen werden durch Radiospots angelockt. „Wenn sie neu sind, behandelt er sie mit Glacéhandschuhen, gibt ihnen alles, was sie wollen", schildert Ivonete. „Aber wenn die erste Woche um ist, dann brüllt er nur mehr mit ihnen. Er zahlt mit ungedeckten Schecks, läßt uns dauernd auf das Geld warten. Oft vergehen zwei, drei Wochen, bis du deinen Lohn erhältst."

Und: „Er zwingt die Mädchen, zu trinken, auch wenn sie gesundheitliche Probleme haben." Junge Mädchen, die schwanger zu ihm kommen, überredet er zur Abtreibung bei einem Kurpfuscher. „Man muß das gesehen haben", sagt das blonde Mädchen und reißt ihre grünen Augen weit auf. „Dort ist es schrecklich, es gibt nichts dort, nur diesen Alten, der behauptet, er sei Arzt, und ich weiß nicht, ob das stimmt."

Die Abscheu steht ihr ins Gesicht geschrieben: „Manchmal ist es mir schlechtgegangen wegen der Menstruation, und Gilmar ist mir nachgestiegen, daß ich eine Massage machen und mit dem Typen aufs Zimmer gehen sollte. Er hat mich beschimpft. Ich habe die ganze Nacht geweint. Jedesmal, wenn ich Blutungen hatte, mußte ich die Pille nehmen, einmal fast eine ganze Schachtel. Ich habe die ganze Woche nichts machen können, und er hat mich als Luder bezeichnet, als eine, der nichts gut genug ist."

Als er die Mädchen auch noch mißhandeln lassen wollte, ergriffen die zwei Freundinnen über Nacht die Flucht. Jetzt geht es ihnen vergleichsweise gut. „Welche Art von Kunden habt ihr?“ Míriam erzählt stolz: „Es kommen Ärzte, Rechtsanwälte, wichtige Politiker, alle Arten von Polizisten.“ Selbstbewußt schmeißt sie ihre langes Haar nach hinten, schlägt ihre nackten Beine übereinander. „Sogar der Collor war schon hier.“ Ivonete hebt abwehrend die Hände: „Hör auf, hör auf.“ – „Nach außen tun sie großartig auf moralisch, dann aber wollen sie nur Sex“, sagt Míriam nüchtern.

„Was haltet ihr von den Männern, mit denen ihr ausgeht?“ – „Die sind o. k. Sie plaudern mit uns, manchmal schicken sie Blumen oder Bonbons. Sie zahlen sogar mehr und im voraus. Manchmal sind sie blöd, sagen: ‚Ich zahle, damit du tust, was ich will.‘ Dann fahren wir ihm über den Mund: ‚Ich bin nicht deine Frau. Du zahlst, weil du es wolltest. Ich habe dich nicht gebeten, daß du zu mir kommst. Wenn du nicht zufrieden bist, da ist die Tür.‘ Und wenn er nicht befriedigt ist, dann geht er weg. Und wenn er doch befriedigt ist, dann bittet er um Entschuldigung.“

„Wie alt sind sie?“ – „Ganz verschieden, manche erst etwas über zwanzig. Sie sind verheiratet, geschieden, alleinstehend, jung, alt, Witwer, alles mögliche“, zählt Míriam gelangweilt auf, zieht ihre nackten Beine an den Körper und schlingt die Arme um sie, um sich ein wenig gegen den Abendwind zu schützen. Ihren Kopf legt sie auf die Knie, ihr ungeschminktes Gesicht scheint in der dunklen Nacht blaß, müde.

Ich frage: „Gibt es nicht manchmal einen sehr häßlichen Mann, wo du dir denkst: Nein, mit dem nicht?“ – „Ja, dann gehen wir nicht mit.“ – „Ihr dürft auch nein sagen?“ – „Hier schon“, antwortet Ivonete entschlossen. „Im *Playman* durften wir das nicht. Dann haben wir das Geld für eine ganze Massage verloren.“

„Wissen eure Eltern, daß ihr in diesem Nachtlokal arbeitet?“ – „Nein“, sagt Ivonete kurz angebunden. „Sie glauben, daß ich in einer Imbißstube arbeite, Hamburger, Hot dogs, Limonade und Bier verkaufe.“ – „Weshalb sagst du ihnen nicht die Wahrheit?“ Sie mustert mich verwundert. „Mein Vater ist furchtbar religiös, ich würde es ihm nie erzählen. Und welche Mutter möchte schon wissen, daß ihre Tochter in einem Nachtlokal arbeitet? Wir müssen lügen, wir müssen sagen, daß wir in einem

Restaurant oder in einem Spital arbeiten." Ein Ausdruck tiefer Verzweiflung huscht über ihr Gesicht.

„Aber hat sie nicht deine Adresse, damit sie dir schreiben kann?" staune ich. „Nein, sie schickt es meiner Schwester, die auch in Vítoria lebt." – „Und deine Schwester?" – „Sie ist verheiratet, Hausfrau, und sie weiß nichts von meiner Arbeit, das halte ich total geheim", sagt sie widerstrebend.

„Habt ihr auch einen Freund?" – „Ich habe keinen", sagt Míriam gelassen. „Ich schon", triumphiert Ivonete. „Und was sagt er dazu?" – „Er weiß, daß ich es brauche, und kann es akzeptieren." – „Also findet er es in Ordnung?" – „Nein, das nicht", beginnt sie vorsichtig, „er hat mich hier drinnen kennengelernt, also muß er es wohl akzeptieren." Sie verschränkt die Arme selbstsicher vor der Brust. Auf die Frage, wie Liebesbeziehung und Beruf miteinander vereinbar sind, antwortet sie: „Das Berufsleben ist eine Sache, das Privatleben eine andere. Wenn ich im Nachtklub arbeite, dann bin ich es nicht wirklich. Ich gehe mit fremden Männern aus, weil das nun einmal meine Arbeit ist." Entschuldigend fügt sie hinzu: „Es ist so, als wäre ich Putzfrau oder Kellnerin. Ich lebe seit acht Monaten so, und ich habe nicht vor, ewig hierzubleiben", meint sie mit Schaudern. „Nach einem Jahr möchte ich wieder aussteigen." Míriam runzelt die Stirn. „Wenn du Geld verdienen willst, um ein Haus zu kaufen, kann das ein Jahr dauern oder das ganze Leben." – „Was soll das, Mädchen?" braust Ivonete auf. „In vier Monaten habe ich schon mein Haus neu hergerichtet, das ich gemietet habe. Ich habe einen Ofen gekauft, einen Kühlschrank, einen Fernsehapparat. Ich kann schon meinen Sohn holen, daß er bei mir wohnt, und jemanden zahlen, der auf ihn aufpaßt."

„Einerseits magst du dieses Leben, andererseits möchtest du das nicht für immer machen", werfe ich fragend ein und blicke zu Ivonete. „Niemand will für immer so leben. Wir müssen hierbleiben, bis wir genug verdient haben, um uns eine ehrliche Arbeit leisten zu können." Sie korrigiert sich schnell: „Nicht, daß diese Arbeit nicht ehrlich wäre."

Sie kann sich jede Arbeit vorstellen, außer als Hausangestellte. Auf diese moderne Sklaverei kann sie verzichten. „Werden die Leute nicht fragen, was du vorher gemacht hast?" – „Ich habe schon so viel gemacht in meinem Leben", antwortet sie schnippisch. Der Jobsuche sieht sie gelassen entgegen. Sie zählt auf: „Ich war Serviererin, Sekretärin, Hausangestellte, Rezeptionistin."

„Und was bist du jetzt?" – „Ich bin ein ehrliches Mädchen, habe einen ehrlichen Job." Was Ivonete sagt, klingt nicht ganz überzeugend. Zu Beginn des Interviews hat sie sich noch verschämt als Stubenmädchen ausgegeben. Wie steht sie wirklich zu dem, was sie tut? Ich frage vorsichtig: „Aber du bist eine Prostituierte, nicht wahr?" Ivonete holt tief Luft. „Nein, was soll das?" Sie ringt theatralisch die Hände. „Nie im Leben ist es mir durch den Kopf gegangen, daß ich eine Prostituierte sein könnte. Dann wäre ich ja auf der Straße, nicht hier drinnen." Ihre Stimme überschlägt sich: „Eine Hure ist die, die verheiratet ist und mit einem anderen Mann zusammen ist, nur aus Lust. Das da ist Arbeit, nicht Prostitution, ehrlich verdientes Geld."

„Ich bin eine Prostituierte, weil ich meinen Körper verkaufe", erklärt Míriam illusionslos und zündet sich eine Zigarette an. „Nein, Míriam", sagt Ivonete verzweifelt, „das darfst du dir nicht einreden." – „Aber die Männer geben dir Geld", offenbart ihr die Freundin die Realität. „Sie zahlen, weil sie es genossen haben, mit mir zusammen zu sein." Míriam blickt sie provozierend an: „Zahlt dich dein Freund?" – „Ja, aber er zahlt mit was Besserem als Geld."

Wie an einen Strohhalm klammert sich Ivonete an die Illusion. Ihr tränenverhangener Blick schweift in Richtung Míriam. Als würde sie mit sich reden, sagt sie: „Nein, du darfst dich nicht als Hure sehen, du erniedrigst dich damit." – „Aber ich bin eine Hure", findet die Schöne aus Paraíba klare Worte.

„Also, ich verstehe, daß ihr junge Frauen seid, die überleben müssen", werfe ich versöhnend ein. Ivonete beruhigt sich ein wenig: „Das ist wahr, überleben müssen wir auf jeden Fall. Aber jetzt werde ich dir eine Frage stellen." Sie blickt Míriam an: „Sind Straßenkinder böse? Sie verkaufen Sachen, aber niemand kauft sie ihnen ab. Wenn sie älter werden, werden sie töten, stehlen, Marihuana rauchen, Klebstoff schnüffeln. Es ist nicht ihre Schuld, daß sie stehlen müssen." Und genauso unschuldig fühlt sie sich offenbar an ihrem Weg in die Prostitution.

„Für mich sind sie einfach Kinder, die stehlen“, sagt Míriam erbarmungslos. Motive interessieren sie nicht. „Wessen Schuld ist es, daß sie auf der Straße wohnen?“ fragt Ivonete und gibt sich gleich selbst die Antwort: „Es ist die Schuld der Eltern. Wenn du kein Geld hast, dann darfst du eben nicht schwanger bleiben.“ Nun kommt sie auf ihre eigene Mutterrolle zu sprechen: „Wenn ich ein Kind habe, werde ich es auch erhalten, klar? Ich werde meinen Sohn nicht sich selbst überlassen. Ich werde mein Kind großziehen, selbst wenn ich auf der Straße betteln muß. Aber ich mußte das – Gott sei Dank – niemals tun.“

Und weiter berichtet das zarte Mädchen von seinem tristen Leben: „Ich war Hausangestellte und bin schwanger geworden. Sie haben mir Medikamente gekauft, haben alles getan, damit ich mein Kind verliere. Der Vater wollte es nicht haben. Sein Problem. Ich wollte es haben. Heute ist mein Sohn zwei Jahre alt, er wohnt im Haus meiner Eltern. Mein Sohn ist das Schönste, was es auf dieser Welt gibt, und das, was ich am meisten liebe“, schwärmt sie. Es ist, als wollte sie sagen: Als gute Mutter kann sie kein schlechter Mensch sein, auch wenn sie ihr Kind mit dem Geld unterstützt, das sie als Prostituierte verdient.

Míriam macht gelassen einen kräftigen Zug von ihrer Zigarette und bläst den Rauch in die frische Nachtluft. Sie ist durch und durch Realistin und erspart sich jeden weiteren Kommentar. Offenbar will sie ihre Freundin nicht weiter verletzen. Soll sie doch träumen, wenn sie das braucht.

„Prostituierte sind diese Arschlöcher von Männern, die hierher kommen“, schreit Ivonete ihre Wut auf diese ungerechte Welt heraus. Míriam lächelt still. Sie weiß, daß die Männer die Regeln bestimmen – zu ihren Gunsten. Der spöttische Gesichtsausdruck ihrer Freundin, die die Welt so sieht, wie sie eben ist, rüttelt empfindlich an der Lebenslüge, an die sich Ivonete mit aller Gewalt klammert. „Weißt du, was ich mache, wenn es mir jemals in den Sinn kommt, daß ich eine Hure sein soll? Ich nehme einen Liter Gift, damit ich noch in derselben Stunde sterbe.“

# Die „Prinzen aus Übersee"

Tiefblauer Himmel, kitschig wie auf einer Postkarte: Die schönen Körper von vier Brasilianerinnen von hinten, fast nackt, der Tanga nicht breiter als ein Faden. So werden die Mädchen aus Rio abgebildet, denen man nachsagt, sie hätten „ein ewiges Liebesverhältnis mit der Sonne und dem Meer". „Reisetips für Globetrotter – Heiße Zeiten in Rio" heißt der Artikel in der Zeitschrift „Wiener". Mit dem Slogan „Sehenswürdigkeiten in Rio. Äugen, wo der Hase läuft" wirbt das Reisebüro Poncho-Tours zu „kulanten Preisen" um Kundschaft. Sonne und ein Frauenhintern – ein vermarktbares Klischee, das jährlich Hunderttausende Fremde in die Stadt am Zuckerhut führt.

Rio de Janeiro, Copacabana: traurig, gelangweilt, lustlos, einsam. Das Mädchen mit den kleinen schwarzen Augen, ganz in Leder gekleidet, versteht die Sprache der zwei jungen Engländer nicht. Ihr *amigo* unterhält sich unentwegt mit seinem Gegenüber, nebenbei spielt er lieblos mit der Hand seiner brasilianischen Begleitung, knetet sie, als wäre sie aus Plastilin. Er schmatzt ihr einen Kuß auf die Wange, und sie hält still. Er legt seinen Arm um sie und drückt sie fest an sich, weder aus Liebe noch aus Leidenschaft, sondern weil sie sein Besitz ist.

Sie gehört ihm für die Zeit, in der er zahlt. Er lebt seine Illusion der Macht und Kontrolle über sie aus. In der ausgelassenen Runde trinkt das Freudenmädchen Sangria: Alkohol mittags, nachmittags und abends. Sie muß mitmachen, auch wenn sie keine Lust hat, und sie ist so müde, daß sie sich nicht einmal mehr zu einem Lächeln durchringen kann. Die Energie, mit der sie sich in der Disco an einen Kunden heranmacht, kichernd an seinem zugeknöpften Hemdkragen herumfummelt, verführerisch mit ein paar Wortfetzen in seiner Sprache konversiert, hat sie lediglich für wenige Stunden, im Rausch von Musik und Drogen. Danach ist sie ausgebrannt, doch das Spiel muß weitergehen. Jetzt nicht mehr im lustigen Kreis der Kolleginnen, sondern allein, läßt sie alles über sich ergehen. Noch immer redet der *Gringo* kein Wort mit ihr, macht Witze mit seinem Landsmann. Egal, ob sie 16 oder 24 ist, minderjährig oder volljährig, sie leidet.

Sie schaut nach hinten, als ob sie flüchten wollte. Doch es gibt keinen Ausweg, wenn sie sein Geld will. Dann der rettende Einfall – die Toilette. Sie steht wortlos auf und verschwindet für zehn Minuten am Damenklo, um sich eine kleine Verschnaufpause zu verschaffen. Der *Gringo* ist in Ferienstimmung, lacht und wackelt albern mit dem Oberkörper. Er will tanzen, sich vergnügen. Seine Hand gleitet zwischen ihre Schenkel. Mit ihrem Ellbogen versucht sie ihn sachte wegzuschieben. Er versteht diese verschämte Geste nicht. Er kann sie doch besitzen, überall, auch am Mittagstisch im Straßencafé.

Der Kellner bringt noch einmal Sangria und drei Gläser. Regungslos, apathisch verharrt sie für einen kurzen Moment noch zurückgelehnt im Sessel. Dann nimmt sie von irgendwo wieder ein wenig Kraft, beginnt ihre Rolle zu spielen, macht sitzend Tanzposen. Für Minuten ist sie aus ihrer trägen Ohnmacht erwacht, nützt diese letzten Reserven, um die Ausländer bei Laune zu halten, und fällt dann wieder zurück in lähmende Gefühllosigkeit und Stumpfheit.

Eine Szene an einem anderen Tisch: Eine stämmige Mulattin mit wallendem schwarzen Haar, neben ihr ein Tourist um die 60, weiß gekleidet. Sicher hat sich das ungleiche Paar am Abend zuvor im für derartige Begegnungen bekannten Nachtlokal *Help* kennengelernt. Aufgedonnerte Mulattinnen präsentieren sich dort allabendlich zur Fleischbeschau. Das laute Dröhnen der Musik wirkt betäubend, doch die aufreizenden Bewegungen der Mädchen fahren selbst dem müdesten Mann in die Knochen.

Nun sitzen die zwei nach durchzechter Nacht schlaff vor einem Glas Bier. Die brasilianische Etikette gebietet ihr, dasselbe zu konsumieren wie der, der zahlt. Sie kann sich nicht etwa eine Suppe bestellen oder ein Cola. Sie schweigen. Was sollen sie auch reden? Unvermittelt zieht sie ihre breiten Lippen nach oben, zeigt zwei Reihen makelloser Zähne. Sie hat gelernt zu lächeln, selbst wenn ihr nicht danach ist. Und irgend etwas muß sie schließlich tun. Zuweilen kreuzen sich die Blicke der zwei Mädchen – mitfühlend, wissend, wie es jetzt der anderen gehen muß mit diesem *Gringo*, der einfach nur genießen will und so gar nichts begreift.

Recife: Die grausame Realität des Nordostens – Trockenheit im *Sertão* und stechende Sonne in der Hauptstadt. Reiche Ausländer lieben glutäugige, exotische Frauen, die ihrerseits die *Gringos* mögen, weil sie in Dollars zahlen. Was liegt also näher, als daraus ein gewinnbringendes Geschäft zu machen: Tourismus, kombiniert mit Sex, und ganz nebenbei profitieren Hotellerie und der Rest der Fremdenverkehrsbranche.

Die Touristen sollen die dringend benötigten Devisen bringen, denn das komme den armen Ländern im Süden zugute, heißt es. Doch die Rechnung geht nicht auf. Ein guter Teil der Einnahmen aus dem Fremdenverkehr wird für den Import von Luxusgütern verwendet. Touristen wollen es bekanntlich komfortabel und erwarten sich eine einigermaßen akzeptable Infrastruktur. Ausgebaute Strandpromenaden, Straßen und großzügig angelegte Flughäfen werden mit öffentlichen Geldern finanziert, die natürlich anderswo fehlen. Schulen, Krankenhäuser, Kinderhorte müssen warten. Die Armut wächst, während das Konsumbedürfnis steigt. Und jeder versucht, auf seine Art am Tourismusboom teilzuhaben.

Die Mädchen strömen an die Strände. Ihr einziger Traum ist es, glücklich zu werden, einen Mann zu finden, der sie aus diesem Leben herausholt. Sie sind die Gejagten mit gehetztem Blick. Und sie sind selbst unentwegt auf der Jagd, keine Stunde, keine Minute des Tages und der Nacht darf vergeudet sein. Ihr Leben ist zu kostspielig: Da ist der todschicke Badeanzug samt Strandtuch aus Italien, die sündteure, raffiniert geschnittene Abendkleidung, die klobigen, schwarzen Lederschuhe – der letzte Schrei –, das teure Parfum und die 100 Dollar, die sie monatlich für die Miete eines Appartements hinlegen muß, das sie mit fünf anderen Strandmädchen teilt, und und und ...

Sie setzt alles auf eine Karte: Ganz groß einsteigen, um vielleicht mit viel auszusteigen. So balanciert sie nun zwischen Pseudowohlstand und dem Nichts, und wenn schon Prostitution, dann lieber von der sanften Sorte. Und wenn schon Ausbeutung – dann möglichst human.

Sonntag: Halb Recife befindet sich am Meer. Die Bettenburgen entlang des kilometerlangen Strandes Boa Viagem können seiner Schönheit wenig anhaben. Palmen wiegen sich in der lauen Luft. Smaragdgrünes Wasser, aus dem bizarre Riffe ragen. Unzählige, mit Palmenblättern bedeckte Buden, wo man genüßlich Kokosmilch schlürfen kann. *Beach-Bol,* fröhliches Palavern bei Grillspießchen und *caipirinha,* ausgelassenes Vergnügen in den warmen Fluten.

Und überall diese Blicke, die einem die Kleider vom Leib reißen. Auch mit kurzen Jeans und saloppem Hemd fühle ich mich viel zu wenig angezogen. Der Strand wird unter den lüsternen Männerblicken zum Laufsteg. Mit einem gewissen Unbehagen setze ich Schritt vor Schritt. Kleinigkeiten im Alltag des Nordostens sind es, die sich freilich jederzeit in brutale Gewalt umwandeln können, die Frauen und Mädchen erniedrigen und demütigen. Eigentlich gilt jedes weibliche Wesen, das allein unterwegs ist, hier erst einmal als Hure. Hilflos den menschenverachtenden Blicken ausgesetzt, suche ich nach Verbündeten, die auch allein am Strand umherirren: den Strandmädchen.

Das Machogehabe der männlichen Brasilianer wertet die Sextouristen in den Augen der Mädchen auf. Keine Frage: Freier bleibt Freier, dennoch unterscheiden die Mädchen zwischen Brasilianern und *Gringos.* Sie hassen die brasilianischen Männer, und die Ausländer erscheinen ihnen als die Lösung aus dem Dilemma. Für sie sind alle besser, die nicht genauso sind wie die einheimischen Männer. *Bonzinhos* nennen sie die Männer aus Europa: gut erzogen.

Tatsächlich ist das Gros der Sextouristen, natürlich mit Ausnahmen, von der Brutalität und sexuellen Perversion des brasilianischen Nordostens meilenweit entfernt. Zumindest empfinden es die Mädchen so, vielleicht, weil die Ausländer mit ihren oft brutalen ersten sexuellen Erfahrungen meist nichts zu tun haben. Vielleicht aber auch, weil sie aus einer Gesellschaft stammen, die den Mädchen – von weitem betrachtet – humaner erscheint als die brasilianische. Ein wenig fürs Herz und viel für die Brieftasche: Die Fremden zahlen in Dollars, und die Mädchen lieben es, in Dollars bezahlt zu werden.

Sie sind durchschnittlich zwischen 25 und 45 Jahre alt. Beruf: Konditor, Kellner, Bauarbeiter, Taxifahrer, Elektriker und jener Typ von Aussteigern und Abenteurern, die in der Ferne ein zweites Zuhause suchen. Keine Großverdiener, aber mit genug Geld, um sich ein Zimmer in einem Dreisternehotel leisten zu können. Allein in einem Zeitraum von fünf Jahren sind 380 Flüge von LTU mit 98.000 Deutschen in Recife angekommen: Tendenz steigend.[50]

Bangkok, das bisherige Mekka der Sextouristen, wird ihnen zu gefährlich: 60 Prozent der Freudenmädchen in der Hauptstadt Thailands leiden bereits an Aids. Wie formuliert ein Sextourist so schön: „In Bangkok haben zu viele Frauen Aids. Ich bin viel dort gewesen, jetzt ziehe ich Recife vor. Ich habe schon in Bangkok gelebt, aber hier ist es besser, weil Portugiesisch einfacher ist, die Leute offener für Gespräche sind – und die Frauen sind heiß."

Adilene ist hübsch, trotz der Zahnlücken, die ihr etwas Keckes verleihen: kurzes, gelocktes, braunes Haar, kastanienbraune, sanfte Augen. Das knappe Oberteil zeigt ihre schönen Formen, die Turnschuhe dagegen wirken plump. Ich könne sie täglich vor dem *Recife Palace* auf den Stufen zum Strand treffen, sagt die 16jährige, an der vom Kind nicht mehr viel übrig ist. Adilene genießt die Bewunderung, die ihr die fremdländischen Männer entgegenbringen. Doch nicht immer läuft alles nach Plan.

„Es gibt Momente, die einen wütend machen. Dieser *homem international* war jetzt die ganze Zeit mit mir zusammen, trinkt eine Menge und weiß sonst nicht, was er will. Er flirtet mit der einen, mit der anderen, und zum Schluß haben wir unsere Zeit vergeudet", sagt Adilene resigniert. „Es gibt Deutsche, Schweizer, die nicht viel Geld haben, die wollen nur ihren Spaß in den Discos haben. Die Schweizer, die Deutschen – ich weiß nicht, ob sie es wirklich nicht haben oder ob sie nur sparsam sein wollen, aber sie danken es einer brasilianischen *Senhorita* nur mäßig. 30, 50 Dollar – das hängt von der Zeit ab, die sie mit dir verbracht haben." So mancher Tourist sieht sich als der „Übervorteilte" und entrüstet sich, warum er die Prostituierten so überbezahlen sollte.

„Ist es besser mit brasilianischen oder ausländischen Männern?" will ich von ihr wissen. „Logisch, daß es mit Ausländern besser ist, weil sie viel Kohle haben", antwortet Adilene nüchtern. „Haben die Ausländer auch noch andere Vorteile?" Adilene grübelt einen Moment, dann: „Sie haben Manieren, sind zärtlich, behandeln dich gut, nicht so wie die Brasilianer, die schon so viele Angebote bekommen, daß sie uns leid sind und nur mehr ausgefallene Dinge mögen."

„Verliebst du dich manchmal in einen Kunden?" frage ich neugierig. „Es gibt welche, wo wir sogar Liebe empfinden. Aber das macht uns auch traurig, weil es nicht für immer dauern wird. Manchmal bleiben wir mit ihnen einen Tag, eine Woche, manchmal sogar Monate." – „Und was ist dir lieber?" – „Wenn er mich berührt", sagt sie mit glänzenden Augen, „dann möchte ich die ganze Zeit bei ihm bleiben und nicht mehr von ihm lassen."

„Geben sie dir Geschenke?" – „Ja", sagt sie und zeigt auf ein dünnes Kettchen, an dem ein goldenes Herz baumelt. „Aber wenn ich ihn mag, dann bitte ich um nichts. Sie geben mir das Geld, das sie für richtig halten, weil sie wissen, daß wir es brauchen. Auch wenn ich eine *garota de programa* bin, ich mag keine Preise nennen", erläutert sie mir ihre Geschäftsmoral. Das Spiel läuft diskret ab, der Kunde aus dem fernen Deutschland gibt sich der Illusion hin, daß es sein männlicher Charme ist, der sie bezaubert, und sie sonnt sich in der Anerkennung, die er ihr zollt. Doch beiden ist klar: mit oder ohne Liebe – es ist Prostitution.

Die Nationalität ihrer ausländischen Freier ist Adilene egal: „Hauptsache, sie behandeln mich gut, wissen, wie man sich benimmt, und unterhalten sich nett mit mir." – „Können sie denn deine Sprache?" – „Einige schon, und es gibt einige, wo ich verstehe, was sie sagen."

Ein 23jähriger Deutscher hat ihr bereits ein Kind angehängt, für das sie nun allein aufkommen muß. „Jedesmal, wenn er nach Recife gekommen ist, hat er die Zeit mit mir verbracht. Er hat einige Male geschrieben und weiß, daß er ein *bambino* hat. Ich hab ihm sogar ein Foto geschickt und er hat mir versprochen, mich zu heiraten. Jetzt hab ich schon länger keine Nachricht von ihm. Er hat mir Geld geschickt für mein Kind, Geschenke und Kleider. Ich habe mehrmals an seine Adresse geschrieben, aber er hat irgendwann einmal nicht mehr geantwortet. Ich habe erfahren, daß er jetzt immer nach Rio fährt und dort Fotos macht."

Früher hatte Adilene auf der Straße gelebt. Jetzt sind bessere Zeiten angebrochen. In den Sommermonaten gehe es ihr angeblich ausgezeichnet: „Die Gringos mögen mich. Wenn sie mich sehen, dann geben sie mir Geld. 100 Dollar fast jede Nacht", versichert das pausbäckige Mädchen. Mit dem Vater ihres Kindes residierte sie gar zwei Monate lang im *Recife Palace*.

Ich frage sie, ob es hier Zuhälter gäbe. In den Diskotheken oder gar am Strand nicht, sagt sie, aber: „Die gibt es in den Hotels, das beginnt schon an der Rezeption. Das ist etwas für die Schüchternen. Der Zuhälter erscheint und überzeugt den Klienten, der gleich im voraus bezahlt. Manchmal behält der Zuhälter das ganze Geld. Wenn er die *senhorita* schätzt, dann teilt er mit ihr." Mit einer lässigen Handbewegung zieht sie einen Kamm heraus, der im Ausschnitt steckt, frisiert ihr Haar und verzieht das Gesicht: „Sie holen schon *garotas* aus dem Ausland, Argentinierinnen und Bolivianerinnen, die in den Hotels wohnen. Es gibt Zeiten, wo die Touristen sich dort befriedigen und nichts für uns übrig bleibt. Sie werden durch Reisebüros vermittelt, und dann machen sie Feste an der Rezeption, um sie vorzustellen. Letztes Jahr habe ich beobachtet, daß sehr viele Frauen hier spanisch gesprochen haben." Sie nimmt die Zigarette aus dem Mund und zertritt sie energisch auf dem Boden, um Dampf abzulassen.

Besonders in den Wintermonaten ist der Kundenfang schwierig. Unterstützt wird sie dabei von Straßenkindern. Verführerisch lehnt sie irgendwo auf einem Platz, den mit kitschigen Plastikblumen geschmückten Strohhut schief auf dem Kopf plaziert. Die kleinen Jungen laufen am Strand umher. „*Amigo, a senhorita muito bella*", rufen sie, vermischen portugiesisches, spanisches und italienisches Vokabular, um international zu sein. Als Gegenleistung erhalten sie von den Strandmädchen etwas zu essen.

Lina stammt aus der Provinzstadt Maceió. Das Leben dort war ihr zu langweilig. Früher einmal hat sie in einem *Shopping-Center* gearbeitet, bald aber war sie es leid, zu Hause bei ihrer zweijährigen Tochter, bei Vater und Mutter zu bleiben. Gegenwärtig hat sie keine Arbeit mehr und geht am Abend an den Strand. „Manchmal gehe ich ans Meer, um in die Ferne zu sehen." Vielleicht wartet auch irgendwo ihr Märchenprinz. Ein Elektriker aus Deutschland hat ihr schon versprochen, wiederzukommen, und hat ihr zwei Briefe geschrieben. Ob sie auf ihn warten wird? „Kann schon sein", sagt sie lässig und erneuert mit dem Lippenstift das Rot auf ihren Lippen.

Zur Zeit hat ihre Cousine das große Los gezogen, und sie profitiert davon. Sie wohnt gemeinsam mit zwei Freundinnen im Haus des Freundes ihrer Cousine. „Er ist Deutscher, 70 Jahre alt, und jetzt gerade wieder nach Deutschland gereist. Er läßt uns in seinem Haus wohnen. Wir passen auf seinen Hund auf." Ich besuche Lina in ihrer derzeitigen Bleibe. Jeder kennt den Deutschen und seinen grauen Hund, ich habe bloß beim Bäcker fragen müssen. Das Haus liegt in einem Armenviertel und ist für europäische Verhältnisse bescheiden, für die Mädchen aber ein wahr gewordener Traum. Deutsch hat Lina auch schon ein wenig gelernt, und wenn sie mit ihrem vierbeinigen Pflegekind schimpft, sagt sie „Platz" und lacht über ihre Fremdsprachenkenntnisse.

Marineide mit den melancholischen Augen wohnt gemeinsam mit zwei anderen Mädchen in dem Appartement einer Frau, der sie im Monat 40 Dollar zahlen muß. Sie hat ihren deutschen Freund in der einschlägig bekannten Diskothek *Clip* kennengelernt. „Ich habe gesagt, daß ich gerne ein kleines Häuschen hätte. Er sagte o. k. Aber sein Vater hat ihm nicht erlaubt, das Geld abzuheben, und der Immobilienhändler hat gedroht, ihn umzubringen. Und dann hat er mich nach Deutschland eingeladen, um seinen Vater kennenzulernen. Er war gut zu mir, hat mich gefragt, was ich davon halten würde, für immer in Deutschland zu bleiben. Ich sagte, daß ich mich nicht daran gewöhnen könnte, die Art des Zusammenlebens, dort ist es so kalt und so ruhig. Ich wollte wegfahren und er wollte, daß ich noch einen Monat bleibe. Ich hatte Angst, immer dort bleiben zu müssen, und er hatte meinen Paß. Ich habe ihn angefleht, viel geweint. Dann hat er mir Geld gegeben, damit ich gehen kann. Ich habe es nicht ausgehalten. Es ist dort alles so anders, die Leute, das Leben ..."

Die schwarze Schönheit seufzt tief: „Es hat nicht geklappt, ich habe viel mit ihm gestritten. Es ist besser, wenn er dort bleibt. Ich habe versucht, ihn gewissermaßen zu erziehen, aber es hat keinen Sinn gehabt, er war ja schon 40. Er hat das Geld einfach beim Fenster hinausgeschmissen, da er dachte, die Dollars zählen hier mehr." Trotzdem, auch Marineide bevorzugt ausländische Männer: „Weil sie so liebevoll sind und sich für unsere Probleme interessieren. Sie haben so viel Verständnis, sind anders als die Brasilianer, die so kalt sind. Sie sind so aufmerksam", haucht sie.

„Und wieso glaubst du, daß fremde Männer euch suchen?" Sie hat sogleich eine Antwort parat: „Die ausländischen Frauen arbeiten außer Haus, und die brasilianischen Frauen bleiben gerne zu Hause und räumen auf. Ihre Frauen arbeiten und sind ihre eigenen Herrinnen, und die können sie nicht herumkommandieren. Die *Gringos* sagen, ihre Frauen sind kalt, und daß sie uns mögen, weil wir soviel Wärme geben", sagt sie mit einer Überzeugung, die mich aufhorchen läßt.

Jeden Abend, an dem sie arbeitet, trinkt sie *Caipirinha:* „Weil ich mich innerlich dagegen sträube, um mich abzulenken, damit ich nicht weine", sagt Marineide mit dem schiefen Lächeln eines Kindes, das tapfer sein und nicht weinen möchte. Sie denkt daran, sich ins Ausland abzusetzen, nach Argentinien vielleicht. Sie ist schwarz und wäre dort deshalb etwas Besonderes, hofft sie. Eine Freundin von ihr sei gerade auf Tour in Wien, nachher gehe es weiter nach Italien.

Der Traum von Luxus und Glück lockt jedes Jahr mehr schöne Mulattinnen in den kalten Norden. Sie kommen mit Flügen, für die sie einen eigenen Namen haben: *„Vôos para a cama"* – „Flüge fürs Bett". Heiratsagenturen und „Liebhaber", die sie nur flüchtig kennen und die sich nicht selten als Zuhälter entpuppen, versprechen ihnen allzuoft das Blaue vom Himmel. Manchmal kennen sie lediglich ein Foto ihres zukünftigen Mannes. Doch bald, verführt durch Versprechungen eines Jobs oder gar der Heirat, wird ihnen klar: weder sind die blonden Hünen

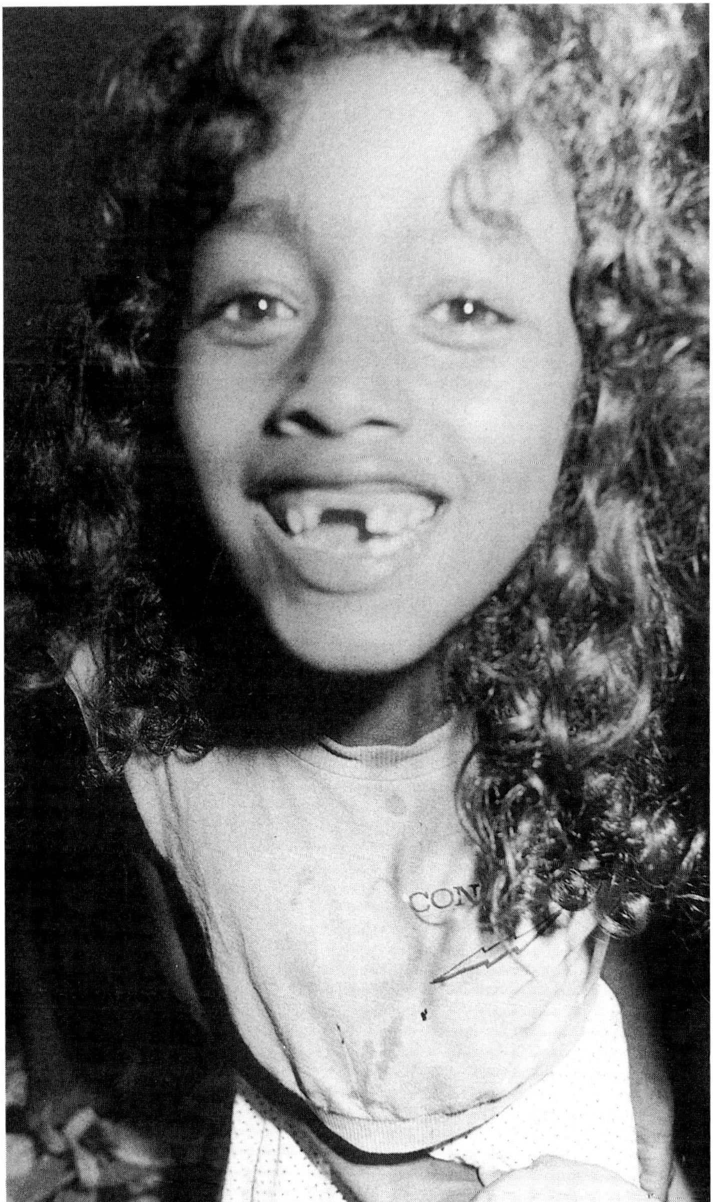


Henrique José

*Straßenkinder in São Paulo.*

Júlio César Cavalcante Silva
Oliver Harisch

*Straßenkinder in Rio.*

Oliver Harisch
Júlio César Cavalcante Silva

*Ein Mädchen baut sich ihr „Haus", irgendwo in Recife.*

Júlio César Cavalcante Silva

*Prostitution gehört zum Alltag der Kinder und Jugendlichen, um überleben zu können. Immer mehr Transvestiten bieten sich Männern an. Die Autorin mit Transvestiten in Recife.*

Henrique José
Ademilton Barbosa

*„Tötet meine Kinder nicht. Wessen Schuld ist das?“,*
*schreibt ein Straßenerzieher auf die Wand eines Hauses in Recife, um die Welle der Gewalt gegen Straßenkinder öffentlich anzuprangern.*
*Recife: Die Polizei nimmt ein Straßenkind fest.*

Antônio Milena / Abril Imagens
Júlio César Cavalcante Silva

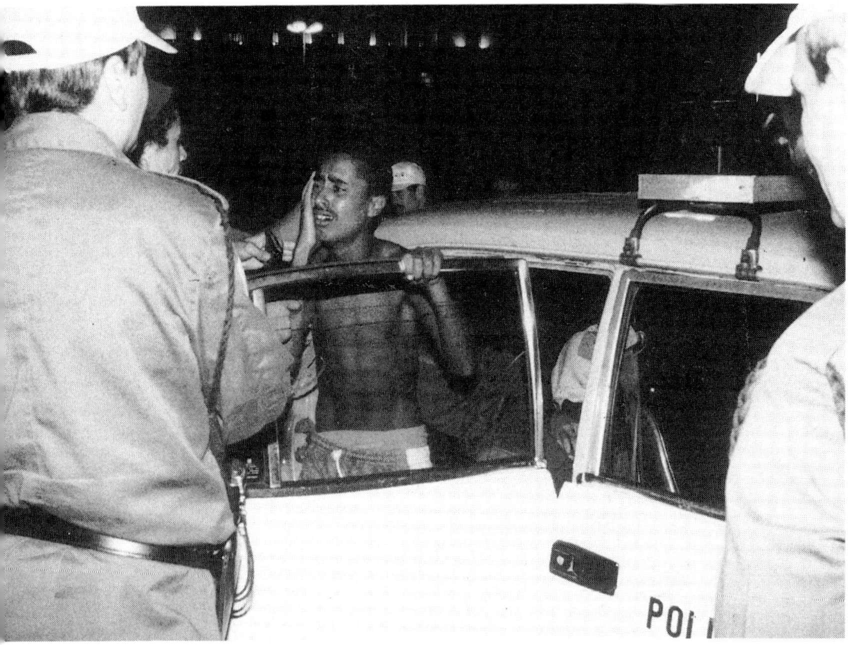

*„Immer hast du Angst vor der Polizei. Schnappt sie dich, dann denkt sie nicht daran, dir zu helfen. Nur so zum Spaß schlagen sie dich grün und blau."*

Júlio César Cavalcante Silva

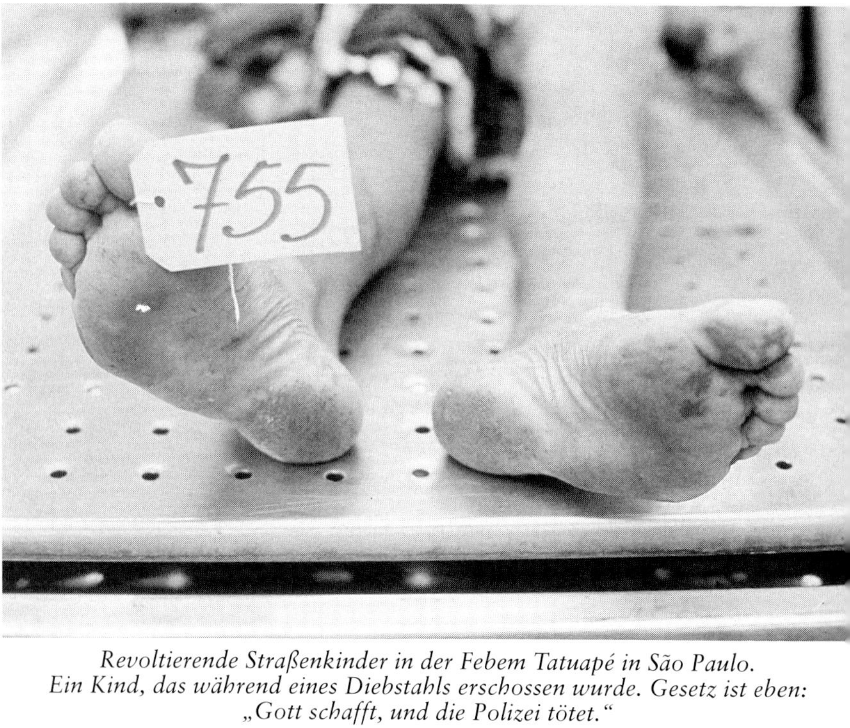


*Revoltierende Straßenkinder in der Febem Tatuapé in São Paulo.*
*Ein Kind, das während eines Diebstahls erschossen wurde. Gesetz ist eben:*
*„Gott schafft, und die Polizei tötet."*

Egberto Nogueira / Abril Imagens
Antônio Milena / Abril Imagens

Engel noch ist oberhalb des Äquators das Paradies. Was sie erwartet, ist nicht selten Illegalität, Rassismus und die Verletzung ihrer elementarsten Rechte.

Bis Mitte der achtziger Jahre wurden vor allem Frauen aus Thailand und den Philippinen bevorzugt, inzwischen werden Brasilianerinnen immer beliebter. Legal besteht für sie die Möglichkeit, als Touristin einzureisen, als Tänzerin, mit der Aussicht auf eine Heirat oder einen Au-Pair-Job. Falls sie tatsächlich geheiratet werden, verbieten ihnen ihre Männer oft, deutsch zu lernen, manche verstecken ihre Reisepässe und gestatten ihnen nicht, ihr eigenes Leben aufzubauen.[51]

Sie leben wie Sklavinnen, werden als Dienstmädchen und Prostituierte mißbraucht. Illegal im Ausland, ständig die Einwanderungsbehörde im Nacken, wandern sie von Stadt zu Stadt. Sie sind gezwungen, sich auf Sex ohne Präservative einzulassen, um mehr Geld zu verdienen. Wenn auch das Leben in der Heimat alles andere als rosig ist, verstehen sie dort zumindest die Sprache.

„Wir sind nicht dagegen, daß brasilianische Mädchen und Frauen ins Ausland fahren, aber wir sind gegen die falschen Versprechungen, die ihnen gemacht werden", meint Sandra Dias von der *Coletivo Mulher Vida* in Olinda. „Sie müssen vorher wissen, was sie in einem anderen Kulturkreis erwartet. Natürlich kann es ihnen niemand verbieten, aber wir wollen sie aufklären, damit sie nicht länger betrogen werden können."

Landesweit formiert sich Widerstand gegen jene, die sich die prekäre Situation der Schwächsten der Gesellschaft zunutze machen, der Frauen und Kinder. Der Zorn richtet sich auch gegen Sextouristen: „Man kann nicht akzeptieren, daß Touristen kommen und sich das Chaos hier zunutze machen. Genauso, wie es nicht zu rechtfertigen ist, daß eine Bordellbesitzerin ihre Arbeit verherrlicht, weil sie das Mädchen von der Straße geholt hat, und ihr ein Dach über dem Kopf gegeben hat, unter dem sie sich jetzt prostituiert. Genausowenig kann ich das hören, daß die Mädchen vor Hunger sterben würden, wenn nicht die *Gringos* auftauchen würden und ihnen 150 Dollar für eine Nacht geben", schimpft Dilma Felizardo von CEBRAIOS.

Auf internationaler Ebene ist man nicht länger gewillt, den Sextourismus stillschweigend hinzunehmen. Auch wenn Sextourismus und Kinderprostitution nicht automatisch in einen Topf geworfen werden dürfen, ist es naheliegend, daß in dieser Grauzone viele ein Eldorado für Sex mit Kindern sehen, der in ihren Herkunftsländern strafbar ist, oder am Ende vielleicht noch Kinderpornos drehen, um sich den nächsten Urlaub zu finanzieren.

Im März 1991 wurde die deutsche „Kampagne gegen Kinderprostitution im Zusammenhang mit Sextourismus“ ins Leben gerufen. Ihr Motto: „Sexuelle Ausbeutung von Kindern ist Gewalt und ein Verbrechen gegen die Menschlichkeit.“ Ihr Ziel ist die sofortige Beendigung von Kinderprostitution im Rahmen des Sextourismus. Unter anderem soll mittels Öffentlichkeitsarbeit ein Wertewandel erzielt werden: Die Ausbeutung von Frauen und Kindern in der Dritten Welt darf nicht länger etwas sein, mit dem man am Stammtisch prahlt. Die öffentliche Meinung soll so beeinflußt werden, daß diese Männer statt dessen einen Gesichtsverlust erleiden.

Sexueller Mißbrauch von Kindern ist ein Verbrechen, das ist unbestritten. Doch allein die gesetzliche Verfolgung der Täter ist keine Lösung. Für manche ist diese das vorrangige Anliegen, für andere ist es die direkte Unterstützung der Minderjährigen. Auch wenn beide Ansätze letztlich dasselbe Ziel verfolgen, sind die Auswirkungen für die Betroffenen zunächst unterschiedlich. Hilfsstrategien, und noch dazu bei so einem heiklen Thema, laufen leicht Gefahr, daß die moralische Empörung über allem anderen steht. Das kann leicht dazu führen, daß an den unmittelbaren Interessen der Betroffenen vorbeigehandelt wird.

Dabei ist zu bedenken: Für viele Mädchen und Frauen sind ihre zweifelhaften „Prinzen aus Übersee“ noch das geringste Übel. Diese Überlebensmöglichkeit darf man nicht zerstören, ohne realistische Alternativen anzubieten. Eine Grundvoraussetzung ist die Bekämpfung politischer, ökonomischer und sozialer Mißstände. Bis dahin ist es notwendig, Präventivarbeit vor allem mit sehr jungen Mädchen zu leisten sowie den Prostituierten zu helfen, die Gefahren zu minimieren und ihr Überleben zu sichern: etwa durch Aids-Aufklärung, Orte, wo sie sich ein wenig erholen können, sich pflegen, verschnaufen, reden, durch Selbsthilfegruppen und schließlich durch die gemeinsame Suche nach Ausstiegsmöglichkeiten.[52]

## DIE MÄDCHEN AUF DER PRAÇA DO DIÁRIO

„Ich möchte dich was fragen", sagt der kleine, dickliche Mann Mitte 50 verächtlich und zeigt seine verfaulten Zähne. „Warum bist du da?" – „Weil ich hier am Platz lebe", antwortet die junge Schwarze. Die Hände tief in den Hosentaschen seiner abgewetzten Jeans vergraben, betrachtet er sie geringschätzig: „Bist du verheiratet. Gut verheiratet?" – „Ja. Ich habe meinen Mann. Bei ihm lebe ich, und dort will ich leben." – „Warum ist dein Schöner nicht zu Hause mit dir?" fragt er spöttisch. „Weil er arbeitet."

„Bist du aus einem bestimmten Grund da?" – „Ich bin hier wegen ... Ich gehe nicht mit Männern weg." – „Ah, das ist ja sehr interessant." Er geht einen Schritt auf sie zu und tätschelt lässig ihre Wange. „Du willst was über mein Leben wissen, nicht?" Sie seufzt kurz. „Mein Gott. Ich bin hier wegen einem Typ, der ein Freund meines Mannes ist."

„Also, machen wir es kurz", sagt der graumelierte Mann gelangweilt. „Willst du mit mir bumsen oder nicht? Ich gebe dir 100 *contos*." – „Nein. Das ist zu wenig. Das ist Dreck." – „Willst du 500?" – „O. k.", sagt sie, „das ist schon besser." – „Ah, so eine bist du. Geld willst du." Er lacht hell auf. „Natürlich, mein Freund. Ich will meinem Mann mit Geld helfen, nicht mit Dreck."

„Du bist bescheuert." Der Mann krümmt sich vor Lachen und geht weg. *Cheirosa* – so ihr Spitzname, weil sie viel Klebstoff schnüffelt – blickt stumpf vor sich hin. Wieder einmal bleibt sie ohne Geld zurück.

Täglich gegen 5 Uhr erscheint die 22jährige auf der Praça do Diário, einem wichtigen Busbahnhof im Zentrum von Recife. Den Tag verbringt sie in der *Casa Menina-Mulher* in der Rua São João. Dort bekommt sie Essen, lernt Lesen und Schreiben und macht Handarbeiten. Irgendwann soll es eine Ausstellung geben, und die Mädchen dürfen die Hälfte des Gewinns behalten. Mit oder ohne Ausstellung, *Cheirosa* muß ihr Geld auf der Straße verdienen, sonst reicht es nicht zum Überleben. Allein für ihr Zimmer in einer schäbigen Pension muß sie 500 Cruzeiros pro Woche zahlen. Auch ihrem Liebhaber, den sie als ihren Ehemann bezeichnet, will sie helfen, so wie er ihr auch unter die Arme greift. Ihre beiden Kinder, die sie auch unterstützen muß, leben bei Bekannten. Mit dem Aufgabenheft in der Hand, in das sie mühevoll Additionen kritzelt, wartet sie auf Kunden.

Bereits um 9 Uhr am Vormittag lehnen die *raparigas* lässig beim Taxistand, ohne die im Milieu übliche Aufdringlichkeit in Kleidung und Benehmen. Bedarf an Freudenmädchen gibt es immer, zwischendurch, in einer Kaffeepause, wenn man schnell etwas kopieren geht, auf dem Weg vom oder zum Büro. Doch nicht alle Mädchen hier sind für jedermann zu haben. Manche sind die Mätresse eines Geschäftsmannes, der nach Dienstschluß, bevor er als braver Ehemann nach Hause eilt, mit ihr in ein Hotelzimmer verschwindet. Und da sie sonst nicht weiß, was sie tun soll, verbringt sie den restlichen Tag mit ihren *colegas* auf der Straße. Doch als Prostituierte in festen Händen betrügt sie ihren Liebhaber nicht.

Abgasschwaden schweben zwischen den baufälligen Althäusern. Überall lungern abgerissene Gestalten mitten im hektischen Gewühl der Passanten herum. Ein Mann kreischt Lieder von der Tristesse des Nordostens ins Mikrophon. Das Publikum klatscht und summt mit. Klitschnaß durch die unerträgliche Schwüle beobachte ich ruhig das geschäftige Treiben.

Immer wieder schlängelt sich eines der Mädchen an mich heran und fragt neugierig: „*Batalha?*" – „Kämpfst du?" Hier heißt kämpfen „mit einem Mann schlafen, die Beine für den Mann breit machen", sagen die *raparigas*. Ich erkläre ihnen, warum ich gekommen bin. Sie freuen sich: „Gut, daß jemand über unser Leid schreibt."

Warum sie hier sei, frage ich Jaciane, die auf der rechten Wange tätowiert ist. „Weil ich es brauche, ich muß kämpfen. An einem Tag wie heute weiß ich weder aus noch ein. Ich habe nicht eine einzige Münze verdient, niemand hilft mir. Und ich muß nicht nur *eine* Packung Milch kaufen, das reicht nicht. Ich brauche zwei, drei. Mein Sohn wird bald zwei Monate alt, und ich will nicht, daß er nur einen Tag Hunger hat. Ich halte das aus, aber er nicht, er ist noch ein Kind." Für Jaciane läuft das Geschäft nicht so gut – sie ist schwarz, und ihr fehlen die vorderen Schneidezähne. Da gibt es schönere, die ihr die Männer wegschnappen.

„Wer sind eure Kunden?" frage ich in die Runde. „Wir machen für jeden die Beine breit, der uns Geld gibt, *tia*", sagt *Cheirosa* vertrauensvoll und hängt sich bei mir ein. Sie schreit, weil sie die richtige Lautstärke nicht mehr finden kann. Ihr Kopf ist voll von Klebstoffdämpfen. „Aber wir riskieren dabei unser Leben. Manchmal kommen wir ins Zimmer, und der Typ schlägt uns, und wir sterben wegen nichts. Und dann gibt es auch die, die mit uns abziehen und nicht zahlen wollen."

„Hast du auch manchmal etwas mit Ausländern?" Sie kratzt sich nervös an Armen und Hals. „Wenn sie auftauchen, schlafe ich sogar mit ihnen, aber ich versteh nicht, was sie sagen", lallt sie.

„Aber die *Gringos* wollen schöne Frauen, gut hergerichtet, die ihre Sprache verstehen", fährt Jaciane dazwischen. „Die Brasilianer zahlen nicht viel, aber es ist o. k. Sie zahlen 500, 300, 250, 150, manchmal nur 100, nur für 50, 80 gehen wir nicht weg."

„Geben sie euch auch Essen?" – „Fast nie, nur Stammkunden, die wissen, daß wir nichts zum Essen haben, bringen Maismehl, Bonbons, Bier", entgegnet sie und schlendert davon, um nochmals eine Runde zu drehen, in der Hoffnung, diesmal – wie sie sagt – „das Herz eines Mannes zu erobern".

Unter den vielen *raparigas* ragt ein besonders junges Gesicht heraus: Maria Luiza. Sie ist Hausangestellte und trägt, ganz bürgerlich, einen geblümten Rock und eine weiße Bluse. Sie ist 16, zierlich, klein, hat eine helle Haut, die lockigen, brünetten Haare trägt sie kurz. An ihren freien Tagen kommt sie in die Stadt. Sie gehört erst seit vier Monaten zur Szene. „Die Mädchen aus der Nachbarschaft haben mir das in den Kopf gesetzt. Also dachte ich, du schaust dir das einmal an." Sie ist verheiratet. „Mein Mann macht zwar Ärger, aber ich hör nicht hin. Wir leben getrennt, es hat sowieso keinen Sinn mehr. Er hat dauernd herumgenörgelt, wollte mich schlagen."

Als Dienstmädchen verdient sie 2500 Cruzeiros pro Woche, vergleichsweise kein schlechtes Gehalt, doch davon müssen auch ihre zwei Kinder und die Mutter leben, und das ist unmöglich. Auf der Praça do Diário verdient sie an einem Tag 1500.

Ich frage sie: „Wie fühlst du dich, wenn du mit einem Freier weggehst?" – „Ich schäme mich total, aber das bringt auch nichts." – „Was redest du mit ihnen?" – „Sie fragen mich, ob ich nicht mit ihnen wohnen möchte, weil dieses Leben nichts bringt. Aber ich kenne sie ja nicht, ich weiß nicht, woher sie sind, da kann ich doch nicht bei ihnen wohnen. Wer weiß, vielleicht tun sie mir was an." Ihre Stimme klingt trotzig und ein wenig wehmütig.

„Nimmst du jeden Mann?" möchte ich wissen. „Nein. Ich schau ihm in die Augen, um zu wissen, ob er gut für mich ist oder nicht. Im Zimmer schau ich mir sein Ding genau an, und wenn da was nicht stimmt, dann läuft nichts. Das brauch ich nicht, daß er mich mit irgendwas ansteckt."

„Wie viele Männer hast du pro Tag?" Sie räuspert sich, und ein wenig später: „Heute waren es zehn. Es ist beschissen. Am schlimmsten sind die, die ins Zimmer kommen und jede Art von Sex machen wollen."

„Ich versuche mir vorzustellen, wie du das aushältst", sage ich ein wenig unbeholfen. Sie lacht kurz und laut. „Nachher bade ich in Salzwasser, damit nichts zurückbleibt. Je mehr man badet, desto besser. Ich bade nach jedem Mann, mit dem ich aufs Zimmer gehe."

Zuhälter gibt es keine auf der Praça do Diário. Die Prostituierten müssen an niemanden Schutzgeld abliefern, doch das kann leicht zum Verhängnis werden, denn keiner beschützt sie. „Es war nach Mitternacht. Plötzlich stand er im Dunklen vor mir und hat mir mein Geld, meine Uhr und meine Kette weggenommen", erzählt Maria Luiza und schaudert jetzt noch, wenn sie daran denkt. „Ich hatte 70 Dollar bei mir, von einem *Gringo*, einem Matrosen. Der Typ hält mir den Revolver ins Gesicht und sagt: ‚Mach, daß du wegkommst! Sonst knall ich dich ab.' Was hätte ich tun sollen?"

Die Prostituierte auf der Straße lebt extrem gefährlich, außer sie hat einen Beschützer, der respektiert wird: Er verwahrt das täglich verdiente Geld, er spinnt ein Netz der Sicherheit um sie. Sie teilt deshalb gerne ihren Lohn mit ihm und findet das auch gerecht, vorausgesetzt, er ist ein „guter" Beschützer, ihre *seguranca*. Bei ihm kauft sie sich ihren Schutz. Der andere Beschützer wird *rufiao* oder *caften* genannt. Er ist ein Zuhälter, dem sie Geld und Liebe gibt. In erster Linie verbindet sie mit ihm normalerweise nicht Liebe, sondern das Geschäft, mit oder ohne sexuelle Kontakte. Und ihre sexuellen Beziehungen laufen routiniert und lieblos ab.

Mit ihrem Zuhälter ist sie in einer ganz eigenen Art und Weise verbunden. Sie ist ihm in gewissem Sinne dankbar und zeigt ihm gegenüber unterwürfiges Verhalten, nicht nur, weil er sie beschützt. Da sie an Demütigungen aller Art gewöhnt ist und mit ihm nun jemand getroffen hat, der ihr Sicherheit gibt und sie in ihrem Leben begleitet, läßt sie sich von diesem Mann gerne gefangennehmen. Selbst wenn sie ihn nicht liebt, ihn nur versteht und seine Handlungen abschätzen kann, weiß sie wenigstens, was sie von ihm zu erwarten hat. Sie kennt sich aus und ist nicht allein.

Die Liebesgeschäfte haben ihre eigenen Regeln. In einen Kunden darf sie sich nicht verlieben. *Cavalo* bleibt *Cavalo*. Liebe darf sie nur empfinden für jemanden, der aus der Szene ist. Nimmt sie ein Kunde emotional gefangen, dann kann sie vom Zuhälter bestraft werden – sogar mit dem Tod. Sie darf ihn nicht betrügen.

Aber hin und wieder braucht sie auch „wahre" Liebe, dafür hat sie dann einen Liebhaber. Auch dieser *amigo do peito* – der „Busenfreund" – herrscht über sie – aber in subtilerer Art. Er wendet nur selten Gewalt an. Er besitzt sie durch Liebe, ihre verzweifelte und anhängliche Liebe. Das Geld fließt ihm nur so zu. So wird das Mädchen zur Käuferin der Liebe. Sie gibt dem Freund, der ihr seine Liebe gibt, ihr Geld.

Unbewußt setzt sie Liebe mit Sex gleich. Sexuelle Handlungen müssen von den Kunden bezahlt werden. Wenn sie die Kunden endlich in Ruhe lassen, braucht sie selbst körperliches Vergnügen. Aber was soll sie noch fühlen, erschöpft und traumatisiert, wie sie ist? Drogen geben ihr Kraft für ein „normales“ Liebesleben, verschaffen ihr Wohlempfinden, ein Gefühl der Wonne. Sie verliert ihre Hemmungen. In ihrer Trunkenheit und Euphorie verspürt sie den Wunsch, geliebt zu werden und zu lieben. Wirklich zu lieben! Diese Ekstase nützt sie, um ihrem Liebhaber das Vergnügen zu bereiten, das er von ihr erwartet.[53]

Das Mädchen oder die Frau, die über Jahre hindurch ihren Körper vermietet, übersteht das nicht ohne tiefgreifende seelische Verletzungen. Sie erlebt mehr oder weniger freiwillig permanente Übergriffe auf ihren Körper, und durch ihn wird sie verletzbar.

Dagegen entwickelt sie nun einen Abwehrmechanismus: die tiefe Spaltung ihrer Persönlichkeit, mit dem Ergebnis, daß sie ihr Ich und ihren Körper nicht mehr als Einheit empfindet. Jetzt können ihr Demütigungen aller Art widerfahren, ohne daß dabei ihr eigentliches Selbst zerstört wird. Diese Spaltung läßt sie an eine Kontrolle über ihr Selbst glauben, obwohl die Selbstbestimmung ihres Lebens und ihrer „äußeren Hülle“ unmöglich ist.

Gelingt ihr das bald, können gröbere psychische Schäden verhindert werden. Mit der Ausbildung eines „öffentlichen“ und eines „privaten“ Ichs ist sie dann vor den Übergriffen der Männer weitgehend geschützt. Allerdings besteht die Gefahr, daß ihr „öffentliches“ Ich sich nach und nach des „privaten“ Ichs bemächtigt und ihr Selbst allmählich ausgelöscht wird.[54]

Wird die äußere Hülle unerträglich, weil ihre Persönlichkeit durch ihren mißhandelten Körper ständig entwertet wird, beginnt sie ihn in selbstverachtender Weise zu malträtieren. Sie verletzt ihn mit Rasierklingen und Messern, denn sie will nicht das sein, was ihr Körper aus ihr macht. Autoaggressivität wird auch zum Zeichen der Selbstbestimmung: Wenigstens so kann sie zeigen, daß nicht nur andere sie beherrschen, sondern auch sie sich selbst.

Marilia fällt auf unter den anderen Mädchen auf der Praça do Diário: Ihre Arme und ihr Gesicht sind von tiefen Narben durchzogen, die sie sich selbst zugefügt hat, dennoch sind ihre Gesichtszüge sehr schön. Ruhig, mit einer gewissen Wehmut lehnt sie an einer der Eisenstangen, die beim Taxistand als Straßenabsperrung angebracht sind. „Ich bin in einem richtigen

Haus aufgewachsen. Mein Vater hat bei der Verkehrsbehörde gearbeitet. Er hat genug Geld verdient, aber er hat mir nie auch nur eine Flasche Milch gebracht. Die gab es nur, wenn meine Mutter was verdient hat."

Zwischen Marilias Eltern gab es täglich Krach. „Dann ist meine Mutter wieder schwanger geworden, aber sie konnte meine Schwester nicht behalten. Sie hat sie hergegeben, hat nur mich großgezogen, aber nur, um mich zu verprügeln. Sie war nie eine Mutter, die mit mir geredet, mir geholfen hat. Sie hat nur meinen Kopf an die Wand geschlagen, mich mit dem Stock verhaut, mich niedergemacht. In der Hand meiner Mutter ist es mir wie einer Sklavin ergangen. Aber ich konnte nichts dagegen tun, weil sie meine Mutter war."

Langsam streicht sie sich über ihr Haar, das ihr unordentlich in die Stirn hängt. Ihre Augen werden feucht, fast versagt ihre Stimme: „Dann hat man ihr in den Kopf gesetzt, daß ich gläubig werden soll. Ich habe ein Jahr und acht Monate Evangelisierung gehabt, ich wurde getauft und all das Zeug. Nachher bin ich von dort weg. Damals habe ich einen Mann geliebt, der ein Zimmer im Haus meiner Mutter gemietet hat. Einmal ist eine *colega* gekommen und hat gesagt: ‚Dona Maria, sie ist keine Jungfrau mehr, ich habe sie mit drei Männern im Wald gesehen.' Da wollte sie mich rauswerfen, und sie fragte meinen Freund, ob er bei mir bleiben wollte. In der nächsten Nacht habe ich mich mit ihm verloren. Ich habe das Leintuch vom Bett genommen und habe es ihr gezeigt, damit sie wußte, daß ich noch bis zu dieser Nacht Jungfrau war. Und ich habe zu ihr gesagt. ‚Mutter, wenn Gott mich bestrafen will, dann sind Sie die Strafe.'"

Dann hatte ihre Mutter einen Unfall und ist seither von der Tochter abhängig. „Jetzt läuft sie hinter mir her", sagt Marilia. „Sie braucht mich, und ich schlage ihr auch nichts ab. Wenn ich etwas habe, dann gebe ich es ihr. Aber es tut mir immer noch weh, was sie mit mir gemacht hat. Auch wenn sie meine Mutter ist, kann ich das nicht vergessen."

Als ihre Mutter sie aus dem Haus warf, war Marilia 15, ihr Freund 32. Sie hatte Streit mit ihm, weil er sie betrog, und bald darauf landete sie im Rotlichtbezirk. „Damals hab ich eine Frau kennengelernt, die in der *zona* gelebt hat, und die hat eines Tages gesagt: ‚Gehen wir in eine Bar.‘ Und so bin ich, dumm und unerfahren, wie ich war, mit ihr gegangen, und sie hat mich nach Rio Branco mitgenommen. Sie hat mich dort allein gelassen und ist verschwunden. Ich habe dort niemand gekannt, hab nicht einmal gewußt, wie man da herauskommt. Ich hab gefragt, was das hier sein soll, und die Leute haben gesagt: ‚Das ist eine *zona*.‘“

Als sie auch noch in eine Schlägerei verwickelt wurde, rief Marilia die Polizei. „Sie haben die Frau unter dem Bett hervorgeholt, wo sie sich versteckt hat.“ Aufgebracht erzählt sie weiter: „Die Kanaille hat gesagt, daß sie damit gar nichts zu tun hätte. Ich: ‚Doch, weil ich minderjährig bin und du mich hier reingebracht hast.‘ Und so wollten die Bullen sie verhaften.“

Doch Marilia hat die *zona* nicht mehr verlassen: „Dann war da so ein Typ, der mich in das Nachtlokal seiner Tante gebracht hat. Dort bin ich geblieben bis heute. Sie haben mir dort ins Gesicht geschlagen, damit ich lerne, wie ich bei den Männern sein muß. Heute ist es so: Wer mich schlägt, kriegt auch was ab. Wenn mir wer ein Messer reinsticht und mich dabei nicht tötet – sein Pech. Auch ich mag Blut. Ich habe nichts zu verlieren.“ Dann seufzt sie: „Mein Leben ist ein Spiel, das nur ich verstehe.“

# Die Kinder von Rio Branco

Das Zentrum von Recife liegt auf einer Insel im Delta des Capibaribe. Dieses Gewirr von Hochhäusern und hupenden Autos wird wegen der vielen Wasserläufe, die die Stadt durchziehen, „brasilianisches Venedig“ genannt. Über den Fluß, eine bestialisch stinkende braune Brühe, gelange ich zum ältesten Teil der Stadt, wo das Hafenviertel Rio Branco liegt. Die Stimmung schlägt um: keine Großstadthektik mehr. Zwischen baufälligen Althäusern in den schattigen Pflastersteingassen sind bloß vereinzelt Menschen zu sehen. Erst nachts, wenn die Prostituierten aus den umliegenden Pensionen kommen und sich unter Matrosen aller Länder mischen, kommt etwas Leben auf.

Im traditionellen „Hurenviertel“ suche ich eine Form der Prostitution, die mir seit meinem Aufenthalt in Recife noch nicht begegnet ist: Kinder und Jugendliche, die in Banden auf der Straße leben und ihren Körper verkaufen – sporadisch, ungeschützt, unkontrolliert, unauffällig. Auf der Praça do Diário und auf der Rua de Palma trifft man Mädchen und Frauen, die nur teilweise auf der Straße leben. Manche verkaufen sich tagsüber, andere bevorzugen die Nachtschicht, doch alle haben ein Dach über dem Kopf. Sie leben im Haus einer Freundin, bei der Mutter, in einer Pension, in einem Bordell.

In diesem Milieu findet sich kein „echtes“ Straßenmädchen. Ihre Welt ist die Gruppe. Einzelaktionen gibt es nicht. Sie gehen nicht auf den Strich. Denn das ist mit Regelmäßigkeit verbunden: jeden Tag zu einer bestimmten Uhrzeit einen bestimmten Ort aufzusuchen. Dazu sind sie viel zu chaotisch, viel zu augenblicksbezogen. Sie prostituieren sich, wo sie gerade wohnen: in der Nähe ihres Lagers.

Ana Vasconcelos, Mitarbeiterin der *Casa da Passagem*, eines Hilfszentrums für minderjährige Prostituierte in Recife, schildert die Tragödie dieser Kinder: „Egal, ob sie nun acht oder zehn

Jahre alt sein mögen, sie sind keine Mädchen mehr, sondern immer schon kleine Frauen der Straße." Als Körper für alle sei das Straßenmädchen eine *vagina ambulante:* „Da ihr auf der Straße das Lebensnotwendige verweigert wird, muß sie sich verkaufen. Sie wird dafür mit Steinen beworfen im Namen einer Moral, die sich ständig widerspricht." Ohne Chance, das Modell der „guten" Frau zu erfüllen, wird sie zum schlechten Vorbild der Prostituierten. Es gibt keinen Ausweg, das lernt sie bald.

Ein Ergebnis der Untersuchungen, die Mitarbeiterinnen der *Casa da Passagem* in Recife durchführten, zeigt auf, daß Straßenmädchen, die einmal das zwölfte Lebensjahr erreicht haben, kaum länger als ein halbes Jahr auf der Straße überleben können, ohne sich zu prostituieren. Doch die Straßenmädchen selbst sehen sich zum Teil nicht als Prostituierte, für sie dient der Verkauf ihres Körpers dazu, Hunger und Kälte zu überwinden und ein bißchen von der Straße wegzukommen. Nach wie vor bleiben sie den anerzogenen Moralvorstellungen verhaftet und sehen Prostitution als etwas Schlechtes an. Sie sind für Jungfräulichkeit und Ehrlichkeit – eines der vielen widersprüchlichen Phänomene auf den Straßen Brasiliens.[55]

Vor einem *Fast-Food*-Lokal hocken vier kleine Kinder, die Passanten anbetteln. Ein kleines Mädchen mit zerzaustem blonden Haar, zwei Jungen und Ingride. Ihre schwarzen Locken sind ordentlich mit einem Haarreifen zurückgehalten, sie trägt eine blaue Schuluniform und einen Rucksack, weil sie direkt von der Schule auf die Straße kommt. Mit ihrem bestechenden Lächeln bahnen sich die Kinder einen Weg in das Herz der Lokalbesucher. Fast jeder hat ein nettes Wort für sie übrig – und Geld. Eine ältere Dame hat dem kleinen, blonden Mädchen mit ihrem bildhübschen Puppengesicht einmal sogar angeboten, in ihrem Haus zu wohnen. So können ihre Familien täglich mit einer schönen Summe rechnen.

Ein Weile sitze ich bei den Kindern auf dem dreckigen Bürgersteig, dann mache ich mich wieder auf den Weg, um „echte" Straßenkinder zu finden. „Geh nicht weiter, *tia*, dort gibt es viele Kleisterschnüffler", warnt Ingride. Kaum zehn Meter weiter begegnen mir auch schon drei Halbwüchsige, verwahrlost, schmutzig, barfuß, und fordern etwas zu essen. Ehe ich mich zu einer

Antwort durchringe, stürmen Ingride und ihre kleinen Freunde auf die weitaus älteren und stärkeren Straßenkinder zu. „Verschwindet, laßt sie in Ruhe“, brüllt das Mädchen. Erstaunlicherweise ziehen die drei wirklich ab. „Gehen Sie lieber zurück“, rät mir Ingride besorgt. „Ich habe keine Angst, danke“, meine ich selbstsicher und muß über meine besorgte kleine Freundin lächeln.

Die drei Straßenjungen tauchen erneut auf, diesmal aber bewaffnet. Der Junge in der Mitte hält einen langen Bambusstab in der Hand. Im Laufschritt überqueren sie die Straße, eilen mit drohender Miene auf mich zu.

Wäre dies meine erste Begegnung mit den allseits gefürchteten Straßenkindern gewesen, wäre ich handlungsunfähig gewesen und hätte bestenfalls die Flucht ergriffen. Für den Bruchteil einer Sekunde schießt es mir durch den Kopf, mein Gesicht, meine Augen mit den Händen zu schützen, mich umzudrehen, hinzukauern. Doch damit hätte ich mich als Prügelopfer geradezu angeboten. Nun beginnt ein spannendes Spiel. Ein Spiel, bei dem ich nicht verlieren darf, wenn ich nicht Uhr, Rucksack, Geld, Tonbandgerät loswerden und ein paar blaue Flecken kassieren will. Eigentlich bin ich vor allem deshalb in diese verzwickte Situation geraten, weil Ingride und ihre kleinen Freunde mich vor den Jungen schützen wollten und sie damit wie meine Feinde behandelten. Indem die Kleinen mich verteidigen, sagen sie außerdem, daß ich die Unterlegene bin. Plötzlich bin ich mitten im Krieg und muß eine Rolle übernehmen, die ich nicht will. Ich kann mich nicht mehr „normal“ und unauffällig benehmen. Ich muß sie „besiegen“, gleichzeitig aber zeigen, daß ich ihre Freundin bin.

Zuerst tue ich so, als würde ich gar nicht bemerken, was vor sich geht. Ich grüße den Jungen mit dem Bambusstab und lege ihm meine Hand auf die Schulter. Ich spreche sehr laut, um Stärke zu zeigen, und lade ihn ein, mit mir ein Hamburger-Lokal aufzusuchen. Dann stelle ich mich theatralisch vor, reiche jedem von ihnen die Hand, nenne meinen Namen und frage sie nach dem ihren. Mein Hintergedanke: Wenn sie mich persönlich kennen, sinkt die Wahrscheinlichkeit, daß sie mich berauben. Das haben sie nicht erwartet. In ihren dunklen Augen entdecke ich

Unsicherheit. Sie wissen nicht, wie sie mich einordnen sollen. Wir gehen über die Brücke zurück ins belebte Zentrum. Die Kinder lachen sich halb tot über mich. Ich frage, was sie denn so komisch fänden, aber die drei zerlumpten Halbwüchsigen antworten nicht. Ich blicke ihnen geradewegs ins Gesicht, versuche, nicht nervös zu wirken. Wir gelangen zu einer Kreuzung, die Ampel zeigt Rot, die Straßenkinder laufen hinüber. Ich warte, bis es grün wird. Ein Mann mit Aktenkoffer und Krawatte kommt mir auf dem Zebrastreifen entgegen und zischt: „Vorsicht, an der Ecke warten sie, geben Sie auf Ihre Uhr acht!" Ich spüre, wie die Blicke uns folgen, während wir auf dem holprigen Trottoir den Fluß entlang marschieren.

Wir betreten ein Lokal, in dem wie üblich am späten Nachmittag nicht viel los ist. Ich bin in Sicherheit und atme ein wenig erleichtert auf. Die drei werden auf einmal eigenartig schweigsam, wetzen unruhig auf den Stühlen, schaffen es nicht, bloß eine Sekunde stillzuhalten. Nervös wandern ihre Augen hin und her. Sie passen nicht hierher, das wissen sie genau.

Kurz darauf betritt ein Mann das Restaurant: „Haut ab", schnauzt er die Kinder an. Sie rühren sich nicht vom Fleck und blicken mich erwartungsvoll an. „Ich zahle", antworte ich mit erzwungen ruhiger Stimme. „Die Kinder bleiben hier." Der Gast wendet sich mit angeekelter Miene an den Kellner und meint vorwurfsvoll: „Wenn hier Straßenkinder bedient werden, dann gehe ich wieder." Er dreht sich um und verschwindet.

Bebend vor Wut wischt der Kellner wortlos die Tische ab. Stumm nippe ich an meinem Orangensaft und rate dem Kellner in Gedanken, uns nicht rauszuschmeißen. Wir sind jetzt Gegner in diesem Krieg. Schweigsam verzehren die Jungen ihre Hamburger, blicken verlegen zu Boden. Sie müssen gefühllos werden, um das zu überstehen. So wie mit ihnen kein Mensch Mitleid hat, haben sie es bald auch mit niemandem mehr.

Die drei bedanken sich und tauchen im Asphaltdschungel unter. Ich kehre zurück in die menschenleeren Gassen von Rio Branco.

Vor mir tauchen plötzlich zwei Straßenmädchen auf, die eng umschlungen auf der Pflastersteinstraße Richtung Hafen schlendern. Ich steuere von hinten auf sie zu, lege der Größeren von beiden die Hand auf die Schulter und frage, ob ich sie begleiten darf, worauf sie freudig einwilligen. Paula hängt sich an meiner linken Seite ein, Raquel auf der rechten. Raquel hält – für Straßenkinder äußerst ungewöhnlich – eine hellblaue Blockflöte in der Hand. Die habe ihr ein *amigo* geschenkt. Sie lächelt verschmitzt und zieht drei Fotos aus dem Hosenbund: Raquel, auf einem Sessel sitzend, in verschiedensten Positionen, bekleidet nur mit ihren klobigen, dunkelbraunen Schuhen. Auch ein kleines Geschenk von einem Freund, klärt die 14jährige mich auf.

Unter ihren T-Shirts haben meine Begleiterinnen Flaschen mit Lösungsmittel versteckt und nehmen hin und wieder einen kräftigen Zug von der tödlichen Droge. Wir biegen um die Ecke in eine stinkende Seitengasse und stoßen auf eine Gruppe von zehn Kleisterschnüfflern, die auf dem staubigen Gehsteig herumlungern. Paula und Raquel bleiben in einem Sicherheitsabstand von den anderen Kindern stehen. Wer weiß, vielleicht bestiehlt mich sonst jemand. Sie fühlen sich für mich verantwortlich, doch garantieren können sie für meine Sicherheit nicht. Das kann nur der Stärkste der Gruppe.

Sie rufen Fabriciella. Ihr Haar ist lang und brünett, Stirnfransen hängen ihr über die Augen, Tusche auf den Wimpern, ein Hauch von Rot auf den Lippen. Sie grüßt mich mit einer auffällig tiefen Stimme, die sie mit Paula gemeinsam hat. Vielleicht sind sie verkühlt, kein Wunder, sind sie doch Tag und Nacht im Freien.

Erst nach einer Weile weihen die beiden mich in ihr Geheimnis ein. Spät bemerke ich das Offensichtliche: Sie sind Transvestiten. Tatsächlich – ihre Arme sind zart, aber zu sehnig und muskulös für ein Mädchen. Ihr Hals ist schlank, doch ihr Adamsapfel ist männlich markant ausgebildet, und ihre Brust ist zu flach für Mädchen in ihrem Alter. Trotzdem, mit ihren langen Haaren, den weiten Röcken, ihrem weiblichen Gehabe und ihrer zierlichen Gestalt ist die Tarnung fast perfekt.

Es ist gerade Essenszeit. Jarbione, der Älteste von ihnen, ein Schwarzer von eindrucksvollem Körperbau, beugt sich über die Motorhaube eines Autos, auf der ein weit geöffneter Plastiksack mit Bohnen und Reis liegt. Er wühlt mit den Fingern im kalten Essen, schlingt es hastig hinunter. Seine schmalen Katzenaugen blicken wachsam in die Runde, mißtrauisch bleibt sein Blick an mir haften. Fabriciella und Paula nähern sich ebenfalls dem Sack und stecken jedesmal, wenn Jarbione eine volle Hand zum Mund führt, ihre schlanken Hände in den Reis-Bohnen-Matsch.

Raquel und die anderen warten schweigend in einem Abstand von zwei Metern. Ein Junge nähert sich vorsichtig dem Auto, hält jedoch sofort inne, als Jarbione ihm abwehrend die Hand entgegenstreckt. Nachdem sich Jarbione und die offenbar in seiner Gunst stehenden Transvestiten Paula und Fabriciella gelabt haben, machen sich die jüngeren und kleineren an die Überreste heran. Jeder weiß, wo sein Platz ist und was passiert, wenn er dem Überlegenen in die Quere kommt. Das Gesetz des Stärkeren sorgt für hundertprozentige Disziplin. Ich lehne mich ans Auto und frage Jarbione herausfordernd: „Die anderen meinen, daß du mich bestehlen könntest. Würdest du das wirklich tun?“ Er steht regungslos da wie eine Statue und antwortet nicht, lediglich seine unruhigen Augen mustern mich von oben bis unten. Immer wieder begegnen sich unsere Blicke, und ich lächle ihn an. Nur wenn ich ihn zum Freund gewinne, bin ich hier wirklich sicher.

Gegenüber befindet sich der steile Treppenaufgang zur Pension Rosali, ein brüchiges Althaus, bei dem die Außenfarbe verwaschen ist. Ganz oben, von der Straße aus nicht mehr zu sehen, dürfen die Straßenkinder auf der Treppe schlafen. Ich suche das Gespräch mit Jarbione: „Wieso läßt der Pensionsbesitzer euch dort schlafen?“ – „Weil er weiß, daß wir nichts zum Schlafen, nichts zum Wohnen haben und daß es dort sicherer ist“, antwortet er mürrisch. „Wovor hast du hier Angst?“ – „Ich habe Angst, plötzlich zu sterben, auf der Straße zu schlafen und jemand kommt und tötet mich. Es gibt Leute, die keine Kleisterschnüffler mögen“, sagt er mit halb abgewandtem Gesicht.

Vor Attentätern sind die Kinder in der Pension sicher, aber nicht vor der Polizei. „Hier kann uns die Polizei finden. Sie durchsuchen unsere Sachen, nur wir haben nichts Gestohlenes dabei, weil wir vorsichtig sind“, berichtet Jarbione.

Er blickt verbissen drein, seine Augen sind nur mehr schmale Schlitze. „Die Bullen sind die größten Verbrecher. Sie nehmen das, was die Straßenkinder stehlen, und behalten es. Du siehst sie mit Ketten und Uhren, die Straßenkinder gestohlen haben." Paula fährt aufgeregt dazwischen: „Ein Polizist hat Fabriciella geschlagen und ihr den Finger gebrochen. Er ist betrunken gekommen, und wenn er trinkt, dann kann er uns nicht leiden und zeigt es uns. Er hat uns geschlagen, uns Arme und Finger gebrochen, Fabriciella hat er die Stiege hinuntergeworfen. Sie hat viel Blut verloren."

„Warum seid ihr nicht geflüchtet?" frage ich erstaunt. „Weil es viele Bullen sind, alle mit Revolvern bewaffnet, und wenn wir reagieren, wird es noch schlimmer", entgegnet Jarbione trocken. „Und der Bulle sagt: ‚Ich stecke euch in den Kofferraum und töte euch.' Wir haben Angst, wir können nichts machen. Manchmal bringen sie auch wen um, und in der Flußmündung taucht dann die Leiche auf, gefesselt." Er runzelt die Stirn und ballt die Hand zur Faust.

„Einmal hat mich ein Polizeiauto unter eine Brücke gebracht", erinnert sich Paula unter Schaudern. „Sie wollten mich töten. Sie haben mich nur nicht getötet, weil ich geschrien habe, und dann sind Leute gekommen, und ich bin gelaufen. Sie fragen, ob wir Geld haben, und wenn wir keines haben, verprügeln sie uns."

Manchmal ziehen die Kinder aus Angst in ein Heim um, das die Gemeinde für Straßenkinder errichtet hat. Aber im großen und ganzen bleiben sie lieber auf der Straße. „Hier können wir in Ruhe Klebstoff schnüffeln", begründet Paula. „Dort dürfen wir nicht, dort arbeiten wir, machen Kurse, knüpfen Teppiche, lernen. Um sechs Uhr duschen wir uns, um sieben Uhr gibt es Frühstück. In der Früh bekommen wir Kaffee, und dann gehen wir auf die Straße. Abends sehen wir bis neun Uhr fern und gehen um zehn Uhr schlafen. Und am Freitag bleiben wir auf der Straße."

Aber „im Heim kann man nicht ruhig schlafen", beklagt sich Paula. „Andere Kinder zünden dir die Matratze an, Jungen schmeißen dich aus dem Bett. Natürlich hat die Herberge auch gute Seiten", fährt er fort. „Ich kann mich waschen, essen, Kleider wechseln, ich habe dort mein Leintuch, mein Handtuch, meine Freunde." – „Wieso bleibst du dann auf der Straße?" staune ich. „Weil ich nicht gefangen sein will", antwortet Paula schlicht, erhebt sich, streicht den Rock an seiner Hüfte glatt und stolziert zu der grünen Schnapsbude, um eine Zigarette zu schnorren.

Obwohl die Straße ein Spiel mit dem Tod ist, wollen die Kinder sie gegen keine Institution eintauschen. Sie leben nicht nur aus sozialen Gründen auf der Straße, sondern auch aus psychologischen. Schließlich sind sie Straßenkinder. In einem Heim werden sie nur geduldet, sind bestenfalls Gäste, doch ihr Zuhause ist das nicht. Sie müssen irgendwann einmal zurück auf die Straße. Und wenn das so ist, wozu die kostbare Freiheit auch nur für kurze Zeit aufgeben?

Außerdem könne man nachts besser stehlen, erklärt mir Carla, ein 17jähriger Transvestit mit schwarzen Locken. Und Stehlen macht auch Spaß. „Wir stehlen dort auf der anderen Seite des Flusses. Hier gibt es nämlich sehr viele Bullen, die uns schon kennen." – „Wovon hängt es ab, wen ihr beraubt?" frage ich und versuche, ein möglichst gleichgültiges Gesicht zu machen. „Alte Leute, schwangere Frauen und Frauen mit Kindern beraube ich nicht."

„Wir rauben, wenn wir um Kleingeld bitten oder um die Busfahrkarte, und sie wollen es uns nicht geben", rechtfertigt sich Carla, der genüßlich an einem Stück Zuckerrohr kaut. „Dann stecken wir die Hand in ihre Tasche. Wenn sie sich wehrt, nehmen wir einen zerbrochenen Flaschenhals und schneiden sie oder erschrecken sie nur damit. Manchmal haben wir auch ein Messer, eine Rasierklinge, ein Stück Eisen. Zwei oder vier Straßenkinder kommen und drücken sie an die Wand: ‚Halt den Mund! Wenn du schreist, zerschneiden wir dein Gesicht.' Und sie haben Angst und geben alles her."

Carla kichert in sich hinein: „Sie laufen meistens heulend davon, ohne Uhr, Kette, Geld. Wenn wir könnten, würden wir sie sogar nackt ausziehen." Frauenkleider sind schließlich für Transvestiten ein begehrtes Gut. Schlechtes Gewissen hat Carla dabei offenbar keines. Zufrieden schmatzt er, als er den letzten Tropfen süßen Saft aus dem Zuckerrohr heraussaugt.

Doch nicht alle teilen diese Einstellung: „Ich will nicht rauben, überhaupt nicht", beteuert etwa Fabriciella. „Ich würde mich auch nicht freuen, wenn mir wer meine Uhr wegnimmt."

Auch Raquel meint: „Ich habe Mitleid mit dem, der bestohlen wird. Wir rauben nicht, wir bitten die Leute, daß sie uns Essen kaufen und Klebstoff. Wenn wir jemand anderen rauben sehen, sagen wir, er soll aufhören."

Ohne Raubüberfälle ist es aber für Straßenkinder schwierig, zu überleben. So wird auch Fabriciella über Umwege an der Beute beteiligt, aber viel fällt dabei nicht für ihn ab. „Sonst gibt mir mein Geliebter immer Klebstoff, und er raubt für mich und gibt es mir. Er raubt nur für mich." Doch kürzlich wurde er bei einem Einbruch in ein Restaurant ertappt und sitzt jetzt in der *Febem.*

„Er hat eine Dose mit Öl gestohlen, Trockenfleisch, Reis, Bohnen, Nudeln. Sein Fehler war, daß er hiergeblieben ist, und so haben ihn die Militärpolizisten gefunden und weggebracht. Dort haben sie weiß Gott was mit ihm gemacht, und dann hat er die anderen auch verpfiffen." Fabriciella zieht die langen, schlanken Beine an und senkt traurig den Kopf immer tiefer zwischen die Knie.

Auch Jarbione, der Anführer, will nicht mehr von Raubüberfällen leben. „Als ich 18 geworden bin, habe ich das gelassen, weil ich Angst hatte. Jetzt würde ich nämlich nicht mehr vors Jugendgericht kommen, sondern ins Gefängnis. Jetzt lebe ich vom Schnorren. Wenn die Jungen Geld haben, teilen sie mit mir. Sie geben mir Essen. Ich vertrage mich mit allen, sie lieben mich alle hier. Ich kommandiere sie nicht, ich schicke sie nicht stehlen, aber wenn sie weggehen, dann bringen sie Geld. Sie respektieren mich, sie machen das, weil sie mich mögen."

Als „Straßenvater" ist Jarbione durchaus sein Geld wert, hilft er ihnen doch gegen Angriffe anderer Banden. Etwas Geld bekommt er auch von den Prostituierten. „Sie geben mir Geld, weil sie sehen, daß wir es brauchen. Und manchmal tun wir ihnen einen Gefallen, zum Beispiel bewache ich ihre Freier." Doch als Zuhälter empfindet er sich nicht: „Zwischen einem Zuhälter und einem Homosexuellen, da ist ein großer Unterschied. Ich bin nicht der, der Frauen unterdrückt." Sie sind Freunde mit ähnlichem Schicksal. Er selbst ist von der Liebe der Männer abhängig und auch oft genug Opfer.

Jarbione prostituiert sich auch selbst. „Meine Freunde haben gesagt, ich bin schon zu alt, um auf der Straße zu sein. Ich will vom Homosexuellen zum Transvestiten werden, weil ich so mehr verdienen kann", vertraut er mir an. „Ich werde mir eine schwarze Perücke kaufen und Kleider, einen Rock, einen Bikini, ein kurzes Leibchen." Doch diese Investitionen reichen nicht aus. Er will auch körperlich zur Frau werden, und dafür muß er Hormonpräparate nehmen. „Drei Packungen, und dann wachsen die Brust und der Hintern."

Ein gefährliches Spiel mit der Gesundheit: „Die Transvestiten am Homosexuellenstrich haben uns beigebracht, daß Anacyclin gut dafür ist" – ein Hormon, das vor allem als Verhütungsmittel dient. „Ich habe zwei Pillen pro Tag genommen und Kokosmilch getrunken, und dann habe ich den ganzen Tag gekotzt." Er stockt und fügt nach einer Weile hinzu. „Bis heute hab ich deshalb keine Titten. Ich glaube, der Klebstoff hat alles ausgelaugt in mir." Jetzt muß er abermals die Prozedur auf sich nehmen.

Diesmal will er es mit einem anderen Präparat versuchen. „Es macht, daß die Muskeln verschwinden, daß die Brust wächst, läßt den Hintern wachsen, macht die Beine dicker, die Haare von den Händen fallen ab. Wir werden total weiblich. Nach einer Zeit vergeht die Wirkung, und du mußt eine neue nehmen. Sie vergeht schneller, wenn du Drogen nimmst oder *cachaça* trinkst."

Auch Carla, Fabriciella und Paula sind bereits auf den Zug der Prostitution aufgesprungen. Die kleinen Transvestiten sind sehr gefragt. Sie bieten noch Spannung, auch für mittlerweile heterosexuell übersättigte Männer. Und im Preis ist oft noch mehr inbegriffen: „Ich mache den Bart, Schnurrbart und die Haare und verlange dafür 50 oder 100. Ist das etwa teuer?" fragt Fabriciella, während er mit seinen rot lackierten Fingernägeln eine Haarsträhne aus seinem hübschen Gesicht streicht.

Viele der Transvestitenkinder wurden irgendwann einmal vergewaltigt, jetzt bieten sie sich den Männern freiwillig an. Vielleicht versuchen sie, sich so der bürgerlichen Gesellschaft anzubiedern. Sie berauben die Passanten nicht mehr, sie stehen ihnen zur Verfügung.

Doch gäbe es eine Hierarchie der Außenseiter, würden sie – doppelt diskriminiert – an letzter Stelle rangieren: „Es tut weh, als schmutzige Schwuchtel und als Diebin beschimpft zu werden", meint Paula, die hübsche 15jährige „Blondine" mit der tiefen Stimme. Er lebt schon seit seinem fünften Lebensjahr auf der Straße, hat gebettelt, gestohlen. Als letzter Ausweg ist ihm nun die Prostitution geblieben. Heute liebt er es, ganz auf Frau unterwegs zu sein: Er trägt billigen Modeschmuck, der rote Nagellack blättert von den Fingernägeln ab, das Kleid ist an manchen Stellen zerissen – trotzdem wirkt Paula unheimlich erotisch.

Er sieht sich nicht als Prostituierte, weil er nicht auf den Strich geht. „Ich warte, bis sie zu mir kommen." Die tägliche Frequenz der Freier ist unterschiedlich. „Am Montag erscheint niemand. Sie kommen eher am Wochenende. An Freitagen erscheinen so zwei, drei. Um sieben Uhr und später. Wir ziehen eine Nummer ab und kommen dann wieder zurück. Nach kurzer Zeit erscheint schon der nächste." – „Sind es immer dieselben oder verschiedene?" will ich wissen. „Verschiedene." – „Sind sie verheiratet, haben sie Kinder?" – „Ja."

Zu seinen Kunden zählen Restaurantbesitzer und Manager, erzählt Paula unbefangen und fährt sich mit den Fingern durch das schulterlange blonde Haar, das sein klassisch schönes Gesicht umrahmt. „Der Großteil sind richtig große Fische, sogar Militärs. Leute, die viel Geld haben. Jeder, der Kohle hat, kann kommen, nur die, die viel trinken, sollen mir vom Leib bleiben – bei denen ist alles ganz schmutzig", sagt er mit angeekelter Miene. Beim Preis ist er flexibel – je nach Zahlungskraft des Kunden.

Manche ihrer Freier nennen die Kinder *mariconas*. „Das sind diese alten Typen mit Auto, die Geld haben – anonyme Homosexuelle, die am Tag *Machos* sind, richtige Männer, und am Abend Schwule. Sie gehen mit uns aus. Zuerst glauben wir, daß sie möchten, daß wir uns hingeben, aber in Wirklichkeit wollen sie, daß wir sie nehmen. Wenn wir mit ihnen im Auto sind, dann sind wir für sie der Mann. Aber das befriedigt uns nicht", seufzt er.

Mit *mariconas* und anderen älteren Männern geht Paula nur für Geld. Bei jüngeren macht er schon einmal eine Ausnahme: „Wenn er uns interessiert, machen wir es sogar, ohne etwas dafür zu verlangen. Und manchmal machen wir es auch nur, um Klebstoff zu bekommen." Ich frage Paula, ob er gelegentlich auch etwas mit Frauen hat. Er schüttelt energisch den Kopf: „Ich gehe nur mit Männern weg, ich bin nur bei einem Mann erregt." Er wirft sein Feuerzeug in die Luft und fängt es mit der Handfläche wieder auf.

„Ich geh auch gerne mit *Gringos* ins Bett: mit Seeleuten aus China, Japan, Korea oder aus den USA. Ich mag sie", haucht Paula, „weil ich auf dem Schiff fernsehen kann. Einmal hatte ich was mit einem griechischen Kapitän, aber er ist schon weggefahren. Er hat mir eine Zigarettenschachtel dagelassen."

„Wie merken die Matrosen, daß du ein Junge bist?" – „Ich sage es ihnen. Sie gehen mit mir aus, weil sie Schweinereien mögen." Doch nicht alle Ausländer schlafen gerne mit Transvestiten, weiß Carla, der schwarzgelockte Transvestit, zu berichten: „Im Bett merken sie es dann und schlagen uns. Als ich zehn war, bin ich einmal von einem *Gringo* verprügelt worden, einem Mann vom Schiff. Er hat eine Sprache gesprochen, die ich nicht verstanden habe. Und als ich mich ausgezogen habe und er mich gesehen hat, hat er es mir gegeben. Er hat das Licht abgedreht und mich verdroschen und mit den Füßen getreten. Ich habe geschrien, und die *seguranca* hat die Polizei gerufen." Dann wurde Carla zur *Delegacia de Menores* gebracht und verhört.

„Und was ist mit diesem Mann passiert?" Er schluckt: „Nichts, sein Schiff ist weggefahren."

# Leben und Sterben als Transvestit

Carla ist seit seinem zehnten Lebensjahr Transvestit. Er liebt es, Frauenkleider zu tragen, und findet sich besonders heiß, wenn er in irgendeinem Nachtlokal *show* macht. Dann trägt er hohe Schuhe und eine Perücke, die von seinen Transvestitenfreundinnen geborgt ist. Er liebt es, zur Musik von Bahia zu tanzen: Die Hüfte schwingt nach rechts und nach links, die schlanken Beine gleiten graziös nach vorne und nach hinten, das zarte Kindergesicht ist raffiniert geschminkt. Nur die Brust ist männlich flach.

Sein erster Liebhaber war ein Nachbar in seiner Heimatstadt Maceió, der Besitzer einer Fleischerei. „Jedes Mal, wenn seine Frau ins Landesinnere gefahren ist, hat er mich gerufen, um mit mir ins Bett zu gehen", säuselt Carla. „Ich bin immer gekommen, weil es mir gefallen hat. Und er hat mir Fleisch gegeben, Essen, für zu Hause. Da hat's nämlich immer an allem gefehlt."

Als Carla noch zu Hause lebte, zog er bloß im geheimen Frauenkleider an. Aufbewahrt hat er sie im Haus einer Nachbarin. „Ich habe ihr Geld gegeben, jedes Mal, wenn ich vom Strich gekommen bin. Sie hat meine Klamotten versteckt, und so wußte es mein Vater nicht. Aber einmal hat er ein Spitzenunterhöschen unter dem Bett gefunden, da kam dann alles raus, und ich mußte weg, weil mein Vater etwas gegen Homosexuelle hat." Carla seufzt: „Ich mag die Männer, ich hab kein Gefühl für Frauen. Und so hab ich meine Entscheidung getroffen und wollte frei sein. Meine Mutter hat sehr geweint, sie hat mich verachtet."

Er zog zu seiner Großmutter. „Sie hat mich akzeptiert, so wie ich bin. Ich hab dort im Haus vom Bürgermeister als Putzfrau gearbeitet, und dort hab ich Frauenkleider und Stöckelschuhe getragen, als ich sauber gemacht habe."

Auch Paula begann bereits mit zehn Jahren, sich feminin anzuziehen. „Früher hab ich mich geschämt", sagt er. Er hält seine Zigarette etwas geziert zwischen den schlanken Fingern. Unentwegt blinzelt er durch den aufsteigenden Rauch, seine Wimpern flattern aufreizend. Ab und zu hüstelt er gekünstelt und führt dabei seine Hand mit theatralischer Geste zum Mund.

„Meine Familie weiß, daß ich schwul bin", erzählt Fabriciella mit rauher Stimme, die seiner Weiblichkeit keinen Abbruch tut. „Das war eine Enttäuschung für meine Mutter. Sie braucht neun Monate, um einen Sohn zu kriegen, und dann ist der schwul."

Jarbione spürte ebenfalls schon frühzeitig seine Vorliebe: „Als ich sechs Jahre alt war, habe ich Frauen gesehen und nichts dabei gefühlt. Ich habe begonnen, so zu denken wie Frauen, mich für Männer zu interessieren, Männern nachzuschauen, sie schön zu finden. Später habe ich gelernt, welches Wort es dafür gibt: homosexuell." Sein erster Geliebter war ein Junge aus der Nachbarschaft in Rio. „Hast du dich geschämt, daß du homosexuell bist?" – „Nein, ich habe mich vor niemandem geschämt, jedem, der mich fragt, sage ich es."

## KAMPF GEGEN DIE MÄNNLICHKEIT

Die Transvestitenkinder wollen Frau sein, mit allen Mitteln und um jeden Preis. Das ist gut für das Liebesgeschäft. Die meisten von ihnen sind ohnehin felsenfest davon überzeugt, eigentlich ein Irrtum der Natur zu sein. „Du schaust aus wie ein Mann, aber du empfindest völlig anders", beschreibt Paula und lächelt bitter. Sie beneiden die „echten" Frauen um die Fähigkeit, Kinder zu bekommen, und sogar um die Menstruation. Die Tragik ihres Lebens macht sie erfinderisch, und sie greifen zu Notbehelfen eigener Art: Sie essen rote Rüben, um ihren Stuhl rot zu färben. „Ich werde menstruieren", sagen sie dann.

Der Kampf gegen die Männlichkeit ist mühsam. Es ist ein Kampf gegen die tiefe Stimme und gegen die widerlichen Gesichtshaare, die sie verbrennen oder mit Pinzetten peinlich genau ausreißen. Ihren Körper empfinden sie wie ein Kleid: nähbar, korrigierbar, allerdings nicht mit Nadel und Faden, sondern mit Hormonen. Fanatisch spielen sie täglich ihre Rolle, in der Art, wie sie gehen, stehen, sitzen, etwas in der Hand halten.

Wie Schauspieler warten sie auf Feedback. Tragisch sind die Augenblicke, wenn man sie fragt: „Bist du ein Transvestit?"

Die Eltern verachten und vertreiben sie, die Freunde lachen, die Polizei verfolgt, der Arbeitgeber entläßt sie. Als Außenseiter unter den Außenseitern bilden die *„frangos"* – „Hühner" – eine Subkultur. Bricht die Nacht herein, begeben sie sich unter die braven Bürger und sind auf einmal begehrtes Lustobjekt.

Liebesbeziehungen zwischen Transvestiten gibt es selten, erklären mir die Kinder. „Wir sind nur Freunde, weil wir dasselbe Geschlecht haben. Wir mögen nur richtige Männer. Wir sind die Frau. Wir fühlen die Lust, die eine Frau fühlt, wir haben denselben Geschmack wie Frauen", klärt mich Paula auf, während er sich in fraulicher Pose zurechtsetzt.

Als Frauen werden auch sie nicht selten ausgebeutet und mißhandelt. Jarbione zeigt auf eine Narbe auf seiner Wange. „Die hab ich von einem Jungen, mit dem ich gelebt habe, als ich Friseur war. Als ich einem Kunden die Haare geschnitten habe, hat der mir nachher einen Kuß auf die Wange gegeben. Darum hat mir mein Freund aus Eifersucht meine Wange zerschnitten. Wenn wir streiten, machen wir das oft." – „Warum?" frage ich entsetzt. „Um den anderen häßlich zu machen, ihn zu erniedrigen."

Oft fügen sie sich auch selbst Schnittwunden zu. Jarbione zeigt auf andere Narben auf seinem Körper. „Die hab ich mir selbst gemacht. Wenn ich auf jemand wütend bin, kann ich ihm nämlich nichts antun." Er hat seine eigene Art der Konfliktlösung: Autoaggression.

Jetzt hat Jarbione einen anderen Geliebten, doch glücklich ist er nicht mit ihm. „Er hat vor mir mit einer Frau geschlafen. Das hat mir sehr weh getan. Dabei bin ich irrsinnig auf ihn gestanden, ich hab sogar für ihn gestohlen: Uhren, Silberketten, Silberringe und ein Tonbandgerät. Aber es hat nichts genützt. Er liebte es eben, mich zu quälen." Gewehrt hat sich Jarbione nicht, denn: „Ich fühle mich gut, wenn ich geschlagen werde, weil wir wissen, daß er zumindest irgendwas für uns fühlt."

Jarbione hat die letzte Nacht kein Auge zugetan. „Aus Angst vor ihm, weil er mir schon so viel angetan hat. Manchmal hat er mich gegen die Wand geschleudert, ins Gesicht geschlagen, mir ein paar Fußtritte versetzt, mich geboxt", erinnert er sich. Trotz allem will er sich nicht von ihm trennen. „Ich kann ihn nicht vergessen", seufzt der athletische Schwarze wehmütig.

Auch Paula lebt in einer Liebesbeziehung eigener Art. Als einziger von den Kleisterschnüfflern hat er – zumindest zeitweise – ein Dach über dem Kopf: In einer Pension lebt er mit Homosexuellen und Transvestiten in einer Wohngemeinschaft. Je ein Pärchen besitzt ein mit dünnen Holzwänden abgetrenntes Zimmer, so groß, daß gerade ein Doppelbett hineinpaßt. Unter den Transvestitenkindern hat Paula eine privilegierte Position. Die anderen bewahren ihre Kleider bei ihm auf und schminken sich im Badezimmer, wenn sie irgendwo *show* machen.

Die Pension gehört Paulas Freund. Immer wieder hat er Krach mit ihm, verläßt die Pension und kommt erst nach einiger Zeit wieder zurück. „Wenn ich fortgehe, dann rauche ich Marihuana, nehme Kokain, Crack und *lolô* Parfum vermischt mit Äther." Er wirft stolz den Nacken zurück. „Aber er holt mich jedesmal zurück. Er steht nämlich total auf mich. Ich mag ihn, weil er mir Sachen gibt. Er gibt mir Essen und Kleider." – „Und er beutet dich nicht aus?" – „Nein, er mag nur nicht, wenn ich nicht mit ihm schlafe."

Es ist bereits dunkel. Die Geschäfte sperren jeden Augenblick zu. Carla nimmt mich zur Seite, scheucht die anderen weg. Er braucht dringend ein Medikament und bittet mich um Geld. „Weil ich so viel mit Männern schlafe, habe ich mir eine Entzündung geholt", flüstert er verlegen.

Sie alle sind nicht nur gefährdet durch solche relativ banalen Entzündungen, sie sind durchwegs potentielle Opfer von Aids. Wie viele von ihnen sind HIV-positiv? Alle? Die Hälfte, ein Drittel? Niemand weiß es genau. Nur eines steht fest: Sie sind die Risikogruppe Nummer eins. Eine Untersuchung des brasilianischen Gesundheitsministeriums hat gezeigt, daß 73 Prozent der HIV-Infizierten die tödliche Krankheit durch Geschlechtsverkehr bekommen haben, von denen 65 Prozent Homo- oder Bisexuelle waren.

„Wenn ich den Test mache, und ich habe Aids, dann bringe ich mich um", meint Carla beiläufig. Sie resignieren, keiner von ihnen will darüber reden. Auch wenn viele Freier freiwillig Kondome verwenden, ist ihr Leben insgesamt derart riskant, daß Hunderte Möglichkeiten der Ansteckung bestehen. Doch es kümmert sie kaum. Was zählt, sind einzig Schminke, schöne Kleider und ein makellos weibliches Verhalten. Aus ihren stinkenden Höhlen kommen sie duftend, glitzernd, in gewagten Kleidern. Eine Methode, die ihnen wenigstens für kurze Zeit Optimismus gibt, zum Beispiel, wenn sie in einem Nachtlokal als die kleinen Stars von morgen auftreten.

Auch wenn breite Informationskampagnen die Schwulen inzwischen über die Aids-Risiken ihres Berufs aufklären, wird dabei ein Problem zu wenig beachtet: Ihre privaten Beziehungen untereinander. Viele von ihnen glauben offenbar, daß man Aids nur auf dem Strich bekommen kann, und gehen ungeschützt und freizügig zahlreiche Liebesabenteuer ein.

Die jungen Stricher bekommen ebenfalls die Wirtschaftskrise zu spüren. Das Geschäft geht immer schlechter, das zwingt sie, auf alle Wünsche der immer weniger werdenden Kunden einzugehen. Und für viele ist Diebstahl als Nebenverdienst inzwischen unentbehrlich geworden. „Während wir es mit ihm im Auto treiben, ist unsere Hand schon in seiner Tasche", sagt Jarbione mit einem spitzbübischen Lächeln, das seine Zähne aufblitzen läßt. „Wenn wir in einer Pension miteinander schlafen und er nachher einschläft, nehmen wir das Geld aus seiner Tasche und hauen ab. Manche *donas* der Pensionen wissen das schon und lassen uns raus."

Doch nicht jedesmal kommen sie so glimpflich davon. „Manche Freier sind schlauer", erzählt Jarbione. „Sie nehmen ein Zimmer im obersten Stockwerk, damit wir nicht aus dem Fenster abhauen können. Wenn sie was merken, sperren sie die Türe zu und rufen die Polizei." Für den Fall der Fälle haben Transvestiten stets eine Waffe bei sich – meistens eine Rasierklinge, raffiniert versteckt: „Wir haben sie im oberen Teil des Mundes. So können wir essen, trinken, uns unterhalten – und niemand merkt was", erklärt mir Jarbione.

Er macht eine Pause und spuckt heftig aus. „Wenn die Polizei uns schnappt, schneiden wir uns im Auto mit der Rasierklinge.

Die Polizisten wollen nicht, daß was schmutzig wird, und bringen uns ins Spital. Dort waschen sie dir das Blut ab und behandeln dich. Von dort können wir dann leicht abhauen."

Er beißt sich nachdenklich auf die Lippen: „Ich ziehe mir diese Klamotten eigentlich nur drüber, wenn ich was verdienen will. Sonst ist es mir lieber, wenn mich niemand erkennt. In Recife töten sie nämlich Transvestiten." Erschrocken frage ich: „Wer hat denn Interesse daran, euch zu ermorden?" – „Manche Freier, wenn wir mehr Geld wollen und es Streit gibt, oder aus Rache, weil wir sie bestohlen haben. Am nächsten Tag kommen sie dann wieder. Dann haben sie ihre Freunde dabei, und wenn wir zum Auto gehen, halten sie uns den Revolver ins Gesicht und drücken ab. Das war es dann", meint er schroff.

Vom Leben auf der Straße hat Jarbione genug. Der vermeintliche Ausweg in die Prostitution hat zwar sein Leben ein wenig verändert, eigentlich hat er aber auch das schon satt: „An dem Tag, wenn ich keine Klienten mehr habe, ziehe ich die Kleider aus und werde wieder ein Mann."

# Ausgeliefert

Wenn es um sexuelle Ausbeutung geht, ergeht es Mädchen und Jungen auf der Straße ähnlich. Als hilflose Kinder gehören sie alle zum schwachen Geschlecht. Und genau diese Hilflosigkeit ist es, die viele Freier anzieht.

Die 14jährige Jacilene bahnt sich den Weg zu mir durch die Straßenkinder, die um mich herum am Randstein und auf der Straße sitzen. Ihr langes, brünettes Haar fällt ungepflegt über ihre Schultern. Die Gesichtszüge verraten Indianerabstammung. Ihre dunklen Augen haben etwas Trauriges, Verzweifeltes, Verwirrtes. Sie ist sehr hübsch, aber sie wirkt, obwohl sie noch blutjung ist, alt und verbraucht. Sie möchte mir ihre Geschichte erzählen, sagt sie bestimmt, nimmt mir das Tonbandgerät aus der Hand und setzt sich neben mich gedrängt auf den Gehsteig. Ich habe sie noch nie zuvor gesehen, doch das ist ihr egal. Straßenkinder sind dankbar, wenn ihnen irgend jemand zuhört.

Wie so viele wurde auch Jacilene zu Hause von Mutter und Stiefvater geprügelt. Sie flüchtete ins Haus ihrer Tante, wurde aber auch dort mißhandelt und beschloß, endgültig abzuhauen. „Ich bin einfach in den Autobus eingestiegen", erzählt sie. „Der Schaffner hat gefragt: ‚Wo ist deine Mutter?' Ich habe auf irgendeine Frau gezeigt und gesagt, daß sie meine Mutter ist. Aber die Frau hat gesagt, daß sie nicht meine Mutter ist, und er hat mir befohlen auszusteigen." Sie wurde in eine Polizeikaserne gebracht und wenig später wieder zu Hause abgeliefert.

„Als ich dort angekommen bin, hat meine Mutter mich an den Haaren gerissen, und ich bin wieder auf und davon." Sie hält kurz inne und fährt dann fort: „Jetzt möchte ich von der Straße weggehen, ein Haus für mich finden. Hier auf der Straße hab ich nämlich Hunger, mein Magen knurrt, und ich bin schwanger. Ich möchte Kleider für mein Kind, eine Wiege, einen Schnuller, einen Kinderwagen. Wenn mein Sohn groß ist, möchte ich, daß er arbeitet, etwas lernt, nicht irgendein Kleisterschnüffler wird oder ein Räuber. Er soll in einer Bank arbeiten."

Traurig spricht sie weiter: „Ich wünsche mir, daß Gott gibt, daß ich zu schnüffeln aufhöre, daß ich weggehe von der Straße und glücklich bin mit meiner Mutter und meinen Geschwistern. Immer denke ich an meinen Vater. Er ist tot. Er ist bei einem Unfall gestorben, er hat als Müllwagenfahrer gearbeitet. Sie haben sein Geld gestohlen und nur seine Papiere zurückgelassen."

Ein weißes Auto sei damals vorgefahren, erzählt sie. „Ein Mann hat gefragt: ‚Wer ist die Frau von Zequiel?' Meine Mutter hat gesagt: ‚Ich, wieso?' Er sagte: ‚Ihr Mann ist gestorben.' Sie begann zu weinen und zu zittern. Ich war damals noch klein, auch meine Geschwister, und wir haben geweint wegen ihm, und vor Angst, daß meiner Mutter etwas geschehen würde." Jacilene ist überzeugt: „Wenn mein Vater noch am Leben wäre, wäre ich nicht auf der Straße, würde ich nicht Klebstoff schnüffeln, von den anderen geschlagen werden."

Auch die 14jährige verkauft bereits ihren Körper, meist an ältere Männer. Unter ihren Freiern sind viele Taxifahrer. „Sie bringen mir eine Menge Dinge bei", sagt sie. Viele Kunden spielen sich als väterliche Freunde auf, geben gute Ratschläge. „Sie fragen mich: ‚Was willst du werden, wenn du groß bist?' – ‚In einer Bank arbeiten, eine Frau Doktor sein', sage ich. Dann raten sie mir, daß ich zu schnüffeln aufhören, was lernen und nach Hause gehen soll."

„Gehst du mit jedem weg?" frage ich Jacilene zweifelnd. „Ja, mit allen", antwortet sie, ohne zu zögern. „Und hast du keine Angst?" – „Doch, sogar sehr viel. Daß sie mir einen Revolver vorhalten, mich ins Gebüsch zerren oder in den Wald mitnehmen und mich töten. Einer hat es schon versucht. Er wollte mich zwingen, daß ich mit ihm schlafe." Ihr Blick geht ins Leere.

Gefaßt erzählt sie von dem schrecklichen Erlebnis: „Ich und meine *colega* sind mit einem Taxifahrer weggegangen, und der hatte einen Revolver. Er hat ihn gezogen und wollte uns mit Gewalt nehmen. Ich war noch Jungfrau. Er wollte mir meine Kleider runterreißen, und meine *colega* hat mich zu ihm gestoßen. Sie wollte, daß er es mit mir macht und nicht mit ihr. Aber ich hab wieder sie zu ihm gestoßen. Da hat er ihr den Revolver an den Kopf gehalten. Er hat sie genommen, und ich habe geheult, bin die Straße hinuntergelaufen und habe um Hilfe gerufen. Dann sind fünf Polizisten gekommen und haben ihm befohlen aufzuhören. Meine Freundin war voll Angst und wollte nichts sagen. Ich hab sie angeschrien: ‚Sag doch was!' Aber sie hat nichts gesagt. Ich hatte auch Angst, daß er mich später irgendwo schnappt." Die Mädchen liefen weinend davon.

„Und wie war das, als du das erste Mal mit einem Mann ausgegangen bist?" will ich von Jacilene wissen. „Ich hatte große Sehnsucht nach meiner Mutter", meint sie traurig. Erschöpft hält sie inne. Plötzlich springt sie auf und eilt in eine unbeleuchtete, verlassene Seitengasse. Im Nu hat sie die Dunkelheit verschluckt. Straßenkinder kommen und gehen, wann sie wollen. Nichts kann sie halten, und niemand hält sie.

Viele der Kleisterschnüffler stammen nicht aus Recife. Sie alle sind auf Wanderschaft gegangen, von einer inneren Unruhe getragen, die sie stets weitertreibt. Das kann ihnen leicht zum Verhängnis werden. Die Gefahren, die ihnen drohen, sind einfach grenzenlos. Straßenkinder werden immer ausgebeutet, ob am Strich oder auf der Reise.

Fabriciella ist aus Maceió gekommen mit der Absicht, sich in Recife zu prostituieren. „Ich habe mich mit dem Mann gestritten, der mit meiner Mutter zusammen gelebt hat. Sie wollte nicht, daß ich länger im Haus bleibe. Da habe ich mit einem Schwulen Liebe gemacht, und er hat mich hierhergebracht", erzählt der junge Transvestit. Vor zwei Wochen wollte Fabriciella nach Maceió zurückkehren. Per Anhalter fuhr er mit einem Lastwagen Richtung Maceió. In der Nähe von Palmares, einer 116 Kilometer von der Stadt entfernten Gemeinde, machte der Fahrer am Straßenrand halt. Und das nicht ohne Grund: Er wollte Sex. Fabriciella willigte ein.

Doch plötzlich nahm die Reise eine bedrohliche Wendung. „Der Typ hat auf einmal völlig durchgedreht. Er hat mich aus dem Wagen geschmissen, nachdem wir es miteinander getrieben hatten, und mir befohlen, in den Wald zu laufen" – was Fabriciella auch tat, so schnell er konnte. „Er hat auf mich geschossen. Zum Glück hat er nicht gut gezielt."

Auch Raquel, die vor langer Zeit aus São Paulo gekommen

war, mußte für eine Mitfahrgelegenheit einen hohen Preis zahlen. „Der Mann hat uns gefragt, ob wir gerne mitten auf der Straße bleiben wollten. Dann könnte uns alles mögliche passieren, sagte er. Ich hatte also die Wahl, mit ihm zu schlafen oder auf der Landstraße zu bleiben", erinnert sie sich. „Ich hab lieber mit ihm geschlafen. Sonst wären ich und meine *colegas* verloren gewesen. Wir waren noch Jungfrauen, alle drei."

Ich frage: „Hat er mit allen dreien geschlafen?" Sie schaut mich kurz an: „Ja, im Wald. Es waren drei Reisetage. Jeden Tag ein Mädchen. Die erste war ich, mit acht Jahren, dann die andere, mit neun, und die dritte war zehn. Er hat meinen Mund zugestopft, damit ich nicht schreie. Meiner *colega* hat er einen Revolver gezeigt, damit sie nicht schreit und niemand was davon erzählt, und er hat ihr auch den Mund zugestopft."

Männer, die Kinder sexuell ausbeuten, stammen aus allen Schichten. Sie reduzieren die Kinder, die um ihr Überleben kämpfen müssen, einzig und allein auf ihre Genitalien. Mitleid und Hilfsbereitschaft gibt es nicht. Und die Kinder begehren gegen den Mißbrauch nicht auf, flüchten nicht. Niemand hat ihnen je gesagt, daß auch sie einen Wert besitzen.

Raquel sitzt zusammengekauert auf dem nackten Asphalt. Ihr Gesicht ist bleich, sie hat tiefe Schatten unter den Augen. Sie schiebt die Schultern hoch, schlingt ihre Arme fest um den Körper, zittert ein wenig. Sie ist schwanger und hat Schmerzen. Paula sieht meinen besorgten Blick und meint: „Sie hat Hunger, weil sie gleich Klebstoff schnüffelt, wenn sie in der Früh aufwacht. Dann kommt das ganze Essen wieder hoch." Raquel braucht etwas Warmes im Magen. Ich beschließe, die Straßenkinder in eines der zweitklassigen Restaurants im Hafenviertel einzuladen.

Auf den Straßen ist es mittlerweile ruhig geworden, die Rollläden der Geschäfte sind heruntergelassen. In den Schnellimbiß-Lokalen sitzen kaum noch Gäste. Ein leichter Nieselregen hat eingesetzt. In einer Toreinfahrt schlafen mit Pappkarton bedeckte Kinder. Vor dem Animierlokal *São Francisco* posieren einige Prostituierte in schäbiger Eleganz. Zwei Straßenkreuzungen weiter patrouillieren Militärpolizisten, die in mir ein Gemisch aus Unbehagen und Sicherheit auslösen.

Paula, die mich an der Hand gefaßt hat, tänzelt in eine Bierkneipe, wo die grelle Neonbeleuchtung die Gesichter der Kinder noch kränklicher erscheinen läßt. Er wirft ein paar Münzen in den Musikautomaten, der brasilianische Schnulzen spielt. Die Transvestiten stopfen das Essen in sich hinein und unterhalten sich lautstark mit vollen Backen. Bei Reis, Fleisch und Bohnen nimmt Raquels Gesicht wieder etwas Farbe an. Während sie an der Limonadenflasche nuckelt, muß sie sogar einmal aufhören, an der mit Lösungsmittel gefüllten Plastikflasche zu schnüffeln.

„Raquel, wie lebt ein Mädchen in einer Gruppe von Transvestiten?" wende ich mich an sie. „Ich bin gerne ihre Freundin, sie sind die besten Freunde für mich. Ich mag sie alle sehr." Ich frage sie, von wem sie schwanger ist. „Von einem Lastwagenfahrer", antwortet sie kurz angebunden. Paula mischt sich ein: „Sie weiß es gar nicht, weil sie es schon mit so vielen getrieben hat, mit mehr als 100."

„Gar nicht wahr", stammelt Raquel und streicht sich mit einer verlegenen Geste eine Locke aus der Stirn. Doch Paula fällt ihr ungeniert ins Wort: „Sie geht mit jedem. Mit dem Lastwagenfahrer, dem Typ mit dem *Brasilia*, und mit Taxifahrern. Sie trinkt viele *drinks* mit ihnen." Wie viele Transvestiten genießt es Paula, über ihre und anderer sexuelle Abenteuer zu erzählen.

„Wenn dein Kind geboren ist, wirst du es behalten?" frage ich Raquel. „Ja, und ich werde ihm Liebe geben, Zuneigung, Glück. Ich möchte mit dieser Sucht aufhören, damit es nicht krank geboren wird, und es in das Haus meiner Großmutter bringen, in das Haus meiner Mutter, es auf die Reise mitnehmen, damit es Orte kennenlernen kann, die es noch nie gesehen hat. Ich möchte bei ihm bleiben, weil ich sehr leiden werde, um es zu bekommen." Ich lächle sie an, und sie lächelt zurück. Ich frage mich, woher das zarte Mädchen seine Kraft und seinen Lebensmut nimmt.

Doch Paula hat keinen Sinn für Sentimentalitäten und wartet unbeirrt mit neuen Details auf: „Auch der *Ferro* war ein *macho* von Raquel", sagt Paula. *Ferro* bedeutet Eisen. „Der Typ ist vor kurzem an einem Herzinfarkt gestorben. Der hat nur Kinder gemocht.

„Wer war dieser *Ferro*?“ will ich wissen. „Er war verheiratet, hatte Kinder“, sagt Carla und inhaliert genüßlich den Rauch seiner Zigarette. „Ich habe ihn bei der *Casa da Cultura* kennengelernt, bei der U-Bahn.“ Diese Gegend ist in Recife bekannt als Homosexuellenstrich. „Ich hatte großen Hunger, und er hat mir Geld gegeben und fertig. Ich habe Paula und Raquel dann Essen mitgebracht. Später hat er dann den Herzanfall gehabt, er war schon so an die 65 Jahre alt.“

Alle reden nun durcheinander. Carla und Paula albern unentwegt, doch was sie im Spaß erwähnen, offenbart die ungeheure Tragik ihres Lebens – Humor als Abwehrmechanismus.

„Es gibt einen Mann, der jeden Freitag mit uns ausgeht. Er kommt mit dem Auto, einem *Brasilia*. Er hat einen Bart, schöne Haare, trägt Sonnenbrillen und eine Schirmkappe. Er geht gerne mit Jungen weg, mit Mädchen, mit Transvestiten, um *suruba* zu machen.“ *Suruba* ist ein Wort für Gruppensex mit Transvestiten und Mädchen. „Wir gehen alle gemeinsam weg, in ein Motel.“

Auch dieser Kunde ist verheiratet, ein biederer Familienvater. „Er bittet uns, mit ihm auszugehen, ohne es jemandem zu erzählen. Er gibt uns viel Geld, gibt ganz schön viel Geld aus für uns. Er gibt 2000, 3000 Cruzeiros aus, wenn wir erst im Morgengrauen zurückkommen.“ Paulas attraktives Gesicht wirkt zufrieden.

Gelegentlich beuten auch Frauen die Straßenkinder aus, wenn auch nur in einem viel geringeren Ausmaß. „Raquel hat es schon mit Frauen getrieben“, behauptet Paula.

„Jetzt reicht es“, unterbricht das Mädchen die beiden Transvestiten und senkt errötend den Kopf. „Wir brauchen das Geld, weil wir nicht arbeiten. Wir verkaufen unser Fleisch, um essen zu können.“ Ich frage: „Wie fühlst du dich dabei?“ – „Traurig. Wir sagen: ‚Gott, warum sind wir so?‘“ Sie hebt mit einem Ruck das Kinn und schaut verzweifelt drein. „Wir wollen das nicht. Wir machen es, weil wir Geld brauchen.“

Wieder einmal ist die Situation für die Kinder unerträglich geworden. Heute sitzen sie noch gemeinsam am Randstein in Rio Branco, morgen zerstreuen sie sich in alle Himmelsrichtungen. Raquel, Paula und Carla wollen mit Fabriciella weggehen, der sagt: „Ich sehne mich danach, nach Maceió zu fahren, weil ich dort Verwandte habe, und einige von ihnen sind homosexuell. Dort ist es besser für mich.“

Unerschütterlich glauben sie, daß es irgendwo doch einen Ort gibt, wo es auch für sie so etwas wie Glück und Frieden gibt. Fabriciella träumt: „Ich habe nicht vor, noch lange so zu leben. Das ist nichts für mich. Ich möchte mein Leben ändern. Ich möchte nur, daß jemand auftaucht, der mir hilft, etwas zu lernen, zu arbeiten, und der auch meiner Mutter hilft.“

# Hinter Gittern

Auf die Minute genau jeden Sonntag um neun Uhr morgens öffnen sich die schweren Eisentore der Strafanstalt *Aníbal Bruno* in Recife. Wieder einmal ist Besuchstag. Bereits im grauen Morgenlicht stellen sich die ersten Leute an. Manche übernachten hier im Sand und Staub. Eintritt wird bloß bis Mittag gewährt. Wer es bis dahin nicht geschafft hat, die Sperre zu passieren, muß sein Glück eben eine Woche später noch einmal versuchen.

Den nach Liebe und Zärtlichkeit lechzenden Gefangenen gibt die Familie neue Kraft. Auch wenn die Familie draußen nicht viel zählt, hier drinnen ist sie eine Frage des Überlebens. Frauen und Kinder schleppen schwere Taschen, bis ganz oben gefüllt mit Reis, Bohnen, Brot, Butter, Wurst und Keksen. Das soll dem Vater, Mann, Bruder, Sohn über das unzumutbare Gefängnisessen hinweghelfen, ihre tägliche wäßrige Suppe mit Reis und Bohnen, in der nicht selten auch Zahnstocher, Ungeziefer und Zigarettenstummel zu finden sind. Wenn Frau und Kinder selbst nichts haben, kommen sie mit leeren Händen, zeigen durch fünf bis sechs Stunden Warten ihre Liebe und Solidarität.

Etwas eingeschüchtert vom großen Polizeiaufgebot bahne ich mir einen Weg durch die schwitzende Menge, vorbei an der endlos langen Warteschlange, vorbei an dem brüllenden Wachposten, der mit seinem Schlagstock die Menschen wie Vieh zusammentreibt. Ich krieche unter dem gespannten Seil hindurch, das als provisorische Absicherung gespannt wurde, und steige auf die etwas erhöhte Rampe, wo Militärpolizisten allein durch ihre Anwesenheit Disziplin einfordern. Ich wähle den einfacheren, wenn auch zugegebenermaßen moralisch zweifelhaften Weg. Mein Aus-der-Reihe-Tanzen wird stillschweigend geduldet. Ich besitze schließlich das Privileg, eine Weiße und noch dazu Ausländerin zu sein.

Gespannt gleitet mein Blick von Uniform zu Uniform. Ich

suche einen einfachen *soldado*, denn die seien, so wurde mir gesagt, besonders zugänglich für Bestechungsversuche, weil ihr normales Gehalt lächerlich gering ist. Zu meiner Erleichterung entdecke ich in der Menge einen großen Schwarzen, ohne jegliches Rangabzeichen. „Können Sie mich hineinlassen?" wende ich mich schüchtern an ihn. Sein grobknochiges Gesicht mustert mich kalt. „Nein." Ich hole tief Luft, strecke ihm meine Hand entgegen, aus der eine 500.000-Cruzeiro-Note als Köder hervorblitzt, und frage nochmals unverschämt: „Auch damit nicht?" Wider Erwarten beißt er nicht an, sondern kehrt mir cool den Rücken zu.

Resigniert blicke ich auf die Warteschlange und verwerfe sogleich wieder den Gedanken, mich vielleicht doch auf übliche Art und Weise hinein zu bemühen. Also bleibt mir als einzige Alternative, hartnäckig zu sein. Erst jetzt bemerke ich, daß laufend Leute ganz bequem, außerhalb der Reihe, in das Gefängnis spazieren. Offensichtlich sind die Menschenstaus eine wohldurchdachte Strategie, um die mageren Polizeigehälter ein wenig aufzubessern.

Sekundenlang blickt der *soldado* zu mir nach hinten. Er ist genauso nervös wie ich. Angespannt rühre ich mich nicht vom Fleck. Irgendwann führt er seine geschlossene Hand unauffällig hinter den Rücken, öffnet leicht die Finger, und blitzschnell lasse ich den Schein hineingleiten, der sogleich in seiner Hosentasche verschwindet. In diesem Augenblick sind wir Verbündete in einem kriminellen Spiel. Die Spielregeln: Zeige niemals öffentlich das Offensichtliche. Wähle den Weg der Geheimniskrämerei, auch wenn jeder sieht, worum es geht.

Mein „Komplize" gebietet mir, noch ein wenig zu warten. Er macht ein Zeichen in Richtung der Wärter am Gefängnistor, und ich darf passieren. Zuerst kommen wir zu einer Art Zwischenstation, in den Durchsuchungstrakt. Wie in einer Hühnerfarm bin ich zwischen Vorder- und Hintermann eingezwängt.

Die Verwandten der Sträflinge haben ein gemeinsames Merkmal: das *cara do pobre* , das Gesicht der Armen. Eine Studie des Justizministeriums zeigt auf, daß 95 Prozent der Sträflinge aus der „absolut armen" Bevölkerungsschicht kommen. Weitere charakteristische Merkmale sind: schwarz, Halbanalphabet, jünger als 25 Jahre und ohne fixe Arbeit. „Die einzige Strafe für die Reichen ist es, einen guten Anwalt bezahlen zu müssen“, so der Jurist Edmundo Oliveira. 98 Prozent der Häftlinge können sich keinen Strafverteidiger leisten. Chronischer Personalmangel führt dazu, daß unzählige Häftlinge monatelang auf ihre Verurteilung warten und die Hälfte von ihnen eine irreguläre Strafe absitzt.[56]

Irgend jemand gibt mir einen Schubs, und ich lande mit zwei weiteren Besucherinnen in einem kleinen Raum. Unfreundliche Polizeibeamtinnen perlustrieren uns von Kopf bis Fuß. Wir müssen die Hosen ausziehen und nackt drei Kniebeugen machen. Mein Tonbandgerät wird mißtrauisch begutachtet, ich darf es jedoch mit hineinnehmen.

Durch eine Eisentür gelange ich ins eigentliche Areal der Strafanstalt, die aus acht Pavillons und einer Krankenstation besteht. Ungepflegter Rasen, Bäume, strahlend blauer Himmel, kleine Gruppen von Menschen, die miteinander plaudern, viele Kinder, Wochenendstimmung auch hinter Gittern: eine freundliche Fassade, die das Gefängnispersonal bewußt zuläßt, um den unerträglichen, unmenschlichen Alltag zu verschleiern.

Mein brasilianischer Freund Pedro wartet bereits ungeduldig auf mich. Ich habe ihn im Jahr zuvor in São Paulo kennengelernt. Er ist Opfer einer Intrige der Geldwäscher-Mafia, sitzt wegen angeblichen Schwarzhandels mit Fremdwährung hinter Gittern. Fast schon ein Jahr wartet er nun voll Ungewißheit auf sein Urteil. Wenn er hinauskommt, hat er Angst, ermordet zu werden. Im Gefängnis hat Pedro durch sein hohes Bildungsniveau eine gewisse Sonderstellung und kann sich relativ frei bewegen. So hat er Zugang zu vielen Informationen.

In diesem Zuchthaus sitzen auch Minderjährige – entgegen den Gesetzen. Sie sollten eigentlich in eigens für kriminelle Minderjährige gedachte Heime gebracht werden. Dort setzt sich dann die Spirale des Elends und der Gewalt fort: Sadistische Prügelstrafen durch die schlecht ausgebildeten Aufseher sind an der Tagesordnung. Kleinere Kinder werden von älteren Heiminsassen geschlagen und sexuell mißbraucht. Und die hygienischen Bedingungen sind erbärmlich: „Dort kann nicht einmal ein Schwein überleben, von einem Kind ganz zu schweigen“, sagt

Pedro. Trotzdem sind diese Heime immer noch besser als ein Gefängnis.

Einige der Strafgefangenen in der Haftanstalt *Aníbal Bruno* sind schon an der Grenze zur Großjährigkeit, also zwischen 18 und 21 Jahre alt. Für eine Heirat, oder wenn sie das Land verlassen wollen, brauchen sie noch die Einwilligung ihrer Eltern. Eigentlich würden sie noch unter das Jugendrecht fallen, das mildere Strafen vorsieht.

„Für jeden Gefangenen zahlt der Staat. Also haben die Behörden Interesse daran, die Gefängnisse möglichst voll zu halten", erläutert Pedro. Die brasilianischen Zuchthäuser platzen aus allen Nähten. Die Zahl der Häftlinge ist doppelt so hoch wie eigentlich vorgesehen. Mancherorts wird unter ihnen ausgelost, wer als nächster sterben muß, um Platz zu schaffen und gegen die unzumutbaren Lebensbedingungen zu protestieren. Manche Häftlinge haben nicht einmal einen Quadratmeter zur Verfügung.

„In jeder Zelle sollte an und für sich nur eine Person sein, es gibt aber Zellen, in denen zehn Leute vegetieren", beklagt Pedro. Das staatliche Geld sollte zwar für Bettwäsche, Matratze, Zahnbürste, Zahnpasta und Nahrungsmittel verwendet werden, doch es wird sofort abgezweigt. Beim Häftling kommt nur ein Bruchteil an. Pedro schätzt, daß bloß drei Prozent der ursprünglichen Summe – in Form von letztklassiger Anstaltskost – die Sträflinge erreicht. Wer menschenwürdig essen will, kann sich beim Gefängnisbuffet mit Verpflegung eindecken, vorausgesetzt, er besitzt Geld. „Was uns eigentlich laut Gesetz zusteht, müssen wir uns erkaufen", schimpft Pedro und runzelt die Stirn.

„Wie hast du es geschafft, zu Matratze und Bett zu kommen?" staune ich. „Das hat mir meine Familie gegeben." – „Und wer keine Familie hat?" – „Der hat nichts, der schläft auf dem Boden." – „Teilen sich die Sträflinge die Sachen untereinander?" – „Hier gibt es kaum Solidarität. Die Leute werden zu Tieren", bringt er die Lage auf den Punkt und wirft mir einen vielsagenden Blick zu.

Die breite Öffentlichkeit ist der Meinung, daß das Gesetz minderjährige Verbrecher ohnehin schützt. Immer mehr werden brasilianische Gefängnisse zu Zwischenlagern für Minderjährige. Sicherheitshalber werden die „Kleinen“ isoliert untergebracht. Trotzdem: „Sie sind die Sklaven der Erwachsenen, müssen für sie arbeiten und laufen immer Gefahr, vergewaltigt zu werden“, berichtet Pedro.

Wir betreten Carlinhos Zelle. Er schläft auf dem feuchten Fußboden. Spärlich dringt ein wenig Tageslicht durch einen vergitterten Spalt in den düsteren, drei mal drei Meter kleinen Raum. Dunkle, weit aufgerissene Augen blicken uns gequält an. Der Junge – klein, mit kurzgeschorenen Haaren – ist ein Häufchen Elend. Er hockt barfuß auf dem Steinboden und starrt auf die kahle Zellenwand. Seine einzige Abwechslung besteht darin, Autos auf ein Blatt Papier zu kritzeln. Er greift spontan nach meiner Hand und bittet mich, ihm das nächste Mal Sandalen mitzubringen.

Carlinho wurde verhaftet, weil er angeblich einen anderen Straßenjungen vergewaltigt hatte. Großmütig verzichtete die Polizei auf die Aussage des angeblichen Opfers. Carlinho hingegen wurde mit Handschellen abgeführt. Ohne Beweise und ohne sein genaues Alter zu eruieren, landete er im Gefängnis.

„Weil er kein Geld hat, muß er schon mit drei, vier Jahren Knast rechnen. Er kann sich keinen Anwalt leisten, der darauf hinweist, daß er noch minderjährig ist und für sein angebliches Verbrechen nicht zur Verantwortung gezogen werden darf. Carlinho wird hier volljährig werden, revoltieren und ein wirklicher Verbrecher werden“, sagt Pedro später.

Im Gefängnisalltag gibt es Zugeständnisse: Wenn die Häftlinge arbeiten, müssen sie nicht den ganzen Tag in der Zelle verbringen. Häftlinge mit besonders guter Führung dürfen den Hof fegen, dabei verdienen sie einen symbolischen Betrag: 70, 80 Cruzeiros im Monat. Das reicht nicht einmal, um sich Seife oder eine Zahnpasta zu kaufen. Vor allem Jugendliche werden im Gefängnis zum Putzen eingeteilt.

Für Carlinho dagegen wäre das Verlassen seiner Zelle lebensgefährlich. „Die Häftlinge akzeptieren jede Art von Verbrechen, nur nicht Vergewaltigung. Sie stellen sich vor: Meine kleine Tochter ist da draußen, und man läßt so einen Kerl frei. Er könnte das mit meiner Tochter oder mit meinem kleinen Bruder tun. Und so schaffen sie die allgemeine Regel: Ein Vergewaltiger gehört eliminiert, massakriert", erklärt Pedro, während wir den düsteren Gang entlanggehen, von dessen feuchten Wänden der Putz bröckelt.

Eigentlich ist Schulunterricht vorgesehen, offiziell für jeden, der will. Kaum einer der Sträflinge jedoch nimmt dieses Angebot an, sie haben resigniert. Die Schulklasse der Strafanstalt *Aníbal Bruno* hat ganze 20 Schüler, Minderjährige und Erwachsene. Es mangelt an allem: an Bleistiften, Kugelschreibern, Radiergummis, Papier. Dazu kommt noch der Psychoterror der Gefängniswärter, die meinen: „Banditen müssen nicht lernen." Manche werden gar nicht aus der Zelle gelassen, andere werden auf dem Weg zur Schule geschlagen. „Ich streite jedesmal mit den Polizisten, weil ich eine Anwesenheitsliste habe, die ich der Direktion weitergeben muß. Ich muß rechtfertigen, warum sie gefehlt haben. Oft fehlen sie einfach, weil sie es nicht geschafft haben, herzukommen. Oder sie kommen mißhandelt, heulend, demotiviert", klagt der Lehrer, selbst ein Strafgefangener.

Der Gefängnisalltag ist grausam. Folter ist in Brasilien eine allgegenwärtige Erscheinung, nicht nur im Gefängnis, sondern auch im Polizeipräsidium und in Polizeifahrzeugen. Gefoltert werden Verdächtige, Verurteilte und Unschuldige. Besonderes Aufsehen erregte ein Fall in Pratápolis (Minas Gerais): Im Jahr 1990 fand man sieben Kinder im Alter von acht bis elf Jahren, die Militärpolizisten lebend mit dem Kopf nach unten von einer Brücke gehängt hatten. Die Beamten wollten sie auf diese Weise zu einem Geständnis zwingen. Der örtliche Polizeichef äußerte sich daraufhin lobend darüber, daß die Polizisten den Kindern „frische Luft gewährt hatten".[57]

Eine besonders berüchtigte Form der Folter ist die sogenannte „Papageienschaukel": Dabei werden Verdächtige in der Wachstube stundenlang auf eine Stange gehängt – Hände zusammengebunden, Arme über die Knie gezogen und die Stange unter den Kniekehlen befestigt.[58] Häufig arbeiten die Beamten auch mit Elektroschocks, mit denen sie in Wachstuben oder Polizeiwagen besonders gerne die Genitalien der Jungen und Brüste der Mädchen behandeln. Fast alle Einsatzwagen der Militärpolizei von São Paulo sind mit Vorrichtungen für Elektroschocks ausgerüstet. Gerichtlich verurteilt zu sein heißt noch lange nicht, daß man nun seine Ruhe vor Folter und Verhören hat: Polizisten malträtieren die Häftlinge auch noch in den Zellen, damit sie weitere Verbrechen gestehen. Sie holen sie aus den Zellen, zwingen sie, sich auszuziehen und niederzuknien, dann mißhandeln sie mit Holzstöcken, Eisenstangen, Gummiknüppeln und Kabeln. Die Folgen sind fürchterlich: gebrochene Beine, Arme und Rippen oder Schädelbrüche. Auch Schnittwunden werden den Gefangenen zugefügt.

Eine andere Foltermethode heißt *Palmatória:* Dabei wird den Gefangenen ein Stück Holz auf die Finger gehämmert, bis zu hundertmal.

Alles ist erlaubt, nur sterben darf er nicht, das könnte seinen Peinigern schaden. In letzter Minute wird dann nicht selten Pedro als Retter in der Not gerufen, der, obwohl kein Arzt, den Gefolterten versorgen muß. „Ich leiste Erste Hilfe, so gut ich eben kann. Das macht mir angst. Ich frage mich, ob ich nicht gemeinsame Sache mit den Aufsehern mache. Denn nachher können sie ihn noch einmal foltern. Und wenn ich sein Leben retten soll, dann ist es, damit den Polizisten nichts passiert." Er blickt deprimiert zu Boden. „Ich versuche dann, an nichts weiter zu denken, als daß ich einen Schwerverletzten vor mir habe, der Schmerzen hat und dringend Hilfe braucht."

Sind Gefangene nicht kooperationsbereit, droht Strafverschärfung: „Dann kommen sie in den Kotter: einen winzigen Raum, total dreckig, voll mit Fäkalien, Urin, Wasser, wo sie 30 bis 60 Tage bleiben müssen."

Das Leben im Gefängnis ist extrem gefährlich. Es herrscht nicht nur Krieg mit dem Aufsichtspersonal, sondern auch zwischen den Gefangenen. Es ist daher ratsam, stets eine Waffe bei der Hand zu haben: ein Stück Holz, eine aus dem Fenster herausgerissene Eisenstange. Die Polizei mischt am Waffenmarkt kräftig mit. „Sie verkaufen ganze Kisten mit Messern, an die, die ein wenig Geld haben, weil sie Drogen verkaufen oder weil sie von ihren Komplizen am Sonntag etwas zugesteckt bekommen." Die Gefängniswärter sehen, wenn man ihnen etwas zusteckt, geflissentlich darüber hinweg.

Chef der Strafgefangenen ist der Drogenverteiler, der *distri-*

*buidor.* Im Gefängnis herrschen normalerweise zwei Drogenbosse. Jeder von ihnen verfügt über eine bestimmte Anzahl von Dealern, seine *soldados*, die den Verkauf für ihn erledigen. Diese Drogenhändler, selbst Sträflinge, haben in der Strafanstalt ihr Revier und ihre Macht. „Es ist üblich, daß es zwei Konkurrenten gibt. Wenn ein anderer ins Geschäft einsteigt, wird er verfolgt und erledigt“, erzählt Pedro. „Die zwei Konkurrenten lassen auch hinter den Gefängnismauern das Gesetz von Nachfrage und Angebot wirken. Der Preis wird niedrig gehalten, weil der eine den anderen durch besonders günstige Angebote auszustechen versucht.“

Diese Drogenbosse leben auch im Gefängnis eher komfortabel. Nicht selten wohnen sie in einer Einzelzelle, die sie am „Wohnungsmarkt“ der Strafanstalt gekauft haben. „Wenn zehn in einer Zelle leben, zahlt er sie aus, und sie müssen sich eine Bleibe in einer anderen Zelle suchen.“ Dieser Zellenwechsel erfolgt nicht immer freiwillig. „Auch hier gilt das Recht des Stärkeren. Es gibt Leute, die ihn dabei unterstützen, auch die Polizei. Die Aufpasser verdienen genauso damit, er bezahlt auch sie.“

Selbstbereicherung ist die Lebensmaxime der Aufseher: Für die Luxuszelle kann der Drogenboß fast einen Mindestlohn lockermachen, denn der Drogendeal hinter den Mauern ist lukrativ. Die Polizisten haben dabei fast immer ihre Finger mit im Spiel. Sie kaufen die Drogen draußen und geben sie im Gefängnis weiter. Dabei mißbrauchen sie Minderjährige als Drogenkuriere, weil es für dieses verbotene Geschäft eines gewissen Leichtsinns bedarf, den vor allem jugendliche Häftlinge mitbringen.

Ein *bala* (Bonbon), wie ein Joint im Sträflingsjargon heißt, ist um den Preis eines Cheeseburgers zu haben. Wer nicht soviel Kleingeld flüssig machen kann oder weniger risikofreudig ist, greift zum Klebstoff – bekannt als Kinderdroge und in *Aníbal Bruno* von jedermann konsumiert.

Schließlich stellt mir Pedro den 19jährigen José vor. Er arbeitet in der Aufnahme und erhält im Monat ein Gehalt von 62 Cruzeiros. Der Junge mit seinem zarten Knabengesicht und dem gepflegten Äußeren sitzt wegen eines Überfalls – seines ersten und vorläufig letzten. Er wurde zu acht Jahren verurteilt, 16 Monate seiner Strafe hat er bereits abgebüßt.

„Ich bin mit einem Revolver in den Autobus gestiegen. Den hatte ich mir von einem Freund geborgt“, berichtet José gelassen, mit einem ruhigen Lächeln. „Wir waren zuerst bei einem Fest, und dann wollten wir das Ding drehen. Mein Freund konnte noch rechtzeitig abhauen. Wir hatten ohnedies kein Glück, der Typ an der Kasse hatte kein Geld. Aber der Mann im Bus hat einen Schrei losgelassen. Eine Polizeipatrouille war in der Nähe, und das war es dann. Die haben mich zu einem Fluß gebracht und mich unters Wasser gehalten. Ich dachte, ich würde ertrinken.“ Er stockt. „Sie haben das wohl getan, weil sie wollten, daß ich auch andere Verbrechen gestehe.“

Ich wollte von ihm wissen, was ihn im Gefängnis am meisten zu schaffen mache: „Ich habe Angst, daß es eine Meuterei gibt und ich dabei jung sterben muß.“

José befindet sich in Begleitung eines etwas jüngeren Burschen, den er unter seine Fittiche nimmt. Beide tragen teure Turnschuhe, das ist erstaunlich, denn viele der Häftlinge laufen barfuß umher. Es ist ein Beweis dafür, daß sie mit der Polizei zusammenarbeiten. Ihre schwache Position unter den Gefängnisinsassen zwingt sie zur Komplizenschaft mit den Aufsehern.

Luís, Josés Schützling, ist 15 Jahre alt und sitzt seit zwei Wochen im Gefängnis. Auch bei ihm bemerke ich Angst in seinem runden Gesicht. Der kahlgeschorene Kopf und die riesengroßen schwarzen Augen wirken kindlich. Luís sitzt wegen eines kleinen Diebstahls. Selbst als Großjähriger würde er wegen dieses Delikts kaum ins Gefängnis kommen, vorausgesetzt, er kann den Schaden ersetzen. „Aber das Gericht ist im Streik“, erklärt Pedro und legt dem schmächtigen Jungen den Arm um die Schultern. „Es kann noch lange dauern, bis Luís freigelassen wird. Zuerst muß er aufs gerichtsmedizinische Institut, um sein Alter feststellen zu lassen, er besitzt nämlich keine Dokumente.“

Luís muß wohl auf unbestimmte Zeiten hinter Schloß und Riegel bleiben: „Weil ich aus einem Videogeschäft Geld gestohlen habe, um mir was zum Essen zu kaufen.“ Er starrt aus dem vergitterten Fenster, die Lippen fest zusammengepreßt, um nicht loszuweinen. „Ich habe einen Teil noch in derselben Nacht angebracht, bin in die Bar und habe ein Sandwich gegessen, was getrunken. Danach bin ich nach Hause schlafen gegangen. In der Früh sind die Bullen gekommen und haben mich geholt. Sie haben mich in Handschellen zur *delegacia* gebracht."

Zwei Tage mußte Luís am Polizeirevier verbringen. „Ich hatte solche Angst, daß ich zitterte. Sie haben mir ein paar Fußtritte in den Bauch verpaßt. Dann mußte ich baden und in nasser Kleidung schlafen – immer in Handschellen. Sie wollten wissen, wie alt ich bin. Ich sagte 15, aber sie haben 18 hingeschrieben."

Luís hat Glück im Unglück. Seine Zelle teilt er mit einem anderen Minderjährigen und einem Erwachsenen. „Der ist mein Freund, hilft mir aus mit Kleidern, Seife, Essen, Zahnpasta." Trotzdem ist er ziemlich niedergeschlagen: „Ich habe Angst, daß jemand etwas mit mir anstellt, daß die Polizei weiß der Teufel was mit mir macht."

Er versucht, sich nützlich zu machen, so gut es geht. „Ich gehe putzen, zwölf Stunden am Tag. Nachher darf ich dann fernsehen." Seine Mutter hat ihn bloß einmal besucht: „Sie hat versprochen, daß sie einen Anwalt suchen wird, der mich da rausholt", sagt Luís zuversichtlich.

Auf die Frage nach seinem zukünftigen Leben antwortet er wie aus der Pistole geschossen: „Ich werde mehr in die Kirche gehen, richtig gläubig werden. Wenn ich hier rauskomme, mache ich die Schule fertig und werde aus diesem Leben aussteigen."

Wenige Monate nach meinem Besuch wurde Luís freigelassen. Bald danach wurde seine Leiche auf den Straßen Recifes gefunden. Bis heute weiß niemand, wer ihn umgebracht hat und warum.

# Straflosigkeit als Aufputschmittel

Maceió, Hauptstadt des Bundesstaates Alagoas, ist berühmt für seine traumhaften Strände. Hier könne ich getrost meine Uhr am Handgelenk lassen, beruhigen mich die Einheimischen. Die Straßen der kleinen Provinzstadt sind am Freitag abend wie ausgestorben. Vor einer Bäckerei irgendwo im Zentrum begegne ich Josivaldo. Wie ein verlassenes Hündchen wartet er dort, daß ein Happen für ihn abfällt, und bittet jeden, der aus dem Laden tritt, um ein Stück Brot.

Fluchtartig hat Josivaldo die Metropole Recife verlassen. „Mir ist das Pflaster zu heiß geworden", sagt der 15jährige lässig, während er in einem Pornoheft blättert. „Dort gibt es viele Killerbanden: die Rote Armee, die Weiße Hand. Wir können dort nicht auf der Straße schlafen wie hier. Einmal haben die Bullen auf mich gefeuert, und ich habe eine Kugel abbekommen", erwähnt er nebenbei und legt einer Passantin die Hand auf die Schulter, mit der Bitte, etwas springen zu lassen. „Hier ist es viel ruhiger", seufzt er erleichtert.

„Ich gehe jetzt zum Gouverneurspalast. Dort gibt es nämlich was zum Essen, umsonst", sagt er und verschwindet mit seinen drei *coleginhas* in der dunklen Nacht. Sie sind wie Blätter, die im Wind treiben. Maceió ist für die Straßenkinder offenbar so etwas wie eine Insel der Seligen. Üppige Palmenhaine, Zuckerrohrplantagen, endlos weite Strände. Urlaub für arm und reich? Vielleicht.

Auf der *Praça dos Martirios* wird neuerdings auf Anordnung der Frau des Gouverneurs eine abendliche Gratissuppe für die Armen ausgeschenkt. Skeptiker meinen allerdings, diese edle Geste sei kalte Berechnung: „Sie kandidiert fürs Parlament, und dieses karitative Getue ist Teil ihrer Wahlkampagne. Sie kauft die Leute mit dem, worauf sie ohnedies ein Recht haben, weil sie es aus ihren Taschen gezogen hat", kritisiert Vicente Oliveira, selbst ehemaliges Straßenkind, jetzt Lehrer in einer Favela. Ein Jahr lang hat er in Italien als Tellerwäscher gearbeitet, um sich ein Haus leisten zu können. Früher war er Mitarbeiter der *Pastoral do Menor*, die in Maceió nur bis 1987 existierte. Seine Arbeit mit Straßenkindern wurde von Bischof Edvaldo Amaral beendet. Die Erzieher weigerten sich, eine Arbeit zu leisten, die bloß auf der Lehre des Katechismus beruhte. Sie wollten den Straßenkindern die Realität bewußt machen und mit ihnen gemeinsam Perspektiven suchen, aus diesem Leben auszusteigen. Doch für diese Arbeit gab es kein Geld vom Bischof, und auf den ohnehin mageren Mindestlohn konnten die Straßenerzieher nicht verzichten.

Jetzt ist Vicentes Arbeit weniger spektakulär. Gemeinsam mit Favelakindern fertigt er in einem Schuppen Holzspielzeug an, das sie an Schulen verkaufen. Der drahtige Mann mit seinem wilden silbergrauen Bart gewährt mir Einblick hinter die Kulissen des so idyllisch anmutenden Maceió.

Im stillen Maceió werden schwere Geschütze gegen obdachlose Minderjährige aufgefahren. Neuerdings wurden sogar fünf Jugendbataillons gegründet. Die kleinen *soldados* sind zwischen zwölf und 17 Jahre alt. Ihre Funktion besteht darin, Straßenkinder zu überwachen, zu verhaften und mit Prügeln zur Räson zu bringen. Es ist verboten, Waffen zu verwenden, doch so mancher der kleinen Ordnungshüter trägt – gut versteckt – ein Taschenmesser bei sich.

Die *soldados* postieren sich vor großen Supermärkten und Hotels und führen oft willkürliche Verhaftungen durch, dürfen strafrechtlich aber nicht belangt werden, weil sie noch minderjährig sind. Gründer der „Kinderpolizei" in Maceió ist ein gewisser Natanael Marcelino Pereira, angeblich Exsoldat der Militärpolizei, von dort wegen „geistiger Unzulänglichkeit" entlassen. Die Dienste eines jungen *soldado* kosten die Lokalinhaber wöchentlich 850.000 Cruzeiros Schutzgeld. Natanael kann mit der Sympathie Hunderter Geschäftsleute rechnen, denn seit seine Spezialeinheit Wache schiebt, gehen die Verbrechen der Straßenkinder zurück. Derzeit überführen seine Bataillons zwei Straßenkinder täglich, und der *comandante* ist optimistisch, in Zukunft zwölf pro Tag zu stellen.

Rechtlich gehören diese Jugendbataillons zum „Jugendklub von Maceió“, der im März 1993 von Natanael gegründet wurde. Ziel ist, so der *comandante*, „das Wohlergehen der Jugend zu fördern und Kinder und Jugendliche gegen jede Form der Ausbeutung, Grausamkeit und Diskriminierung zu schützen“. Die Ironie will es, daß seine *soldados* weniger als die Hälfte des vorgeschriebenen Mindestlohns und keinerlei Sozialleistungen erhalten, abgesehen von der perversen Tatsache, daß Kinder abgerichtet werden, um andere Kinder zu verfolgen.[59]

Auch wenn die Aufpasser ihre Augen überall haben, solange es Straßenkinder gibt, werden sie stehlen müssen. „In dem Moment, wo einer klaut, ist ihm alles egal. Er läßt was mitgehen, weil er das Ding unbedingt haben will, und wenn es nur etwas zu essen ist, weil er nahe am Verhungern und die Gelegenheit besonders günstig ist. Wenn du auf deine sieben Sachen nicht achtgibst, sind sie weg. Die Konsequenzen sind ihm egal, nur der Augenblick zählt“, beschreibt Vicente seine Erfahrungen mit Straßenkindern.

Besonders gefürchtet ist ein Zivilpolizist namens Castelo: „Wenn er Geld braucht, schickt er seine Jungs los.“ In keiner Stadt Brasiliens bleibt ein Straßenkind davon verschont, Handlanger der Exekutive zu werden. Ein Dreizehnjähriger: „Wenn wir Geld haben, befehlen sie uns, es ihnen zu geben, oder sie sagen uns, wir sollen stehlen gehen und es dann ihnen geben. Einmal hat mich ein Militärpolizist drinnen im *Shopping Center* erwischt, mich geschlagen und mir 500 Cruzeiros weggenommen. Ich habe nur 500 Cruzeiros gehabt, um mir einen Sack Kekse zu kaufen, damit ich sie weiterverkaufe. Und er hat mir gesagt, ich solle mehr stehlen, um es ihm zu geben.“[60]

„Wenn du auf der Straße lebst, hast du keine andere Wahl“, sagt Vicente mit finsterem Blick. „Das Straßenkind wird verhaftet und dann läuft das Spiel so: Um fünf Uhr nachmittags wird es aufs Polizeirevier gebracht, um zehn Uhr abends kommt ein Polizist in die Zelle und läßt den Jungen wieder frei. Nebenbei wird er in die Spielregeln eingeweiht: Am nächsten Morgen muß er 2000 Cruzeiros abliefern, wenn nicht, stirbt er. Oder: Er kann gehen. Einzige Auflage: Er muß einen Fernsehapparat bringen, sonst zahlt er mit dem Leben." Die Gesetzeshüter machen auch Hausbesuche bei bereits polizeibekannten Jugendlichen. Die Bestellung für den nächsten Tag wird kurzfristig aufgegeben. „Erledige das, und zwar schnell", heißt es barsch. Der Junge macht sich sofort auf den Weg. Kann er nicht rechtzeitig mit der gewünschten Summe oder mit der bestellten Ware aufwarten, ist er geliefert.

Ein berüchtigtes Beispiel polizeilicher Willkür ist die *prisão seguida*, die „laufende Verhaftung": „Sie lassen den Jungen nicht in Ruhe. Sie verhaften ihn, und wenn seine Familie einen Anwalt hat, der ihn rausholt, weil es illegal ist, ihn einfach so einzusperren, wird er am nächsten Tag wieder festgenommen", schildert Vicente und zündet sich eine Zigarette an. „Die Familie schafft es wieder, ihn zu befreien, aber am folgenden Tag wird er wieder eingelocht." Drei, vier Monate kann das so gehen. „Er kann das Kind jederzeit verhaften, weil er Polizist ist. Er ist das Gesetz", erklärt Vicente.

Wird ein Straßenkind tatsächlich beim Stehlen erwischt, zwingen es die Polizisten manchmal folgendes zu tun: Es muß das fremde Gut verkaufen und das Geld an die Polizei abliefern, dann aber dem Käufer nachlaufen und ihn wieder berauben. Oder es kommt anders: Ein Kind wird auf frischer Tat erwischt und auf die *delegacia* gebracht. Dann haben die Kinder nur eine Sorge: „Sie müssen irgendwas dabeihaben, als eine Art Pfand. Wenn nicht, schlägt ihn Castelo halb tot. Hat er was dabei, dann kann es sogar sein, daß er noch in derselben Stunde freigelassen wird."

Am Polizeirevier werden die Kinder gezwungen, sich nackt auszuziehen, ein Bündel aus den Kleidern zu schnüren und es sich auf den Kopf zu legen. Im Nordosten Brasiliens gibt es eine Spezialität aus Meeresfrüchten, die *sururu* heißt und lautstark angepriesen wird. In Anspielung darauf soll Castelo den nackten Jungen befehlen, bis zu zwölf Stunden lang *„Sururu, Sururu"* zu schreien. Wenn sie vor Müdigkeit umfallen, schlägt er sie ins Gesicht, damit sie weiterschreien – ohne Wasser, ohne sich auszuruhen, ohne aufs Klo gehen zu dürfen. Wenn sie ihre Stimme verlieren, ist das nur wieder ein Grund, sie zu schlagen.

Wenn ein Junge hungrig ist, soll Castelo angeblich ein Kilo Mehl nehmen und einem anderen Jungen befehlen, hineinzupissen. Dann muß der andere Junge das essen. Die Polizei zwingt die Kinder auch zu analem Geschlechtsverkehr, oder einer muß den Schlagstock in den Anus des anderen einführen.

Die Jungen werden geschlagen, die Mädchen oft gezwungen, die Prostituierten der Polizisten zu sein. Sie liefern ihnen das Geld ab, das sie verdienen, und wenn sie jung – zwölf oder dreizehn Jahre – und hübsch sind, müssen sie mit ihnen schlafen. „Die Polizei ist Zuhälter, ist der Teufel", bringt es Vicente auf den Punkt und zieht nervös an seiner Zigarette.

Eine andere Foltermethode: Ein Junge wird gezwungen, den anderen zu schlagen. Anschließend läßt die Polizei die beiden an einem abgelegenen Ort frei, um den Streit unter ihnen noch zu schüren. Vicente deprimiert: „Nach soviel Demütigung tötet der eine den anderen. Das ist eine Form, sie zu eliminieren, ohne sich die Hände schmutzig zu machen. Je größer die Gewalt unter ihnen ist, desto besser für die Polizei."

Von brutaler Gewalt ist es nicht weit zum direkten Mord, denn es ist nicht schwer, wehrlose und obdachlose Kinder zu töten. „Castelo mißhandelt nicht nur, sondern er läßt Straßenkinder auch töten", erzählt Vicente weiter. Dieses schmutzige Geschäft erledigen Castelos Helfershelfer. Er gibt die Morde nur in Auftrag.

„Herodes lebt, und er lebt hier", dieser Slogan ist auf den Plakaten der Nationalen Straßenkinderbewegung zu lesen. Heute sterben in Brasilien mehr Minderjährige durch Gewalttaten als bei Verkehrsunfällen. Mehr als ein Drittel der Bluttaten, in manchen Bundesstaaten mehr als die Hälfte, geht auf des Konto sogenannter Todesschwadronen, die damit alle anderen gewaltsamen Todesursachen bei weitem übertreffen.

„Die Tendenz ist steigend", wie ein anonymes Mitglied einer Todesschwadron 1991 in einem Interview mit der *Folha de São Paulo* programmatisch feststellte.[61] Tatsächlich steigt seit einigen Jahren die Zahl der ermordeten Minderjährigen. In Rio de Janeiro hat sich im ersten Halbjahr 1993 die Zahl dieser Bluttaten gegenüber dem Vorjahr um 70 Prozent erhöht: auf 300, fast zwei Kinder pro Tag.[62] Heute werden in Brasilien täglich vier bis fünf Minderjährige umgebracht.*

„Die Opfer haben ein gemeinsames Merkmal: Sie sind jung, arm und schwarz", sagt Ivanir dos Santos vom „Zentrum für die Artikulation von Randgruppen" (CEAP) in Rio. Seine Analyse wird von der Statistik bestätigt: Über 80 Prozent der Opfer sind Schwarze, dies stellte auch eine parlamentarische Untersuchungskommission fest.[63]

Auch die Straßenkinderbewegung hat versucht, das Grauenhafte in nüchternen Zahlen festzuhalten: Die meisten Opfer sind zwischen 15 und 18 Jahre alt, doch auch vor elf- bis 14jährigen (5 Prozent der Fälle) und Kindern unter zehn Jahren (13 Prozent) machen die Killer nicht halt. Mehr als vier Fünftel der Toten sind Jungen.[64] Solche Gewalttaten gibt es im ganzen Land, die meisten Kindermorde aber werden in São Paulo, Rio de Janeiro und Recife begangen: In absoluten Zahlen liegt São Paulo an der Spitze, im Verhältnis zur Gesamtbevölkerung weist Recife die meisten Kindermorde auf.[65]

Mit rund 70 Prozent der Fälle führt Erschießung die Liste der häufigsten Mordmethoden an, gefolgt von Erstechen, Erschlagen und Vergewaltigung. Andere übliche Todesursachen sind Erwürgen, Ersticken, Verbrennen, Vergiften und Steinigen.[66] Zu unbeschreiblicher Eskalation kommt es in der Mehrzahl der Verbrechen: Kinder werden von Kugeln förmlich durchsiebt oder durch kombinierten Einsatz verschiedenster Mordwerkzeuge sadistisch abgeschlachtet.

Damit die Leichen nicht identifiziert werden, greifen die Mörder nicht selten zur Verstümmelung: Die Gesichter werden verunstaltet, die Hände abgeschnitten, damit keine Fingerabdrücke genommen werden können. Der nicht identifizierbare Tote gilt nun für die nächsten fünf Jahre als verschwunden. Das ist für den Auftraggeber nützlich. Vielleicht ist er schließlich ein Bekannter und hat nach einem Streit den Gegenspieler eliminieren lassen oder wurde kurz zuvor von dem späteren Mordopfer

---

* Quelle: Rey, Romeo: Die Mörder tragen das Gewand der Gesetzeshüter, in: Die Kinder der anderen, Straßenkinderkomitee, 1993.

bestohlen. Wenn dieses kurz darauf tot aufgefunden wird, wäre das verräterisch.

Auch mit Hilfe der Medien wird Hetze gegen angebliche Kriminelle betrieben, etwa in der Sendung von Gonça Gonçalves, der via Lokalradio und Fernsehen direkt am Ort des Geschehens auf Sendung geht. Der Verhaftete muß es sich gefallen lassen, vor aller Welt erniedrigt zu werden. Gonçalves im Originalton: „Dieser Typ da ist ein Bandit, den muß man im Klo runterspülen." Dann ist das Geräusch einer Klospülung zu hören. „Man muß die Hunde auf diesen Bastard loslassen", hetzt er. Man hört kläffende Köter. Vicente resigniert: „Die einfachen Leute fliegen auf diese Sendung. Schließlich sind sie täglich Opfer von Verbrechen. Gespannt verfolgen sie hautnah, ob nicht vielleicht ein Nachbar, ein Verwandter verhaftet, gestorben, gefoltert worden ist."

TV-Sender sind in Brasilien meinungsbildend und allmächtig. „Man lernt nicht in der Schule, man lernt bei TV Globo", heißt es. Besonders im Nordosten ist das Bildungsniveau extrem niedrig, deswegen ein politisches Bewußtsein kaum ausgebildet. In Alagoas ein Kind zu töten, ist einfacher als im Süden des Landes, wo es eine organisierte Volksbewegung gibt, große Gewerkschaften, viele Intellektuelle, Künstler, die Zugang zu den Medien und zu internationalen Organisationen besitzen. „Wer soll sich hier beschweren? Wer soll was dagegen tun? Da wäre die Kirche. Doch der erzkonservative Bischof ist die rechte Hand des Gouverneurs. Es gibt bei uns ein Sprichwort: ‚Wenn du ein Problem hast, beschwer dich beim Bischof.' Aber zu wem kannst du hier gehen?" Vicente ist wütend.

Außerdem sind die wichtigsten Zeitungen in Alagoas in der Hand der Familie des 1992 wegen Korruption abgesetzten Expräsidenten Collor. „Wem sollst du was erzählen? Der Zeitung? Der Journalist schreibt es, aber die Zeitung publiziert es nicht", klagt Vicente.

In ganz Brasilien sind die Berichte in den Boulevardblättern über Straßenkinder ideologisch gefärbt. „Einige Sektoren der Presse kann man heute als Mitbeteiligte an jenem Zustand der Gewalt bezeichnen, dessen Opfer die Kinder und Jugendlichen sind", kritisiert die Straßenkinderbewegung. „Morde werden als ungerecht, aber gerechtfertigt dargestellt" – als verdientes Ende von kleinen, unverbesserlichen Kriminellen.[67]

Wenn in Boulevardblättern von Morden an Straßenkindern berichtet wird, dann nur sehr knapp, außer, wenn es sich um Kinder der mittleren und oberen Klassen handelt: Dann wird über mehrere Tage hinweg berichtet, voll Empörung und Abscheu. Die Tatsache, daß es sich um ein minderjähriges Opfer handelt, wird in diesem Fall als Höhepunkt der Brutalität angeprangert. Doch in Wirklichkeit spielt bei der Beurteilung der Verbrechen offenbar eher die soziale Herkunft des Opfers eine Rolle als sein Alter.

Der Unterschied zwischen den Schichten offenbart sich bereits in der Terminologie: Die Kinder der Armen werden mit allerlei herabwürdigenden Beinamen und Adjektiven versehen, nur die Kinder der Mittelklasse und der Reichen dürfen ganz einfach „Kinder", „Jugendliche", „Jungen" und „Mädchen" sein.

Mord gehört in Alagoas zur Tagesordnung. „Wenn mir einer was verkauft, und ich zahle nicht, bringt er mich um", schildert Vicente. „Wenn ich mit einem Mädchen zusammen bin, und ihr Bruder mag mich nicht, dann tötet er mich. Jedes x-beliebige Kind mit 15 Jahren, dem ich ins Gesicht schlage, tötet mich. Wenn es Streit gibt, haue ich lieber ab, sonst kriege ich eine Kugel ab. Hier löst man alles mit Kugeln."

Wird die Ehre beleidigt, dann fließt Blut. Ein Beispiel unter vielen: Einige Landarbeiter trinken *cachaça*. Einer sagt im Suff zum anderen „Gehörnter", das heißt, seine Frau hat ihn betrogen – die schlimmste Beleidigung, die es im Nordosten gibt. Der Beschimpfte eilt nach Hause und kommt mit seinen sechs Söhnen zurück, einige jünger als zehn Jahre. Sie reißen dem Mann die Augen aus, sein Geschlechtsorgan, sein Herz.

Der 16jährige Anderson wiederum hatte den Fehler begangen, sich in die Tochter eines Polizisten zu verlieben. Sein zweiter Fehler: Er war schwarz und arm. Von einem Tag auf den anderen verschwand er. Die Polizei sagte, sie werde den Fall untersuchen, doch alle wissen, daß der Polizist den Jungen getötet hat. Zeugen haben gesehen, daß an dem Tag, als er verschwand, ein

Polizeiauto um das Haus kreiste. Die Familie hat das Verschwinden des Jungen, der bereits Drohungen erhalten hatte, sofort angezeigt, sogar ihre Vermutung zu Protokoll gegeben, daß er im Haus des Polizisten festgehalten wurde. Erst zwei Tage später stattete die Polizei dem Haus einen Besuch ab. Genug Zeit, um Auffälliges verschwinden zu lassen.

„Das ist die Psychologie der Straflosigkeit", erklärt Vicente die Hintergründe. „Was auch immer sie tun, es hat keine Konsequenzen für sie." Der ausgemergelte Mann sitzt gebeugt da und grübelt: „Ich weiß nicht, warum sie das tun. Vielleicht, weil sie irgendeine Wut auf die Welt haben. Weil seine Frau mit ihm gestritten hat, weil sein Sohn nicht zur Schule gegangen ist, weil sein Schwager ein Auto hat und er nicht. Wenn ich wütend bin, nehme ich da nicht auch den Aschenbecher und schmeiße ihn gegen die Wand?"

Zwei grundlegende Faktoren erleichtern die Arbeit der Killer: die Problemlosigkeit, mit der man Schußwaffen erwerben, transportieren und verwenden kann, und die Gewißheit, ziemlich sicher ungestraft davonzukommen. In mehr als zwei Dritteln der Fälle bleibt der Täter unbekannt, doch auch wenn er erwischt wird, hat er gute Chancen, wieder davonzukommen.

Die Straflosigkeit wirkt wie ein Aufputschmittel auf die Mörder und führt dazu, daß sie sich oft nicht einmal die Mühe machen, die Leichen zu verstecken. Die Straßenkinderbewegung klagt an: Der Staat duldet die Morde stillschweigend, ergreift jedenfalls keine effizienten Maßnahmen. Daher ihr naheliegender Verdacht: „Dies läßt vermuten, daß solche Aktionen gebilligt werden. Und es entsteht der Eindruck, daß durch eine derartige Privatisierung von Befugnissen und Macht, die eigentlich nur der Justiz zustehen, inoffiziell die Todesstrafe in großem Maß vollzogen wird, ohne daß die Regierenden die Verantwortung tragen müssen."

Wie zum Beweis nennt sich ein Killerkommando in der Provinz Espírito Santo simpel „Organisation Todesstrafe". So entsteht allmählich ein Staat im Staate – „der beste Weg zu einer empfindlichen Gefährdung der Demokratie".[68]

Für Straßenkinder gibt es selbstverständlich *keine* Straflosigkeit. Der Straßenjunge Mexicano etwa hat mit anderen Kindern ein Haus überfallen, feuerte auf der Flucht einige Kugeln ab und traf einen Polizisten ins Bein. Mexicano wurde für einige Zeit in die *Febem* gesperrt. Nach seiner Entlassung paßte ihn ein Polizeiauto ab, vermutlich wußten die Polizisten vom Anstaltsleiter Tag und genaue Uhrzeit seiner Entlassung. Es ist ein offenes Geheimnis, daß solche brisanten Informationen häufig weitergeleitet werden. Vor den Toren der *Febem* wurde Mexicano zum letzten Mal lebend gesehen. Er ist für immer spurlos verschwunden.

Auch dies ist kein Einzelfall in Alagoas: Im *Shopping Center* von Maceió wurde die Tochter eines reichen *Fazendeiros* überfallen und ihr Auto gestohlen. Einige Jungen wurden daraufhin verhaftet und in der *Febem* interniert. Kurz darauf stürmten 20 Bewaffnete das Heim und bearbeiteten die Jungen so lange, bis sie ihren Anführer als Täter denunzierten. Das war sein Todesurteil.

Nicht nur die Straflosigkeit, auch die miese Bezahlung der Polizisten macht sie besonders anfällig für brutale Nebengeschäfte. In Maceió verdient ein einfacher Polizist 7000 Cruzeiros Reais pro Monat. Davon kann er nicht leben. Er lebt von dem, was die Leute ihm zustecken.

Selbst Listen sind im Umlauf, die verschiedene Preise für Morde festsetzen. Ein Mord an einem Straßenkind kommt am billigsten. Den Hausbesitzer X zu töten, kommt schon teurer, denn das kann bereits eine gewisse Aufregung in den lokalen Zeitungen nach sich ziehen. Ausländer umzubringen, ist entschieden am teuersten, schließlich bringt das viel Aufsehen auch in der internationalen Presse mit sich.

Vicente hatte einen Freund, der einen *pistoleiro* kannte. „Einmal ist der Typ zu mir gekommen und hat gesagt: ‚Wenn du meinen Tank voll machst, dann töte ich für dich.'" Ursprünglich Polizist, hatte er auf Berufskiller umgesattelt.

Hin und wieder wird jemand zumindest scheinbar zur Verantwortung gezogen, um die aufgebrachten Gemüter zu beruhigen. Für großes Aufsehen sorgte eine von der Rechtsanwaltsvereinigung vorgelegte Untersuchung über Gewaltakte in Alagoas. Von 100 Morden gehen demnach 85 auf das Konto der Militärpolizei. Nach diesen Enthüllungen wurde der Kommandant der Militärpolizei abgesetzt, doch konnte er auf die Unterstützung des Gouverneurs und dessen Frau zählen, die – so die Gerüchte – in zahlreiche Verbrechen verwickelt sind. Der Kommandant wurde schließlich nicht verurteilt, sondern sogar befördert.

Die Reaktionen der brasilianischen Politiker sind unterschiedlich: Unter heftigem internen und internationalen Druck wurde auf Bundesebene eine parlamentarische Untersuchungskommission eingerichtet, die sehr engagiert in die öffentliche Diskussion eingreift. 1991 veröffentlichte sie sogar eine Liste von 70 mutmaßlichen Kindermördern. Einige von ihnen sind bereits in Haft, unter anderen ein gefürchteter Massenmörder, der in seinem Zivilberuf skurrilerweise Angestellter des Familiengerichts war.[69]

Ähnliche Untersuchungskommissionen gab es auch in anderen Bundesstaaten. Im Staat Pernambuco wurden 42 Militärpolizisten vom Dienst suspendiert, die an der Jagd auf Straßenkinder beteiligt waren. Amazônino Mendes, Exgouverneur des Bundesstaates Amazonas, löste in seiner Amtszeit kurzerhand die zivile Polizei auf, die dort besonders stark in Verbrechen an Kindern und Jugendlichen verwickelt war.[70]

# Der Killer

Anfang Juli 1993 wurden im Norden von Rio drei Jugendliche von einer aufgebrachten Menge gesteinigt und getötet, weil sie angeblich Buspassagiere bestohlen hatten. „Das Volk hat von sich aus die Todesstrafe eingeführt", so José Souza Martins von der Universität São Paulo.[71]

Vorfälle wie dieser seien ein Zeichen für die völlige Banalisierung der Gewalt, meint der Kriminologe João Ricardo Dornelles. „Ehrliche Arbeiter können sich einmal in ein Monster, ein anderes Mal in Mörder verwandeln", schreibt er über die Täter. „Sie kannten die Opfer nicht, sie wußten nicht, was vor sich ging, sie wußten nicht, warum sie auf sie einschlugen. Ihre einzige Motivation war Haß, ein finsteres Verlangen nach grundloser Rache, ein kollektiver Impuls, ein Zwang, der von einer seltsamen Befriedigung begleitet war. Niemand kam es in den Sinn, zu hinterfragen, was man den Jungen vorwarf. Es war uninteressant, ob sie unschuldig oder schuldig waren."[72]

Straßenkinder gelten auf jeden Fall als kriminell oder zumindest als potentielle Verbrecher, und Kriminelle müßten mit allen Mitteln beseitigt werden, lautet eine weitverbreitete Meinung. Zynisch wird der Mord an Straßenkindern als Vorbeugung gegen zukünftige Verbrechen gerechtfertigt: So könne man das Übel an der Wurzel packen, heißt es in perverser Verdrehung der wahren Ursachen von Elend und Verbrechen.

„Säuberung der Stadt", „Schutz" der Gesellschaft, Bewahrung der Ordnung – das verdrehte „Rechts"-Empfinden, das diese Begründungen hervorbringt, wird durch das in Brasilien herrschende Klima der Armut, Gewalt und Angst gefördert. Den vielzitierten Todesschwadronen schließen sich immer wieder bis dahin unbescholtene Bürger an und wollen so das Recht in die eigene Hand nehmen. Manchmal üben Bürger, die einmal von

Straßenkindern bestohlen wurden, ganz einfach aus persönlicher Rache Selbstjustiz.

Der Schauplatz ist die Haftanstalt *Aníbal Bruno* in Recife, das Motiv meines Besuchs ein Interview mit einem Mitglied einer Todesschwadron. Unter den Häftlingen hatte es sich bald herumgesprochen, daß ich an einem Buch über Straßenkinder arbeite. Im Gefängnisgarten wurde ich dann darauf angesprochen, ob ich nicht Interesse hätte, einen Strafgefangenen zu interviewen, der Mitglied eines Todeskommandos war. Von ihnen gibt es im Zuchthaus eine Menge, allerdings sitzt keiner wegen berufsmäßigen Mordes hinter Schloß und Riegel.

Ich hatte – wenn man es so nennen will – Glück, denn normalerweise weigern sich die Killer strikt, ihre wahre Identität zu offenbaren. Wahrscheinlich kam mir der Umstand zu Hilfe, daß mein Freund Pedro ihn kannte. „Die Erinnerung, die ich an I. habe, ist, daß er fröhlich war, ein Mensch, der sich nicht um die eigentlich wichtigen Dinge im Leben kümmerte, frei, unbesorgt, er hatte den Anschein, niemandem etwas zuleide tun zu können", charakterisiert er seinen Bekannten aus der Jugendzeit.

Nach kurzem Zögern meint er: „Ich glaube, ohne daß ich seine Taten rechtfertigen will, daß er viel durchgemacht hat. Die sozialen Zustände sind schuld, daß die Leute sich gegenseitig bekämpfen." Ich versuche, mir diesen Satz einzuprägen, nicht bloß den Massenmörder zu sehen, sondern einen Menschen, der Opfer seiner Sozialisation wurde.

Im Gang sind Schritte zu hören. Einen Augenblick später taucht er in der Tür auf. Klein, dicklich, mit einem Bauch, der über seine Jeans hängt, einem unrasierten Gesicht, das mich angrinst – in Typ, wie man ihm an jeder Ecke begegnet. Einzig auffälliges Merkmal: Ihm fehlen zwei der vorderen Schneidezähne, wie es dem Klischee eines Verbrechers entspricht. Ich lächle gezwungen, presse ein beiläufiges „Hallo, wie geht's?" hervor, während ich ihm etwas befangen meine Hand reiche. Er läßt sich auf einem Sessel nieder.

I. ist in Begleitung seiner Freundin, einer pummeligen Frau um die 30, die fortwährend albern kichert. Ich lege gleich einmal die Karten offen auf den Tisch: Daß ich nicht an ihm als Person interessiert sei, weder seinen Namen weiß noch wissen will, sondern in erster Linie die Psychologie von Menschen verstehen möchte, die andere Menschen ermorden. Dagegen hat er nichts einzuwenden. Bloß auf mein Tonbandgerät will er nicht sprechen, man könne sonst mühelos seine Stimme identifizieren. Wir einigen uns daher, daß ich zuerst eine Frage stelle, die ich aufnehme, dann abschalte und ihn antworten lasse. Ein anderer Strafgefangener, der sich bereit erklärt hat, mir zu helfen, versucht dann, alles möglichst wortgetreu auf mein Tonbandgerät zu sprechen.

„Ich habe gehört, daß du auch Mitglied einer Todesschwadron gewesen bist, aber daß du nicht deshalb hier bist", beginne ich unser Gespräch ziemlich direkt. Er nickt: „Ich bin wegen einer anderen Sache im Gefängnis, aber ich bin Teil einer Eliminierungsgruppe", erklärt er mit einer Entschiedenheit, als ob es das Normalste der Welt sei. Er sitzt, weil er einen Betrunkenen erschossen hatte, der ihn im Karneval beleidigt hatte. „Das konnte ich mir nicht bieten lassen, deshalb habe ich das Element mit sieben Kugeln erledigt."

„Wie bist du zu der Todesschwadron gekommen?" – „Vor zehn Jahren wurde ich Opfer von Banditen. Ich bin überfallen worden. Sie haben alle meine Sachen genommen und mich praktisch nackt zurückgelassen. Ich bin mir vorgekommen wie ein verdammter Idiot. Schon am nächsten Tag habe ich zwei dieser Mistkerle umgelegt."

Seine Rechnung mit den wahren Schuldigen konnte er nicht begleichen. Es mußten andere daran glauben. Sein Rezept gegen das Verbrechen hieß von nun an: Tod allen Kriminellen. Er lebte den Haß, den er generalisierte. „Es waren zwei Jungen in der Favela do Cruzeiro, von denen ich wußte, daß sie stehlen. Ich habe mich genau erkundigt, wo ihr Haus liegt. Das Schießeisen hatte ich von einem meiner Brüder geborgt."

Er mußte die Haustür aufbrechen. Es war Nacht, und die zwei lagen in ihren Betten. „Ich war wie ferngesteuert, ging zu dem einen Bruder, der am Rücken lag und die Augen geschlossen hatte. Ich richtete den Revolver auf ihn, drückte ab und tötete ihn mit einer Kugel in den Kopf. Der andere ist aufgewacht und mußte ebenfalls daran glauben."

„Hattest du keine Angst, daß dich jemand sehen würde?“ frage ich erstaunt. „Nein. Ich hatte beschlossen, diese Banditen zu töten, egal, was passieren würde. Ob es jemand sehen würde oder nicht, das spielte keine Rolle“, meint mein Gegenüber nachdrücklich.

„Wie alt waren sie?“ – „Der eine 15, der andere um 20.“ – „Warum hast du ihnen nicht eine Ohrfeige gegeben, sie beschimpft? Ihre gestohlenen Sachen aus dem Haus getragen? Es gibt viele Möglichkeiten, wie man in so einem Fall handeln kann. Wieso töten?“ – „Weil es die einzige Möglichkeit war, zu verhindern, daß sie weiter stehlen“, antwortet er in einem seltsamen Ton.

„Glaubst du nicht an den Dialog?“ frage ich weiter, weil ich es ganz genau wissen will. „Glaubst du nicht, daß es das Kind versteht, wenn sein Vater mit ihm schimpft?“ Er lächelt breit. „Das ist was anderes. Ein Kind wird niemals daran denken, seinen Vater zu töten, auch wenn sie miteinander streiten. Aber ein *ladrão* ist dazu bestimmt, Leute zu berauben oder zu töten.“

„Was hast du nach deinem ersten Mord gemacht?“ will ich wissen. „Ich bin nach Hause, habe an nichts gedacht.“ Er hatte sich offenbar nichts vorzuwerfen. Reue suche ich vergeblich in seinem Gesicht. „Das verstehe ich nicht. Wie kann man jemand töten und dann an nichts mehr denken?“ Er zuckt mit den Achseln: „Ich verstehe das auch nicht. Ich schätze, weil ich einfach überhaupt kein Gefühl habe für einen *ladrão*.“

„Behauptest du, daß ein *ladrão* kein Mensch ist?“ – „Er ist ein Mensch, aber ohne Gefühle.“ Er zeigt kein Mitleid, und das wirkt beängstigend. „Gut, dieses Kind ist ein Mensch“, nehme ich den Faden wieder auf, „aber es ist noch in Entwicklung. Du kannst diese Person noch formen. Glaubst du nicht, daß man ein Kind noch zum Positiven beeinflussen kann?“ – „Das kann man. Das ist richtig. Aber in der Stunde des Mordes habe ich nicht daran gedacht“, gibt er zu.

„Hast du jetzt noch immer das Gefühl, daß es der einzige Weg war, sie zu töten?“ Er zögert einen Augenblick und rechtfertigt sich dann: „Ich war Opfer von Banditen, meine Schwester ebenfalls. Sie haben ihr ganzes Geld genommen und sie ins Gesicht geschlagen, sie verprügelt. Ein Bandit hat bei mir keine

Chance mehr." Für eine Weile herrscht Stille, bloß das Surren das Ventilators ist zu hören, der mühsam die stehende Luft in dem unerträglich schwülen Raum aufwirbelt. I. sitzt gelassen, die Hände locker ineinander verschränkt, und wartet ab.

„Wie ist es dann weitergegangen?" führe ich unser Gespräch fort. „Ich wechselte den Wohnort und einige Typen sind erschienen. Sie wollten, daß ich in ihre Gruppe eintrete. Sie kannten meinen Bruder und wußten von ihm, daß ich schon zwei umgelegt hatte. Deswegen meinten sie, daß ich zu ihrer Gruppe passe."

„Wer waren diese Leute? Lebten sie in einer Favela?" – „Zwei waren Polizisten, ein Militärpolizist und einer in Zivil, und der Rest waren Leute aus der Nachbarschaft. Insgesamt waren es 20."

„Wie wart ihr organisiert?" – „Man hat sich in einem Restaurant versammelt und den Ort festgesetzt, wo die Hinrichtung stattfinden sollte. Wir haben uns in kleine Gruppen aufgeteilt und sind losgezogen, um zu töten, dort, wo wir bereits Informationen hatten und einen Auftrag von Geschäftsleuten, kleinen Unternehmern, die Angst hatten, überfallen zu werden." Er gähnt gelangweilt und streckt gemütlich die Beine aus.

„War dein Beruf Killer oder hattest du auch einen anderen?" – „Ich war Fahrer bei einer kleinen Firma." – „Und die anderen, hatten die auch eine andere Beschäftigung?" – „Wächter, Beamte, Militärpolizisten, Zivilpolizisten, sie kamen aus verschiedenen Bereichen."

„Ihr habt euch in einem Restaurant getroffen", spinne ich den Faden weiter. „Das waren geschlossene Zusammenkünfte, fast jeden Tag, es gab keine bestimmte Uhrzeit. Wenn es notwendig war, daß sich die Gruppe versammelt, sind wir zu den Häusern der anderen gegangen, um sie zusammenzurufen."

„Hast du diese Arbeit wegen des Geldes gemacht?" Er schüttelt den Kopf. „Nein, es war der Rache wegen." – „Wie war das mit der Bezahlung?" – „Ich habe schon was bekommen von den kleinen Unternehmern, Leuten, die schon von Minderjährigen überfallen worden sind. Der Preis wurde verschieden gehandhabt. Derzeit verlangt man 50.000 für jeden toten *ladrão*." Das entspricht sieben Mindestlöhnen.

„Inwiefern variiert der Preis?" – „Wenn es ein gewöhnlicher, einfacher Krimineller ist, dann geht es viel leichter, es ist weniger gefährlich", erläutert er mir die nüchterne Kalkulation. „Wenn es ein besonders gefährlicher Bandit war, schwer abzuschätzen, bei dem man schlecht Zugang hatte, dann ist die Summe größer geworden."

„Hast du das Geld persönlich von den Geschäftsleuten kassiert?" will ich wissen. „Einige Elemente der Gruppe schauten regelmäßig bei den kleinen Geschäftsleuten und Unternehmern vorbei und haben das Geld eingesammelt, in der Gruppe wurde es dann zu gleichen Teilen aufgeteilt", weiht er mich ein. „Hattet ihr immer dieselben Auftraggeber?" – „Ja, und einige sind auf Empfehlung anderer Unternehmer gekommen."

„Wie viele Unternehmer waren das ungefähr?" frage ich gespannt.

„Es waren viele, es ist unmöglich, zu sagen, wie viele für diesen Dienst gezahlt haben." – „War euer Mordkommando überall in der Stadt tätig?" – „In ganz Recife. Man mußte lediglich den Ort nennen, wo der *ladrão* zu finden war, damit die Gruppe dorthin ging, um ihn zu erledigen."

„Wer hat dir die Information zugesteckt, daß ein bestimmtes Kind hier wohnt, an dieser Straße vorbeikommt, und was die günstigste Uhrzeit ist, es zu ermorden?" versuche ich mir die Situation vorzustellen. „Die Details wurden von uns selbst geplant. Wir haben zuerst die Lage begutachtet, um dann zu töten." Nach kurzem Zögern meint er: „Wir hatten in jeder Favela einen Informanten, unsere Quelle. Man mußte bloß erscheinen und hatte schon seine Auskünfte. Die Gruppe war nach Favelas unterteilt, eine bestimmte Region wurde von sieben, acht Leuten betreut. Am Wochenende haben wir uns versammelt, um die Abrechnung zu machen, um das Geld zu teilen, das wir durch die Eliminierung einnehmen konnten."

„Hat es nur eure Gruppe gegeben oder auch andere?" – „Nein, es gab mehrere." – „Habt ihr euch Konkurrenz gemacht?" – „Die Favela gehört allen Todesschwadronen." – „Und wenn drei Gruppen ein und denselben Jungen ermorden möchten, was passiert dann?" versuche ich mir ein genaueres Bild zu machen. „Die ersten, die gekommen wären, hätten ihn ausgelöscht, das hätte kein Problem gegeben, die anderen wären ihnen nicht in die Quere gekommen." Er lächelt amüsiert.

„Wer war der Informant, welche Rolle hat er in der Favela gespielt?" – „Er war so etwas wie ein Führer der Favela, der jeden kennt." – „Es gibt die verschiedensten Führer innerhalb einer Favela, den Drogenboß, den Pater, den Leiter der Einwohnervereinigung", zähle ich auf. „Einige waren Mitarbeiter der Einwohnervereinigung, die jeden in der Favela kannten und wußten, wer es verdient hatte, zu sterben. Sie wußten über jeden Verbrecher in der Favela Bescheid. Unsere Informanten waren zum Teil ganz normale Leute, zu denen wir gekommen sind und Informationen eingeholt haben. Schließlich wird die Gruppe nicht ehrliche Leute aus dem Weg räumen, bloß kriminelle Elemente", entschuldigt er die Spitzel.

„Also, wenn einer von uns kommt und den Führer der Gemeinde fragt, ob er Kriminelle kennt, dann wird er ja sagen. Er weiß vielleicht nicht einmal, daß der andere umgelegt wird, glaubt nur, daß man etwas über die Kriminalität wissen will."

Ich starre ihn ungläubig an, weil ich an soviel Naivität kaum glauben kann. Sollte es tatsächlich Leute geben, die nicht wissen, daß sie es mit einem professionellen Killer zu tun haben, und die tatsächlich keinen blassen Schimmer davon haben, was sie damit anrichten können, wenn sie derart brisante Informationen an unbekannte Personen weiterleiten?

Er berichtet unbeirrt weiter: „Einige Mitglieder der Gruppe, die Tätowierungen trugen und leicht für Verbrecher gehalten werden konnten, schleusten sich als unsere Agenten in die kriminelle Szene der Favela ein, um an mehr Informationen ranzukommen."

„Habt ihr mit oder gegen die Drogenmafia gearbeitet?" – „Gegen sie." – „Wie viele Menschen habt ihr in einer Woche ermordet?" – „Die ganze Gruppe vereint, alles zusammengerechnet, etwa 20 bis 30 Kriminelle. Aus organisatorischen Gründen wurde unsere Ausrottungsgruppe in eine größere und eine kleinere Gruppe aufgeteilt, abhängig von der Zahl der zu Eliminierenden in einer bestimmten Region."

„Habt ihr während des Tages oder in der Nacht getötet?"

möchte ich wissen. „Am Tag und in der Nacht. Mit den verschiedensten Waffen, mit Pumpguns, mit 32er oder 38er Revolvern oder anderen Kalibern, die uns zur Verfügung standen." – „Hast du niemals bereut, was du getan hast?" Er schenkt mir einen merkwürdigen Blick und sagt mit einem Tonfall, der nicht zu beschreiben ist: „Niemals."

„Wenn ich dich so ansehe, mit deiner Freundin, dann kommst du mir vor wie ein ganz normaler Mensch. Also ich bemerke, daß du fähig bist, zu lieben. Deshalb geht es mir nicht in den Kopf, weswegen du mit dieser Leichtigkeit Leute ermorden kannst", versuche ich der Sache auf den Grund zu gehen. Er hat die Mundwinkel zu einem Grinsen hochgezogen. Seine Freundin, die es sich auf seinem Schoß bequem gemacht hat, fingert etwas verlegen an seiner Armbanduhr herum, schmiegt sich verliebt an ihn.

„Ich betrachte Banditen nicht als Menschen, eher als Tiere", sagt er ohne Regung. „Könntest du einen Hund töten?" – „Das hängt davon ab, ob er mich angreift." – „Nimm an, ein kleines Hündchen, könntest du es töten?" – „Ja", erwidert er ruhig.

„Wie jeder weiß, sind die Leute oft gezwungen zu stehlen, um zu überleben. In ihrer Armut haben sie oft keine andere Wahl", argumentiere ich. „Aber sie stehlen nicht nur, sie töten auch, ohne jeden Grund, sie vergewaltigen ihre Opfer." – „Einen einfachen Dieb würdest du nicht töten?" werfe ich ein. „Für mich ist er ein *ladrão*, die sterben alle", meint er trocken und schonungslos.

„Aber du hast sicher schon bemerkt", fahre ich fort, „daß ein Kind mit acht Jahren nicht genauso gefährlich sein kann wie ein Erwachsener. Aber du machst beim Mord keinen Unterschied zwischen einem Kind und einem Erwachsenen, oder?" frage ich.

„Das stimmt." Er lehnt sich selbstgefällig zurück. „Ich habe ein Kind gekannt, sein Name war Mirinho, er hat einen Familienvater überfallen und ihn mit einer Kugel getötet", sagt er triumphierend und fühlt sich offenbar bestätigt.

„Aber das war mit Sicherheit kein normaler Fall, das ist ein außergewöhnlicher Fall", kontere ich wütend. Mein Gegenüber beugt sich zu mir nach vorne, sieht mir tief in die Augen und sagt voll kaltem Haß: „Man läßt den Jungen aus dem Gefängnis raus, er kann jede Minute freigelassen werden, weil er dort nicht bleiben darf, selbst wenn er einen Mord begangen hat. Die brasilianische Verfassung erlaubt es nicht." I. aber will Kriminelle nicht vorübergehend, sondern für immer aus dem Verkehr ziehen.

„Aber jeder weiß doch, daß Kinder ermordet werden, die vollkommen unschuldig sind", versuche ich einzuwenden. Er unterbricht mich: „Wenn wir ein Kind ermorden, dann haben wir Gewißheit, daß es dieses Delikt begangen hat. Dazu gibt es die Informanten."

„Hast du mit deinen Opfern manchmal gesprochen?" – „Ja, ich habe gefragt, warum er das gemacht hat, warum er diese Überfälle begangen hat, diesen Terror gegen die Gesellschaft. Wir haben sie gefragt, weil wir ihnen die Gelegenheit geben wollten, sich zu verteidigen." Ein Plädoyer kurz vor dem sicheren Tod. „Manchmal geben sie es zu und manchmal leugnen sie, also geben wir ihm eine vorgetäuschte Chance. Er glaubt, er kommt ungeschoren davon, aber normalerweise hat ihn immer jemand von uns kaltgemacht."

„Aber sterben sie nicht auf jeden Fall, warum redet ihr dann überhaupt noch mit ihnen?" Er räuspert sich und erklärt seine Hintergedanken bei diesem makabren Verhör. „Nimm an, wir haben dich geschnappt, um dich zu töten. Du hast einen Mord begangen, und ich weiß, daß du es warst, aber ich besitze nur Information über dich. Wenn wir dich haben, dann fragen wir, weshalb du das gemacht hast. Dann wirst du sagen, daß du es gar nicht warst, aber ein *companheiro* von dir. Jetzt weiß die Gruppe, daß noch jemand darin involviert war. Deshalb geben sie dir eine Chance, eine Illusion einer Chance. Sie lassen dich frei, um den anderen zu kriegen, und dann töten sie dich auf jeden Fall ein anderes Mal."

„Warum glaubst du, daß es Todesschwadronen gibt?" – „Alle Mitglieder von allen Gruppen wurden irgendwann einmal Opfer von Banditen. Und einige sind von der Polizei." – „Aber wenn er einer Ausrottungsgruppe beitritt, tötet er jetzt auch, und es gibt auch eine Mutter, die um ihren Sohn trauert. Dann ist er genauso schlecht wie der, der jemand aus seiner Familie getötet hat", versuche ich ihm meine Logik näherzubringen.

„Diese Leute töten jetzt auch, aber zum Wohl der Gemeinschaft, weil der Verbrecher ansonsten weitere Verbrechen begehen würde, gegen andere Familien." – „Also glaubst du, daß ihr besser seid als ein *ladrão*?" – „Ja", sagt er unbeirrt, „selbst wenn der *ladrão* nicht immer tötet. Todesschwadronen töten, aber sie stehlen nicht."

„Für dich ist also Stehlen schlechter als Töten?" glaube ich, seine Moral zu begreifen. „Das hängt von den jeweiligen Leuten ab." Er runzelt die Stirn, sagt düster: „Ein *ladrão* ist niemals ein Mensch. Auf jeden Fall kein Mensch mit Gefühlen."

Ich gebe nicht auf: „Es werden doch immer wieder ganze Gruppen von Straßenkindern im Schlaf getötet. Es ist doch sehr unwahrscheinlich, daß alle Kinder was verbrochen haben. Findest du das richtig?" – „In dem Fall finde ich es falsch." Ich blicke überrascht auf. Er macht eine nachdenkliche Pause. „Wenn ein Krimineller, der hingerichtet werden soll, mit anderen zusammen ist, dann sterben die anderen Leute normalerweise auch, damit sie nicht Zeugen der Tat werden. Aber es ist was anderes, wenn ein anständiger Bürger dabei ist, dann machen wir den Mordanschlag nicht. Dann kommen wir ein anderes Mal wieder, um ihn zu kriegen, egal, ob er allein oder in Begleitung ist. Es darf nur kein anständiger Bürger dabei sein, bloß andere Außenseiter, Elemente, die nicht viel taugen, die werden gemeinsam mit ihm eliminiert, um uns nicht zu verraten."

Er relativiert also seine vorherige Aussage, daß bloß strafbar gewordene Personen den Tod finden sollen. Offensichtlich kommt es ihm auf einen mehr oder weniger nicht an, solange nicht ausgeschlossen werden kann, daß auch er, mit seiner dunklen Haut und dem Arme-Leute-Gesicht, ein Straßenräuber sein kann.

„Es ist also falsch, eine ganze Gruppe zu eliminieren, wenn auch nur ein unschuldiges Kind dabei ist", versuche ich noch einmal auf den Punkt zu kommen. „Ja. Meine Gruppe handelt nicht so. Aber es kann sein, daß es eine Gruppe gibt, die aus Taschendieben besteht, auch wenn sie nur kleine *ladrões* sind, Uhren und Geldbörsen stehlen, trotz allem sind sie kriminell."

„Die Taschendiebe begehen leichte Vergehen, ich verstehe nicht, warum sie sterben müssen", lasse ich nicht locker. Wut steigt in mir hoch. Dann versucht er, sein erbarmungslos starres Denkschema ein wenig zu relativieren. „Meine Gruppe hat Kinder, die hin und wieder was mitgehen lassen, nicht getötet. Nur wenn sie in einer Region sehr aktiv waren und das Geschäft ständig gestört haben, dann mußte man sie eliminieren."

Schließlich frage ich ihn: „Hast du mit anderen Personen, zum Beispiel mit deiner Familie, über deine Tätigkeit gesprochen?" – „Ja."

„Was haben die gesagt, war deine Mutter einverstanden?" Etwas verschämt muß er gestehen: „Nein, sie hat es nicht richtig gefunden, was ich gemacht habe." – „Und deine Freundin?" Ich blicke die junge Frau, die mittlerweile aufgestanden ist und lässig ihre Hand um seine breiten Schultern legt, erwartungsvoll an. „Sie ist weder dafür noch dagegen", antwortet er schlicht. Beide grinsen, offenbar belustigt über meinen fassungslosen Gesichtsausdruck.

Bevor ich aufgebe, versuche ich ihn bei seiner religiösen Moral zu packen. „Gehst du in die Kirche, glaubst du an Gott?" – „Ja." – „Glaubst du nicht, daß nur Gott das Recht hat, Leben zu nehmen? Du gehst in die Kirche und nachher ermordest du einen Menschen? Das paßt doch nicht zusammen", versuche ich ihn zu provozieren. „Ich bin keiner, der täglich in die Kirche geht", räumt er erklärend ein. „Ich gehe bloß ab und zu in die Kirche." Vor seinem religiösen Gewissen rechtfertigt er seine Greueltaten so: „Gott ist es auferlegt, die guten Leute sterben zu lassen, um sie in seine Gemeinschaft zu holen. Und die schlechten, die erledigen wir für den Satan, um sie an einen sehr ungemütlichen Platz zu befördern", murmelt er in grimmiger Zufriedenheit.

Die Todesschwadronen spielen selbst gerne Gott oder eigentlich Teufel: Manchmal inszenieren sie ein regelrechtes Inferno auf Erden, wie es sich der einfache Mann vorstellt. „Wir stecken bis zu acht Leute in den Kofferraum eines Autos, machen den Deckel zu und bringen das Auto an einen abgelegenen Ort. Dann zünden wir das Auto mit den *ladrões* an."

Schließlich blickt er mich geradezu versöhnlich an und sagt gönnerhaft: „Dich würde ich niemals töten, weil du eine anständige Person bist."

# „Sie haben meine drei Söhne ermordet"

Kurz vor Mitternacht: kräftiges Klopfen an der Türe. Maria Madalena Mendes schreckt aus dem Schlaf. Draußen Stimmen: „Polizei." Verschlafen richtet sie sich auf und geht zur Türe. „Ich war es gewohnt, die Türe zu öffnen. Die Polizei war schon öfter in mein Haus gekommen. Wenn sie hinter Verbrechern her waren und vermuteten, daß sie sich in irgendeinem der Häuser versteckt hielten, befahlen sie uns, die Türe aufzumachen, durchsuchten alles und gingen wieder. Wenn die Polizei mitten in der Nacht an den Türen der Leute klopft, dann heißt das, daß es Razzia gibt. Wenn die Leute nicht aufmachen, dann brechen sie die Türe auf, und weil ich Angst hatte, sie würden alles kaputtmachen, öffnete ich."

Draußen stehen zwei Männer. Normalerweise taucht nur die Militärpolizei im Morgengrauen auf. Mißtrauisch mustert sie die zwei Fremden ohne Uniform, das sind keine Polizisten in Zivil. Sofort will sie die Türe wieder zuschlagen, aber es ist zu spät: Einer der beiden hat bereits den Fuß in den Türspalt gezwängt, der andere drückt ihr den Revolver an die Schläfe. Gewaltsam dringen die Unbekannten in die Hütte ein und fragen nach ihren Söhnen. Diese liegen mitten auf dem Fußboden auf einer Matratze. Die Angst steht ihnen ins Gesicht geschrieben. Der 16- und der 17jährige sollen mitkommen. Maria Madalena fragt verängstigt: „Wohin bringt ihr sie?" Barsche Antwort: „Auf die Wachstube." Sie könne getrost dort hingehen, sie würden die Kinder verhören, und wenn nichts wäre, kämen sie wieder frei. Sie entführen die Jungen mit gezogenen Revolvern aus dem Haus ihrer Mutter.

„Als wir zur Straße gekommen sind, da habe ich das weiße Auto gesehen, es war kein Polizeiauto." Maria Madalena muß zu ihrem Entsetzen feststellen: Das Auto hat kein Nummernschild, weder vorne noch hinten. „Ich sagte: ‚Das ist kein Polizeiauto, das ist ein Auto von Mördern.' Und einer der zwei: ,Nein, Tantchen, du kannst beruhigt sein, es ist alles in Ordnung.'" Dem anderen, der im Dunkeln steht, reißt die Geduld, und er schnauzt sie wütend an: „Und ich sage es zum letzten Mal, daß wir sie zur *delegacia* bringen." – „Als das Auto losgefahren ist, da bin ich ihm verzweifelt nachgelaufen. Und als ich da unten angekommen bin, haben sie nichts mehr weiter gesagt, bloß zweimal auf mich geschossen."

Auf dem Weg ins 59. Polizeirevier stößt Maria Madalena auf eine Polizeistreife. Man reagiert lasch, verspricht der aufgebrachten Mutter aber, man würde sich die Autos in der Nähe genau anschauen, ansonsten sei dies Sache der *delegacia*. Zehn Minuten später trifft sie auf dem Kommissariat ein. Es folgen quälend lange Minuten, die zu Stunden werden. Sie stürmt in die Wachstube, und da ist dieses mies gelaunte Gesicht des Polizeibeamten, der nicht einmal mit ihr reden will. „Herr Doktor, die Männer haben gesagt, daß sie die Jungen hierher bringen würden. Sie haben meine Söhne verschleppt."

Er fährt sie an, diese Sache könne erst 24 Stunden später aufgenommen werden. Sie solle sich hinsetzen und sich wieder beruhigen. „Ich habe ihn beschimpft. Ich sagte ihm, wenn das seine Söhne wären, dann würde er auch etwas unternehmen, aber weil es nur um das Leben von Armen geht, die nicht das nötige Kleingeld hätten, sei ihm das völlig egal."

Völlig erschöpft kehrt sie nach Hause zurück. Mittlerweile ist es zwei Uhr morgens. Die Leute haben sich versammelt. Aufgebrachte, verschreckte Nachbarn versuchen zu helfen – so gut es eben geht. „Wir haben gemeinsam die Gegend nach ihnen abgesucht, sind in den Friedhof hinein, haben jeden Platz genau durchsucht."

Um halb sechs Uhr morgens geht sie um die Ecke, um Zigaretten zu kaufen. Dann folgt die schreckliche Gewißheit. „Als ich in der Früh zum Bäcker ging, kam eine Frau weinend herein und sagte: ,Dort unten liegen zwei tote Jungen. Es sieht so aus, als wären es Brüder.'" Auf einmal stieg diese Angst in ihr auf. „Ich bin nach Hause, und dann habe ich die Leute schreien gehört, und eine Nachbarin hat geweint, und keiner wollte etwas sagen."

Vielleicht wäre das alles nicht passiert, wenn die Polizei bei der Unterstützung nicht so lange gezögert hätte, quält sich die verzweifelte Mutter noch heute. Man erzählt sich, daß die zwei Brüder erst um halb sechs Uhr in der Früh umgebracht wurden. Jemand will die Männer oben am Hügel noch gesehen haben, die sich offenbar bis zum Schluß nicht entscheiden konnten, ob sie die Jungen töten oder freilassen sollten. Doch sie mußten sterben, sie wußten zuviel.

*Queima do arquivo* – „Verbrennung des Archivs" – so wird ein häufiges Mordmotiv genannt. So heißt es auch, wenn Drogenhändler angebliche Verräter töten, wenn Todesschwadronen und Polizisten Überlebende von Massakern beseitigen, damit sie die Täter nicht anzeigen können. Die *Queima do arquivo* wurde Mágno und Fernando, Maria Madalenas Söhnen, zum Verhängnis. Man fand sie, von Kugeln durchsiebt, mitten im offenen Gelände. Sie waren gute Jungen, die überall zugriffen, wo es Arbeit gab, an der Tankstelle, beim Reifenwechseln und im Supermarkt, weiß ihre Mutter zu berichten. Die beiden Brüder hatten auch als Autowäscher gearbeitet, und das ausgerechnet vor einer Polizeistation in Duque de Caxias, der gewalttätigsten Stadt Brasiliens. Dabei sahen sie offenbar mehr als sie sehen durften. Nachdem sie die Autos der Polizei gewaschen hatten, gingen sie manchmal in die Polizeiwachstube, um zu duschen. Wiederholt blieben sie bis in die frühen Morgenstunden dort und wurden dann von der Polizei im Auto nach Hause gebracht.

„Sie haben mir Dinge erzählt, wo ich wirklich Angst habe, sie weiterzuerzählen." Manchmal hätten sie Polizeiautos mit Leichen gesehen. „Ich habe niemals darüber gesprochen, weil ich Angst hatte, und schließlich lebten sie hier."

Der Fall wirbelte viel Staub auf. In ihrer Verzweiflung wandte sich Maria Madalena Mendes an die Medien, die ihren toten Söhnen jene Bedeutung gaben, die sie sich wünschte. Sie geht ganz in dieser Sache auf, und es erleichtert ihr Herz, wenn sie darüber spricht. Die unerschrockene Frau weiß: Jemand, der es wagt, die Mörder anzuzeigen oder die Morde öffentlich anzuklagen, begibt sich in Lebensgefahr. Zwei Journalisten sind bereits von Todesschwadronen erschossen worden.

Dom Mauro Morelli, der Bischof von Duque de Caxias, wurde mehrmals telefonisch bedroht. Luis Tenderini, Vorsitzender der Organisation *Justiça e Paz* („Gerechtigkeit und Frieden") in Recife, wurde im März 1989 entführt und gefoltert. Mehrere Männer verschleppten ihn mit vorgehaltenem Gewehr an einen Ort, der sonst als geheimer Friedhof für die Opfer der Todesschwadronen dient. Sie quälten ihn dort mit brennenden Zigaretten und drohten ihm mit der Ermordung. Als sie ihn schließlich doch freiließen, verbanden sie das mit dem Ratschlag, sich nie mehr wieder gegen die Todesschwadronen zu engagieren.[73]

Entsetzen über die brasilianischen Grenzen hinaus löste auch die Entführung von elf Jugendlichen aus, die sich am 26. Juli 1990 in Magé im Bundesstaat Rio ereignete. Das Schicksal der Opfer ist bis heute unbekannt. In der Nähe des Tatorts wurde ein ausgebrannter Wagen gefunden, dessen Sitze blutbefleckt waren. Die Mütter der Verschwundenen schlossen sich zusammen und kämpften verzweifelt für eine Untersuchung des Falles. Deshalb versuchte man mehrmals, sie mit Morddrohungen einzuschüchtern. Kurz darauf wurde ihre Wortführerin brutal ermordet.[74]

Es ist daher kein Wunder, daß viele Mütter schweigen, wenn ihre Söhne ermordet werden. Manche wagen nicht einmal, auf das gerichtsmedizinische Institut zu gehen, um ihr Kind zu identifizieren. Sie wagen es nicht, Anzeige zu erstatten, selbst wenn sie wissen, wer die Mörder sind. Sie schweigen, weil sie um ihr Leben und um das Leben ihrer überlebenden Familienmitglieder fürchten; denn wenn einer redet, muß die ganze Familie dafür bezahlen. „Wer den Mörder kennt, hält den Mund, und wer ihn nicht kennt, dankt Gott dafür", sagt der Volksmund. Die Täter sind sich daher ziemlich sicher, ungeschoren davonzukommen. Sie tragen keine Masken, lassen die Leichen auf öffentlichen Plätzen liegen, für alle sichtbar. *Presunto* – Schinken – so der makabre Name für die täglich aufgefundenen Leichen: wieder ein Stück Fleisch, das auf dem Müll landet.

Wer zuviel weiß, wird erpreßbar. Manche glauben, sich bei den Killern freikaufen zu können, doch sie verlangen immer mehr, und dafür fehlt das Geld. Es gibt Fälle, wo Kinder und Jugendliche Diebstähle und Raubüberfälle begehen, bloß um ihre Schulden zu begleichen – mit Geld, Waffen und Drogen. Irgendwann haben sie ausgedient und werden letztlich doch ermordet. *Queima do arquivo.*

Serginho Mendes hatte einen Verdacht. Maria Madalenas 19jähriger Sohn wollte den Mördern seiner Brüder auf die Spur kommen, die beide einer Todesschwadron angehören und Expolizisten sein sollten. Maria Madalena hatte Angst, riet ihm, eine Zeitlang in Minas Gerais unterzutauchen. Später tauchte er im Haus ihres Bruders in Santa Cruz da Serra unter. Doch auch das nützte nichts: Er wurde ebenfalls getötet. „An dem Tag, an dem es ein Jahr und drei Monate her war, daß sie die anderen beiden ermordet hatten, wurde Serginho begraben." Maria Madalena spricht ganz offen über seine Mörder. „Einer von ihnen besitzt eine Schnellimbißstube in Santa Cruz da Serra. Er führt dasselbe gute Leben wie bisher, als ob nichts geschehen wäre", sagt sie bitter. „Ein Typ von der Polizei hat mir gesagt, es wäre Zeit, eine Aussage zu machen. Ich habe es bis jetzt nicht getan."

Sie wohnt im Bezirk Patiara, der wegen der vielen Mordkommandos traurige Berühmtheit erlangt hat und berüchtigt ist. Hier regieren Drogen, Gewalt und Hoffnungslosigkeit. Tod gehört zum Alltag. Angespannte Ruhe – und doch immer diese Angst. Eigenartig berührt es mich, als ich vom Auto eines brasilianischen Freundes aus, der mich zum Haus von Maria Madalena begleitete, eine Frau mitten auf der holprigen Lehmstraße nach dem Weg frage. Sie zuckt zusammen, versteckt ihr Gesicht hinter ihrer Tasche und tut so, als ob sie mich nicht hören würde.

Meine Sonnenbrillen, die mein Gesicht verbergen, und das schwarze Auto wären in dieser Gegend suspekt, weiß mein Begleiter zu berichten. Jeder ist jedem gegenüber mißtrauisch, und bei Fremden umso mehr.

Auch uns ist nicht wohl in unserer Haut. Wir bitten einen Mann um Auskunft, der sogleich wissen will, was wir denn von dieser – mittlerweile berühmt gewordenen Frau – wollten. Wir seien Freunde, würden sie lediglich besuchen kommen. Niemand braucht zu wissen, daß ich ein Interview machen will. Man muß immer auf der Hut sein, belehrt mich mein Begeleiter, der fortwährend in den Rückspiegel schaut, ob uns jemand folgt. Das

Haus – mit einem Loch in der Mauer, das provisorisch mit Brettern zugenagelt ist – strotzt vor Schmutz. Tristesse in jedem Winkel.

„Diese Kindermörder haben Angst vor mir, weil ich nicht von hier weggehe, aber weggehen wäre das Schlechteste", sagt die vom Leben gezeichnete Frau Mitte 50, die seit Beginn des Gesprächs mittlerweile bei der siebenten Zigarette angelangt ist. Sie bläst den Rauch in die schwüle Luft. Je länger sie darüber nachdenkt, desto fester ist sie davon überzeugt: „Diejenigen, die glauben, es ist klug, zu verschwinden, sind im Irrtum. Erst der Ortswechsel führt dazu, daß du stirbst, weil sie dir nachkommen, während du denkst, du bist in Sicherheit. Sie haben nämlich Freunde, die dich finden. Hier, wo ich wohne, gibt es immer wieder Leute, die ich nicht kenne, fremde Gesichter." Verdächtig sind vor allem jene, die mehr haben als die anderen und das auch zur Schau stellen: dicke Goldketten und Goldarmbänder, Autos der Mittelklasse.

Die unerschrockene Frau kann sofort getötet werden, wenn sie nicht Stillschweigen bewahrt. Sie hat bereits mehrmals Morddrohungen erhalten. Auch die örtliche Drogenmafia hat ihr bereits einige Male mitteilen lassen, daß das plötzliche Auftauchen von Ausländern und Polizisten bei ihrem Haus nicht erwünscht ist. Sollte ein Drogendealer geschnappt werden, würde man ihr die Schuld geben. Maria Madalena hält kurz inne, nicht sicher, ob sie weitersprechen soll oder nicht, tut es dann aber doch. „Sie sagten, sie würden sich an jeder x-beliebigen Person rächen, die sie auf der Straße treffen. Auch an einem von euch."

Jedes Mal, wenn sie aus dem Haus geht, hinterläßt sie einen Zettel, auf dem sie angibt, wohin sie geht: „Wenn ich sterbe, wird man so wenigstens meinen Körper finden."

Traurig denkt sie an alte Zeiten. Einst haben acht Leute hier gewohnt, einige haben geheiratet, andere keinen Kontakt mehr mit der Familie, drei sind tot. Zwei haben im Bett geschlafen, ihr Mann und sie am zerschlissenen Plastiksofa, und die Söhne mit Matratzen auf dem Boden. Jetzt schlafen noch fünf Leute im kleinen Zimmer: Sie, ihr Mann, zwei Töchter und eine Enkelin. Wie sie denn überlebe? „Schau, meine Tochter, es gibt Tage so wie gestern und vorgestern, da hatte ich nicht einmal Geld, um

Brot zu kaufen, so habe ich anschreiben lassen. Das ist noch schlechter, wenn wir dann nämlich Geld haben, dann reicht es für nichts, und wir haben immer Schulden."

Ihr Mann ist Diabetiker, seine Beine nur mehr Stummel, sie mußten amputiert werden. Trübselig, mit einer Zigarette im Mund, hängt er stundenlang vor dem Fernseher oder starrt auf die graue brüchige Wand.

„Ich werde niemals den 23. Juli vergessen, der auch der traurigste meines Lebens gewesen ist, außer dem Tag meiner Geburt", sagt sie wehmütig. Ihre Söhne liegen nun begraben auf dem Friedhof Nosso Senhor de Belém. „Ich fühle in mir eine große Leere." Und dann ist da noch ihre Angst, die sie versucht zu verdrängen und die doch immer existiert. Was treibt sie an? Irgendwo im tiefsten Inneren hat sie noch ein wenig Hoffnung auf Gerechtigkeit. Und sie schreit das, was ihr widerfahren ist, in die Welt hinaus. „Schicke mir dein Buch und vergiß uns nicht, meine Tochter", sagt sie zum Abschied.

# Das Massaker

Juli 1993, 0 Uhr 30: Vor der berühmten Basilika *Nossa Senhora da Candelária* schlafen wie immer etwa 50 Jungen und Mädchen. Plötzlich fahren ein Taxi und ein hellgelber Wagen, Marke *Chevette*, vor. Sie bleiben stehen. Aus dem ersten Wagen steigt ein Mann und knöpft seine Hose auf, als ob er pinkeln will. Als er sieht, daß die Kinder auf dem Platz sich nicht bewegen, gibt er den anderen ein Zeichen. Vier weitere Männer, einer von ihnen maskiert, steigen aus und laufen zu den schlafenden Kindern.

„Wie heißt du?" fragt ein Mann einen blonden Jungen. „Marco Antônio", antwortet er. Da zieht der Mann einen Revolver und schießt. Die Kinder versuchen zu flüchten. Die Bewaffneten hetzen hinter den Fliehenden her, ziehen sie an den Haaren und feuern wie wild um sich. Wenn sie ein Kind erwischen, setzen sie ihm die Pistole an und drücken ab.

Im gelben Auto halten die Männer drei weiteren Jugendlichen die Pistole an den Kopf und drücken ab. Zwei sind auf der Stelle tot, einer – der Bettler Wagner dos Santos – überlebt. Die drei Körper laden sie im zwei Kilometer enfernten Flamengo-Park ab. Der Bettler schleppt sich noch 300 Meter zur Straße und wird nach einer Stunde von einer Polizeipatrouille aufgegriffen.[75]

Die traurige Bilanz: Fünf Kinder sterben sofort, zwei wenig später im Spital. Im Krankenhaus liegt ein Junge noch fünf Tage im Koma, bis auch er stirbt. Wagner dos Santos überlebt schwer verletzt.

Einer der Toten, der 20jährige Marco Antônio da Silva, wegen seiner blonden Haare *Russo* genannt, hatte noch am Tag zuvor ein Interview gegeben. „Die Polizisten haben schon oft gedroht, mich umzulegen", vertraute er einem Reporter der Tageszeitung *O Dia* an. Er war der „Straßenvater" der Gruppe, ein von allen respektierter Anführer. Selbst als Straßenkind aufgewachsen, kümmerte er sich um das Wohlergehen seiner *colegas:* „Hier im Zentrum gibt es ein Killerkommando, das Kinder ermordet. Aber solange ich lebe, werde ich alles tun, um diese Kinder zu schützen.“[76]

Paulo Roberto de Oliveira, genannt *Pimpolho*, war das erste tote Kind, das offiziell identifiziert wurde. Seine Mutter erkannte ihn im Spital. Zwölf Jahre wäre er am 3. August geworden, erzählte sie. Von den anderen waren tagelang nur Spitznamen bekannt: *Careca* etwa, ein 14jähriger, der bei allen wegen seiner Fröhlichkeit beliebt war, oder der 17jährige *Nojento*, über dessen Identität sich die Hilfsorganisationen nicht einigen konnten. Oder *Caolho*, 12, *Gambazinho*, 14, *Neguinho*, 14, und *Magrinho*, 15.[77]

„Brasilien hat sein wahres Gesicht gezeigt“, schrieb der Kriminologe João Ricardo Dornelles entsetzt. „In Brasilien festigt sich eine gewalttätige Gesellschaft. Wir schreiben unsere Geschichte mit Blut.“[78] Gilberto Dimenstein schrieb in der Zeitung *A Folha de São Paulo:* „Ich schäme mich, Brasilianer zu sein. Ich schäme mich, einer Generation anzugehören, die auf den Misthaufen der Geschichte gehört, weil sie die Barbarei nicht verhindert hat.“[79] Barbosa Lima Sobrinho, Präsident des Presseverbandes: „Das ist der Anfang vom Ende.“[80]

Im ganzen Land fanden Demonstrationen statt, in Brasília überreichte die Nationale Menschenrechtsbewegung dem Justizminister eine von 240 Organisationen unterzeichnete Protestresolution.[81] Präsident Itamar Franco, besorgt um den internationalen Ruf des Landes, sagte, der Massenmord sei ein Schlag ins Gesicht aller Brasilianer.

Weltweit gab es ebenfalls heftige Reaktionen: Die Organisationen *Amnesty International*, *Americas Watch* und UNICEF riefen die brasilianische Regierung auf, endlich aktiv gegen die Todesschwadronen vorzugehen. „Die Kinderkiller von Rio“ – solche und ähnliche Schlagzeilen beherrschten die internationalen Medien.

Die ganze Welt fragte: Warum werden wehrlose Kinder massakriert? Wer steckt hinter den Morden? Wer läßt sie zu? Was unternehmen Politiker, Behörden und Bürger gegen diese barbarischen Verbrechen? Schon wenige Tage später gaben die brasilianischen Behörden dann eine Erfolgsmeldung an die Medien weiter: Drei Militärpolizisten wurden als Täter identifiziert und eingesperrt. Überlebende Kinder und der schwer verletzte Wagner dos Santos hatten sie wiedererkannt.

Auch die Vorgeschichte des Falls wurde aufgeklärt: Fünf Angehörige eines Polizeibataillons mit dem makabren Namen *Harmonía* – ihre „Künstlernamen" lauteten *Robocop*, *Rambo*, *Caolha*, *Espingarda* und *Pompeu* – hatten tags zuvor den Kindern bereits mit der Ermordung gedroht. Denn Mitglieder der Gruppe hatten ein Polizeiauto mit Steinen beworfen, um gegen die Verhaftung und Mißhandlung eines Jugendlichen zu protestieren, den die Polizisten mit drei Dosen Kleister erwischt hatten. Dabei war eine Scheibe des Autos zu Bruch gegangen.

Diese Ereignisse sind mehrfach ungewöhnlich: Ausnahmsweise wurde prompt zugegeben, daß Polizisten in einen Mord an Straßenkindern verwickelt waren. Und ungewöhnlich schnell wurde der Fall zumindest teilweise aufgeklärt – vor allem dank des noch nie dagewesenen weltweiten Medienechos.

Die große Aufmerksamkeit, die die grausamen Ereignisse des Juli 1993 erregten, ist wohl vor allem der Tatsache zu verdanken, daß den Mördern der Fehler passiert ist, ausgerechnet mitten im Zentrum von Rio zuzuschlagen. Manche Beobachter meinen allerdings, dies sei Absicht gewesen und habe der Abschreckung – oder Provokation – dienen sollen. Viele Fragen blieben offen.

„Das war nicht das erste derartige Massaker, aber eines der schlimmsten", so Ivanir dos Santos von der Menschenrechtsorganisation CEAP. Er erinnert an ähnliche Vorfälle in der jüngsten Vergangenheit: Weltweite Aufmerksamkeit hatte schon das Massaker in der Favela *Nova Jerusalem* erregt, ebenfalls im Großraum Rio. Dort waren Ende 1991 sechs Kinder einem Killerkommando zum Opfer gefallen. Die Kinder – zwischen neun und 17 Jahre alt – hatten in einer verlassenen Hütte Unterschlupf gesucht und ihr karges Abendessen begonnen: gestohlene Leberwurst, dazu eine Flasche Schnaps. Plötzlich tauchten vier Männer auf, die sich als Polizisten ausgaben. Sie fesselten die Kinder, schlugen und quälten sie mit zerbrochenen Flaschen, dann töteten sie diese mit Genickschüssen. Zuerst kamen die Jungen an die Reihe. Bei einem Zehnjährigen waren sich die Mörder uneinig, wer ihn umbringen sollte. Angeschossenen Kindern, die noch atmeten, verpaßten sie eine zweite Kugel.[82]

Nur die 16jährige Andréia überlebte, weil die für sie bestimmte Kugel nicht in den Kopf eingedrungen, sondern in der Kopfhaut steckengeblieben war. Das Mädchen stellte sich tot. Als die Männer weg waren, rannte sie mit dem Projektil im Kopf einige Kilometer weit und bat mehrere Menschen um Hilfe – vergeblich. Schließlich gab ihr ein Busschaffner einige Cruzeiros, damit sie zur Kriminalpolizei fahren und die Täter anzeigen konnte.

Andréia erlangte auf diese Art in Brasilien landesweite Berühmtheit. Sie wurde gar von Maria de Graça Meneghel, unter dem Künstlernamen *Xuxa* Star des brasilianischen Kinderfernsehens, adoptiert und bekam von ihr die Ausbildung zu ihrem Traumberuf Krankenschwester finanziert.

Sonst findet es die Weltpresse selten der Mühe wert, von all den anderen unzähligen Fällen zu berichten, in denen Morde an Straßenkindern ungeahndet bleiben. Von Morden, die irgendwo am Rand irgendeiner Stadt Brasiliens geschehen, von Leichen, die erst Tage nach dem Mord gefunden werden. Vom Mord an Juliano de Oliveira Rodrigues etwa, der wenige Tage vor seinem 16. Geburtstag in Volta Redonda von Militärpolizisten erschossen wurde, weil er keinen Ausweis bei sich trug. „Sein Verbrechen war, daß er als Schwarzer geboren wurde", schrieb die Zeitung *Opção*.[83]

Wenig Interesse zeigten die internationalen Medien auch an dem Massaker vom 30. Januar 1990: Neun Jugendliche musizierten damals vor einer Bäckerei in São Paulo. Plötzlich tauchten bewaffnete Männer auf, die sich als Polizisten bezeichneten. Sie schossen so lange, bis sieben Kinder tot waren.[84]

Wer sind die Kindermörder? Polizeibeamte im Dienst – insbesondere Angehörige der Militärpolizei – ebenso wie private „Sicherheitsdienste" oder Drogenhändler. Die meisten Morde aber begehen die berüchtigten Todesschwadronen. „Zu jeder großen Todesschwadron gehört ein Polizist", sagt die mutige Untersuchungsrichterin Tânia Maria Moreira. Sie lebt seit Jahren unter Polizeischutz.[85]

Selbst die Polizei von Rio gibt zu, daß die Killergruppen zur Hälfte aus aktiven Polizisten bestehen, die nach Feierabend ihr mageres Gehalt etwas aufbessern wollen. Nicht wenige Expolizisten gehören ebenfalls dazu, für die der neue Job finanziell attraktiver ist als die schlechtbezahlte Polizeiarbeit. Mindestens 71* solcher Killergruppen gibt es allein in Rio de Janeiro, 300 in São Paulo.** „Eine Gemeinsamkeit fast aller Menschenrechtsverletzungen in Brasilien ist die Beteiligung der Militärpolizei", das sagt José Roberto Batochio, Präsident der brasilianischen Rechtsanwaltsvereinigung. Die Hälfte aller Gewalttaten, die 1992 an Rios Kindern begangen wurden, geht auf das Konto der Militärpolizei. Menschenrechtsgruppen bezeichnen die brasilianische Polizei als eine der brutalsten der Welt. „Unsere Polizei beschützt nicht die Bevölkerung, sondern die Ursachen ihrer Armut", kritisiert der Priester Celson de Souza Guedes.

Die Militärpolizisten sind demoralisiert, schlecht bezahlt und mangelhaft ausgebildet. Die Armen sind für sie nur „Elemente", keine Menschen. Bezeichnend ist der Spruch, der auf der Mauer einer Polizeischule in São Paulo zu lesen ist: „Ein Schwarzer, der angehalten wird, ist verdächtig. Einer, der läuft, ist schuldig." Sie werden dazu trainiert, Verdächtige zu töten.

„Sie sehen Kinder und Jugendliche mit bewaffneten Augen", so umschreibt UNICEF-Berater Antônio da Costa die tödlichen Vorurteile der Polizei. „In Wirklichkeit befinden sich zwischen der Netzhaut des Polizisten und seinen Handlungen bei der Festnahme des Kindes viele verschiedene Einflüsse: die Organisationskultur der Polizei, das Gesetz, das Rechtsempfinden des Volks, ein allgemeines Gefühl der Bedrohung, der Druck des

---

* Die Todesschwadronen, in: Die Kinder der anderen, Straßenkinderkomitee, 1993.

** Movimento Nacional dos Meninose Meninas de Rua: „Minha vita é como sefosse um vento. Não tem nada gue segure", Brasília 1991.

Sensationsjournalismus, und die Forderung bestimmter Gruppen nach einer Säuberung der Straßen."[86]

1992 tötete die Polizei allein in São Paulo 1470 Menschen, darunter 111 Häftlinge, die nach einer Gefängnismeuterei massakriert wurden. Drei der neun verantwortlichen Polizisten wurden übrigens wenig später befördert.[87]

Am 29. August 1993 schließlich – nur einen Monat nach dem Candelária-Massaker – schlägt die Militärpolizei von Rio erneut zu, diesmal nicht gegen Straßenkinder, sondern gegen *favelados*: Mit Kapuzen maskiert, stürmen 30 Männer das Elendsviertel Vigário Geral. Sie zerreißen Telefonkabel, zerschießen die Straßenbeleuchtung, dringen in mehrere Häuser und zwei Bars ein. Drinnen und draußen schießen sie wild um sich, werfen Handgranaten, töten Passanten, die um ihr Leben flehen. Zurück bleiben 21 Tote – unbescholtene Arbeiter mit ihren Familien. Unter den Toten: fünf Frauen – eine von ihnen mit der Bibel in der Hand – und ein 15jähriges Mädchen.[88]

Wenig später werden fünf Militärpolizisten verhaftet. Einer von ihnen ist kein Unbekannter: Paulo da Silva. 1991 hatte ihn Edméia Eúsebio in einer Gegenüberstellung als einen jener Polizisten identifiziert, die 1990 elf Kinder entführt und wahrscheinlich ermordet hatten. Sechs Monate später war die Frau tot.[89]

Da Silva blieb ein freier Mann und im Dienst, bis zum Massaker von Vigário Geral. Ein typischer Fall: Die uniformierten Täter kommen meistens unerkannt davon oder werden freigesprochen. Sie sind dem Heer unterstellt, unterliegen daher keiner zivilen Kontrolle. Nur rund 10 Prozent der Untersuchungen gegen Militärpolizisten führen überhaupt zu einer Anzeige. Der Prozeß findet dann nicht vor einem Zivilgericht statt, sondern vor einem speziellen Militärgerichtshof, der sehr viel Verständnis für die Täter zeigt: 90 Prozent der Militärpolizisten, die wegen Mordes angeklagt sind, werden freigesprochen und dürfen meist ihren Dienst ungehindert weiter ausüben.

„Die Schuldigen zu suchen, heißt, die Komplizen freizusprechen: den Gouverneur, die Staatssekretäre, die Beamten", so der Journalist Arnaldo Jabor. „Die Behörden fahnden nach den Schuldigen, dabei sind die Schuldigen die Behörden."[90]

„Die Feigheit jener Leute, die Kinder umbringen, kann man nur mit der Tatenlosigkeit der Regierung von Rio vergleichen", kritisiert die Abgeordnete Rita Camata, Vorsitzende des parlamentarischen Straßenkinderausschusses. Dieser habe die Beteiligung von Militärpolizisten an Todesschwadronen längst nachgewiesen. „Wir wissen sogar Namen. Aber wir wissen von keiner Maßnahme der Regierung von Rio, um die Schuldigen zu bestrafen." Rios Gouverneur, der populistische Sozialdemokrat Leonel Brizola, zeigte daraufhin ein schlechtes Gewissen: Er beschimpfte die Abgeordnete als „Kuh", entschuldigte sich wenig später aber bei den „echten Kühen", denn diese seien „wenigstens nützlich für die Menschheit".[91]

An einem Wochenende im Juni 1994 schlugen die Todesschwadronen schließlich wieder besonders grausam zu: Allein in São Paulo massakrierten sie 42 Drogensüchtige und Straßenkinder; und wieder werden Militärpolizisten als Täter verdächtigt.

Die Killer handeln selten aus eigenem Antrieb. Wer steckt dahinter? Die Drahtzieher kommen aus der feinen Gesellschaft, die nicht selbst die Drecksarbeit verrichten wollen. „Es gibt seit langer Zeit einen versteckten Bürgerkrieg, und die Todesschwadronen sind die Waffen in diesem Krieg", sagt die Pädagogin Lígia Costa Leite. „Und wer finanziert sie? Die Gesellschaft." Das Geld für die Mörderbanden kommt von honorigen Bürgern, die die Straßen von den kleinen Bettlern und Gelegenheitsdieben – und allen, die so aussehen – säubern wollen.

„Rio ist eine Touristenstadt, und die Straßenkinder machen eben einen schlechten Eindruck", beschreibt die Sozialarbeiterin Silvia Santos zynisch die Motive. „Die Existenz dieser Kinder ist für die Gesellschaft peinlich, die Stadt wird häßlich. Das ist unangenehm für die Hoteliers, die Chefs von Unternehmen der Tourismusbranche, die Geschäftsleute. So bezahlen diese Hoteliers und andere Leute, denen das persönlich unangenehm ist, die Todesschwadronen, damit sie die Straßenkinder ermorden. Denn es ist viel leichter, sie umzubringen, als sich um sie zu kümmern, etwa indem man für ihre Ausbildung sorgt."

Was Silvia Santos erzählt, wurde im Januar 1991 indirekt auch vom Vorsitzenden der Vereinigung der Geschäftsinhaber von Rio bestätigt. Sylvio Cunha erklärte in einer Radiosendung: „Wer ein Straßenkind tötet, tut der Gesellschaft einen Gefallen." Von der Parlamentskommission mit seinem ungeheuerlichen Zitat konfrontiert, leugnete Cunha zuerst, jemals etwas Derartiges gesagt zu haben. Erst als Benedita da Silva, die einzige schwarze Parlamentsabgeordnete Brasiliens, ihm seine auf Kassette festgehaltene Äußerung vorspielte, rechtfertigte er sich mit dem denkwürdigen Satz: „Kinder sind die, die bei uns im Haus leben. Das da sind keine kleinen Kinder, sondern kleine Kriminelle."[92]

Manche Medien sind mitverantwortlich am Klima der Gewalt: Nach dem Massaker an der Candelária zeigten einige Radiostationen in ihren Berichten offene Sympathie für die Mörder. Von „notwendigen Säuberungen" war in lokalen Sendern immer wieder die Rede, und das Publikum reagierte dankbar: In einer Radiosendung Ende Juli 1993, bei der Anrufe von Hörern entgegengenommen wurden, billigte eine überwältigende Mehrheit den Massenmord. „Die Straßenkinder sind eine Pest, die gehört ausgerottet", verkündete ein Anrufer.[93]

„Die bürgerliche Gesellschaft unternimmt nichts gegen die Morde", erklärt Silvia Santos, „weil es sie nicht direkt betrifft, im Gegensatz zur Zeit der Militärdiktatur: Damals waren die Kinder der Mittelklasse bedroht, sie wurden umgebracht, sie verschwanden, sie mußten ins Exil – die Studenten, Künstler, Intellektuellen, die dem Regime Widerstand leisteten." Die Todesschwadronen wurden in den sechziger Jahren von der Militärdiktatur „erfunden", damals noch zur Eliminierung politischer Gegner. Santos: „Heute gibt es eine andere Form von Diktatur. Aber heute sterben nur mehr die Kinder der Arbeiter, der Armen, durch die Todesschwadronen. Und die Mittelklasse ignoriert diese Situation weitgehend."

Die soziale Zeitbombe tickt, denn die große Mehrheit der brasilianischen Bevölkerung lebt in Armut, und ihre Kinder sind alle potentielle Opfer der „Säuberungen" im Bürgerkrieg zwischen Reichen und Armen. „Diese Morde betreffen eigentlich keine kleine und unbedeutende Gruppe, sondern die gesamte brasilianische Bevölkerung", resümiert eine Studie der Nationalen Straßenkinderbewegung. „Und welche Zukunftsperspektive kann ein Land haben, in dem das Leben seiner Kinder und Jugendlichen permanent bedroht ist, sei es durch Hunger oder durch Mord?"[94]

Doch auch die Militärpolizei geht mit der Zeit und weiß, was dem angeschlagenen Image guttut. „Die Militärpolizei möchte ihre Türen für Straßenkinder öffnen. Neben einem Essen wollen wir ihnen auch eine Berufsausbildung geben. Straßenkinder sollen freiwillig kommen, wir wollen sie nicht zwingen. Das bringt nichts. Das wäre so, als ob man jemanden zwingen würde, jemanden zu heiraten, den er nicht mag", betont Laércio de Paula, Leutnant der Militärpolizei auf der Praça da Sé in São Paulo. Die Militärakademie will in einem Projekt „polizeiliche Erzieher" ausbilden. Psychologen, Sexologen und Pädagogen versuchen, in 100 Stunden den Polizisten den richtigen Umgang mit Straßenkindern beizubringen.

Dieser Sinneswandel macht stutzig: Denn nach wie vor werden die Jugendlichen im berühmt-berüchtigten Straßenkinderlager auf der Praça da Sé ganz offensichtlich bewacht und nicht erzogen. Über den ganzen Platz verstreut befinden sich an die 30 Militärpolizisten. Sie demonstrieren Macht, indem sie in Gruppen bis zu acht Personen zusammen stehen. Täglich rücken sie mit ihren Mannschaftswagen an, und auch Kombis stehen bereit: Der hintere Teil des Wagens ist fensterlos, der sogenannte „Schwitzkasten". Im Inneren bekommt man nur schwer Luft, man sieht nicht hinaus und vor allem nicht hinein.

„Die Straßenkinderbande gibt ihnen Halt. Wenn es uns gelingt, dieses Band zu zerstören, können wir ihnen zeigen, daß es ein anderes Leben gibt außer dem, das sie kennen. Daß es Leute gibt, die besorgt um sie sind – und die Militärpolizei ist besorgt", versichert der Leutnant treuherzig. „Vielleicht beginnen sie uns zu vertrauen und bleiben auf unserer Seite und unternehmen gemeinsam mit uns etwas, das sie von der Straße wegbringt. Das ist unser Ziel."

Auch Coronel Luis Nakaharada hat sein Herz für die Straßenkinder entdeckt. Der kultivierte Mittfünfziger, übrigens verantwortlich für das kaltblütige Massaker an 111 Sträflingen im Jahr 1992, klagt: „Auch wir leiden sehr bei der Bekämpfung der Jugendkriminalität. Es ist uns nun klar geworden, daß allein die Bekämpfung der Folgen nichts bringt. Es ist notwendig, die Ursachen zu bekämpfen. Jedesmal, wenn wir mit kriminellen Minderjährigen zu tun haben, fällt uns auf, daß ihnen niemand hilft und daß sie sogar von ihren Eltern im Stich gelassen werden."

„Die Kinder von niemand" ist ein von dem rührigen Offizier entwickeltes Projekt, in dem Straßenkinder von Militärpolizisten betreut werden sollen. Einen Widerspruch zu der alltäglichen Folterpraxis der Militärpolizei sieht er nicht: „Jeder macht einmal einen Fehler. Wenn ein Massaker passiert, wo im nachhinein behauptet wird, daran wären Militärpolizisten beteiligt gewesen, das sind nicht wir. Das ist eine Gruppe von Personen, die in Eigenregie handeln, auf eigene Verantwortung. Man sollte nicht das isolierte, falsche Handeln einiger Polizisten mit der Institution verwechseln", so der Coronel blauäugig.

„Aber glauben Sie nicht, daß allein die Uniform angst macht?" frage ich skeptisch. „Nein, es ist nicht wegen der Uniform, sondern weil wir eben diejenigen sind, die die Minderjährigen verhaften müssen, wenn sie etwas Gesetzwidriges tun. Deswegen werden wir von ihnen nicht gerne gesehen", bedauert der Coronel. „Aber wir sind eben vom Gesetz dazu verpflichtet, illegale Handlungen zu verhindern. Die Gesellschaft verlangt nur von der Polizei, daß sie ihre Arbeit mit Straßenkindern tut, und vergißt, daß es auch andere Experten auf diesem Gebiet gibt, Sozialarbeiter, Psychologen, Psychiater."

„Wie können Sie persönlich glauben, daß dieses Projekt gutgehen kann?" versuche ich ihn aus der Reserve zu locken. „Denn die Polizei ist doch ohne Zweifel der größte Schrecken eines jeden Straßenkindes." – „Ich würde nicht sagen, daß die Minderjährigen auf der Straße Angst vor der Militärpolizei haben. Das stimmt nicht. Die Minderjährigen fordern uns täglich aufs neue heraus und werden jedesmal frecher." Und mit triumphierendem Lächeln liefert er einen verblüffend einfachen Beweis: „Wenn die Polizei tatsächlich so gewalttätig vorgehen würde, gäbe es doch überhaupt keine Straßenkinder im Zentrum von São Paulo."

# Straßenkinder – ein lukratives Geschäft?

Die Copacabana ist mit Menschen überschwemmt. Brasilien feiert den Jahrestag seiner Unabhängigkeit. Selbst die Armen steigen anläßlich des Jubiläums von den Hügeln herunter, um diesen Freudentag zu feiern. Ich hoffe, irgendwo im Hochhausdickicht die einstige Candelária-Gruppe zu finden, die wenige Wochen zuvor durch das Massaker traurige Berühmtheit erlangt hatte. Gerüchten zufolge sollen sie sich zur Zeit am *posto* 6 – die Strandregion an der *Zona Sul* Rios wird durch *postos*, sanitäre Einrichtungen, markiert – an der Copacabana aufhalten. Ich versuche mein Glück und beginne von der Landzunge der Bucht aus die Gegend abzuklappern.

Ich stolpere über in Decken eingerollte Kinderkörper, die auf dem Asphalt unmittelbar vor einem überfüllten Straßencafé schlafen. Unter ihnen befindet sich ein vertrautes Gesicht. Wirre schwarze Locken, das weiße T-Shirt bekleckert, kaut die 17jährige Edvalda im Halbschlaf an ihren abgenagten Fingernägeln. Zwei Jahre zuvor habe ich sie gemeinsam mit anderen Straßenkindern sieben Wochen lang regelmäßig besucht und mit Essen versorgt. Ein Wiedererkennen ohne Emotionen. „Kauf mir einen *cafezinho*, Alice", tönt es ohne Umschweife. Kein Gruß. Nicht der leiseste Ansatz eines Lächelns.

Diese Überlebenskünstler wissen ganz genau, von wem sie was bekommen können. Das ist Teil ihres Überlebensprogramms. Und hilfsbereite Personen gibt es viele. Sogar ein neuer Beruf entstand Mitte der achtziger Jahre: Straßenerzieher. Jährlich werden 3000 Straßenerzieher ausgebildet.[95] Die ursprüngliche Idee war, das Vertrauen der verwahrlosten Halbwüchsigen zu gewinnen und es für pädagogische Zwecke zu nutzen, um sie schließlich wieder in ihre Familien zu integrieren. So weit, so gut. Auf einem einzigen Platz in Rio de Janeiro – am *Largo da Carioca* – existieren mittlerweile zehn Programme für

Straßenkinder.[96] Im Zentrum São Paulos marschieren Militärpolizisten auf, die mit Schlagstock im Gürtel obskure Umerziehungsprogramme praktizieren, während staatlichen Fürsorgern nichts Besseres einfällt, als Namen und Alter zu notieren, und Sektenmitglieder vom Paradies quasseln und den verdutzten Halbwüchsigen ein Kreuz auf die Stirn malen. Eine Untersuchung der Universität von Rio zeigte, daß jedes Straßenkind in Rio von drei staatlichen oder nichtstaatlichen Projekten betreut wird. 43 Projekte allein in Rio sind speziell auf Straßenkinder ausgerichtet.[97]

Kriminellen und drogenabhängigen Jugendlichen aber bieten die wenigsten Projekte Hilfe an. Und wenn, dann scheitert diese oft, weil sie von den Straßenkindern nicht angenommen wird. Meist werden diese Kinder in der Stadt nur mit Nahrung und Kleidern versorgt, die Hilfszentren bieten kaum Wohnmöglichkeiten an. Die Halbwüchsigen bleiben weiterhin der Kriminalität, den Drogen, der Prostitution und den Todesschwadronen ausgesetzt. Fazit: Straßenkinder sterben wie noch nie zuvor oder verwahrlosen mit jedem Tag mehr, den sie auf der Straße verbringen. Sie liegen apathisch herum und warten darauf, daß ihnen jemand Essen kauft.

Edvalda rafft sich auf. Ich soll ihr Brot kaufen. Aber das ist mir nicht recht – wer weiß, vielleicht reißt sie mir das Brot einfach aus der Hand und verschwindet auf Nimmerwiedersehen. Ich will, daß sie dafür auch etwas tut, wenigstens mit mir redet. Ich lade sie statt dessen auf Orangensaft und einen Hamburger in ein Straßencafé ein und hoffe, von Edvalda zu erfahren, wo sich die Candelária-Gruppe aufhält. Doch sie will nicht reden und biegt in eine Seitenstraße Richtung Bäckerei ein. Ich gehe geradeaus zu dem nächstgelegenen Straßencafé. Sie geht keine Kompromisse ein, jeder geht seiner Wege – ohne Abschied.

Ich stoße auf eine Gruppe von Favelakindern, die Erdnüsse verkaufen. Mein inzwischen geschulter Blick erkennt: Diese Kinder haben ein Zuhause, sind bitterarm, aber nicht verwahrlost. Ein schüchternes Lächeln auf den Lippen, strahlende, zugleich wehmütige Augen. Ich kaufe ihnen etwas ab und händige ihnen zuviel Wechselgeld aus. Energisch schütteln sie den Kopf. Diese Almosen sind beschämend. Sie verdingen sich als kleine Straßenverkäufer und betteln nicht. Vor uns tauchen auf einmal ein paar aufgekratzte Halbwüchsige auf. In der schützenden Gruppe sind sie stark: freches Grinsen, flinke Bewegungen. Wie ein Rudel ausgehungerter, kleiner Wölfe, die zuschnappen, wenn sie Beute wittern. Zwanglos durchstreifen sie ihr Revier, haben ihren Spaß daran, wenn brave Bürger bei ihrem Auftauchen erblassen. Ich habe nicht vor, mich fressen zu lassen, frage geradewegs, ob sie wüßten, wo die Candelária-Kinder seien. Sie sind es selbst. Ich zwinkere ihnen freudig zu, unbefangen legt ein Mädchen mit Wollhaube ihren Arm um mich, und wie alte Freundinnen schlendern wir zum Strand.

Mit einem halben Ohr vernehme ich noch, wie die kleinen Erdnußverkäufer bei den verwilderten Halbwüchsigen besorgt ein gutes Wort für mich einlegen. Doch Straßenkinder registrieren blitzschnell, ob man lediglich ein Passant ist oder mehr. Es ist, als würden wir uns schon lange kennen. Ich bin eine *tia* – selbst wenn wir noch kein Wort miteinander gewechselt haben –, einfach, weil ich offen auf sie zugehe und ihren Blicken ohne Angst begegne.

Ihre Straßenkinderehre verbietet ihnen jetzt, mir etwas zu tun. Hin und wieder folgt dann doch ein Ausrutscher. Marcelo – ein schlaksiger Schwarzer mit Schirmkappe, Sonnenbrille und bedrucktem T-Shirt, der sich auch Audie Murphy nennt – beschimpft einen kleinen Jungen, der sich heimlich an meinem Rucksack zu schaffen machen wollte. Ab jetzt fühlt er sich persönlich für mich verantwortlich.

Die Überlebenden des Massakers an der Candelária haben sich ihr Lager in einem Kanalschacht eingerichtet. Allein und ohne Schutz schlafen dort 15 Straßenkinder im feuchtkalten Sand. Viele von ihnen sind nicht älter als zehn. Ob es denn an einer der Hauptstraßen nicht sicherer wäre als am Strand, staune ich über den recht abgelegenen Schlupfwinkel. „Nein, weil es dort viele schlechte Elemente gibt, die sich mit uns anlegen wollen“, stellt Marcelo klar. „Wir geben ihnen keine Gelegenheit, uns festzunehmen. Jetzt sind nämlich plötzlich wir an allem schuld. Viele, die hier stehlen, beschuldigen die Minderjährigen von der Candelária.“

Vor dem Blutbad war die *Gang* gespalten in einen guten Teil, den „Herzeigteil“, der nicht stehlen und schnüffeln durfte, und einen kriminellen. Ins Rampenlicht der Weltöffentlichkeit geraten, versucht sich nun freilich die gesamte Gruppe von der guten Seite zu präsentieren. „Wir wollen Frieden, wir wollen nur einen Ort, wo wir bleiben können, lernen, arbeiten, nichts weiter“, sagt Marcelo, schiebt das Knie unter das Kinn und starrt nachdenklich ins Leere.

Weshalb sie nicht bei einer der Institutionen geblieben seien, die sie nach dem Gemetzel beherbergt haben, will ich wissen. „In unserer Gruppe gibt es auch Großjährige, die durften nicht hinein. Und die Kleineren wollten nicht so weit weg von den anderen sein. Sie sind schon an die anderen gewöhnt. Wir sind immer alle zusammen. Und die Erzieher geben den einen in das eine Eck und den anderen in das andere. Das akzeptieren wir nicht. Es sollen alle zusammenbleiben. Und so glauben wir, daß es besser ist, wenn wir gemeinsam hier weiter leiden“, erklärt der Junge, der mit seinen 18 Jahren schon so viel erlebt hat wie so mancher alte Mann. Er hat viel gesehen und die Furcht verlernt. Auch ihr Unterschlupf unmittelbar unter der Strandpromenade ist nicht ungefährlich. Erst kürzlich hat jemand Tränengas in ihr Loch geworfen, und drei Männer, die bei der Bluttat Schmiere standen, sind nach wie vor auf freiem Fuß. Fühlt sich denn niemand für die Tatzeugen verantwortlich?

Die Nacht des Massakers: Zu später Stunde läutet das Telefon. Aufgeregte Kinderstimmen am anderen Ende. Einige Überlebende bitten die Bildhauerin Ivone Melo um Hilfe. Die Millionärin hat die Candelária-Gruppe seit sechs Jahren täglich mit Orangensaft, Brot und Mortadella versorgt, und nicht nur das. Sie lehrte sie ein wenig Rechtskunde, Geschichte und Geographie. „Wenn sich jeder um die Kinder kümmerte, die vor seiner Türe sind, dann würde es nicht ein derartiges Elend geben“, ist sie überzeugt. Fünf Stunden ist sie mit den Straßenkindern allein. „Ich hatte auch Angst, daß die Mörder zurückkommen würden, was hätte ich tun sollen?“

Organisierte Hilfe folgt dann erstaunlich rasch. Die Behörden reagieren panisch. Im Schnellverfahren wird ein Kombi organisiert und eine provisorische Bleibe, wo die Kinder zunächst einmal in Sicherheit sind. Verstört, die Gesichter mit Decken verhüllt, landen über 50 Straßenkinder im Integrationszentrum in Vila Isabel.

Dieser Gebäudekomplex besteht aus vier Häusern und war ursprünglich als Durchgangshaus für 150 kriminelle Minderjährige gedacht, steht aber schon jahrelang leer. Bundes- und Provinzregierung liegen sich über die Finanzierung in den Haaren. Für die Schutzbefohlenen ist das keine langfristige Unterkunft. „Sie sind nur hier, weil das eine absolute Notsituation ist", wird eilig betont.[98] 24 Stunden nach dem Massaker sind Rios Straßen wie leergefegt. Entsetzt suchen auch die anderen Straßenkinder Unterschlupf in einem der Hilfszentren.

Die Nacht danach plagen die Kinder schreckliche Alpträume. Ängste und Aggressionen müssen bewältigt, Spannungen zwischen den Gruppen abgebaut werden: Die *gangue* der Candelária bekriegt sich mit der von Cinelândia. Das Chaos ist perfekt, die Straßenkinder rebellieren. „Zuerst haben sie uns getrennt, und dann haben die Wächter uns bedroht. Einige sagten, wir hätten besser beim Gemetzel sterben sollen", berichtet einer von ihnen. Marcelo stürzt mit einer Eisenstange auf das Personal los, andere Kinder bewaffnen sich mit Glasscherben. Ein Teil der Candelária-Kinder wird daraufhin in ein anderes Zentrum übersiedelt.

Doch auch dort heißt es bald, die Gruppe würde sich an keine Regeln halten und das einzige funktionierende Projekt mit minderjährigen Kriminellen gefährden. Die Straßenkinder weigern sich beharrlich, an den von den Erziehern angebotenen Aktivitäten teilzunehmen, glänzen durch Nichtstun. Die traumatisierten Kinder flüchten in den Exzeß: Gruppensex und Drogenkonsum innerhalb der Anstaltsmauern. Die Betreuer werden mit Glasscherben bedroht, das Anstaltsinventar beschädigt, ein Straßenmädchen attackiert eine Sozialarbeiterin. Es herrscht Ratlosigkeit: viel guter Wille, aber keine neuen Ansätze.

Das Polizeiaufgebot wird verstärkt. Drei Polizisten patrouillieren innerhalb und vier außerhalb des Gebäudes. Eines wird dabei nicht bedacht: Straßenkinder sind nicht bloß äußerlich verwahrlost, sondern auch psychisch. Für sie gelten keine gesellschaftlichen Normen, sondern sie stehen mit der Gesellschaft in einem ständigen offenen Konflikt. Oft verbirgt sich dahinter aber der Wunsch nach Liebe. Freundlichen Worten allein mißtrauen sie. Man wird auf die Probe gestellt. Wenn die Antwort Polizeigewalt lautet, dann ist klar: „Sie haben uns betrogen", sagt Marcelo ohne Reue für das, was er getan hat.

Und noch etwas wird vergessen: Erziehung erfolgt weniger durch Worte als durch Erlebnisse. Wie sollen Straßenkinder durch ein verstärktes Polizeiaufgebot „sozial" werden? Sie werden so geradezu in ihrer kriminellen Identität bestätigt. „Als würde ein Elefant den Hennen helfen wollen und auf die Küken aufpassen", so beschreibt Sérgio Andrade de Cavalho, Begründer der Straßenkinderorganisation *Cruzada do Menor*, das Verhältnis zwischen Staat und Straßenkindern.[99]

Das staatliche Fürsorgesystem steht vor einem Scherbenhaufen. Das Schauspiel ist ernüchternd, eine Odyssee durch das brasilianische Wohlfahrtswesen, Endstation: die Straße. Ein Beispiel: Die Jungen mit den Spitznamen *Negão*, *Magu* und *Batatinha* verbringen nach dem Massaker zwei Tage im Integrationszentrum. Nach dem Begräbnis ihres Kameraden *Pimpolho* werden die drei Jugendlichen in die *República de Crianças* überstellt, die Kinder bis zu zwölf Jahren betreut. Laut Bescheid des Jugendrichters dürfen sie dort aber nicht bleiben und wandern weiter in die *Casa de Menores* in Lins, ein Heim für kriminelle Minderjährige. Rivalisierende Straßenkinder rükken den Dreien dort mit einem Messer auf den Leib und wollen ihnen Bermudas, T-Shirts und Tennisschuhe abnehmen. Fluchtartig springen sie über die Mauer und suchen das Weite.

Frühmorgens treffen sie in der Redaktion der Zeitung *O Dia* ein. Nun beginnt eine hoffnungslose Expedition. Ins Heim wollen sie nicht zurück. Mit einem Auto der Redaktion geht die Fahrt also zur *República de Crianças*, von wo sie zuvor gekommen waren. Harsche Ablehnung, man würde den Erlaß des Jugendrichters nicht mißachten. Weiter geht es zum Richter: Verloschene Lichter, verschlossene Türen, kein dienstbereiter Polizeibeamter. Also zurück zum Zentrum in Vila Isabel. Dort rät man ihnen, ins Heim zurückzukehren oder auf die Straße. Die drei wählen letzteres.[100]

Die Grenzen des sozialen Netzwerks sind schnell geortet. Ein weiteres Beispiel: Gewissermaßen überrumpelt wird die Hilfsorganisation ASEAF. Ein telefonischer Hilferuf aus Vila Isabel. Man möge so gut sein, einige Kinder aufzunehmen. Daß es sich dabei um Tatzeugen des Massakers handelt, wird wohlweislich verschwiegen. „Sie haben uns betrogen", schimpft der Präsident der Organisation, José Viera:[101] ASEAF steckt in argen finanziellen Schwierigkeiten, modrige Wände, das Gebäude ist desolat. Die Situation sei untragbar, meint der Halbwüchsige Maurício Rodrigues. „Ein Haus, das schon fast zusammenfällt. Sie können jederzeit kommen und uns töten. Wir sind bloß Schachfiguren der Regierenden geworden und von einer Mafia von Nutznießern. Wenn die Verantwortlichen nicht bald was unternehmen, kehren wir zur Candelária zurück. Wenn mit uns etwas passiert, dann wissen sie, daß es ihre Schuld ist."[102]

Nach dem Schock waren viele Tränen geflossen, aber nicht nur das. Das Massaker entfachte aufs neue die Diskussion, wer für das Elend der Kinder verantwortlich ist. „Eine zynische und brutale Elite lenkt den Staat, als wäre er ihr Eigentum. Die Herren bezeichnen sich als Christen und verschließen die Augen vor der sozialen Ungerechtigkeit", so der Erzbischof von Rio, Paulo Evaristo.[103]

Die wirtschaftliche Krise sei schuld: Die Ärmsten der Armen würden von Mal zu Mal zahlreicher auf die Straßen geworfen, das gieße Öl ins Feuer und schüre den Glauben, die „Banditen" müßten getötet werden, und Gewalt könne lediglich mit Gewalt gelöst werden, formuliert ausgerechnet ein Offizier der Militärpolizei. Die Straflosigkeit sei schuld: Von Januar bis Juli 1993 seien 320 Minderjährige im Staat Rio de Janeiro ermordet worden, stellt Ivanir dos Santos von CEAP fest.[104]

Schließlich ein neuer schwerwiegender Vorwurf: Die Geschäftemacherei mit den Minderjährigen sei die Ursache. Der Richter Liborni Siqueira, der sich im Dauerstreit mit nichtstaatlichen Gruppen befindet, macht diese für den Tod der Minderjährigen verantwortlich. Denn diese konnten vor einiger Zeit eine einstweilige Verfügung des Obersten Gerichtshofs erzwingen, die das Vorhaben des Richters verhinderte, Straßenkinder zwangsweise zu internieren.

„Sie haben ein Interesse, ihre Klientel nicht von der Straße zu nehmen. Und dieses Interesse beruht auf Dollars, Franken und

Mark", wettert der Richter. „Private Hilfszentren haben auf das Recht der Minderjährigen gepocht, auf der Straße im Dreck zu leben. Ich möchte wissen, ob es auch ihr Recht ist, abgeknallt zu werden. In diesem Land werden keine Vorkehrungen getroffen. Man doktert an Symptomen herum. Dafür gibt es Kommissionen und Geld aus dem Ausland." Für den Richter ist klar: „Wäre der politische Wille da, gäbe es in 48 Stunden keine Straßenkinder mehr."[105]

Das läuft eindeutig auf Wegsperren hinaus. Die alten Rezepte also, was ein mittleres Beben unter den Hilfsorganisationen auslöste, die der Richter wieder einmal zum Sündenbock abstempelte. „Lüge", kontert Ivanir dos Santos. Straßenkinder hätte es schon immer gegeben, auch ohne neue Gesetze, die es nun verbieten, alle Straßenkinder wie Verbrecher einzusperren. Nun dürfen Straßenkinder lediglich interniert werden, wenn sie in flagranti bei einer kriminellen Handlung erwischt werden. Scharf fährt dos Santos fort: „Auf einmal hat sich die Lage geändert. Der Richter muß die Rechte der Kinder verteidigen und nicht die Interessen der Gesellschaft gegen diese Kinder. Früher hat lediglich das Recht der Geschäftsleute, der Hotelbesitzer gegolten. Das ist jetzt anders, auf einmal muß er umdenken, und dazu fehlt ihm der Wille."

Auch anderswo wird Kritik laut. Das Medikament für Straßenkinder könne nicht sein, sie hinter Anstaltsmauern zu sperren. „Die Vorstellung allein ist ein Horror. Man muß Straßenkinder erziehen, damit sie aus eigenem Antrieb aussteigen. Sie internieren heißt, sie in staatlichen Besserungsanstalten einzuschließen, die vollkommen unfähig sind, sie zu resozialisieren", bekräftigt die Pädagogin Lígia Leite. Ihre Vision: „Wir müssen den Straßenkindern eine Erziehung geben, die ihre Eigenständigkeit respektiert." Dafür stehen ihr nun acht Millionen Dollar der Weltbank zur Verfügung. Sie ist beauftragt, eine Schule zu koordinieren, in der zehn Projekte von Nichtregierungsorganisationen (NGOs) laufen sollen.[106]

„Sie werden nicht mehr Klebstoff schnüffeln, weil es Hunderte Aktivitäten geben wird, sie werden nicht wegbleiben, weil es Hoffnung gibt und die Möglichkeit, zu lernen", prophezeit die bekannte Pädagogin. Sie betreute auch die Straßenkinderschule

*Tia Ciata*, die so recht und schlecht läuft. Gerade 150 Minderjährige besuchen diese alternative Lehranstalt, in der eigentlich Platz für 900 wäre.[107] Außerdem wird diese Schule vorrangig von Kindern aus den Favelas im Zentrum oder von ehemaligen Straßenkindern besucht, die mittlerweile in einem Projekt schon einen Platz zum Wohnen bekommen haben. Denn kaum ein „echtes" Straßenkind wird tagsüber in eine Schule gehen und abends zur Bande zurückkehren.

Was Straßenkinder wirklich brauchen, ist ein Milieu, das als ganzes erzieherisch und therapeutisch wirkt. Ein Beispiel dafür sind Farmen, wo Straßenkinder am Land, weit weg von Großstadteinflüssen, längere Zeit leben und lernen. Auch wenn sich so an ihrer sozialen Situation nach wie vor nichts ändert, haben sie in diesem geschützten Raum doch reale Möglichkeiten, zu sich selbst zu finden.

Die Frage drängt sich auf: So viel Geld wofür? Dem Erziehungsnotstand von Straßenkindern soll also wieder einmal Abhilfe geschaffen werden. Doch letztlich setzen sich Weltbank und einige NGOs so nur ein Denkmal im Zentrum von Rio – vor den Augen der Weltöffentlichkeit. Denn Straßenkinder stammen aus Randbezirken. Ihre Familien werden dort weiterhin vergessen und vegetieren ohne würdige Wohn- und Lebensbedingungen weiter vor sich hin. Wieder ein Baustein mehr, der das Zentrum um so vieles attraktiver macht als das elende Zuhause am Stadtrand.

Tatsache ist: Straßenkinder bringen mehr Spendengelder als arme Kinder an der Peripherie – egal, ob es sich um staatliche, nichtstaatliche oder kirchliche Hilfszentren handelt. Ein Phänomen, das längst nicht mehr zu leugnen ist. „Es gibt wirklich eine Vermarktung der Minderjährigen, mit denen sich viele Organisationen profilieren. Und den Kindern geht es immer schlechter. Es gibt einen Konkurrenzkampf auf der Straße, darum, wer wessen Kind ist. Der Streit findet des Geldes wegen statt. Straßenkinder sind in Mode gekommen. Das macht mich sehr traurig", kritisiert auch Ligia Leite.[108]

Am Markt der Nächstenliebe könne man sich nach Belieben beteiligen, so die Zeitung *O Globo*. Reporter bewiesen: Ohne bürokratische Hürden kann man innerhalb von zwei Tagen eine

Wohlfahrtsorganisation ins Leben rufen. Mit der zum Schein gegründeten Initiative hätten sie Zugang zu staatlichen Geldern bekommen, zu Firmenspenden und internationaler Finanzierung. Kein Wunder, daß jüngst 12.600 angebliche Hilfsorganisationen aus dem staatlichen Register gestrichen wurden, weil sie nicht nachweisen konnten, was mit Staatsgeldern passiert war.[109]

Die Nächstenliebe hat zwei Seiten, so Herbert de Souza von IBASE: „Es gibt die, die es ehrlich meinen, und die Opportunisten. Diese Organisationen setzen sich vor allem aus Politikern und ihren Familien zusammen. Sie benutzen Kinderhorte, Waisenhäuser oder Sanatorien, um Wählerstimmen zu gewinnen. Wer den Armen Almosen gibt, der wird unterstützt. Wer das Problem von der Wurzel anpackt, geht leer aus." Den nichtstaatlichen Basisorganisationen ginge es vorrangig weniger um klassische Hilfe als um soziale Veränderungen, um Erziehung, Menschen- und Bürgerrechte. 80 bis 90 Prozent ihrer Gelder stammten daher aus dem Ausland. Allerdings seien sie weitaus strengeren Kontrollsystemen unterworfen als üblich.[110]

Trotzdem – an den Anschuldigungen des Richters Siqueira ist ein Körnchen beängstigender Wahrheit. Wo Kinder auf der Straße gnadenlos gejagt werden und für eine Kiste Bier oder einfach, um jemandem einen Gefallen zu tun, getötet werden, gibt die angebliche Freiheit zu denken. Straßenkinder sollen frei sein in einem Klima der Gehässigkeit und Gewalt. Vogelfrei?

Zwei Welten prallen frontal aufeinander: Die einen plädieren fürs Einsperren, die anderen für unumschränkte Freiheit. Was das Kind entscheidet, auch wenn es um Leben und Tod geht, soll das oberste Gebot für die Straßenerzieher sein. Dabei überschätzen sie das Kind maßlos, setzen eine Mündigkeit voraus, die Kinder nicht besitzen. Doch dieser Irrtum ist leicht verständlich, wenn man bedenkt, daß bereits Achtjährige allein überleben können. Und doch sind sie in tiefster Seele Kinder. „Zum Glück gibt es euch, die mit mir sprechen, mir Aufmerksamkeit schenken und mir erklären, wie die Welt sein kann", sagt Edson, ein 16jähriger Straßenjunge aus Rio. „Von mir aus würde ich nämlich nie verstehen, wie die Welt wirklich ist, wie sie sein soll, wie ich leben muß. Ich weiß es nicht."

Ihre Unsicherheit verlangt, daß auch die Erzieher Verantwortung übernehmen. Aber viele von ihnen verwechseln Erziehung mit Solidarität. Straßenkinder können allerdings die Tragweite ihrer Entscheidungen nur bedingt abschätzen: Etwa wenn von einem Projekt betreute Kinder sich weigern, zur Schule zu gehen und sich auf ihr Recht berufen, spielen zu dürfen. Alles ist erlaubt. Die Erzieher scheuen sich, autoritär zu sein, weil Autorität bei Straßenkindern – von staatlichen Verwahranstalten bis hin zur Polizei – bislang immer mißbraucht wurde. Staat und Hilfsorganisationen nehmen nun einen Zickzackkurs ein zwischen Repression und *laissez faire*. Vernünftig wäre ein Mittelweg.

Unterdessen mehren sich die Stimmen jener, die meinen: „Die Straße ist kein Platz für Kinder." Eine Feststellung, der auch der Kinderarzt Lauro Monteiro zustimmt, der ein Ambulatorium für Straßenkinder eingerichtet hat. Als größte Fehler der nichtstaatlichen Gruppen bezeichnet er, daß sie an einer Erziehung auf der Straße festhalten und der Freiheit keine Grenzen setzen. „Wer sagt, ein Kind dürfe nicht auf der Straße bleiben, wird als reaktionär abgestempelt. Aber das ist oft zu simpel. Wenn das Gesetz sagt, du hast das Recht, zu kommen und zu gehen, dann interpretieren sie es wörtlich. Sie fragen die Kinder, ob sie nach Hause gehen wollen. Das Kind sagt nein und bleibt deswegen dort, wo es ist. Es werden Voraussetzungen geschaffen, daß die Kinder auf der Straße bleiben können, und damit werden sie auf der Straße institutionalisiert." Provokant fügt er hinzu: „Man sollte diese Leute fragen, ob sie auch bei ihren eigenen Kindern so handeln würden."

Doch Monteiro räumt auch ein: „Natürlich soll man die Kinder nicht wie Hunde einsperren, um die Straßen zu säubern. Aber es ist etwas anderes, wenn man sie an einen Ort bringt, wo sie geschützt werden. Aber wohin? Hier wird man sehen, wie das System versagt."[111]

Wo der Staat versagt, treten die Nichtregierungsorganisationen auf den Plan. Sie versuchen, eine Antwort auf die vielfältigen Probleme der Straßenkinder zu geben. Ohne sie hätten Straßenkinder überhaupt keine Chance. Doch die Projekte müssen vielseitig sein, dürfen ihre Existenz nicht ausschließlich mit der Betreuung von Straßenkindern rechtfertigen, denn Symptombekämpfung und ein reines Konservieren der Verhältnisse sind nicht genug. Ein gutes Beispiel sind die Gemeinschaftszentren in São Paulo. „Vorbeugend arbeiten" lautet hier die Devise: Mütterberatung, Freizeitbetreuung für schulpflichtige Kinder, Intervention eines Sozialarbeiters in Fällen von Kindesmißhandlung, Eigenproduktion bestimmter Waren (Sandalen, Eis, Möbel, Spielzeug). Das schafft Arbeitsplätze, finanziert teilweise das Projekt und bietet den verarmten Familien ein Zubrot. Gefördert wird auch das politische Engagement der Gemeinde, um gewisse lebenswichtige Dinge, etwa Krankenhäuser und Kanalisation, einzufordern. Selbsthilfegruppen gehören dazu ebenso wie Nachbarschaftshilfe – und ein neues Zuhause für jene Kinder, für die es kein Zurück zu ihren Familien geben kann.

Das größte Gut privater Hilfszentren und Menschenrechtsorganisationen sind engagierte Mitarbeiter, die nicht selten ehrenamtlich und mit minimalsten Mitteln ein Maximum an Arbeit leisten. Ihre Arbeit ist dabei oft lebensgefährlich: „Wir werden mit Kugeln bezahlt", sagt Ivanir dos Santos und zeigt mir die Einschußstelle neben seinem Bürofenster. Auf die Frage, wie das Ausland sie unterstützen könne: „Auch wenn Sozialarbeit in einer Favela für die Leute dort wichtig ist und so ihre Berechtigung hat, wird sich dadurch an der Situation des Landes nichts ändern. Viel wichtiger ist es, dort zu helfen, wo Druck auf die brasilianische Regierung gemacht wird. Denn die Regierung hat Geld und Möglichkeiten, Brasilien ist ein reiches Land. Die Basisbewegung muß stärker werden, damit wir Änderungen erzwingen." Der vor Energie und Tatendrang strotzende Schwarze äußert pointiert seine Meinung: „Es hat wenig Sinn, Geld für 30 Kinder zu schicken. Das mag vielleicht das christliche Gewissen der Europäer beruhigen, die sich schuldig fühlen, aber nur das wird nicht das Problem hier lösen, weil es Millionen sind."

Und was passiert mit den Kindern und Jugendlichen, die in diesem Augenblick auf der Straße leben, leiden und sterben? Sie können nicht warten, bis sich die Welt in ferner Zukunft vielleicht einmal zum Besseren verändert. Sie brauchen unsere Hilfe, jetzt! Sie brauchen alternative Lebensmodelle, Vorbilder, mit denen sie sich identifizieren können und die in ihre innere Konfusion ein wenig Ordnung bringen. Sie brauchen Antworten auf ihre stumme Frage: „Was soll aus mir werden?" – echte Antworten ohne staatliche Repression, aber auch ohne Sozialromantik und falsch verstandene Toleranz.

Straßenkinder haben das Recht, so wie die Kinder der Mittel- und Oberschicht ein Dach über dem Kopf zu haben. Und wenn sie nichts anderes kennen als die Straße, dann müssen andere dieses Recht für sie einfordern, und zwar rechtzeitig. Denn irgendwann ist der Zug abgefahren und dann bleiben sie Außenseiter für immer.

# Anhang: Was tun?

Brasiliens Kindern geht es immer schlechter, obwohl es am Papier immer besser für sie aussieht. Tatsächlich ist die Vielzahl an Konventionen, Statuten und Gesetzen beeindruckend, die in den letzten Jahren zur Unterstützung der Kinder ausgedacht und publiziert wurden.

## INTERNATIONALE ORGANISATIONEN

Das international bedeutendste Rechtsinstrument ist die UN-Konvention über die Rechte des Kindes, die im November 1989 von der UNO-Generalversammlung angenommen wurde. Bis 1. 1. 1994 wurde sie von 152 Staaten, darunter seit September 1990 auch Brasilien, ratifiziert – d. h. sie ist in all diesen Staaten geltendes Recht.[112] „Keine UNO-Übereinkunft – außer der über die Menschenrechte – trägt mehr Unterschriften. Keine findet weniger Beachtung", schreibt der *Spiegel*.[113]

Eine Besonderheit der Konvention besteht darin, daß sie das Recht auf Leben nicht nur als Schutz vor Tötung definiert, sondern die Staaten auch verpflichtet, das Überleben und die Entwicklung eines Kindes im größtmöglichen Umfang zu gewährleisten. Kein Kind darf in irgendeiner Weise diskriminiert werden, ob nach Geschlecht, Rasse oder sozialem Status. Alle Kinder haben ein Recht auf freie Meinungsäußerung. Die Konvention verlangt, daß Kinder von den jeweiligen Regierungen Priorität erhalten, daß die Rechte der Kinder mit allen verfügbaren Mitteln umgesetzt werden sollen. Schließlich müssen die Staaten regelmäßig über Fortschritte berichten.[114]

Am UNO-Kindergipfel 1990 wurde beschlossen, nationale Aktionspläne für Kinder ins Leben zu rufen, mit denen die Prinzipien der Konvention in die Tat umgesetzt werden sollen. Sie werden von UNICEF, dem in New York ansässigen Kinderhilfswerk der Vereinten Nationen, unterstützt. UNICEF informiert auch über die genannte Konvention, berät Regierungen und hat eine Kampagne gestartet, die die Ratifizierung durch alle Staaten bis 1995 zum Ziel hat.[115]

Anfang 1992 reiste ein Sonderberichterstatter der UNO-Menschenrechtskommission nach Brasilien, um vor Ort die Lage der Kinderrechte zu untersuchen. Er kritisierte relativ offen das Bündnis zwischen Polizei und Geschäftsleuten, um gegen Straßenkinder vorzugehen.[116]

Auch die IAO, die Internationale Arbeitsorganisation, beschäftigt sich mit dem Problem der Ausbeutung von Kindern. Sie tritt gegen gefährliche Kinderarbeit und Kinderprostitution auf. Die IAO fördert allein in Brasilien 26 Projekte, die Kinder von gefährlichen Arbeitsplätzen wegbringen, ihnen Bildung und Jobs geben oder zumindest bessere Arbeitsbedingungen schaffen sollen. Sie fordert die Durchsetzung der allgemeinen Schulpflicht, um die Kinder zumindest während des Unterrichts dem Arbeitsmarkt zu entziehen.[117]

Die Weltgesundheitsorganisation (WHO) schließlich setzt sich u. a. gegen Sextourismus und Drogenhandel ein. Weiters will sie Strategien fördern, die den Straßenkindern Integration, Erziehung und Arbeitsplätze ermöglichen.[118]

Bei der Wiener UNO-Menschenrechtskonferenz im Juni 1993 wurde schließlich ein ganzer Tag den Kindern gewidmet. Dabei konnten sie selbst vor der Vollversammlung über ihr Schicksal berichten. Unter ihnen war die 15jährige Andréa Bezerra aus Fortaleza. Ihre Befürchtung: „Wahrscheinlich wird wieder nur geredet und meterweise Papier bedruckt, ohne daß sich was ändert."[119]

## WIRTSCHAFTLICHE RAHMENBEDINGUNGEN

Alle Projekte und Konventionen können nur ein Tropfen auf dem heißen Stein bleiben, wenn nicht auch die wirtschaftlichen Ursachen der Misere angepackt werden: „Einer von fünf Menschen muß heute mit weniger als einem Dollar pro Tag ums

Überleben kämpfen", hieß es in einem Statement der UNICEF bei der Wiener Menschenrechtskonferenz. „Aber während einige der reichsten Nationen der Welt kein Problem damit haben, die bürgerlichen und politischen Rechte der Armen zu verteidigen, hört man nichts über deren wirtschaftliche und soziale Rechte, die nur als *Ziele* oder *Bestrebungen* bezeichnet werden."[120]

Was nötig ist, darüber scheint es weltweite Einigkeit zu geben. Der Weltkindergipfel formulierte eine Reihe von Zielen, die bis zum Jahr 2000 erfüllt werden sollen: Kontrolle der wichtigsten Kinderkrankheiten, eine Halbierung der Kindersterblichkeit, die Verringerung der Sterblichkeit vor dem fünften Lebensjahr um ein Drittel, Wasserversorgung und sanitäre Einrichtungen für alle, allgemein zugängliche Möglichkeiten zur Familienplanung und eine Grundschulausbildung für alle Kinder.[121]

Um diese Ziele zu erreichen, wären 25 Milliarden Dollar pro Jahr notwendig, eine Summe, die nicht so enorm ist, wie sie klingt: Es ist weniger als der Betrag, den die Europäer jährlich für Wein ausgeben, die Amerikaner für Bier und die Japaner für Geschäftsessen.[122]

Bildung erhöht die Jobchancen und schützt vor Armut und Ausbeutung. Auf der 1990 in Thailand abgehaltenen *World Conference on Education for All* wurden hehre Bildungsziele aufgestellt: Bis zum Jahr 2000 sollten weltweit 80 Prozent der Gesamtbevölkerung zumindest Grundschulbildung besitzen, und es sollte gleiche Bildungschancen für Mädchen und Jungen geben.

Nur fünf Milliarden Dollar pro Jahr würde diese verbesserte Grundschulbildung kosten, eine Summe, die durch zusätzliche Mittel, aber auch durch Budgetumschichtungen aufgebracht werden könnte. So gibt ein durchschnittliches Entwicklungsland heute mehr Geld für das Militär aus als für Gesundheit und Bildung zusammen.[123] Zudem wird in vielen Ländern – auch in Brasilien – die Grundschulbildung zugunsten höherer Bildung für die Eliten vernachlässigt.

Heute geben die Entwicklungsländer durchschnittlich nur 10 Prozent ihrer Budgets für Ernährung, Gesundheit, Wasserversorgung, Grundschulbildung, sanitäre Einrichtungen und Familienplanung aus. Und weniger als 10 Prozent der von den Industriestaaten geleisteten Entwicklungshilfe werden für diese Zwecke ausgegeben. UNICEF fordert eine Erhöhung beider Anteile auf 20 Prozent.[124] Doch es sollte nicht bei Umschichtungen bleiben: Schließlich haben die Industrieländer bei der Weltkonferenz für Umwelt und Entwicklung in Rio 1992 wieder einmal versprochen, die Entwicklungshilfe auf 0,7 Prozent ihres Bruttonationalprodukts zu erhöhen – bisher ohne Ergebnis.

Doch es geht nicht nur um direkte Zahlungen. Auch wenn der politische Wille einmal da wäre, die Auslandsschuld von 130 Milliarden Dollar macht es Brasilien schwer, echte Maßnahmen zur Armutsbekämpfung zu setzen. Daher fordern manche Basisorganisationen wie die „Straßenkinderbewegung" immer lauter einen sofortigen Stopp der Schuldenrückzahlung, andere eine schrittweise Streichung der Schulden gegen bestimmte Auflagen wie die Förderung von Sozialprojekten. Und solange Rohstoffe aus Entwicklungsländern weiter zu Spottpreisen am Weltmarkt gehandelt bzw. Dritte-Welt-Produkte von den reichen Staaten mit hohen Zöllen belegt werden, wird sich auch durch erhöhte Almosen wenig verbessern.

## POLITIK IN BRASILIEN

In Brasilien selbst gehen sinnvolle Maßnahmen gegen das Elend der Straßenkinder vor allem von nichtstaatlichen Organisationen aus. Manche Vereine geben den Kindern Platz zum Wohnen und versuchen, sie weiterzubilden. 400 einzelne Projekte hat die „Nationale Straßenkinderbewegung" in die Wege geleitet – von Schul- und Berufsausbildung bis zu politischer Arbeit und Protestversammlungen reicht das Spektrum der Arbeit dieser Basisorganisation.[125]

Auf politischer Ebene gibt es erst seit kurzem bemerkenswerte Aktivitäten. So wurde 1990 das „Statut des Kindes" in die neue Verfassung aufgenommen, mit in der Theorie durchaus positiven Ansätzen. Darin werden Grundrechte der Kinder festgelegt, eine verbesserte Sozialpolitik gefordert und ein verbesserter rechtlicher Schutz garantiert. Weiters sollen Beiräte für Kinderrechte auf Gemeinde-, Provinz- und nationaler Ebene eingerichtet werden.

Doch die praktische Umsetzung des Statuts geht nur schleppend voran. Sie scheitert oft an unklaren Kompetenzen, der ineffizienten und korrupten Verwaltung und am fehlenden Budget.[126] 1992 versprach die Regierung eine Milliarde Dollar für Straßenkinderheime und Alphabetisierungsprogramme. Doch bis jetzt wurde davon nur ein Bruchteil ausbezahlt.[127]

Eine parlamentarische Untersuchungskommission legte 1992 einen Bericht über die Morde an Kindern vor. Darin wurden Gesetzesänderungen gefordert und sogar die Namen von 70 Mördern genannt[128] – Maßnahmen sind keine gefolgt.

In der Realität hat der Staat Millionen von Kindern bisher wenig geholfen. Viele der von der UNO-Konvention festgelegten Rechte sind noch immer nicht realisiert, obwohl Brasilien sie längst ratifiziert hat:

* Das Recht, nicht diskriminiert zu werden (Artikel 2): Kinder werden weiterhin wegen ihrer Hautfarbe, ihres Geschlechts und ihres sozialen Status diskriminiert.

* Das Recht auf elterliche Fürsorge oder Betreuung durch andere Bezugspersonen (Artikel 5) – weil soziale Mißstände zur Auflösung von Familien führen und Behörden keinen geeigneten Ersatz anbieten.

* Das uneingeschränkte Recht auf Leben (Artikel 6) – weil Straßenkinder als mutmaßliche Verbrecher eliminiert werden.

* Das Recht auf einen Namen (Artikel 7) – weil Eltern, die niemals lesen und schreiben gelernt haben, ihre Kinder nicht anmelden und sie daher keine Dokumente besitzen.

* Das Recht, betreut zu werden, wenn die Eltern arbeiten (Artikel 18) – weil Geld für Kindertagesstätten fehlt.

* Das Recht auf einen minimalen Lebensstandard, der ihnen eine adäquate physische, geistige, moralische und soziale Entwicklung erlaubt (Artikel 27) – weil sie wegen mangelnder staatlicher Sozialleistungen und des ungerechten Weltwirtschaftssystems in enthumanisierende Verhältnisse hineingeboren werden.

* Das Recht auf Erziehung (Artikel 28) – weil sie für ihren Lebensunterhalt von klein an selbst aufkommen müssen und deshalb keine Zeit und kein Geld zum Lernen haben.

* Das Recht auf Freizeit (Artikel 31) – weil sie als kleine Erwachsene niemals Kind sein dürfen, da sie ihr Überleben mit allen möglichen Tätigkeiten sichern müssen.

* Das Recht auf Schutz vor ökonomischer Ausbeutung (Artikel 32) – weil Kinder ihre billige Arbeitskraft anbieten müssen, um zu überleben.

* Das Recht auf Schutz vor sexueller Ausbeutung (Artikel 34) – weil Gesetze und staatliche Kontrolle angesichts extremer Armut und des organisierten Verbrechens nicht mehr greifen.

* Das Recht auf Schutz vor Folter, grausamer und unmenschlicher Behandlung (Artikel 37) – weil Kinderschutz ohne Bestrafung der Täter wirkungslos bleibt.

Ein besonders heißes Eisen für die brasilianische Politik ist die Diskussion über Landreformen. Um die unkontrollierte Abwanderung verarmter Bauern in die Slums und ins Amazonasgebiet zu stoppen, ist eine gerechtere Landverteilung unumgänglich. Doch die Lobby der Großgrundbesitzer ist mächtig, und so wurde das oft geäußerte Versprechen einer großen Landreform bisher nicht in die Tat umgesetzt. Wenn sich hier nichts ändert, droht eine Eskalation: Heute nehmen schon immer mehr Bauern das Recht in die eigene Hand und besetzen brachliegende Ländereien.

Die Straßenkinderbewegung fordert u. a. eine „Stadtreform“: eine Verbesserung des Gesundheits- und Bildungswesens, der Wohnungssituation, der Infrastruktur, des Arbeitsplatzangebotes und der Löhne.[129] Denn Gesetze allein genügen nicht, seien es Drogenverbote oder das Verbot der Kinderprostitution: Eine bessere Kontrolle ihrer Einhaltung ist ein wichtiger Schritt, aber noch nicht alles. Primär müssen sich die Rahmenbedingungen ändern. Gefragt ist eine verbesserte Bildungs- und Sozialpolitik, um Eltern zu helfen, ihre Familien zusammenzuhalten und so die Kinder vor sexueller und ökonomischer Ausbeutung zu schützen.

Konsequente Bestrafung der Täter ist eine Hauptforderung der Straßenkinderbewegung, wenn es um die Todesschwadronen geht. Tatsächlich wirkt hier, wie an anderer Stelle bemerkt, die Straflosigkeit wie ein Aufputschmittel für die Beteiligten. Das gilt in besonderem Maß für die Militärpolizei. Daher verlangen die brasilianischen Menschenrechtsgruppen wie auch der Abgeordnete Hélio Bicudo, daß auch mordende Militärpolizisten vor einen Zivilrichter kommen. Manche wollen eine Auflösung der Militärpolizei, zumindest aber deren Entmilitarisierung, also ihre Kontrolle durch Zivilisten.

Weitere Forderung: eine strikte Überwachung aller Verhaftungen, Wachstuben und Gefängnisse.

Wichtig für die Lösung dieses Problems wäre es auch, den Zugang von Privatpersonen zu Schußwaffen generell zu erschweren. Notwendig wäre weiters eine bessere Überwachung der unzähligen privaten Sicherheitsdienste. Auch die Abgabe von Waffen an Polizisten muß strikt kontrolliert, Waffentyp und Munition jeweils erfaßt werden. Sie sollten Waffen nur im Dienst tragen dürfen.[130]

## HILFE DURCH PROTEST

Eine bedeutende internationale Unterstützungsorganisation für Straßenkinder ist *terre des hommes* mit Büros in zehn Ländern, darunter in Deutschland und der Schweiz. Die Organisation hat ihren Hauptsitz in Genf. Genf ist auch Sitz einer anderen wichtigen Kinderschutzorganisation, der *International Save the Children Alliance*, die bereits seit 75 Jahren existiert. Und 250 Organisationen aus mehr als 20 Staaten haben sich zu einer Kampagne gegen die Kinderprostitution zusammengeschlossen.[131]

Die internationalen Nichtregierungsorganisationen (NGOs) spielen auch eine wichtige Rolle im UNO-System, so etwa im Bereich der Implementierung der UN-Konvention und der Rechte der Kinder. Nicht nur als Kritiker und Lobby in den jeweiligen Staaten, sie können auch als Experten beigezogen werden, wenn es darum geht, auf internationaler Ebene die Einhaltung der Konvention zu überwachen. Sie können an einschlägigen Sitzungen des Konventionsausschusses teilnehmen, bei denen Länderberichte und Empfehlungen diskutiert werden.

Besonders *Amnesty International* setzt sich in breiten Kampagnen gegen Menschenrechtsverletzungen ein. 1990 veröffentlichte *ai* den erschütternden Bericht „Brasilien: Jenseits des Gesetzes", der weltweit und in Brasilien große Wirkung erzielte. 1993 intervenierte die Organisation weltweit in mehr als 50 Fällen akut bedrohter Kinder.[132] *Amnesty International* führt weltweite Protestbriefaktionen gegen Menschenrechtsverletzungen an Straßenkindern durch, verhandelt mit brasilianischen Politikern und entsandte 1993 eine Mission nach Brasilien, um das Candelária-Massaker zu untersuchen.

Seit Ende 1993 läuft eine großangelegte Kampagne gegen das „Verschwinden"-Lassen und politische Morde. Motto: „Aus den Augen, noch im Sinn." Berichte über Ermordete und Verschwundene sollen verhindern, daß diese in Vergessenheit geraten. In Briefaktionen wird nach dem Schicksal Verschwundener gefragt, etwa dem 16jährigen Natalino José Batista aus São Paulo, der Ende 1992 verschwand, nachdem er Folterungen durch Militärpolizisten angezeigt hatte. Als „Appell gegen das Vergessen" sollen *ai*-Unterstützer Briefe an Brasiliens Präsidenten schreiben, um gegen das Candelária-Massaker zu protestieren.

An die Regierungen direkt richtet *Amnesty* ein 14-Punkte-Programm. Darin wird unter anderem der Zugang für Angehörige und Anwälte zu den Gefängnissen gefordert, eine Informationspflicht über Verhaftungen und Freilassungen, die konsequente Verfolgung der Täter sowie eine übergreifende Kontrolle der Sicherheitskräfte.[133]

Ein Beispiel für wirkungsvolle Proteste lieferte 1990 das „Dritte-Welt-Haus Bielefeld". Als 1990 Demetrius Demetrio Barbosa Ferreira, Initiator des Projekts „Gemeinschaft der kleinen Propheten", bedroht und das Haus von Unbekannten verwüstet wurde, startete das „Dritte-Welt-Haus" eine Briefaktion.

Hunderte von Protestnoten mit Tausenden Unterschriften gingen bei brasilianischen Politikern ein. Auch der deutsche Botschafter sowie deutsche Abgeordnete und Senatspolitiker sprachen bei ihren brasilianischen Kollegen vor. Das Resultat:

Ehefrauen einflußreicher Politiker besuchten das Projekt. Und bald darauf wurde von oben verstärkter Schutz für das Haus angeordnet.[134]

Protestbriefe an brasilianische Politiker zeigen immer wieder Wirkung. Doch solche Aktionen sollten nicht auf Politiker in Brasilien begrenzt bleiben. Es gilt auch, unter Entscheidungsträgern in den Industrieländern Bewußtsein für die Probleme der Straßenkinder – und für Rahmenbedingungen wie die Schuldenkrise oder niedrige Rohstoffpreise – zu wecken. Alle Wähler haben das Recht, von „ihren“ Parlamentariern und der Regierung einen Einsatz für entrechtete Menschen in der Dritten Welt zu verlangen: mehr Entwicklungshilfe vom Finanzminister, politischen Druck vom Außenminister, Anfragen und Resolutionen von den Abgeordneten.

Ein Beispiel: 1993 stellten Abgeordnete der Fraktion Bündnis 90/Die Grünen im Deutschen Bundestag eine „Große Anfrage“ an die Regierung, Thema: „Menschenrechtsverletzungen an Kindern und Jugendlichen in Brasilien“. „Die Einhaltung der Menschenrechte, nicht nur gegenüber Straßenkindern, ist regelmäßig Gegenstand des Dialogs mit Vertretern brasilianischer Regierungsstellen und des Parlaments“, heißt es in der 15 Seiten langen Antwort. Die deutsche Regierung unterstützt demnach zahlreiche Straßenkinderprojekte von nichtstaatlichen Gruppen, „da diese leichter Zugang zu Straßenkindern finden als staatliche Institutionen“.[135]

Allerdings hält die Regierung es nicht für ihre Aufgabe, die deutsche Öffentlichkeit über „Mißstände in dritten Staaten“ – etwa Kinderarbeit – zu informieren. Von Produkten aus Kinderarbeit, die nach Deutschland importiert werden, will sie nichts wissen. Und Importbeschränkungen würden „gegen internationale Verpflichtungen, etwa des GATT, verstoßen und mit EG-Recht unvereinbar sein.“[136] Genau diese Maßnahmen – bzw. eine Kennzeichnung durch Kinderarbeit hergestellter Produkte – werden aber von zahlreichen Organisationen gefordert.

Auch Leserbriefe an Zeitungen können helfen, ein Problem an die Öffentlichkeit zu bringen und so politischen Druck zu erzeugen. Die Bedeutung der Medienberichterstattung ist nicht zu unterschätzen: So gibt die IAO zu, daß die meisten Länder, die das Problem der Kinderarbeit unter Kontrolle gebracht haben, dazu durch kritische Berichte gezwungen wurden.[137]

## HILFE DURCH KONSUM

„Kritisch konsumieren" heißt die Devise, die entwicklungspolitische Organisationen seit Jahrzehnten predigen. Kritischer Konsum bedeutet in erster Linie, Fragen zu stellen: Unter welchen Bedingungen wurde das brasilianische Orangensaftkonzentrat in meinem Fruchtsaft hergestellt oder der billige Kaffee im Supermarkt? Oder mein Frühstückskakao und der Tabak in meinen Zigaretten? Oder: Wie behandelt das Personal des Restaurants oder Hotels, das ich in Rio aufsuche, die Straßenkinder?

Kritischer Konsum muß nicht Verzicht bedeuten, denn heute gibt es in vielen Bereichen bereits reelle Alternativen: Etwa Kaffee, der das *Fair-Trade*-Siegel trägt, also von Kleinbauern produziert wird und ihnen einen weit besseren Preis einbringt, als sonst am Weltmarkt üblich. „*Fair-Trade*-Kaffee gibt es in manchen Supermärkten und in Dritte-Welt-Läden, die auch Kakao, Tee und andere fair gehandelte Produkte aus der Dritten Welt anbieten.

## HILFE DURCH PROJEKTE

Abseits von der großen Politik gibt es auch für Privatpersonen zahlreiche Möglichkeiten, sich für Straßenkinder einzusetzen. Etwa durch finanzielle Unterstützung von Projekten und Organisationen, die sich für Straßenkinder einsetzen, oder durch direkte Mitarbeit in Hilfsprojekten.

Die Arbeit der *Pastoral do Menor* wird in Österreich vom „Missionswerk der Kinder" unterstützt, das bereits 150 Jahre alt ist. Gegründet wurde es von einem französischen Bischof, als er Berichte über die Aussetzung von Mädchen in China und über den Handel mit Kindersklaven in Afrika hörte. Die Katholische Jungschar Österreichs sammelt Spenden für den Verein São

Martinho. Die österreichischen Pfadfinder unterstützen ein Straßenkinderheim in Niteroi bei Rio.

Gelder aus Deutschland und der Schweiz ermöglichten es der Straßenkinderinitiative „Gemeinschaft der kleinen Propheten", ein Haus in der Innenstadt von Recife anzukaufen, wo Straßenkinder unterrichtet werden. Wichtigster Unterstützer war das „Dritte-Welt-Haus Bielefeld", das auch die Arbeit von CEBRAIOS fördert, einer Hilfsorganisation für Straßenmädchen in Natal.

Andere deutsche Organisationen, die Straßenkinderprojekte fördern, sind: Misereor, Brot für die Welt, Caritas, Kinderhilfe Brasilien und die Kindernothilfe.

Auch die persönliche Mitarbeit in Projekten vor Ort kann ein wichtiger Beitrag sein und ist gleichzeitig Motivation für politisches Handeln im eigenen Land. Organisationen sind daher gefordert, Kontaktadressen möglichst bereitwillig an Interessierte weiterzugeben. Im Bezirk Itaquiera etwa, am Stadtrand von São Paulo, wurde mit Hilfe österreichischer Freiwilliger eine Werkstätte gebaut, in der nun Jugendliche aus der Favela Arbeit gefunden haben.

# KONTAKTADRESSEN

## ÖSTERREICH

Dreikönigsaktion der Katholischen Jungschar
Mittersteig 10
1040 Wien
Tel.: 0 22 2/586 67 960

Päpstliche Missionswerke
Seilerstätte 12
1010 Wien
Tel.: 0 22 2/513 77 22

Amnesty International
Wiedner Gürtel 12
1040 Wien
Tel.: 0 22 2/505 43 20

Pfadfinder und Pfadfinderinnen Österreich
Breitegasse 13
1070 Wien
Tel. 0 22 2/526 04 65

## DEUTSCHLAND

Amnesty International
Sektion Deutschland
D-53108 Bonn
Tel.: /0228/98 37 30

Straßenkinderkomitee Brasilien
FDCL – Forschungs- und Dokumentationszentrum Chile – Lateinamerika
Gneisenaustraße 2
D-10961 Berlin
Tel.: /30/693 40 29
Fax: /30/692 65 90

terres des hommes
Ruppenkampstraße 11a
D-49084 Osnabrück
Tel.: /541/710 10
Fax: /541/70 72 33

Brot für die Welt
Stafflenbergstraße 76
D-70184 Stuttgart

CARITAS – Auslandsabteilung
Postfach 420
D-79004 Freiburg

Kinderhilfe Brasilien
Binger Straße 26a
D-14197 Berlin 33

Dritte-Welt-Haus Bielefeld
Augustbegelstraße 62
D-33602 Bielefeld
Tel.: /49/521/62 802

Kindernothilfe
Postfach 281143
Düsseldorfer Landstraße 180
D-47053 Duisburg

Misereor
Mozartstraße 9
D-52064 Aachen
Tel.: /49 10 741/44 20 117

UNICEF
Steinfelder Gasse 9
D-50670 Köln 1

SCHWEIZ

Amnesty International
Postfach 1051
CH-3001 Bern

terres des hommes
Jungstraße 36
CH-4056 Basel

UNICEF
Werdstraße 36
CH-8021 Zürich

BRASILIEN

Pastoral do Menor de Copacabana
Rua Hilário de Gouveia,
36/10 andar
Copacabana
Rio de Janeiro – RJ – 22040
Tel.: /55-021/256 4796

Centro João XXIII / IBRADES
Rua Bambina, 115 / 512 –
Botafogo
Rio de Janeiro – RJ – 22251
Tel.: /55-021/286 8522

IBISS
Av. Beira Mar 406/704 – Centro
Rio de Janeiro – RJ – 20021
Tel.: /55-021/220 0647

Se essa rua fosse minha / FASE –
IBASE – IDAC – ISER
Rua Alice, 298 – Laranjeiras
Rio de Janeiro – RJ – 22241
Tel.: /55-021/265–2345

CEAP – Centro de Articulação
de Populacões Marginalizadas
Rua da Lapa, 200/809 – Centro
Rio de Janeiro – RJ – 20021
Tel.: /55-021/224 6771

Associação Beneficente São
Martinho
Rua Riachuelo, 7 – Lapa
Rio de Janeiro – RJ – 20230
Tel.: /55-021/252 2801

IBASE – Instituto Brasileiro de
Análises Sociais e Econômicas
Rua Vicente de Souza, 29 –
Botafogo
Rio de Janeiro – 22251
Tel.: /55-021/286 0348

MNMMR – Movimento Nacional
dos Meninos e Meninas de Rua
Av. Beira Mar, 406/704 – Centro
Rio de Janeiro – RJ – 20021
Tel.: /55-021/240 6872

Pastoral do Menor
Praça da Sé 184/10 andar
São Paulo – SP – 01001-00
Fax/Tel.: /55-011/36-95-89

Centro Social Nossa Senhora
do Bom Parto
Av. Alvaro Ramos, 366
São Paulo – SP – 0358
Tel.: /55-011/92 68 00

Projeto-Educativo
Obra Social Dom Bosco
Rua Dr. Alvoro de Mendança, 456
Itaqueira, São Paulo – SP

Paroquia Nossa Senhora do
Rosário
Rua Cabo Ailson Simões, s/n
Vila Velha – ES (Espirito Santos)
Tel.: /55-027/2290328

CEBRAIOS
Rua Ezequias Pegado 1026A
CEP: 59012–570
Natal / Rio Grande do Norte
Tel./Fax: /55-084/211/2128

Centro de Direitos Humanos e Memória Popular
Rua Vigário Bartolomeu 635. Sala/ 607 - Centro
CEP: 59.023–900
Natal - RN
Tel.: /55-084/221/5932

MNMMR
Rua Floriano Peixoto 88
Edificio Viera da Cunha 3° andar 341
Recife - Pernambuco
Tel.: /55-081/224 8831

Centro Pernambuco da Criança e do Adolescente
SOS Criança
Rua Dr. José Mariano 308
Boa Vista - Recife - PE-50.060
Tel.: /55-081/222 3848

Caletivo Mulher Vida
Travessa João Alfredo, 33
Carmo - Olinda - 53020/461

Comunidade dos Pequenos Profetas
Caixa Postal 3649
São José - Recife - PE - 50020

# PROFIL DER STRASSENKINDER

Unterwegs in kleinen Gruppen – als Kinder, die um etwas bitten, als kleine Erwachsene, die Erdnüsse und Kaugummis verkaufen – als Taschendiebe, die Uhren stehlen und beim Juwelier verhökern

Zumeist schwarz, die Kleinen zerlumpt, die Großen gut gekleidet, in *São Paulo* immer mit Turnschuhen und Jogginghosen, in Rio mit Sandalen und Bermudas, am Land barfuß

Wenn es regnet, Decke über Kopf und Schultern, im Winter bei 14 Grad Wollhaube und Handschuhe

*Die Praça,* die Metro, eine aufgelassene Toilettenanlage als neues Zuhause

Immer Brot und Mortadella, keine Vitamine

Nicht allein und verlassen, sondern an jeder Ecke einen *companheiro*

Träger einer Kultur, die mit dem Körper kommuniziert, die lautstark spricht und im Heute die Grundlage aller Logik sieht – als ob sie wüßten, daß sie morgen sterben

Eine eigene Art zu sehen, zu fühlen, zu handeln

Sie machen, was sie wollen, sie beschimpfen dich, wenn sie wollen, sie küssen dich, wenn sie wollen, oder bestehlen dich

Sie lieben mit Leidenschaft, einfach nur so

Solidarisch mit allen, die arm, krank und hungrig sind

Neugierig jedem Fremden gegenüber, aber auch mißtrauisch

In sind: Batman, Rambo, Arnold Schwarzenegger

Ein schöpferischer Überlebensgeist, um den Tod zu hintergehen, die bestehende Ordnung, den Grundsatz vom Privateigentum und die bürgerliche Moral

Bandit als letzter Ausweg

Unterscheiden zwischen Bekommen und Nehmen

Betteln heißt passiv sein, Unterwerfung

Stehlen heißt Nehmen und Teilhaben am Leben

# BRASILIEN

Staatsform: föderative Republik
Fläche: 8,512.996 $km^2$, fünftgrößter Staat der Erde
Bevölkerung: 154 Millionen, 50 Prozent davon unter 20
Bevölkerungsdichte: 18 Einwohner/$km^2$
Größte Stadt: São Paulo (16 Millionen Einwohner)
Sprachen: Portugiesisch, Indianersprachen
Religion: 89 Prozent katholisch; 6 Prozent Protestanten, Orthodoxe, Buddhisten und Juden; indianische Religionen; afrikanische Religionen
Jährliches Bevölkerungswachstum: 2 Prozent
Kindersterblichkeit: 6,6 Prozent
Analphabetenrate: 20 Prozent
Wichtigste Landwirtschaftsprodukte: Zuckerrohr, Maniok, Mais, Sojabohnen, Südfrüchte, Reis, Kaffee, Kakao, Tabak und Baumwolle
Wichtige Bodenschätze: Erdöl, Eisenerz, Bauxit, Kupfer und Uran
Wichtige Industriezweige: Nahrungsmittelverarbeitung, Elektrotechnik, Petrochemie, Kunststoffchemie und Metallverarbeitung
Exporte: Fahrzeuge, Maschinen, Elektrotechnik, Metallwaren, Nahrungsmittel (Soja, Kaffee, Fruchtsäfte), Erze

# WORTERKLÄRUNGEN

Arrastão – organisierter Raubzug, Plünderung
Amigo/a – Freund/in
Associação de Moradores – Einwohnervereinigung
Briosca – kleiner Laden in der Favela
Baile – Fest
Bandido – Bandit
Boca de Fumo – Drogenumschlagplatz
Blitz – Razzia
Camelô – Straßenverkäufer
Carioca – Einwohner von Rio de Janeiro
Cheira Cola – Kleisterschnüffler; abfällige Bezeichnung für Straßenkinder im Nordosten Brasiliens
Cachaça – Zuckerrohrschnaps
Colega – Kumpel; Mädchen oder Junge aus derselben Gruppe
Capoeira – brasilianischer Kampftanz
Gringo/a – Ausländer/in
Condomínio – Wohnareal der Reichen und der Mittelschicht; umzäunt und bewacht
Cubículos – armselige Behausungen
Comando Vermelho – das Rote Kommando; Untergrundorganisation, die im Großraum von Rio de Janeiro den Drogenhandel kontrolliert
Cortiço – armselige Behausung
Cola de Sapateiro – Schusterleim
Casa de Massagem – Massagesalon
Caipirinha – bras. Nationalgetränk
Engraxate – Schuhputzer
Descamisados – „die ohne Hemd“
Delegacia do Menor – Polizeirevier für Minderjährige
Distribuidor – Verteiler; z. B. Drogenverteiler
Favela – brasilianisches Elendsviertel; benannt nach einem Hügel in Rio de Janeiro
Favelados – Einwohner einer Favela
Feijoada – Bohnengericht
Folga – freier Tag
Frangos – „Hühner“: Schwule
Febem – staatliche Kinderheime
Garota de programa – Prostituierte

Guarda – Wache
Guange – Gang
Grupos de extermínio – Ausrottungsgruppen, Todeskommandos
Ladrão – Räuber
Mocô – Loch, Schacht
Moleque – Straßenkind
Menor infrator – minderjähriger Krimineller
Menor – Minderjähriger; in Brasilien werden nur Kinder aus der Unterschicht so bezeichnet
Mamitex – Alugeschirr mit Essen zum Mitnehmen
Madastra – Stiefmutter
Marginal; Plural: Marginais – Außenseiter; Menschen, die im Elend leben
Maloqueiro – jemand, der von und auf dem Müll lebt; Strolch, Herumtreiber
Malocas – Behausungen aus Holz und Pappe
Mendingo – Bettler
Mãe menor – minderjährige Mutter
Menina – Mädchen
Morro – Hügel; Synonym für Favela
Menino/a na rua – Junge/Mädchen auf der Straße
Menino/a de rua – Junge/Mädchen der Straße
Mariconas – ältere Herren, die Freier von Transvestiten sind
Oi – Hallo
Olheiro – Späher
Pivete – Straßenkind
Praça – Platz
Padastro – Stiefvater
Pastoral do Menor – Minderjährigenpastorale
Pedrada – man wird mit einem Stein getötet; Steinwurf
Paulista – Einwohner von São Paulo
Patrulha – Bande
Piva – Lesbe, Straßenmädchen
Pequena Mulher – kleine Frau; Mädchen, das schon Frau sein muß
Palmatória – Stockschläge auf die Hand
Prisão Seguida – „laufende Verhaftung“
Queima do Arquivo – „Verbrennung des Archivs“; Beseitigung von Zeugen
Rapariga – portug. Fräulein; bras. Prostituierte
Sucateiro – jemand, der Müll wiederverwertet und verkauft
Segurança – Wache, Beschützer

Sururu – Muschelgericht im Nordosten
Suruba – Gruppensex
Sapatão – Lesbe
Tio/Tia – Onkel/Tante; Anrede für bekannte Erwachsene auf der Straße oder in der Nachbarschaft
Traficante – Drogenhändler
Vagabunda – Herumtreiberin, Hure
Vigia – Wache

## EINIGES AUS DEM WORTSCHATZ DER STRASSENKINDER

AIDS – a peste guay
älterer Herr – coroa
ältere Dame – madame, perua
du Arsch – cuzão
leck mich am Arsch – vai tomar no cú
Abrechnung, Vergeltung – cobração
abhauen – se picar, sair correndo, se mandar
angeschossen werden – levar tiro
anzünden – taca fogo
Autostoppen – pedir uma carona

(sehr) befreundet sein – ser muito amigo, amigo do peito, chegado
Bauch – abdômen, barriga, guarda rango
Beschlagnahmung der Ware durch die Polizei – rapa
beruhige dich – fica manso, calma
böse, schlecht – zangado, bravo, mau, ruim
Bande – quadrilha

Crack – crack, pedra

du Depp – seu burro, seu tonto, otário
dummes Gesicht – cara de cú
Droge – droga, bagulho, coisa
er hat sich Drogen gespritzt – ele se picou
Ding – coisa, parada
kleiner Diebstahl – descuído

Essen – comida, alimento, rango
echt! – mesmo, pô, puxa
sich erschrecken – levar um susto

du Feigling – seu covardão
mit der Faust schlagen – esmurrar, dar um murro
Freund – amigo, mano, sangue bom, sangue bão
Feind – inimigo, sangue ruim, alemão
meine Freundin – namorada, minha mina, minha gatinha
mein Freund – namorado, parceiro, meu gato, meu gatinho
Fußtritt – chute, bico, pontapé
flüchten – fugir, vamo nessa
flirten, eine Chance geben – dar um mole, dar um molinho
Flaschenhals – gargalho
ich mach dich fertig – vou te ferrar

Geld – grana, contos, barão, paus
Gemeinheit – covardia
die Großen – os grandão
Gefängnis – prisão, xadrez, cana, gaiola
geschlagen werden – apanhar, levar um sacode, levar uma corsa, ser espancado; levar uma surra
ich wurde einfach nur so geschlagen – apanhei à toa
gestohlene Ware – o furto, ganhação
ich hatte ein ungutes Gefühl – fiquei cabreiro
ich hab kein gutes Geschäft gemacht – me ferrei num negócio
wir machen alles gemeinsam – a gente faz tudo no mesmo prato
ein Gewisser – um fulano de tal
das Geschehen – o ocorrido, a parada
gehn wir dorthin, wo was los ist – vamos lá na parada
gewalttätig sein, angreifen – soltar os bichos, agredir

Haschisch – maconha, preto, taba na gira
Hure – puta, piranha, galinha, vagabunda
Hurensohn – filho da puta, filho duma égua, fiadaputa
high sein – desmaiar, sair fora do ar, ficar drogado, ficar tonto, ficar lelé, ficar piau
Haus – casa, cachanga
hör schon auf damit – vai manso
halt den Mund – cala boca
he, was soll das? – pô cara, qual é?

Joint – cigarro, bagulho, bala, indolação, guimba, mim rola
Junge! Mann! – rapaz, cara, rapá
der schwarze Junge, der Schwarze – gato preto, o pretinho, crioulinho

kapieren – sacar
Kleidungsstück – roupa, beca
Kugel – tiro, bala
verirrte Kugel – bala perdida
Kokain – cocaína, pó, brizola, branco, farinha, brilho
Kondom – camisinha
ich benütze Kondome – eu durmo de touca
kaputt machen – quebrar, arrebentar
gib Kleingeld – dá um trocadinho

uns geht's immer schlecht – a gente sempre roda, a gente se ferra, a gente se da mal, a gente sempre se fode
Lüge – mentira, caô
lügen – mentir, levar enganado

Militärpolizei – PM, PMs, Polícia Militar, polícia fardada, patrulha, batalhão, guarda, soldado
Milieu – a zona
großes Messer – a peixeira, facão
miese Typen geh'n da rum – a bandidagem rola
Messerstich – uma facada

O. k., klar, verstanden – exó
Ohrfeige geben – dar tapa tapão

Penis – pênis, negócio, piroca, caralho, pau, cacete, canal, pinto
Polizeikontrolle – batida de polícia
Polizei – dedo-duro, gambé, otário, os homens, os policial, os policiás
plaudern – bater um papo, papo furado
provozieren, streiten – mexer
Polizeiauto, das im hinteren Teil des Wagens keine Fenster hat – camburão
etwas passiert – pintar o negócio

rauben – furtar, meter bronca
Raubzug in der Gruppe – dar um sacode
sich rächen – ir a forra, se vingar, dar a forra

eine Runde drehen – dar uma volta, dar um rolé
red keinen Scheiß, Mann! – Qual é cara!
den Revolver ziehen – sacar o revólver
er hat mich reingelegt – ele me deu uma volta, ele me deu um sete um
er ist reich – ele é have money
(Serginho) der viel redet – (Serginho) de blá, blá, blá

Sarg – envelope de madeira, caixão
das ist eine schlimme Sache – é a maior barbeira
sterben – morrer, entrar no envelope de madeira, comer capim pela raíz, vestir o paletó de madeira, bater as botas

schau – ó
mit dem Stock schlagen, schlagen – dar uma paulada, cacetada, moca de pau, taca pau bater, pancada
super – coisa boa, ótimo, massa
das ist irre, super – é o maior barato
Schlägerei – pancadaria
Schläge von der Polizei – pancadaria de polícia
schlechtes Publikum – malandragem
Schuhe – sapato, pisante
Schlagstock – porrete, cacete, cacetete
schlagen, schimpfen, schaden, reinlegen, spotten – esculachar
ich schlag dir in die Fresse – eu arrebento a tua boca
tief schlafen – tirar o maior ronco
schnappen – catar, apanhar
schießen – meter tiro, dar tiro, mandar fogo, meter fogo
er hat auf mich geschossen – ele me meteu tiro
mit jemandem schlafen – transar, comer, afogar o ganso, trocar o óleo
Schießerei – tiroteiro
Scheiße! Verdammt! – aí caralho, aí cacete, porra, piroca
Schimpfwörter – palavrões, palavrão
Schnüffler, jemand, der seine Augen überall hat – corujão
einen Schluck machen – tomar um gole
Sohn von reichen Leuten – playboy, filho do rico, filho do papai, filho de bacana, mauricinho
nicht sprechen – não dar um pio
Straßenkindergruppe – galera, turma
stehlen – roubar, ripar
im Stich lassen – deixar na mão
Strolch – pilantra

am Strich gehen – sair pra caçar, fazer ponto, batalhar
schmeißen – jogar, tacar
du Schwein – seu sujo
dreckiges Schwein – porco imundo
großes Schwein – porcão
Schweinerei – sacanagem
Schwuler – bicha, viado, michê, macho dominador, o boy, bicha muchada
Schürzenjäger, Weiberheld – garanhão

Taschenmesser – canivete
Transvestit – tranvesti, frango, gayrota
Todesschwadron – esquadrão da morte, grupo de extermínio, justiceiros, matadores exterminadores
Überfall – assalto, mete o bicho
Überfall aus dem Hinterhalt – tocaia
eine Unordnung machen, Blödsinn machen – bagunçar

Vagina – vagina, xoxóta, buceta, buça, caverna, xibiu, flor, chaperola, grilo
verlassen, weggehen – lagrar
er ist verschwunden – ele anda sumido
verhaften, einsperren – prender, levar preso, levar para cana, enjaular
bist du verrückt? – ta maluco/a, tá louco, tá doido
Verräter – dedo-duro, delator, traidor
verraten, verpfeifen – cagoetar, apontar a gente, delatar, abrir a boca

Waffe – ferro, arma, oitão, três oitão
wütend sein – estar com raiva, estar com o maior recalque
wo ist? – cadê?

Zuhälter – gigoló
Zuhälterin – cafetina
Zwischenhändler – interceptador, varejista
im Zwischenhandel – no varejo
untersuchen – dar uma geral
einen Zug (vom Joint) machen – tragar, tragada
zivile Polizei – polícia civil, polícia paisana, polícia não fardada

# ANMERKUNGEN

[1] Dimenstein, Gilberto: Brasil e o 2° lugar em prostitução infantil, in: DOSSIE PROSTITUIÇÃO INFANTO JUVENIL NO ESTADO DO RIO GRANDE DO NORTE; CEBRAIOS, Julho de 1993.

[2] Children in armed conflict, in: UNICEF position paper for the World Conference on Human Rights, Vienna, June 1993.

[3] Survival and development, in: UNICEF position paper for the World Conference on Human Rights, Vienna, June 1993.

[4] Agrelli, Susanna: Street children. A report for the Independent Commission on International Humanitarian Issues, Weidenfeld und Nicolson, London 1986.

[5] A One Way Street? A report on the Street Child Project, World Health Organization, Genevea, January 1993.

[6] Abandoned and street children, in: IDEAS FORUM; UNICEF, Jg. 1984/3, Nr. 18.

[7] De Souza, Herbert: Pesquisa revela quantidade de crianças nas ruas do Rio de Janeiro; Projeto „Se essa rua fosse minha", FASE/IBASE/IDAC/ISER, março 1992.

[8] Bruning, Reinhard, Sommer, Birgit (Hrsg.): Kinderarbeit, Probleme, politische Ansätze und Projekte, terres des hommes, September 1990, S. 71.

[9] Ilg, Andreas, Strobl, Alice: Unser Haus ist die Straße, in: Salto, 4. 9. 1992, S. 22–23.

[10] Movimento Nacional de Meninos e Meninas de Rua, Os custos sociais da dívida externa, Brasília 1991.

[11] An.: 65 milhões de pobres, in: ISTOE, 23. 12. 1992, S. 26.

[12] Ders.: ebd.

[13] Ders.: ebd.

[14] Ilg, Andreas, Strobl, Alice: Unser Haus ist die Straße, in: Salto, 4. 9. 1992, S. 22–23.

[15] An.: 65 milhões de pobres, in: ISTOE, 23. 12. 1992, S. 26.

[16] Movimento Nacional de Meninos e Meninas de Rua, Os custos sociais da dívida externa, Brasília 1991.

[17] An.: Zurück in die Zukunft, in: Der Spiegel 11/1993, S. 178–182.

[18] Wöhlcke, Manfred: Brasilien, München (Beck) 1987, S. 81ff.

[19] Ders.: ebd.

[20] Ders.: ebd.

[21] Movimento Nacional de Meninos e Meninas de Rua, Os custos sociais da divida externa, Brasília 1991.

[22] Wöhlcke, Manfred: Brasilien, München (Beck) 1987, S. 97.

[23] Movimento Nacional de Meninos e Meninas de Rua, Indicadores sociais e económicos da violência contra crianças e adolescentes no Brasil, Brasília 1991.

[24] Dass.: ebd.

[25] Dass.: ebd.
[26] Dass.: ebd.
[27] Wöhlcke, Manfred, a. a. O., S. 106.
[28] The Economist = Anonymus, Taken by surprise, again, in: The Economist, 3.–9. 4. 1993, S. 52.
[29] Pater, Siegfried, Schmidt-Kallert, Einhard: Zum Beispiel Staudämme, Göttingen (Lamuv) 1989.
[30] An.: O longo dia do primeiro – ministro inglês, in: Jornal do Brasil, 12. 6. 1992.
[31] Drexel, John, Rentroia Inannone, Leila: Criança e Miséria. Vida ou Morte? Editora Moderna LTDA, São Paulo 1991, S. 76.
[32] Arnaldo de Cavalho, César: O perfil do pó, in: Veja, 8. 9. 1993, S. 30.
[33] De Loyola Brandão, Ignácio: São Paulo: Die Stadt, die ständig explodiert, in: Merian, Brasilien, S. 59.
[34] Angela, Ivan: Stadt ohne Ausweg, in: Geo Special, Brasilien, 10. 2. 1988, S. 66.
[35] De Loyola Brandão, Ignácio: São Paulo: Die Stadt, die ständig explodiert, in: Merian, Brasilien, S. 61.
[36] Angela, Ivan: Stadt ohne Ausweg, in: Geo Special, Brasilien, 10. 2. 1988, S. 66.
[37] De Loyola Brandão, Ignácio: São Paulo: Die Stadt, die ständig explodiert, in: Merian, Brasilien, S. 60.
[38] Thomasius, Rainer: Lösungsmittelmißbrauch bei Kindern und Jugendlichen, Lambertus-Verlag, Freiburg im Breisgau 1988, S. 33.
[39] Ders.: ebd., S. 38.
[40] CEAP (Hrsg.), Extermínio de crianças e adolescentes no Brasil, Rio de Janeiro 1989, S. 12.
[41] De Brasilia, de Sucursal: Policiais são acusados de molestar meninas, in: Folha de São Paulo, 1. 8. 1993.
[42] Yannulas, Silvia: Que sabemos sobre as meninas e as adolescentes pobres no Brasil, in: Contribuição ao Documento de Base para o Seminário de apoio ao diagnóstico e programação dos Conselhos Municipal e Tutelar do Município de São Paulo, Projeto UNICEF/FALASCO, „As Meninas e as Adolescentes no Brasil“, Junho de 92.
[43] As meninas do Rio, von: Ibase Vídeo, Produção: CEP/P-91.
[44] As meninas do Rio: ebd.
[45] Binder, Thomas: „Richtig reisen“, Südamerika III, Du Mont-Buchverlag, Köln 1987, S. 178.
[46] Viviani, Oswaldo: Políticos envolvidos em prostituição de menores, in: Jornal de Natal, 11. 5. 1992.
[47] An.: O depoimento de Alice F. ao JN, in: Jornal de Natal, maio, 1992.
[48] Vital, Luiz: Polícia não tem como coibir prostituição infantil, in: A GAZETA-Vitória (ES), 7. 10. 1990.
[49] Yannulas, Silvia: Que sabemos sobre as meninas e as adolescentes pobres no Brasil, in: Contribuição ao Documento de Base para o Seminário de apoio ao diagnostico e programação dos Conselhos Municipal e Tutelar do Município de São Paulo, Projeto UNICEF/FALASCO, „As Meninas e as Adolescentes no Brasil“, Junho de 92.

[50] Belmar, Cicero: Prostituição: destino das brasileiras na Alemanha, in: Jornal do Comercio, 23. 8. 1992.

[51] Ders.: Alemão gosta do tipo „Amélia," diz socióloga, in: ebd.

[52] Burgsmüller, Claudia: Rechtlicher Schutz von Kindern vor sexueller Ausbeutung, für die Kampagne gegen Kinderprostitution im Zusammenhang mit Sextourismus, Osnabrück 1992, S. 7f.

[53] Pereira, Armando: Prostituição uma visão global, PALLAS S. A., Rio de Janeiro 1976, S. 86ff.

[54] Mebes, Marion, Jeuck, Gabi: Sexueller Mißbrauch, Band 2: Sucht, DONNA VITA, Berlin, März 1992, S. 25; Hoigard, Cecilie u. Finstad, Liv. Reinbek 1987.

[55] Vasconcelos, Ana: A prostituição de meninas e adolescentes no Recife, in: tempo e presença, publicacão do CEDI, Nr. 258, S. 23.

[56] Dallari, Monica: Censo apura que 95 % dos presos são pobres, in: Jornal do Brasil, 8. 8. 1993.

[57] Movimento Nacional de Meninos e Meninas de Rua, Casos de violência contra crianças e adolescentes em diversos estados do Brasil, denunciados pelas imprensa, IBASE e movimentos de defesa, Brasília 1991.

[58] Pollmann, Uwe: Der Krieg gegen Kinder, Reinbek 1992.

[59] De Arimatela, José: Meninos são treinados para combater meninos, in: Jornal do Brasil, 9. 8. 1993.

[60] CEAP (Hrsg.), Extermínio de crianças e adolescentes no Brasil, Rio de Janeiro 1989, S. 23.

[61] Movimento Nacional de Meninos e Meninas de Rua, Casos de violência contra crianças e adolescentes em diversos estados do Brasil, denunciados pelas imprensa, IBASE e movimentos de defesa, Brasília 1991.

[62] An.: Número de assassinatos cresce no Rio, in: O Dia, 24. 7. 1993, S. 9.

[63] Commissão Parlamentar de Inquérito, Extermínio de Crianças e Adolescentes, Brasília 1992.

[64] Movimento Nacional de Meninos e Meninas de Rua, IBASE: Crianças e adolescentes no Brasil: A vida silenciada, Brasília 1989.

[65] Movimento Nacional de Meninos e Meninas de Rua, „Minha vida é como se fosse um vento. Não tem nada que segure", Brasília 1991.

[66] Movimento Nacional de Meninos e Meninas de Rua, IBASE: Crianças e adolescentes no Brasil: A vida silenciada, Brasília 1989.

[67] Movimento Nacional de Meninos e Meninas de Rua, IBASE, Nucleo da Violêcia da Universidade de São Paulo, Vidas em risco, Rio de Janeiro 1991.

[68] Movimento Nacional de Meninos e Meninas de Rua, „Minha vida é como se fosse um vento. Não tem nada que segure", Brasília 1991.

[69] Pollmann, Uwe: Der Krieg gegen Kinder, Reinbek 1992.

[70] Dimenstein, Gilberto: A guerra dos meninos, São Paulo 1990 (Editora Brasiliense).

[71] Dornelles, João Ricardo W.: Direitos humanos ou barbárie, in: IGC, 28. 7. 1993.

[72] Ders.: ebd.

[73] Frimmel, Martin: Krieg gegen Kinder, in: Profil, 10. 9. 1990.

[74] An.: O drama das Mães de Acarí, in: O Dia, 24. 7. 1993, S. 10.

[75] An.: Menores exterminados no Centro, in: O Dia, 24. 7. 1993, S. 7, siehe auch: Torres, Sérgio: Chacina deixa 7 menores mortos no Rio, in: Folha de São Paulo, 24. 7. 1993.

[76] Vita, Rachel: Líder já esperava a morte, in: O Dia, 24. 7. 1993, S. 8.

[77] An.: „Pimpolho" faria 12 anos no dia 3, in: O Dia, 24. 7. 1993, S. 10.

[78] Dornelles, João Ricardo W.: Direitos humanos ou barbárie, in: IGC, 28. 7. 1993.

[79] Fabian, Rainer: Die Kinder-Killer von Rio, in: Stern 13/1993.

[80] An.: Chacina deixa sociedade em estado de choque, in: O Dia, 24. 7. 1993.

[81] AGEN (Hrsg.): Seventh-day Mass to remember slaughtered children of Rio, in: News from Brazil, 5. 8. 1993.

[82] Pollmann, Uwe: Der Krieg gegen Kinder, Reinbek 1992.

[83] CEAP (Hrsg.): Extermínio de crianças e adolescentes no Brasil, Rio de Janeiro 1989.

[84] Frimmel, Martin, Krieg gegen Kinder, in: Profil, 10. 9. 1990.

[85] Tinoco, Pedro, Leite, Virgínie: A máscara da lei, in: Veja, 8. 9. 1993, S. 22–25.

[86] Movimento Nacional de Meninos e Meninas de Rua, IBASE: Crianças e adolescentes no Brasil: A vida silenciada, Brasília 1989.

[87] Tinoco, Pedro, Leite, Virgínie: A máscara da lei, in: Veja, 8. 9. 1993, S. 22–25.

[88] An.: O rosto da barbárie, in: Veja, 8. 9. 1993, S. 18–20.

[89] Ders.: ebd.

[90] Jabor, Arnaldo: Massacre de meninos nos ensina verdade, in: Folha de São Paulo, 3. 8. 1993.

[91] Bittencourt, Ricardo de: No easy answers for Rio's street children, InterPress Service, 29. 7. 1993.

[92] Prange, Astrid: „Bäume sind wichtiger als das Leben von Menschen", in: Tageszeitung, 10. 12. 1991.

[93] AGEN (Hrsg.): Seventh-day Mass to remember slaughtered children of Rio, in: News from Brazil, 5. 8. 1993.

[94] Movimento Nacional de Meninos e Meninas de Rua, IBASE: Núcleo da Violência da Universidade de São Paulo, Vidas em risco, Rio de Janeiro 1991.

[95] Tereza, Irany, Helena, Leticia: Miséria de menor vira mercado de trabalho, in: O Globo, 15. 8. 1993.

[96] Magalhães, Leila: A sociedade chora mas não reage, in: Jornal do Brasil, 25. 7. 1993.

[97] Valladares, Licia, Impelizieri, Flávia: Invisible Action A Guide to Non Governmental Assistance for Underprevileged and Street Children of Rio de Janeiro, 1992, S. 12.

[98] An.: Centro para menores inaugurado „na marra", in: O Globo, 24. 7. 1993.

[99] Ryff, Luis Antônio: Uma difícil cruzada, in: Jornal do Brasil, 1. 8. 1993.

[100] Franca, Ricardo: Menores fogem e dormem na rua, in: O Dia, 31. 7. 1993.
[101] Araújo, Vera: Associação endividada abriga oito, in: Jornal do Brasil, 10. 8. 1993.
[102] Dies.: Testemunhas reclamam de falta de segurança, in: ebd.
[103] Burkhard, Hans Jürgen, Ende, Michael: Kindermord auf Bestellung, in: Live Report, Nr. 10/93.
[104] An.: Depois do crime, o tiroteiro das autoridades, in: O Globo, 24. 7. 1993.
[105] An.: A culpa é da indústria do menor, in: ebd.
[106] Magalhães, Leila: A sociedade chora mas não reage, in Jornal do Brasil, 25. 7. 1993.
[107] Dies.: ebd.
[108] Dies.: ebd.
[109] Ryff, Luis Antônio: Indústrias do menor, in: Jornal do Brasil, 1. 8. 1993.
[110] An.: Cruzada contra as „entidades pilantropicas", in: O Globo, 25. 7. 1993.
[111] An.: „Rua não é lugar para criança", in: O Globo, 15. 8. 1993.
[112] United Nations Centre for Human Rights, UNICEF: Convention on the Rights of the Child, New York/Genf 1993.
[113] Schwarz, Birgit: Kinder in Knechtschaft, in: Der Spiegel 47/1993.
[114] United Nations Centre for Human Rights, UNICEF: Convention on the Rights of the Child, New York/Genf 1993.
[115] Dies.: ebd.
[116] Antwort der Bundesregierung auf die Große Anfrage des Abgeordneten Konrad Weiß (Berlin) und der Gruppe BÜNDNIS 90/DIE GRÜNEN: Menschenrechtsverletzungen an Kindern und Jugendlichen in Brasilien, Drucksache 12/5244, Bonn 1993.
[117] Schwarz, Birgit: Kinder in Knechtschaft, in: Der Spiegel 47/1993.
[118] An.: WHO: Millionen Straßenkinder sind auf dem Drogentrip, in: SN 27. 3. 1993.
[119] Wagner, Heinz: Das mutige Mädchen aus Fortaleza, in: SN, 19. 6. 1993.
[120] United Nations Centre for Human Rights, UNICEF: Convention on the Rights of the Child, New York/Genf 1993.
[121] Dies.: ebd.
[122] Dies.: ebd. An.: Dem Hunger und der Not ausgeliefert, in: SN, 19. 12. 1993.
[123] United Nations Centre for Human Rights, UNICEF: Convention on the Rights of the Child, New York/Genf 1993.
[124] Dies.: ebd.
[125] Mayer, Kurt M.: Städte außer Rand und Band, in: Kurier, 23. 5. 1993.
[126] D'Avila Cristina, Governo atrasa o Estatuto da Criança no Estado, in: A Gazeta, 7. 10. 1990.
[127] Assembléia Geral Permanente das Entidades Sociais Conveniadas, criança e adolescente: prioridade absoluta, São Paulo 1991.
[128] Commissão Parlamentar de Inquérito, Extermínio de Crianças e Adolescentes, Brasília 1992.
[129] Movimento Nacional de Meninos e Meninas de Rua, Alguns Posicionamentos: Controle de Natalidade, Aborto, Urbanicação, Brasília 1991.

[130] Movimento Nacional de Meninos e Meninas de Rua, IBASE: Núcleo da Violência da Universidade de São Paulo, Vidas em risco, Rio de Janeiro 1991.

[131] Pohl, Walter, Harjung, Martin, Kossdorff, Heike: Tödliche Liebe, in: News, 6. 1. 1994.

[132] ai: Kinder überall Opfer staatlichen Terrors, Presseaussendung, 7. 1. 1994.

[133] Amnesty International Informationen 11/1993.

[134] Arbeitsgruppe Brasilien im Dritte-Welt-Haus e. V., Die Gemeinschaft der kleinen Propheten, Bielefeld 1990.

[135] Antwort der Bundesregierung auf die Große Anfrage des Abgeordneten Konrad Weiß (Berlin) und der Gruppe BÜNDNIS 90/DIE GRÜNEN: Menschenrechtsverletzungen an Kindern und Jugendlichen in Brasilien, Drucksache 12/5244, Bonn 1993.

[136] Dies.: ebd.

[137] United Nations Centre for Human Rights, UNICEF: Convention on the Rights of the Child, New York/Genf 1993.

**Projektvorschläge**
Die Broschüre stellt Partnerschaftsprojekte in Afrika, Asien und Lateinamerika vor.
Kostenlos.

**Coca ist nicht Kokain**
Infos über Hintergründe und Ursachen von Drogenkrieg und Kokainwirtschaft. Für Sek. I/II, Heft mit Infos und 30 Arbeitsblättern.
DM 9,50.

**Eine Brücke nach Peru**
Rosita und Pedro laden ein, spielerisch das Leben in den Anden zu entdecken.
Kinderbuch, pädagogische Hilfen, Spiel- und Bastelvorschläge, Erzählungen, Rezepte, Lieder, Tänze, MC ...
Für Kindergarten und Grundschule, DM 15,50.

**Kinderrechte in der Einen Welt**
Die Rechte der Kinder werden überall auf der Welt immer wieder verletzt. Ausgehend von den alltäglichen Erfahrungen der Kinder hier, wird eine Brücke zu ihren Altersgenossen in der Dritten Welt geschlagen.
Hintergrundinformationen, Aktionsvorschläge, praktische Hilfen, 32 Seiten, DM 5,00.

**Nicht länger ohne uns**
In Indien und Bangladesch beginnen Frauen, gegen vorherrschende Strukturen und Machtkonstellationen ihre eigene Vorstellung von „Entwicklung" umzusetzen.
Informationen, Kopiervorlagen, Aktionsvorschläge, 56 Seiten, DM 4,00.

Weitere Sach- und Kinderbücher, Bildungsmaterialien, Landkarten, Dias, Spiele, Videos und vieles mehr finden Sie in unserem Katalog, den Sie kostenlos anfordern können bei:
Misereor Medienproduktion und Vertrieb, Postfach 1450,
52015 Aachen.